건축풍수택일학

임남기 · 김종철 공저

기문당

서(序)

계유(癸酉, 1993)년 풍수지리에 입문하여 최백송(崔白松) 문하에서 청오경(靑烏經)을 사사(師事) 중에 갑술(甲戌, 1994)년에 정청호(丁淸湖, 哲山) 사부께서 정도화상 탁장로(託長老)의 저서 '입지안(入地眼)', 육포 심신주(沈新周)의 저서 '지학(地學)', 고종수(顧鍾秀)가 '흠정협기변방서'를 요약한 '선택정종(選擇正宗)'을 간서(看書)로 선정하였으나 모두 역주(譯註)가 없는 원서(原書)였으므로 습득에 어려움이 많았습니다. 이에 정축(丁丑, 1997)년에 '지학'을 역주(譯註) 정리한 '지리정기(地理正氣)'를 출간하고, 임오(壬午, 2002)년에 '입지안'을 역주(譯註)하여 출간하였습니다. 20년간 풍수지리를 연구하면서 느낀 점은 선현(先賢)들께서 이미 정도(正道)를 밝혔고, 지리일도(地理一道)이며 간서(看書)와 명사소점(明師所點)의 답사(踏査)가 필요하다는 것입니다. 솔직한 심정은 하루에도 하시효(何時曉)와 하시흑야(何時黑夜)가 2~3회인데 "지금은 하시(何時)일까?"입니다.

'입지안'에서는 당조(唐朝)의 명사(明師)가 주류이고 이전(以前)은 황석공(黃石公)이며, 위서(爲書)의 으뜸은 당조(唐朝) 때에 여재(呂才)의 '동함경(銅函經)'으로 밝히며 질타하고 있습니다. 또 명사(明師)로는 황석공(黃石公), 백학선사(白鶴仙師), 구공(邱延翰), 양익(楊筠松), 뢰포의(賴文俊), 진화(陣希夷)를 언급하고 있으며 '지학'에서 양공(楊筠松), 료공(廖瑀), 뢰공(賴文俊)을 언급하고 있습니다.

풍수지리에서는 심룡(尋龍)이 가장 우선인데 명사(明師)의 언급을 보면 '양공(楊公)은 탐랑(貪狼), 료공(廖公)은 자기(紫氣)라 칭한 것을 후세(後世)에 탐랑은 용성(龍星)에 쓰며 자기(紫氣)는 혈성(穴星)에 쓰고, 그 분별은 노목(老木)과 눈목(嫩木)이다.' 또 '양공(楊公)은 무곡(武曲), 파군(破軍), 보성(輔星) 등으로 명(名)하고 료공(廖公)은 태양(太陽), 태음(太陰), 천강(天罡) 등으로 명(名)했다.' 또 '양공(楊公)은 용성(龍星)으로 논(論)하고 료공(廖公)은 혈성(穴星)으로 논(論)하고 뢰공(賴公)은 방위(方位)를 논(論)했다.' 등은 음미할 필요가 있다고 사료됩니다.

풍수지리에서 이기(理氣)의 근간(根幹)은 소사납수(消砂納水)입니다. 납수(納水)는 납갑(納甲)을 기본으로 하는 정음정양(淨陰淨陽)으로 판단하며 나경(羅經)의 지반(地盤)24방에 표시된 홍흑(紅黑)이 정음정양을 말하고 있습니다. 소사(消砂)는 성수오행(星宿五行)을 사용하는 분금(分金)입니다.

위서(僞書)와 원래의 의미가 변절된 것이 있지만 선현(先賢)들께서 이미 정도(正道)를 밝혔으므로 후학들은 올바르게 습득을 하면 지리일도(地理一道)에 도달된다고 사료됩니다. 이에 간서의 핵심과 뢰문준의 '최관편'을 추리고 기타 참고문헌을 정리하여 이 책을 출간하게 되었습니다. 감여(堪輿)에 대한 부족한 지식으로 번역상의 오류가 있을 것이나 동학자(同學者)의 연구(硏究)에 많은 도움이 되었으면 하는 바람이 간절합니다.

공동저자 식(識)

차 례

제 2 장 풍수지리(風水地理) 45

01 음양오행(陰陽五行)과 팔괘(八卦)

음양오행과 팔괘는 이론 발생지가 중국 황하 유역이므로 북반구 온대지역인 우리나라에서의 적용은 무리가 없다고 판단한다. 음양오행은 상생[1]과 상극[2]으로 풍수지리와 택일 구성요소 상호 관계의 길흉을 판단하는데, 정오행(正五行)을 사용하는 것이 원칙이지만 각종 오행(五行)을 상황에 따라 맞추어 사용한다. 상생(相生)이 되어도 택일의 연월일시가 사람의 생년이나 건물의 방향에 생(生)해 주어야 되며 반대가 되면 설기(洩氣)가 되어 오히려 흉(凶)이다. 상극(相剋)도 마찬가지 방법이지만 택일의 연월일시가 사람의 생년이나 건물의 방향을 극(剋)하지 않고, 반대로 사람의 생년이나 건물의 방향이 택일의 연월일시를 극(剋)해야 길(吉)이 된다. 그리고 택일의 연월일시와 사람의 생년이나 건물의 방향이 오행이 같고 음양이 같으면 비견(比肩)이라 하고, 음양이 다르면 겁재라 한다. 비견은 택일에서 왕국(旺局)으로 아주 좋지만 겁재는 흉(凶)이 된다. 또 합(合)과 충(衝)으로 보는데 합이 되면 길(吉)하고, 충(衝)이 되면 흉(凶)하다.

주역의 팔괘와 중궁(中宮)을 포함하면 구궁(九宮)이 된다. 즉 남쪽은 감궁(坎宮, 子), 북쪽은 이궁(離宮, 午), 동쪽은 진궁(震宮, 卯), 서쪽은 태궁(兌宮, 酉), 남동쪽은 손궁(巽宮), 남서쪽은 건궁(乾宮), 북동쪽은 간궁(艮宮), 북서쪽은 곤궁(坤宮), 중앙은 중궁(中宮)이다. 이것에 나경(패철)의 24방위는 중궁(中宮)을 제외한 팔괘(八卦)에 3개 방위가 배속되어 구성된다. 이것으로 건축물에 들어오는 입수맥을 측정하고, 건물의 방향을 본다. 그리고 자백(紫白)은 위와 같은 구궁(九宮)에 넣어서 길흉을 보는데, 자백은 길성(吉星)이 조림하는 것으로 근로자가 월급에서 상여금을 받는 것과 같은 개념이다.

풍수지리로서 길지를 가린 후에 택일을 하는 것이 원칙이다. 그러나 길지를 가리는 것이 쉬운

---

1) 상생(相生)은 오행 간에는 그 성질의 작용이 서로 친화(親和), 상생(相生)의 관계에 있는 것을 말함.

2) 상극(相剋)은 오행 간에는 그 성질의 작용이 서로 배반(背反), 상극(相克)의 관계에 있는 것을 말함.

일은 아니다. 그것은 기세(氣勢)의 유무를 판단해야 하기 때문이다. 풍수지리는 형세(形勢)와 이기(理氣)로 나누고, 형세(形勢)는 보는 안목(眼目)이 있어야 하며 이기(理氣)는 종류가 많아 어느 것이 정법(正法)인지를 판단하기가 현재로서는 어렵지만 적용하는데 용혈사수(龍穴砂水)로 나누어 보는 것이 일반적이다. 용(龍)은 산줄기인 산맥을 말하고, 혈(穴)은 풍수계에서 기(氣)가 뭉쳐있는 곳을 말하며 건설현장에 건물이 들어서는 위치가 혈(穴)이 되어야 하는데 이것이 참으로 어려운 난제가 아닐 수 없다. 사(砂)는 건물 주변의 산봉우리를 총칭하는 말이다. 수(水)는 건물 주변에 흐르는 하천이나 강을 말하며 관측되는 대수(大水)를 말한다. 향(向)은 건물의 방향으로 앞서 말한 24방위가 택일을 하는데 필수적으로 측정하여야 하는 아주 중요한 요소이다.

1. 음양오행

풍수지리와 택일의 구성요소 간에 음양오행(陰陽五行)은 상호관계의 길흉을 판단하는데 기본이 된다. 음양오행은 일진(日辰)이나 방위(方位)의 근원을 이루는 것이며, 십간(十干) · 십이지(十二支) 등에도 있다. 십간을 천간(天干), 십이지를 지지(地支)라 하고, 천간과 지지를 합쳐 간지(干支)라 부른다. 이들은 사람, 건물, 산맥에 사용하여 상호관계를 파악한다.

(1) 간지(干支)

탁장로(託長老)는 '세기(世紀)'에 황제(皇帝)가 환구(圜丘)에서 하늘에 제사를 드려 하늘이 10간(干)을 내려서 제(帝)가 대요씨(大撓氏)에게 명(命)하여 12지(支)를 지어 천간(天干)에 짝을 지움으로써 갑자(甲子)를 만들었다고 말한다. 대체로 10천간(天干)은 위에 있고, 12지지(地支)는 아래에 있는 것이 세상에서 아는 것이다. 알지 못하는 것은 천간(天干)이 지하(地下)의 5방(方)에 근거하며, 지지(地支)는 천상(天上)의 12신(辰)에 근거한다. 천상(天上) 오행(五行)은 지하(地下)의 5방(方)이다.

천간(天干)방위(方位)

갑을(甲乙)	병정(丙丁)	경신(庚辛)	임계(壬癸)	무기(戊己)
동방(東方)목(木)	남방(南方)화(火)	서방(西方)금(金)	북방(北方)수(水)	중앙(中央)토(土)

지지(地支)방위(方位)

해자(亥子)	인묘(寅卯)	사오(巳午)	신유(申酉)	진술축미(辰戌丑未)
북방(北方)수(水)	동방(東方)목(木)	남방(南方)화(火)	서방(西方)금(金)	계간(季間)토(土)

천상(天上)의 12신(辰)은 각각 30도(度)를 가지므로 지하(地下)에서 30일(日)이면 1개월이며 지지(地支)의 12월(月)이 천상(天上)의 12전사(纏舍)에 근거한다. 천간(天干)은 갑(甲)으로써 수(首)로 삼고 지지(地支)는 인(寅)으로써 수(首)를 삼는데 자축(子丑)이 우선하는 것은 천지인(天地人)의 열리는 시간 때문이다.

천지인(天地人)개시(開時)

천(天)	지(地)	인(人)
자시(子時) 개(開)	축시(丑時) 개(開)	인시(寅時) 개(開)

(2) 음양택(陰陽宅)

음택(陰宅)은 묘(墓)이며 양택(陽宅)은 거주지 집이며 양기(陽基)는 마을이다. 이들은 하락(河洛)의 이치(理致)를 벗어나지 않으며 팔괘지법(八卦之法)의 배합에 불과하다. 용혈사수향(龍穴砂水向)의 5자(字)가 진(眞)이다.

용혈사수향(龍穴砂水向)

용(龍)	혈(穴)	사(砂)	수(水)	향(向)
생사(生死)	유무(有無)	조수(粗秀)	곡직(曲直)	순자(純疵)

(3) 팔괘(八卦)

택일에서 주역의 팔괘 글자가 나타나지는 않지만 24방위와 자백에서 나타난다. 방위를 알아야 택일하는데 체(體)를 갖추며 길흉신의 자백을 알 수 있다. 그리고 연월일시를 정하는 것이 용(用)이다.

팔괘(태극 → 음양 → 사상 → 팔괘)

<table>
<tr><td>태극(太極)</td><td colspan="8"></td><td>무(無)</td></tr>
<tr><td>음양(陰陽)</td><td colspan="4">양(陽)</td><td colspan="4">음(陰)</td><td></td></tr>
<tr><td>사상(四象)</td><td colspan="2">태양(太陽)</td><td colspan="2">소양(少陽)</td><td colspan="2">태음(太陰)</td><td colspan="2">소음(少陰)</td><td></td></tr>
<tr><td rowspan="3">팔괘(八卦)</td><td></td><td></td><td></td><td></td><td></td><td></td><td></td><td></td><td></td></tr>
<tr><td>건(乾)</td><td>손(巽)</td><td>이(離)</td><td>간(艮)</td><td>태(兌)</td><td>감(坎)</td><td>진(震)</td><td>곤(坤)</td><td></td></tr>
<tr><td>☰</td><td>☴</td><td>☲</td><td>☶</td><td>☱</td><td>☵</td><td>☳</td><td>☷</td><td>효(爻)</td></tr>
</table>

주역(周易)의 선천팔괘[3]는 자연조화를 체(體)에 비유하고, 후천팔괘는 자연조화에 사람의 치세를 반영하여 체용(體用)을 구비한다. 풍수지리에서 선천수를 많이 쓰나 이어 붙일 때는 후천수를 많이 쓴다. 선천과 후천의 팔괘도는 다음과 같다.

선천팔괘도(先天八卦圖)

☱ 2태택(兌澤)	☰ 1건천(乾天)	☴ 5손풍(巽風)
☲ 3리화(離火)		☵ 6감수(坎水)
☳ 4진뢰(震雷)	☷ 8곤지(坤地)	☶ 7간산(艮山)

후천팔괘도(後天八卦圖)

☴ 4巽金(남동) 진(辰)손(巽)사(巳)	☲ 9離火(남) 병(丙)오(午)정(丁)	☷ 2坤地(남서) 미(未)곤(坤)신(申)
☳ 3震木(동) 갑(甲)묘(卯)을(乙)	5中黃 무(戊)기(己)	☱ 7兌澤(서) 경(庚)유(酉)신(辛)
☶ 8艮山(북동) 축(丑)간(艮)인(寅)	☵ 1坎水(북) 임(壬)자(子)계(癸)	☰ 6乾天(북서) 술(戌)건(乾)해(亥)

3) 선천팔괘(先天八卦)는 하도(河圖)라 하고, 후천팔괘(後天八卦)를 낙서(洛書)라 하며 선천과 후천을 하도낙서라고 함.

주역은 천지만물을 모두 음(陰)과 양(陽)으로 구분하고 있다. 태극(太極)이 변하여 음양이 된다. 음양은 변하며 8괘인 건(乾, ☰)·태(兌, ☱)·이(離, ☲)·진(震, ☳)·손(巽, ☴)·감(坎, ☵)·간(艮, ☶)·곤(坤, ☷)괘가 된다. 8괘만 가지고는 천지자연의 현상을 다 표현할 수 없어 이것을 변형하여 64괘를 만들었다. 거기에 괘사와 효사를 붙여 설명한 것이 주역의 경문(經文)이다.

주역은 유교의 경전 중에서도 특히 우주철학을 논하고 있다. 한국을 비롯한 중국·일본 등의 유가사상에 많은 영향을 끼쳤을 뿐만 아니라 인간의 운명을 점치는 점복술의 원전으로 깊이 뿌리박혀 있다. 선천팔괘(先天八卦)는 건남곤북(乾南坤北)을 천지정위(天地定位), 이동감서(離東坎西)를 수화불상사(水火不相射), 간서북태동남(艮西北兌東南)을 산택통기(山澤通氣), 진동북손서남(震東北巽西南)을 뇌풍상박(雷風相薄)이다. 후천팔괘(後天八卦)는 진동태서(震東兌西), 이남감북(離南坎北), 건서북곤서남(乾西北坤西南), 간동북손동남(艮東北巽東南)을 말한다. 태양(太陽)은 제출호진(帝出乎震), 제호손(齊乎巽), 상견호리(相見乎離), 치역호곤(致役乎坤), 열언호태(悅言乎兌), 전호건(戰乎乾), 노호감(勞乎坎), 성언호간(成言乎艮)이라 하며 선천후지(先天後地)는 부부(夫婦)의 합(合)으로 본다. 선대의 유학자가 말한 장자(長子)는 용사(用事), 장녀(長女)는 대모(代母)가 하도(河圖)에서 연유하여 보고 중남중녀(中男中女)가 거주하는 위치는 천지(天地)의 정(正)이다.

1) 선천(先天)

복희(伏羲)는 하도(河圖)를 본떠 선천(先天)의 괘(卦)를 그려서 1건천(乾天), 2태택(兌澤), 3리화(離火), 4진뢰(震雷), 5손풍(巽風), 6감수(坎水), 7간산(艮山), 8곤지(坤地)를 깨닫고 천지(天地)의 음양(陰陽)을 식별하고 세상의 길흉(吉凶)을 인지할 수 있었다.

2) 하도생성(河圖生成)

天1生壬水	地2生丁火	天3生甲木	地4生辛金	天5生戊土
地6癸成之	天7丙成之	地8乙成之	天9庚成之	地10己成之

하도순생(河圖順生)이므로 금생수(金生水), 수생목(水生木), 목생화(木生火), 화생토(火生土), 토생금(土生金)이다.

3) 복희선천8괘대대부부(伏羲先天8卦帶待夫婦)

先天	乾	坤	離	坎	兌	艮	巽	震	비고
方	南	北	東	西	東南	西北	西南	東北	
8괘	1乾天	2兌澤	3離火	4震雷	5巽風	6坎水	7艮山	8坤地	

이것이 원도(圓圖)의 차례와 방위이며 8괘로 말한 것이다.

河圖方圖

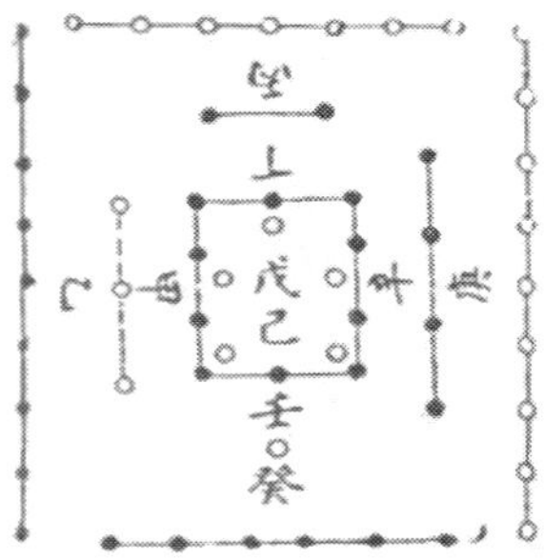

伏羲八卦方位

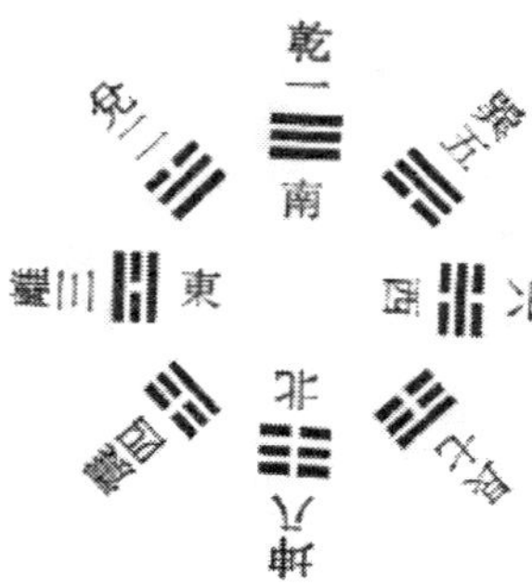

伏羲先天八卦圓圖

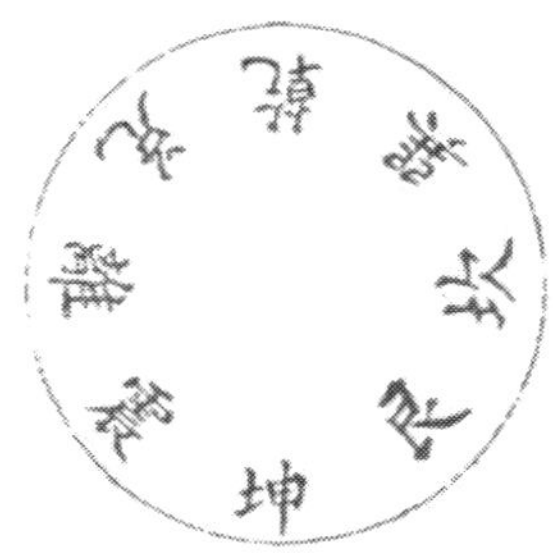

河圖天干納甲

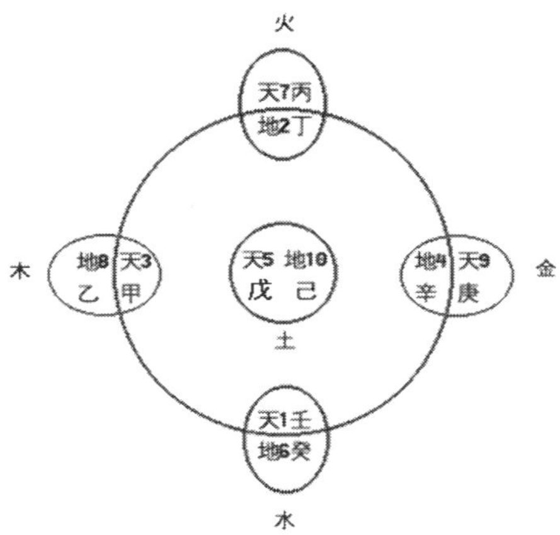

河圖地支納甲

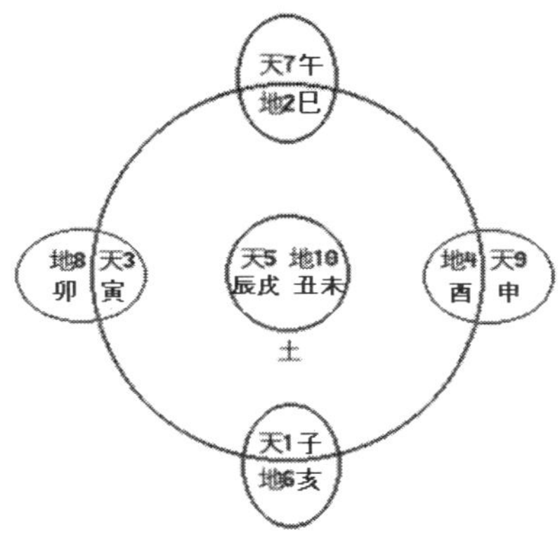

4) 후천(後天)

우왕(禹王)은 후천(後天)의 괘(卦)를 그려서 대(戴)9이(履)1, 좌3우7(左3右7), 2 · 4위견(爲肩), 6 · 8위족(爲足)으로 8방(方)의 정우(正隅)를 확정함으로써 천지(天地) 사시(四時)와 8절(節)의 기후(氣候)를 알았다.

5) 낙서생성(洛書生成)

天1生坎水	地2生坤火	天3生震木	地4生巽金	비고
地6乾成之	天7兌成之	地8艮成之	天9離成之	

이것은 후천(後天)의 합십지법(合十之法)이며 1.9합(合), 2.8합(合), 3.7합(合), 4.6합(合)이다.

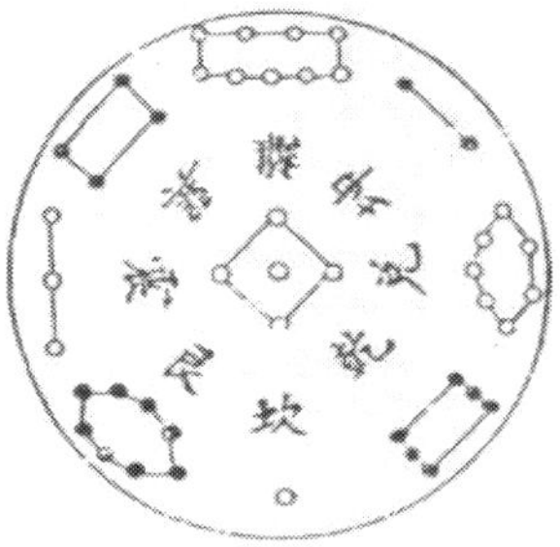

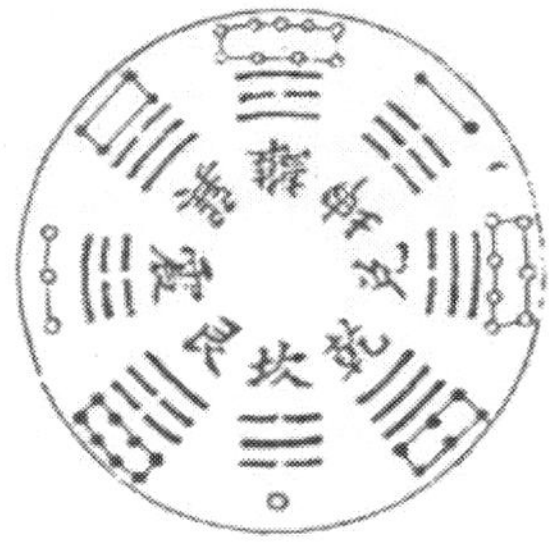

文王八卦方位

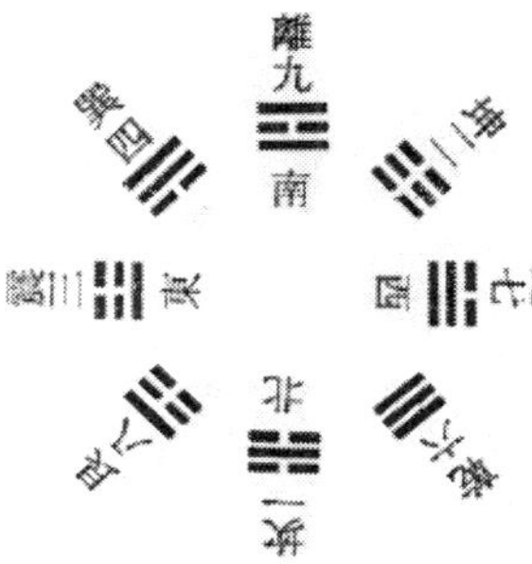

6) 문왕(文王)

문왕(文王)의 복역(卜易)은 후천8괘(後天8卦) 건감간진손리곤태(乾坎艮震巽離坤兌)를 이용하여 2괘(卦)합(合)이 10이 되며 천지(天地)의 기수(氣數)와 세간(世間)의 화복(禍福)을 알았다. 문왕(文王) 후천8괘합십부부(後天8卦合十夫婦)는 대(戴)9이(履)1, 좌3우7(左3右7), 2 · 4위견(爲肩), 6 · 8위족(爲足)이다.

태양(太陽)

震方	巽方	離方	坤方	兌方	乾方	坎方	艮方
帝出乎	齊乎	相見乎	役乎	悅言乎	戰乎	勞乎	成言乎

(4) 간지(干支)와 팔괘(八卦)의 음양오행

택일의 음양오행은 사람, 건물, 대지, 시각에 각각 천간(天干)의 10개 글자와 지지(地支)의 12개 글자 및 주역팔괘(周易八卦)의 8개 글자를 사용한다. 이들의 음양오행과 각종오행을 정리하면 다음과 같다.

천간(天干)의 음양오행

천간 / 음양오행	갑(甲)	을(乙)	병(丙)	정(丁)	무(戊)	기(己)	경(庚)	신(辛)	임(壬)	계(癸)
음양	양(陽)	음(陰)	양(陽)	음(陰)	양(陽)	음(陰)	양(陽)	음(陰)	양(陽)	음(陰)
정오행(正五行)	목(木)		화(火)		토(土)		금(金)		수(水)	
오합	己	庚	辛	壬	癸	甲	乙	丙	丁	戊
충	庚	辛	壬	癸			甲	乙	丙	丁

지지(地支)의 음양오행

음양오행 \ 지지	자(子)	축(丑)	인(寅)	묘(卯)	진(辰)	사(巳)	오(午)	미(未)	신(申)	유(酉)	술(戌)	해(亥)
음양	양(陽)	음(陰)	양(陽)	음(陰)	양(陽)	음(陰)	양(陽)	음(陰)	양(陽)	음(陰)	양(陽)	음(陰)
정오행	수(水)	토(土)	목(木)		토(土)	화(火)		토(土)	금(金)		토(土)	수(水)
삼합	申辰	巳酉	午戌	亥未	子申	酉丑	寅戌	亥卯	子辰	巳丑	寅午	卯未
육합	丑	子	亥	戌	酉	申	未	午	巳	辰	卯	寅
충	午	未	申	酉	戌	亥	子	丑	寅	卯	辰	巳

팔괘(八卦)의 음양오행

음양오행 \ 팔괘	건(乾)	곤(坤)	간(艮)	손(巽)	감(坎)	이(離)	진(震)	태(兌)
음양	양(陽)	음(陰)	양(陽)	음(陰)	양(陽)	음(陰)	양(陽)	음(陰)
정오행(正五行)	金	土	土	木	水	火	木	金

각종(各種)오행

오행종류 \ 오행	목(木)	화(火)	토(土)	금(金)	수(水)
정(正)오행	甲乙 寅卯 巽	丙丁 巳午	戊己辰戌 丑未坤艮	庚辛 申酉 乾	壬癸 亥子
성수(星宿)오행	乾坤艮巽	甲庚丙壬 子午卯酉 右寅申巳亥	乙辛丁癸	辰戌丑未	左寅申巳亥
음훈(音訓)오행	ㄱ·ㅋ	ㄴ·ㄷ·ㄹ·ㅌ	ㅇ·ㅎ	ㅅ·ㅈ·ㅊ	ㅁ·ㅂ·ㅍ
수(數)오행	3, 8	2, 7	5, 10	4, 9	1, 6
삼합(三合)오행	亥卯未	寅午戌		巳酉丑	申子辰
방위(方位)	동(東)	남(南)	중앙	서(西)	북(北)
오상(五常)	인(仁)	예(禮)	신(信)	의(義)	지(智)
절기(節氣)	봄	여름	사계(四季)	가을	겨울
색(色)	청(靑)	적(赤)	황(黃)	백(白)	흑(黑)
미(味)	신맛	쓴맛	단맛	매운맛	짠맛
오장(五臟)	간장(肝臟)	심장(心臟)	위장(胃臟)	폐장(肺臟)	신장(腎臟)
오관(五官)	눈	혀	몸	코	귀

오행은 똑같은 글자에도 서로가 다르게 적용된다. 예를 들어 자(子)는 정오행(正五行)으로 수(水)이지만 성수오행(星宿五行)에서는 화(火)가 된다. 축(丑)은 정오행으로 토(土)이지만 성수오행과 삼합오행(三合五行)은 금(金)이 되는 것과 같은 것들이다. 그러므로 택일에서는 각종 오행 중에서 정오행을 사용한다. 그러나 삼합국(三合局)이 되면 삼합오행을 따른다.

(5) 길흉의 판단

음양오행상 상호작용은 상생(相生)과 상극(相剋)으로 보는 육신[4], 합[5], 충[6] 등으로서 길흉을 판단한다. 상생은 수생목(水生木), 목생화(木生火), 화생토(火生土), 토생금(土生金), 금생수(金生水)이며 생아[7]는 부모로서 길(吉), 아생[8]은 자식이며 흉(凶)이다. 상극은 수극화(水剋火), 화극금(火剋金), 금극목(金剋木), 목극토(木剋土), 토극수(土剋水)이며 극아[9]는 살(殺)로서 흉(凶)이고, 아극[10]은 재물(財物)로서 길(吉)이다. 이들의 상호관계는 다음 그림과 같다.

오행의 상생상극도

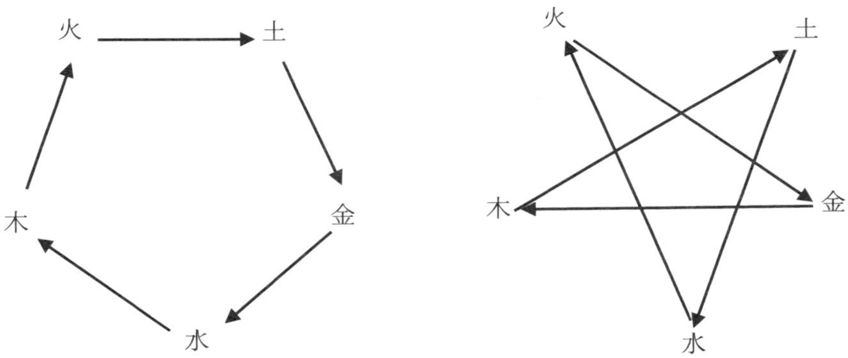

4) 육신(六神)은 간지를 상호 대조하여 그 사이에 일어나는 작용력의 경중을 표시한 것을 말함.

5) 합(合)은 길(吉)하다는 의미를 말함.

6) 충(衝)은 흉(凶)하다는 의미를 말함.

7) 생아(生我)는 최관(催官), 진신(進神), 생기(生氣)를 말함.

8) 아생(我生)은 상관(傷官), 도기(盜氣), 퇴기(退氣), 설기(洩氣)를 말함.

9) 극아(剋我)는 살기(煞氣)를 말함.

10) 아극(我剋)은 처재(妻財)를 말함.

상생(相生), 비화(比和), 상극(相剋)

生我者(父母)	我生者(子息)	我見我(兄弟)	我克者(妻財)	克我者(官鬼)
進財, 生氣, 催官	傷官, 退氣, 洩氣	比肩	財物	煞氣

1) 육신

육신(六神)은 상생 상극으로 비견(比肩), 겁재(劫財), 식신(食神), 상관(傷官), 편재(偏財), 정재(正財), 편관(偏官), 정관(正官), 편인(偏印), 인수(印綬, 정인)의 열 가지 명칭이 있다. 비견은 오행과 음양이 동일하고, 비겁은 오행은 동일하나 음양이 다른 것이다. 식신은 오행이 아생(我生)이며 음양이 같고, 상관은 오행이 아생(我生)이나 음양이 다른 것이다. 편재는 오행이 아극(我剋)이며 음양이 같고, 정재는 오행이 아극(我剋)이나 음양이 다른 것이다. 편관은 오행이 극아(剋我)이며 음양이 같고, 정관은 오행이 극아(剋我)이나 음양이 다른 것이다. 편인은 오행이 생아(生我)이며 음양이 같고, 인수는 오행이 생아(生我)이나 음양이 다른 것이다. 여기에서 비견, 편재, 정재, 편인, 인수는 길(吉)이며 겁재, 식신, 상관, 편관, 정관은 흉(凶)이다. 이들을 정리하면 다음과 같다.

육신조견표

천간 / 육신	비견	겁재	식신	상관	편재	정재	편관	정관	편인	인수
甲(木)	甲(木)	乙(木)	丙(火)	丁(火)	戊(土)	己(土)	庚(金)	辛(金)	壬(水)	癸(水)
乙(木)	乙(木)	甲(木)	丁(火)	丙(火)	己(土)	戊(土)	辛(金)	庚(金)	癸(水)	壬(水)
丙(火)	丙(火)	丁(火)	戊(土)	己(土)	庚(金)	辛(金)	壬(水)	癸(水)	甲(木)	乙(木)
丁(火)	丁(火)	丙(火)	己(土)	戊(土)	辛(金)	庚(金)	癸(水)	壬(水)	乙(木)	甲(木)
戊(土)	戊(土)	己(土)	庚(金)	辛(金)	壬(水)	癸(水)	甲(木)	乙(木)	丙(火)	丁(火)
己(土)	己(土)	戊(土)	辛(金)	庚(金)	癸(水)	壬(水)	乙(木)	甲(木)	丁(火)	丙(火)
庚(金)	庚(金)	辛(金)	壬(水)	癸(水)	甲(木)	乙(木)	丙(火)	丁(火)	戊(土)	己(土)
辛(金)	辛(金)	庚(金)	癸(水)	壬(水)	乙(木)	甲(木)	丁(火)	丙(火)	己(土)	戊(土)
壬(水)	壬(水)	癸(水)	甲(木)	乙(木)	丙(火)	丁(火)	戊(土)	己(土)	庚(金)	辛(金)
癸(水)	癸(水)	壬(水)	乙(木)	甲(木)	丁(火)	丙(火)	己(土)	戊(土)	辛(金)	庚(金)

2) 합

합(合)은 길(吉)하다는 의미가 있으며 주기적으로 반복되는 서양의 바이오리듬과 유사성을 가진다. 지지(地支) 12개를 음은 음끼리, 양은 양끼리 서로 조합되도록 3개씩 묶어 삼합(三合)이라 하는데, 4일 간격으로 반복되며 지지(地支)의 상길(上吉)이다. 천간(天干) 10개를 음양이 서로 조합되도록 2개씩 묶어 5개의 합을 만들어 오합(五合) 또는 간합(干合)이라 하는데 5일 간격으로 반복되며 천간(天干)의 상길(上吉)이다. 이것을 정리하면 다음과 같다.

합(合)

오행 / 합	목(木)	화(火)	토(土)	금(金)	수(水)	불변(不變)
삼합(三合)	亥卯未	寅午戌	-	巳酉丑	申子辰	-
오합(五合)	丁壬	戊癸	甲己	乙庚	丙辛	-
육합(六合)	寅亥	卯戌	子丑	辰酉	巳申	午未

지지(地支)를 음양이 서로 조합되게 2개씩 묶으면 6개의 합(合)이 되어서 육합(六合)이라 하는데 1일+11일, 2일+10일, 3일+9일, 4일+8일, 5일+7일, 6일+6일 간격과 합하여 12일 간격으로 반복되며 지지(地支)의 차길(次吉)이다.

3) 충

충(衝)은 흉(凶)으로 지지(地支)나 천간(天干)에서 각기 4일이나 6일 간격으로 반복되는 바이오리듬과 유사하다. 방향으로 보면 서로 마주보는 것이 최흉(最凶)이다. 이것을 정리하면 다음과 같다.

충(衝)

지지	자(子)	축(丑)	인(寅)	묘(卯)	진(辰)	사(巳)	오(午)	미(未)	신(申)	유(酉)	술(戌)	해(亥)
충	午	未	申	酉	戌	亥	子	丑	寅	卯	辰	巳

천간	갑(甲)	을(乙)	병(丙)	정(丁)	무(戊)	기(己)	경(庚)	신(辛)	임(壬)	계(癸)
충	庚	辛	壬	癸	-	-	甲	乙	丙	丁

풍수지리와 택일에서는 사람, 건물, 대지, 시각에 각각 고유의 간지(干支)가 있으며 이들의 상호 관계로서 육신, 합, 충 등으로 길흉을 판단한다.

2. 정음정양(淨陰淨陽)

(1) 납갑(納甲)

8卦	離(午)	坤	震(卯)	兌(酉)	乾	巽	艮	坎(子)	비고
月在	壬	乙	庚	丁	甲	辛	丙	癸	
出時			戌時	戌時	戌時	卯時	卯時		
納甲	壬己寅戌	乙癸戌	庚亥未	丁巳丑	甲壬己	辛	丙	癸戊申辰	
陰陽		3陰俱足	1陽生	2陽生	3陽俱足	1陰生	2陰生		
象	(☲)	(☷)	(☳)	(☱)	(☰)	(☴)	(☶)	(☵)	
月形		每月下弦後 28~30純黑 次月 初1~初2未明	每月 合朔後 哉生魄	每月 上弦 始生魄	每月 15日 望	每月 望後 月明虧	每月 下弦 月半虧		
月明		無光	月明1分	月明2分	月全明	月暗1分	月暗2分		
日		28~初2	初3~初8	初8~12	13~ 17	18~22	23~ 27		

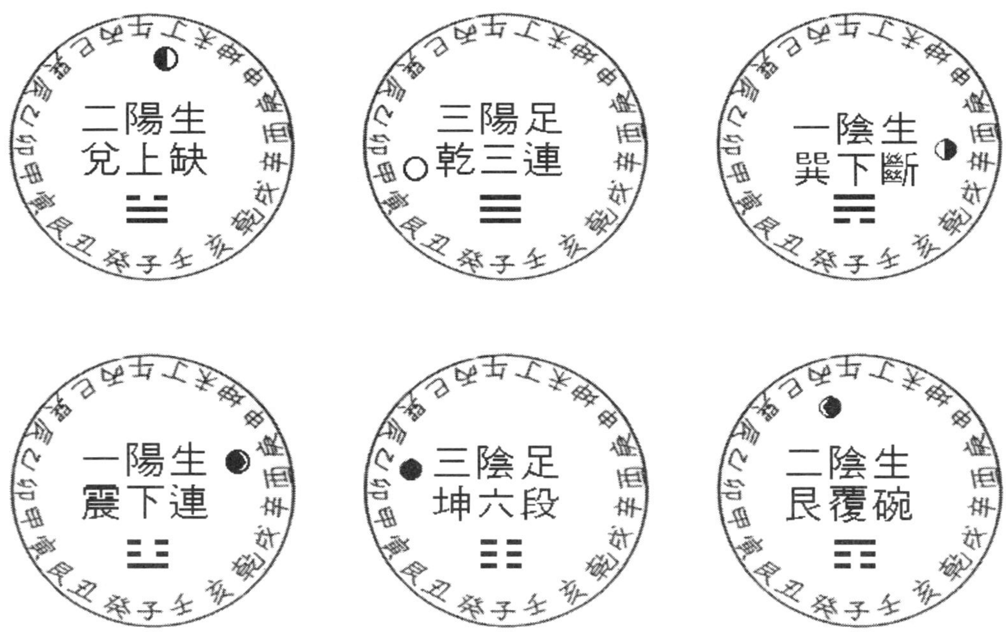

팔간(八干)의 납갑(納甲)은 태음(太陰)에서 정(定)한다. 그러므로 매월합삭후재생백(每月合朔後哉生明)은 초3일부터 초7일까지 술시(戌時)에 남방(南方)을 향(向)하여 바라보면 하늘에서 월명(月明)1분(分)이 1양하(陽下)2음상(陰上)의 상(象)이 진괘(震卦)이고 나경(羅經)의 경방

(庚方)에 있으므로 진(震)납갑(納甲)이 경(庚)이다.

매월상현(每月上弦)은 초8일부터 12일까지 술시(戌時)에 하늘에서 월명(月明)2분(分)이 2양하(陽下)1음상(陰上)의 상(象)이 태(兌)이고 나경(羅經)의 정방(丁方)에 있으므로 태(兌)납갑(納甲)이 정(丁)이다.

매월장망(每月將望)은 13일부터 17일까지 술시(戌時)에 하늘에서 월광진명(月光盡明)이 3양(陽)구족(俱足)의 상(象)이 건괘(乾卦)이며 나경(羅經)의 갑방(甲方)에 있어 건(乾)납갑(納甲)이 갑(甲)이다.

매월망후재생백(每月望後哉生魄)은 18일부터 22일까지 묘시(卯時)출일(出日)에 하늘에서 월암(月暗)1분(分)이 1음하(陰下)2양상(陽上)의 상(象)이 손괘(巽卦)이며 나경(羅經)의 신방(辛方)이므로 손(巽)납갑(納甲)이 신(辛)이다.

매월하현(每月下弦)은 23일부터 27일까지 묘시(卯時)에 하늘에서 월암(月暗)2분(分)이 2음하(陰下)1양상(陽上)의 상(象)이 간괘(艮卦)이며 나경(羅經)의 병방(丙方)이므로 간(艮)납갑(納甲)이 병(丙)이다.

매월장회(每月將晦)는 28일부터 다음달 초2일까지 일출(日出)시(時)에 하늘에서 월광진회(月光盡晦) 3음(陰)전비(全備)의 상(象)이 곤괘(坤卦)이며 을방(乙方)이므로 곤(坤)납갑(納甲)이 을(乙)이다.

이(離)는 태양(太陽)지존(至尊)의 괘(卦)이며 시광(施光)이 월(月)에서 운변(運變)이다. 육괘(六卦)중효(中爻)가 음(陰)에 속하므로 복역(卜易)의 납갑(納甲)이 기(己)이며 나경(羅經)에 기토위(己土位)가 없고 후천(後天)의 남(南)에 거주한다. 건위(乾位)를 따라 건(乾)에서 납갑(納甲)은 괘외(卦外)이고 이(離)에서 천간(天干)임수(壬水)의 납갑(納甲)이다.

감(坎)이 태음이며 월(月)이다. 본래 중효(中爻)가 양(陽)에 속(屬)하므로 복역(卜易)의 납갑(納甲)이 무(戊)이며 나경(羅經)에 무상위(戊上位)가 없고 후천(後天)의 정북(正北)에 거주한다. 곤위(坤位)를 따라 곤(坤)에서 납갑(納甲)은 괘외(卦外)이고 감(坎)에서 천간(天干)계수(癸水)의 납갑(納甲)이다.

(2) 정음정양(淨陰淨陽)

정음정양(淨陰淨陽)의 원리는 낙서(洛書)에서 기수(奇數)가 양(陽)이며 우수(偶數)가 음(陰)이다. 주역(周易)에서 말한 양괘(陽卦)는 기(奇), 음괘(陰卦)는 우(偶)이다.

선천(先天)에서 하도(河圖)의 괘(卦)는 기(氣), 후천(後天)낙서(洛書)는 방(方)을 주장한다. 선천(先天)의 건남곤북이서감서(乾南坤北離東坎西)가 원거(原居)이다. 낙서(洛書)1감3진7태9리(一坎三震七兌九離)의 궁(宮)은 선천(先天)에서 건곤감리(乾坤坎離)를 따라 후천(後天)방위

(方位)가 1·3·7·9의 기수(奇數)가 양(陽)이다. 선천(先天)에서 진손간태(震巽艮兌)를 따라 후천(後天)방위(方位)가 2·4·6·8의 우수(偶數)가 음(陰)이다.

선천괘(先天卦)에서 기(氣)가 낙서(洛書)를 따라 기우(奇耦)로 나누어진 음양(陰陽)으로 인하여 돌아간다. 후천(後天)에서 사상(四象)오행(五行)방위(方位)팔괘(八卦)의 궁(宮)이다. 이는 선후(先後)가 호변(互變)하여 선천리수(先天理數)에서 후천(後天)방위(方位)가 있고 분음분양(分陰分陽)이다.

지지(地支)에서 팔괘(八卦)를 따라 중간에 사상(四象)의 조합(調合)이 음양(陰陽)을 나눈다. 이(離)와 같이 본래 선천(先天)의 양(陽)이고 후천(後天)의 위거(位居)는 정오(正午)이며 정남(正南)화위(火位)이다. 격팔상생(隔八相生)삼방조합(三方調合)은 인술(寅戌)이므로 인술(寅戌)이지(二支)가 이괘(離卦)에 종속되며 양(陽)이다. 감(坎) 역시 선천(先天)의 양(陽)이고 후천(後天)의 위거(位居)는 정자(正子)이며 정북(正北)수신(水神)이다. 격팔상생(隔八相生)삼방조합(三方調合)은 신진(申辰)이므로 신진(申辰)이지(二支)가 감(坎)에 종속되며 양(陽)이다. 진(震)은 본래 선천(先天)의 음(陰)이고 후천(後天)의 위거(位居)는 정묘(正卯)이며 정동(正東)목신(木神)이다. 격팔상생(隔八相生)삼방조합(三方調合)은 묘미(卯未)이므로 묘미(卯未)이지(二支)가 묘(卯)에 종속되며 음(陰)이다. 태(兌) 역시 선천(先天)의 음(陰)이고 후천(後天)의 위거(位居)는 정서(正西)이며 정서(正西)금신(金神)이다. 격팔상생(隔八相生)삼방조합(三方調合)은 사축(巳丑)이므로 사축(巳丑)이지(二支)가 유(酉)에 종속되며 음(陰)이다. 이는 지지(地支)에서 오행(五行), 사상(四象), 삼합(三合)의 괘(卦)가 종속되며 분음분양(分陰分陽)이다.

정음정양(淨陰淨陽)추출(抽出)

⚋ ◐上弦 明2分 ⚊ 2兌澤 丁 ⚊ 巳酉丑 東南 4綠巽 8 9 10 11 12	⚊ ○望 全明 ⚊ 1乾天 甲壬己 ⚊ 南 9紫離 13 14 15 16 17	⚊ ◑下弦 暗1分 ⚊ 5巽風 辛 ⚋ 西南 2黑坤 18 19 20 21 22
⚊ ⚋ 3離火 壬己 ⚊ 寅午戌 東 3碧震	中央 5中黃	⚋ ⚊ 6坎水 癸戊 ⚋ 申子辰 西 7赤兌
⚋ ◗ 초생달 明1分 ⚋ 4震雷 庚 ⚊ 亥卯未 東北 8白艮 7 6 5 4 3	⚋ ● 合朔 純黑 ⚋ 8坤地 乙癸戊 ⚋ 北 1白坎 2 1 30 29 28	⚊ ◖ 그믐달 暗2分 ⚋ 7艮山 丙 ⚋ 西北 6白乾 27 26 25 24 23

① 복희선천합9(伏羲先天合9) → 1乾天, 2兌澤, 3離火, 4震雷, 5巽風, 6坎水, 7艮山, 8坤地

② 지지(地支)납갑(納甲) → 삼합(三合)

③ 정음정양(淨陰淨陽) → 4우(隅) : 정음(淨陰) 4정(正) : 정양(淨陽)

건곤감리(乾坤坎離) 4괘(卦)는 낙서(洛書)의 4정(正)에 있고, 위(位)가 모두 기수(奇數)이므로 정양(淨陽)이다. 간태진손(艮兌震巽) 4괘(卦)는 낙서(洛書)의 4우(隅)에 있고, 위(位)가 모두 우수(隅數)이므로 정음(淨陰)이다. 법(法)은 후천(後天)방위(方位)로 생각하며 선천(先天)이기(理氣)를 사용하는 것은 같다.

괘(卦)	乾3連	坤6段	離中虛	坎中滿	兌上缺	艮覆碗	巽仰盂	震下斷
상(像)	(☰)	(☷)	(☲)	(☵)	(☱)	(☶)	(☴)	(☳)
음양(陰陽)	天 陽	地 陽	火 陽	水 陽	澤 陰	山 陰	風 陰	雷 陰
친(親)	老父	老母	중녀	중남	소녀	소남	장녀	장남
신(身)	수(首)	복(腹)	목(目)	이(耳)	구(口)	수(手)	고(股)	족(足)

㉮ 정양(淨陽) : 壬子癸, 寅甲, 乙辰, 午, 坤申, 戌乾.

㉯ 정음(淨陰) : 丑艮, 卯, 巽巳丙, 丁未, 庚酉, 辛, 亥.

④ 동궁독궁(同宮獨宮) → 정음정양(淨陰淨陽)과 팔살(八煞)

㉮ 동궁(同宮) : 壬子癸, 寅甲, 乙辰, 坤申, 戌乾, 丑艮, 巳丙, 丁未, 庚酉.

㉯ 독궁(獨宮) : 卯, 午, 巽, 辛, 亥.

3. 자백법(紫白法), 천성(天星), 포태법(胞胎法)

(1) 자백법(紫白法)

자백법은 후천 팔괘의 구궁(九宮)에 1백(白), 2흑(黑), 3벽(壁), 4록(綠), 5황(黃), 6백(白), 7적(赤), 8백(白), 9자(紫)를 순행 시키는 방법이다. 택일 길흉신표에 각기 적용되는 자백을 수록하였고, 수록된 해년(亥年)의 자백은 다음과 같다.

해년(亥年)의 자백

亥年 / 紫白	上元				中元				下元			
	1白	6白	8白	9紫	1白	6白	8白	9紫	1白	6白	8白	9紫
乙亥年 辛亥年	兌	震	中	乾	巽	離	坤	震	坎	乾	艮	離
丁亥年 癸亥年	坎	乾	艮	離	兌	震	中	乾	巽	離	坤	震
己亥年	巽	離	坤	震	坎	乾	艮	離	兌	震	中	乾

상원, 중원, 하원은 60년을 단위로 계속 반복되는데 1864년부터 1923년까지 상원갑자, 1924년부터 1983년까지 중원갑자, 1984년부터 2043년까지 하원갑자이다. 2007년이 정해년(丁亥年)이므로 하원갑자이며 1백(白)이 손궁(巽宮), 6백(白)이 이궁(離宮), 8백(白)이 곤궁(坤宮), 9자(紫)가 진궁(震宮)이다. 이것의 자백 순행은 아래 표와 같이 1백(白)이 손궁(巽宮), 2흑(黑)이 중궁(中宮), 3벽(碧)이 건궁(乾宮), 4록(綠)이 태궁(兌宮), 5황(黃)이 간궁(艮宮), 6백(白)이 이궁(離宮), 7적(赤)이 감궁(坎宮), 8백이 곤궁(坤宮), 9자(紫)가 진궁(震宮)이다. 계해년(癸亥年)은 정해년(丁亥年)과 동일하다.

정해년(丁亥年)과 계해년(癸亥年)의 자백

4巽 - 1白	9離 - 6白	2坤 - 8白
3震 - 9紫	5中 - 2黑	7兌 - 4綠
8艮 - 5黃	1坎 - 7赤	6乾 - 3壁

위와 같은 방법으로 을해년(乙亥年)과 신해년(辛亥年) 및 기해년(己亥年)의 자백은 다음과 같다.

을해년(乙亥年)과 신해년(辛亥年)의 자백

4巽 - 4綠	9離 - 9紫	2坤 - 2黑
3震 - 3壁	5中 - 5黃	7兌 - 7赤
8艮 - 8白	1坎 - 1白	6乾 - 6白

기해년(癸亥年)의 자백

4巽 - 7赤	9離 - 3壁	2坤 - 5黃
3震 - 6白	5中 - 8白	7兌 - 1白
8艮 - 2黑	1坎 - 4綠	6乾 - 9紫

자백에서 1백(白), 6백(白), 8백(白), 9자(紫)의 4개 자백(紫白)이 들어오는 궁(宮)에 길신(吉神)이 비친다. 택일에서 건물의 좌향(坐向)이 4개의 자백이 있는 궁(宮)이면 길신(吉辰)으로 작용한다.

(2) 천성(天星)과 28수(宿)

乾	양기(陽機), 천기(天璣)	亥	천황(天皇)	壬	음권(陰權)
奎	천구(天廐), 항양(亢陽)	壁	자미원(紫微垣), 천문(天門)	室	천보(天輔)
子	양광(陽光)	癸	음광(陰光)	丑	금우(金牛), 두우(斗牛)
虛危		女		牛	천주(天廚)
艮	양추(陽樞), 양기(陽機)	寅	천배(天培), 공조(功曹)	甲	음기(陰璣)
斗	천시원(天市垣), 항추(降樞)	箕	천부(天棓)	尾	천원(天苑)
卯	양형(陽衡), 천형(天衡)	乙	천관(天官)	辰	천강(天罡), 항금(亢金)
房心	천명(天命), 아향(阿香)	氐		亢	
巽	양기(陽璣), 천을(天乙)	巳	천병(天屛)	丙	음추(陰樞), 사문(赦文)
角	양선(陽璇)	軫	청사(靑蛇), 적사(赤蛇)	翼	태미원(太微垣), 천귀(天貴)
午	양권(陽權), 태양(太陽)	丁	남극(南極), 음려(陰閭)	未	금양(金羊), 귀기(鬼氣)
星張	염정(炎精), 천귀(天貴)	柳		鬼	천상(天常), 항음(亢陰)
坤	위과(位戈), 양과(陽戈)	申	전송(傳送), 요광(瑤光)	庚	천한(天漢), 장경(長庚)
井	陰玄, 玄戈, 천월(天鉞)	參	천관(天關)	觜	
酉	양개(陽闓), 양관(陽關)	辛	양선(陽璇), 태을(太乙)	戌	하괴(河魁), 문괴(文魁)
昴畢	소미원(少微垣), 천음(天陰)	胃	음선(陰璇)	婁	고분(鼓盆)

사원(四垣)은 자미원(紫微垣)이 북(北), 천시원(天市垣)은 동(東), 태미원(太微垣)이 남(南), 소미원(少微垣)이 서(西)에 있다. 사수(四獸)는 청룡(靑龍), 주작(朱雀), 백호(白虎), 원무(元武)이다. 28수(宿)의 사수(四獸) 소속은 청룡에 각(角), 항(亢), 저(氐), 방(房), 심(心), 미(尾), 기(箕)이며 주작에 두(斗), 우(牛), 여(女), 허(虛), 위(危), 실(室), 벽(壁)이며 백호에 규(奎), 루(樓), 위(胃), 묘(昴), 필(畢), 자(觜), 삼(參)이며 주작에 정(井), 귀(鬼), 유(柳), 성(星), 장(張), 익(翼), 진(軫)이다.

(3) 포태법(胞胎法)

포태법(胞胎法)은 사람이 태어나서 무덤에 들어가는 과정을 지지(地支)와 연결한 것이다. 택일에서는 생(生), 관(官), 왕(旺)이 길(吉)로 사용하며 생(生)을 장생(長生), 관(官)을 임관(臨官), 왕(旺)을 제왕(帝旺)이라 한다. 이것을 연월일시 글자에 많이 사용한다. 아래의 표에서 격국(格局)을 보면 입수룡(入首龍)이나 좌향(坐向)의 오행이 목(木)이라면 장생은 해(亥), 임관은 인(寅), 제왕(帝旺)은 묘(卯)이다. 그러므로 목(木)의 입수룡이나 좌향[11]에서 ○亥년, ○亥월, ○亥일, ○亥시의 택일이면 장생격이며 또한 지지일기격[12]이 된다. 또 ○卯년, ○卯월, ○寅일, ○寅시의 택일이면 관왕국이며 지지불잡격[13]이 된다. 또 ○未년, ○卯월, ○亥일, ○寅시의 택일이면 삼합 겸 임관국이 된다. 나머지는 이와 같이 유추한다.

입수룡이나 좌향의 오행에 대하여 생(生), 관(官), 왕(旺)이 나타나는 포태법은 다음과 같다.

포태법

오행＼포태		포(胞)	태(胎)	양(養)	생(生)	욕(浴)	내(帶)	관(官)	왕(旺)	쇠(衰)	병(病)	사(死)	묘(墓)
水土	陽	巳	午	未	申	酉	戌	亥	子	丑	寅	卯	辰
	陰	午	巳	辰	卯	寅	丑	子	亥	戌	酉	申	未
木	陽	申	酉	戌	亥	子	丑	寅	卯	辰	巳	午	未
	陰	酉	申	未	午	巳	辰	卯	寅	丑	子	亥	戌
火	陽	亥	子	丑	寅	卯	辰	巳	午	未	申	酉	戌
	陰	子	亥	戌	酉	申	未	午	巳	辰	卯	寅	丑
金	陽	寅	卯	辰	巳	午	未	申	酉	戌	亥	子	丑
	陰	卯	寅	丑	子	亥	戌	酉	申	未	午	巳	辰

11) 목(木)의 입수룡이나 좌향은 나경으로 측정하여 인(寅), 묘(卯), 갑(甲), 을(乙), 손(巽)이 되는 것을 말함.

12) 지지일기격(地支一氣格)은 지지(地支)가 같은 것을 말함.

13) 지지불잡격(地支不雜格)은 지지(地支)의 2개 글자만 사용하여 같이 있거나 떨어져있는 것을 말함.

건갑정(乾甲丁)해묘미(亥卯未)는 갑목(甲木)순행(順行)에서 장생(長生)은 해(亥), 묘(卯)를 돌아 고장(庫藏)이 미(未)이다. 만약 역행(逆行)의 을목(乙木)은 장생(長生)이 오(午), 인(寅)을 돌아 고장(庫藏)이 술(戌)이다. 인오술(寅午戌) 역시 모두 근본의 정리는 건(乾)이다.

간병신(艮丙辛)인오술(寅午戌)은 병화(丙火)순행(順行)이다. 장생(長生)은 인(寅), 왕(旺)은 오(午), 고(庫)는 술(戌)이다. 만약 역행(逆行)의 정화(丁火)는 장생(長生)이 유(酉), 왕(旺)이 사(巳), 고(庫)가 축(丑)이다. 사유축(巳酉丑) 역시 모두 근본의 정리는 간(艮)이다.

손경계(巽庚癸)사유축(巳酉丑)은 경금(庚金)순행(順行)이다. 장생(長生)은 사(巳), 왕(旺)은 유(酉), 고(庫)는 축(丑)이다. 만약 역행(逆行)의 신금(辛金)은 장생(長生)이 자(子), 왕(旺)이 신(申), 고(庫)가 진(辰)이다. 신자진(申子辰) 역시 모두 근본의 정리는 손(巽)이다.

곤을임(坤乙壬)신자진(申子辰)은 임수(壬水)순행(順行)이다. 장생(長生)은 신(申), 왕(旺)은 자(子), 고(庫)는 진(辰)의 말이다. 만약 역행(逆行)의 계수(癸水)는 장생(長生)이 묘(卯), 왕(旺)이 해(亥), 고(庫)가 미(未)이다. 해묘미(亥卯未) 역시 모두 근본의 정리는 손(巽)이다. 그러므로 미곤신(未坤申)의 동일괘(同一卦)는 신(申)이 임수(壬水)의 장생(長生)이며 미(未)가 계수(癸水)의 묘(墓)이다.

술건해(戌乾亥)의 동일괘(同一卦)는 해(亥)가 갑목(甲木)의 장생(長生)이며 술(戌)이 을목(乙木)의 묘(墓)이다. 축간인(丑艮寅)의 동일괘(同一卦)는 인(寅)이 병화(丙火)의 장생(長生)이며 축(丑)이 정화(丁火)의 묘(墓)이다.

진손사(辰巽巳)의 동일괘(同一卦)는 사(巳)가 경금(庚金)의 장생(長生)이며 축(丑)이 신금(辛金)이 묘(墓)이다. 갑목(甲木)의 사(死)는 오(午), 을목(乙木)의 장생(長生)이 오(午)이다. 병화(丙火)의 사(死)는 유(酉), 정화(丁火)의 장생(長生)이 유(酉)이다. 경금(庚金)의 사(死)는 자(子), 신금(辛金)의 장생(長生)이 자(子)이다. 임수(壬水)의 사(死)는 묘(卯), 계수(癸水)의 장생(長生)이 묘(卯)이다.

4. 나경(羅經, 佩鐵)

나반(羅盤)은 보통사람들이 나침반, 패철, 쇠라고 하는데, 정침(正針)을 기준(基準)으로 중침(中針)은 +7.5° 우(右)에, 봉침(縫針)은 −7.5° 좌(左)로 위치하여 제작되었다.

(1) 24방위(24方位＝1卦3方)

24방위	壬	子	癸	丑	艮	寅	甲	卯	乙	巽	辰	巳	丙	午	丁	未	坤	申	庚	酉	辛	戌	乾	亥
8괘	坎			艮			震			巽			離			坤			兌			乾		
음양오행	陽水			陽土			陽木			陰木			陰火			陰土			陰金			陽金		
육친	中男			少男			長男			長女			中女			母			少女			父		

24방위(方位)는 지지 12개 글자, 천간 10개 글자에서 무기(戊己)는 중앙이므로 제외하고 8개 글자, 주역 8괘에서 감리진태(坎離震兌)는 지지 자오묘유(子午卯酉)와 같아 제외한 4개 글자 건곤간손(乾坤艮巽)을 각기 24방위에 배치하여 만들었다. 즉, 정북을 기준으로 좌우 7.5°로서 子로 삼고, 계속하여 360°를 15°로 나누어 癸, 丑, 艮, 寅, 甲, 卯, 乙, 辰, 巽, 巳, 丙, 午, 丁, 未, 坤, 申, 庚, 酉, 辛, 戌, 乾, 亥, 壬을 배치하면 360°가 채워진 24 글자로서 방위를 표시한다. 이 24방위 측정도구를 나경 또는 패철이라 부르며 나경도는 그림과 같다.

나경도[14]

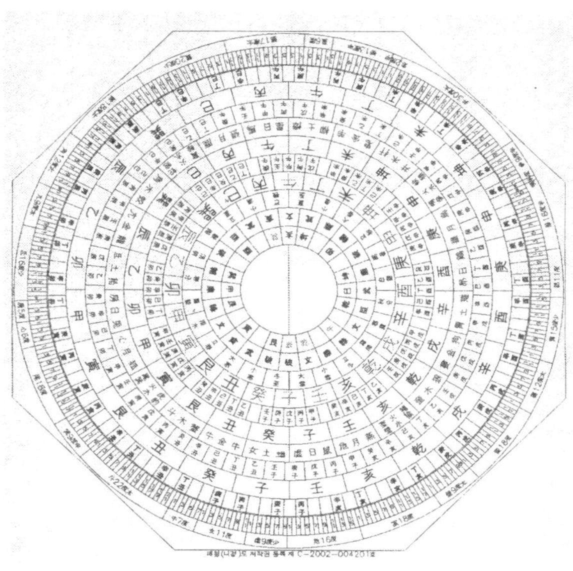

14) 출처 : 정정표 · 김종철 · 서태훈, 패철도, 저작권심의조정위원회 제C-2002-004201호. 정정표 · 김종철 · 서태훈, 패철도설, 저작권심의조정위원회 제C-2002-004202호.

자오묘유(子午卯酉)와 건곤간손(乾坤艮巽)이 8방이다. 지반정침을 기준으로 천반봉침은 −7.5°, 인반중침은 +7.5°로 이루어져 있다. 주역의 글자는 60갑자의 글자와 서로 이질적인데, 감(坎)은 자(子), 진(震)은 묘(卯), 이(離)는 오(午), 태(兌)는 유(酉)는 서로 같은 방향을 말한다. 건(乾)은 해(亥), 간(艮)은 인(寅), 손(巽)은 사(巳), 곤(坤)은 신(申)이 인접하여 같은 궁(宮)으로 본다. 택일에서 나경은 건물의 좌향(坐向)과 대지의 입수룡(入首龍)을 측정하는데 사용한다.

(2) 12층의 나경(羅經)

1) 1층 : 팔살수(八煞水)와 황천수(黃泉水)
2) 2층 : 구성(九星)
3) 3층 : 24절후(節侯)
4) 4층 : 지반(地盤) 정침(正針) 24산(山)
5) 5층 : 72분금(分金)
6) 6층 : 인반(人盤) 중침(中針) 24산(山)
7) 7층 : 각방(各方) 28수(宿), 7정(政), 동물(動物)
8) 8층 : 반분(半分) 60룡(龍)
9) 9층 : 천반(天盤) 봉침(縫針) 24산(山)
10) 10층 : 120분금(分金)
11) 11층 : 360분금(分金)
12) 12층 : 28수(宿) 도수(度數)대소(大小)

(3) 1층 : 황천수(黃泉水)와 팔살수(八煞水)

1) 황천수(黃泉水)

庚丁坤上是黃泉 乙丙須防巽水先 甲癸向中休見艮 辛壬水路怕當乾
경정곤상시황천 을병수방손수선 갑계향중휴견간 신임수로파당건

황천수(黃泉水)

向	艮	癸	甲	巽	乙	丙	坤	丁	庚	乾	辛	壬	비고
水	甲癸	艮	艮	乙	巽	不爲黃泉	庚丁	坤	坤	辛	乾	不爲黃泉	巽丙 乾壬 不爲黃泉

이것은 향(向)이 수수(收水)하는 것을 가리킨다. 곤(坤)수래(水來)를 보면 경정(庚丁) 2향(向)은 불가하며 경정(庚丁) 2수래(水來)를 보면 간좌곤향(艮坐坤向)은 불가한데 황천(黃泉)이

기 때문이다. 을(乙)수래(水來)에 손향(巽向)은 불가하며 손(巽)수래(水來)에 신좌을향(辛坐乙向)도 불가한데 황천(黃泉)이기 때문이다. 그런데 만약 병(丙)수래(水來)에 건좌손향(乾坐巽向), 손(巽)수래(水來)에 임좌병향(壬坐丙向)은 거문수(巨門水)나 6수수(水秀)가 되어 총명자(聰明者)가 나고 부(富)를 주장한다. 간(艮)수래(水來)에 갑계(甲癸) 2향(向)은 불가하며, 갑계2수래(甲癸2水來)에 곤좌간향(坤坐艮向)은 불가한데 황천(黃泉)이기 때문이다. 건수래(乾水來)에 을좌신향(乙坐辛向)과 신수래(辛水來)에 손좌건향(巽坐乾向)은 불가한데 황천(黃泉)이기 때문이다. 그런데 만약 임(壬)수래(水來)에 건좌손향(乾坐巽向), 건(乾)수래(水來)에 병좌임향(丙坐壬向)은 황천으로 되지 않는다. 이것은 무곡수(武曲水)이므로 귀(貴)를 주장한다. 정음정양(淨陰淨陽)의 양(陽)수래(水來)에 양향(陽向), 음(陰)수래(水來)에 음향(陰向)을 가장 좋아한다. 래거(來去)의 수(水)가 모두 동일한 모양이므로 진선진미(盡善盡美)로 된다. 사람들을 속이기 위한 구빈황천(救貧黃泉)이 있다.

辛入乾宮百萬庄 癸歸艮位發文章 乙向巽流眞富貴 丁坤終是萬笥箱
신입건궁백만장 계귀간위발문장 을향손류진부귀 정곤종시만사상

이것은 모두 음양(陰陽)파국(破局)이다. 신(辛)수래(水來)에 손좌건향(巽坐乾向)은 염정(廉貞)이므로 주인의 토혈증(吐血症)은 치료할 약이 없고 예의(禮義)없는 사람이 나며 간사(奸詐)오역(忤逆) 패절(敗絶)한다. 계(癸)수거(水去)에 곤좌간향(坤坐艮向)은 녹존(祿存)이므로 절체(絶體)라 하는데 절사(絶嗣)하고 형제(兄弟)의 자(子)로 양자(養子)하고, 도박, 퇴패, 음란(淫亂), 산사(産死)한다. 을(乙)수래(水來)에 건좌손향(乾坐巽向)은 녹존(祿存)이므로 수질(手疾), 명령(螟蛉), 초췌(招贅), 투하(投河), 자의(自縊)를 주장한다. 정(丁)수래(水來)에 간좌곤향(艮坐坤向)은 파군(破軍)이므로 호송(好訟)하여 가재(家財)로 막을 수 없고, 관사불휴(官事不休)를 주장하고, 출생하는 인물은 흉악(凶惡)하여 도적(盜賊)이 되고, 농아(聾啞)불절(不絶)하여 망가(亡家)한다. 성인(聖人)은 '해인(害人)은 도리어 자기를 해친다고 한다.'라고 말했다.

2) 팔살수(八煞水)

坎龍坤兎震山猴 巽雞乾馬兌蛇頭 艮虎離猪爲煞曜 宅墓逢之一齊休
감룡곤토진산후 손계건마태사두 간호이저위살요 택묘봉지일제휴

팔살수(八煞水)

龍	寅	申	酉	亥	卯	巳	午	辰	비고
水	艮	卯	巽	午	坤	酉	乾 不爲八煞	子 不爲八煞	龍水相反도 八煞

① 혼천갑자(渾天甲子)

㉮ 4陽卦順起子寅辰午申戌

乾金甲子外壬午. 甲壬2干納乾卦						
內外	陰陽	爻	順序		60甲子	生克比
外卦	9	⚊	上	上九	壬戌	父母
	9	⚊	5	九五	壬申	兄弟
	9	⚊	4	九四	壬午	官鬼
內卦	9	⚊	3	九三	甲辰	父母
	9	⚊	2	九二	甲寅	妻財
	9	⚊	初	初九	甲子	子孫

坎水戊寅外戊申. 癸戊2干納坎卦						
內外	陰陽	爻	順序		60甲子	生克比
外卦	6	⚋	上	上六	戊子	兄弟
	9	⚊	5	九五	戊戌	官鬼
	6	⚋	4	六四	戊申	父母
內卦	6	⚋	3	六三	戊午	妻財
	9	⚊	2	九二	戊辰	官鬼
	6	⚋	初	初六	戊寅	子孫

雲木庚子庚午臨. 1庚干納干震						
內外	陰陽	爻	順序		60甲子	生克比
外卦	6	⚋	上	上六	庚戌	妻財
	6	⚋	5	六五	庚申	官鬼
	9	⚊	4	九四	庚午	子孫
內卦	6	⚋	3	六三	庚辰	妻財
	6	⚋	2	六二	庚寅	兄弟
	9	⚊	初	初九	庚子	父母

艮土丙辰外丙戌. 丙干納於艮						
內外	陰陽	爻	順序		60甲子	生克比
外卦	9	⚊	上	上九	丙寅	官鬼
	6	⚋	5	六五	丙子	妻財
	6	⚋	4	六四	丙戌	兄弟
內卦	9	⚊	3	九三	丙申	子孫
	6	⚋	2	六二	丙午	父母
	6	⚋	初	初六	丙辰	兄弟

㉯ 4陰卦逆起丑亥酉未巳卯

巽木辛丑外辛未. 辛干納於巽						
內外	陰陽	爻	順序		60甲子	生克比
外卦	9	⚊	上	上九	辛卯	兄弟
	9	⚊	5	九五	辛巳	子孫
	6	⚋	4	六四	辛未	妻財
內卦	9	⚊	3	九三	辛酉	官鬼
	9	⚊	2	九二	辛亥	父母
	6	⚋	初	初六	辛丑	妻財

離火己卯己酉親. 己壬2干納離						
內外	陰陽	爻	順序		60甲子	生克比
外卦	9	⚊	上	上九	己巳	兄弟
	6	⚋	5	六五	己未	子孫
	9	⚊	4	九四	己酉	妻財
內卦	9	⚊	3	九三	己亥	官鬼
	6	⚋	2	六二	己丑	子孫
	9	⚊	初	初九	己卯	父母

兌金丁巳外丁亥. 丁干納於兌						
內外	陰陽	爻	順序		60甲子	生克比
外卦	6	⚋	上	上六	丁未	父母
	9	⚊	5	九五	丁酉	兄弟
	9	⚊	4	九四	丁亥	子孫
內卦	6	⚋	3	六三	丁丑	父母
	9	⚊	2	九二	丁卯	妻財
	9	⚊	初	初九	丁巳	官鬼

坤土乙未癸丑憑. 乙癸2干納坤						
內外	陰陽	爻	順序		60甲子	生克比
外卦	6	⚋	上	上六	癸酉	子孫
	6	⚋	5	六五	癸亥	妻財
	6	⚋	4	六四	癸丑	兄弟
內卦	6	⚋	3	六三	乙卯	官鬼
	6	⚋	2	六二	乙巳	父母
	6	⚋	初	初六	乙未	兄弟

② 탁장로(託長老)는 양효(陽爻)는 9이고 1, 3, 5가 모두 9수(數), 음효(陰爻)는 6이고 2, 4는 모두 6수(數). 모두 하도(河圖)의 5생수(生數)에서 뜻을 취한 것이다. 관귀(官鬼)를 만나면 살요(煞曜)이므로 8살가(煞歌)가 있다. 8살룡(煞龍), 8살수(煞水), 8살사(煞砂)도 있다. 8살수(煞水)는 괘(卦)안의 관귀(官鬼)효(爻)이다. 용가(龍家)에서 향수(向水)의 관록방(冠祿方)이다. 행룡(行龍)의 황천(黃泉)은 전이(轉移)가 가능하고 입향(立向)의 황천(黃泉)은 전이(轉移)가 불가(不可)하다. 이것은 고인(古人)의 구인(求人)황천(黃泉)과 살인(殺人)황천(黃泉)의 분별이다. 8살수(煞水)에서 감룡(坎龍)은 진술수(辰戌水)를 꺼리지 않고, 건룡(乾龍)은 오수(午水)를 두려워하지 않으며 좋아한다. 대귀지지(大貴之地)이다. 결(訣)은 용(龍)으로부터 수(水)를 변별하며 의수입향(衣水立向)에 있다.

(4) 2층 : 구성(九星)

황석(黃石)공(公)은 건리간손감곤진태(乾離艮巽坎坤震兌)로써 번괘(翻卦)를 만들어 수(水)의 음양(陰陽)을 확정하여, 인가(人家)의 흥폐(興廢)를 알았다. 오직 번괘(翻卦)는 일정한 규칙 없이 반드시 두병7성(斗柄7星)으로써 위주한다. 탐거록문염무파(貪巨祿文廉武破)가 7성(星)의 이름인데 7성(星) 외(外)에 좌보(左輔)와 우필(右弼)이 있는데 이 2성(星)이 7성(星)과 함께 구성(九星)을 이룬다. 다만 방위는 8방(方)인데 성(星)은 구성(九星)이므로 보필(輔弼) 2성(星)을 함께 1괘(卦)로 한다. 그 괘(卦) 중(中)에서 건리감곤(乾離坎坤)은 4양괘(陽卦)로 되고, 간손진태(艮巽震兌)는 4음괘(陰卦)로 된다. 4음향(陰向)에 4음수(陰水)가 모이면 길(吉)하고, 4양수(陽水)가 모이면 흉(凶)하다. 4양향(陽向)에 4양수(陽水)가 모이면 길(吉)하고 4음수(陰水)가 모이면 흉(凶)하다. 번괘(翻卦)는 향상기보(向上起輔)하여, 보무파염탐거록문(輔武破廉貪巨祿

文)의 순서이다. 음향(陰向)의 4길성(吉星)은 간손진태(艮巽震兌)에 있고, 4흉성(凶星)은 건리감곤(乾離坎坤)에 있다. 양향(陽向)의 4길성(吉星)은 건리감곤(乾離坎坤)에 있고, 4흉성(凶星)은 간손진태(艮巽震兌)에 있다. 보무탐거(輔武貪巨)의 4성(星)은 길(吉)하며, 파록문염(破祿文廉)의 4성(星)은 흉(凶)하다. 길성(吉星)은 곧 길(吉)을 초래함으로써 흉(凶)을 끊고, 흉성(凶星)은 곧 흉래(凶來)로써 추단한다. 노사(老師)께 위치(位置)의 열거를 청하면 사람들은 조산(祖山)으로 가서 고험(考驗)하여 그 향자(向字)와 수로(水路)를 변별하여 번괘결(翻卦訣)을 적용하면 그 길흉(吉凶)을 알 것이며, 비로소 괘(卦)의 오묘함을 신용할 것이다. 반드시 정음정양(淨陰淨陽)으로써 위주한다. 옛말은 홍흑1반(紅黑1盤)으로 수로(水路)를 상고(詳考)한다.

1) 삼길육수(三吉六秀)

삼길육수(三吉六秀)를 갖추는 말은 곤괘(坤卦)를 따라 대궁(對宮)에서 탐랑(貪狼)이 일어나는 법(法)이다. 세상에서 요지(要旨)를 알지 못하고 육수(六秀), 삼길(三吉), 팔귀(八貴)는 좌(坐)의 음궁(陰宮)에 그치고, 건곤감리(乾坤坎離) 사양괘(四陽卦)의 길수귀(吉秀貴)가 음궁(陰宮)에 존재하며 진손간태(震巽艮兌) 사음괘(四陰卦)의 길수귀(吉秀貴)가 양위(陽位)에 존재함을 알지 못한다.

가령 진괘(震卦)는 상효(上爻)가 변(變)하면 이임인술(離壬寅戌)이며 탐랑(貪狼)이고, 이효(二爻)가 변(變)하면 건갑(乾甲)이며 거문(巨門)이고, 초효(初爻)가 변(變)하면 손신(巽辛)이며 녹존(祿存)이고, 이효(二爻)기 변(變)하면 간병(艮丙)이며 문곡(文曲)이고, 상효(上爻)가 변(變)하면 곤을(坤乙)이며 염정(廉貞)이고, 이효(二爻)가 변(變)하면 감계신진(坎癸申辰)이며 무곡(武曲)이고, 초효(初爻)가 변(變)하면 태정사축(兌丁巳丑)이며 파군(破軍)이고, 이효(二爻)가 변(變)하면 진경해미(震庚亥未)이며 본괘로 돌아가 보필(輔弼)이다. 팔괘(八卦)와 함께 팔변(八變)에서 탐거녹문염무파보(貪巨祿文廉武破輔)을 이루어 이것으로서 추리한다. 음괘(陰卦)의 탐거염무(貪巨廉武)는 양(陽)에 존재하고, 양괘(陽卦)의 탐거염무(貪巨廉武)는 음(陰)에 존재한다. 삼길(三吉)육수(六秀)는 팔괘(八卦)를 총괄하여 최관(催官)에서 무정(無定)이다.

2) 황석공(黃石公) 번괘장결(飜卦掌訣)

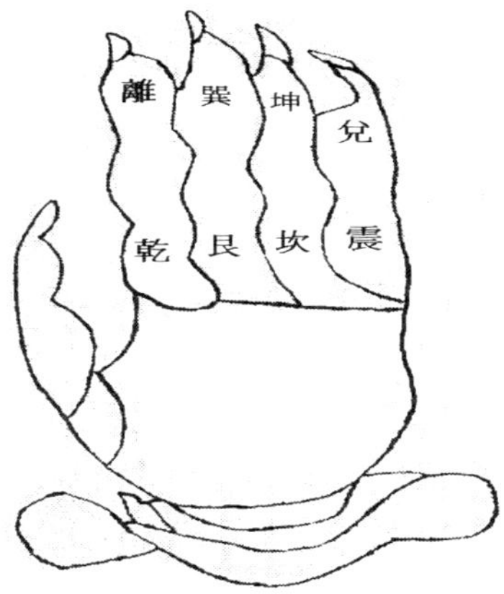

① 장결(掌訣)의 원칙(原則)

㉮ 모체시작(母體始作) : 삼길육수(三吉六秀)에 사용.

㉯ 향상기보(向上起輔) : 수래거(水來去)에 사용.

㉰ 상기하락(上起下落)

㉱ 하기상락(下起上落) ㉲ 중기중락(中起中落)

* 모체(母體) : 乾은兌, 兌는乾, 震은離, 離는震, 坎은巽, 巽은坎, 艮은坤, 坤은艮.

② 삼길방(三吉方) : 탐랑(貪狼), 거문(巨門), 무곡(武曲).

③ 사길방(四吉方) : 탐랑(貪狼), 거문(巨門), 무곡(武曲), 보필(輔弼).

④ 구성순서(九星順序)

順　序	1	2	3	4	5	6	7	8
三吉六秀	貪狼	巨門	祿存	文曲	廉貞	武曲	破軍	輔弼
陽　宅	貪狼 生氣	廉貞 五鬼	武曲 延年	文曲 六殺	祿存 禍害	巨門 天醫	破軍 絶命	輔弼 伏位
得水得破	輔弼	武曲	破軍	廉貞	貪狼	巨門	祿存	文曲

간병(艮丙)탐랑(貪狼)목(木), 손신(巽辛)거문(巨門)토(土), 건갑(乾甲)녹존(祿存)토(土), 이임인술(離壬寅戌)문곡(文曲)수(水), 진경해미(震庚亥未)염정(廉貞)화(火), 태정사축(兌丁巳丑)무곡(武曲)금(金), 감계신진(坎癸申辰)파군(破軍)금(金), 곤을(坤乙)보필(輔弼)토(土)이다. 이는 지하(地下)의 구성(九星)이다. 지모괘(地母卦)곤(坤)에서 상효(上爻)를 따라 아래로 변해 팔변(八變)하면 본괘(本卦)로 돌아와 보필(輔弼)과 합(合)한다. 일궁(一宮)은 탐거녹문염무파보(貪巨祿文廉武破輔)을 차례로 변하여 간다. 그 장생(長生)의 소속(所屬)은 구성(九星)에서 준결

(準結)한다. 산곡(山谷)에 낙혈(落穴)의 간룡법(看龍法)이 양공(楊公)과 뢰공(賴公)의 간룡법(看龍星)이다. 입궁(入宮)은 이에 근거한다.

3) 삼길육수(三吉六秀) 조견표(早見表)

坐　母體　九星 方位		乾甲 陽	離壬寅戌 陽	艮丙 陰	巽辛 陰	坎癸申辰 陽	坤乙 陽	震庚亥未 陰	兌丁巳丑 陰
태정사축- (兌丁巳丑)	건갑+ (乾甲)	貪狼	巨門	祿存	文曲	廉貞	武曲	破軍	輔弼
진경해미- (震庚亥未)	이임인술+ (離壬寅戌)	巨門	貪狼	文曲	祿存	武曲	廉貞	輔弼	破軍
곤을+ (坤乙)	간병- (艮丙)	祿存	文曲	貪狼	巨門	破軍	輔弼	廉貞	武曲
감계신진+ (坎癸申辰)	손신- (巽辛)	文曲	祿存	巨門	貪狼	輔弼	破軍	武曲	廉貞
손신- (巽辛)	감계신진+ (坎癸申辰)	廉貞	武曲	破軍	輔弼	貪狼	巨門	祿存	文曲
간병- (艮丙)	곤을+ (坤乙)	武曲	廉貞	輔弼	破軍	巨門	貪狼	文曲	祿存
이임인술+ (離壬寅戌)	진경해미- (震庚亥未)	破軍	輔弼	廉貞	武曲	祿存	文曲	貪狼	巨門
건갑+ (乾甲)	태정사축- (兌丁巳丑)	輔弼	破軍	武曲	廉貞	文曲	祿存	巨門	貪狼

4) 보성수법(輔星水法, 8괘수법 水來去) 조견표(早見表)

向　九星　方位		건갑+ (乾甲)	이임인술+ (離壬寅戌)	간병- (艮丙)	손신- (巽辛)	감계신진+ (坎癸申辰)	곤을+ (坤乙)	진경해미- (震庚亥未)	태정사축- (兌丁巳丑)
향상기보 (向上起輔)	건갑+	보필	무곡	파군	염정	탐랑	거문	녹존	문곡
	이임인술+	무곡	보필	염정	파군	거문	탐랑	문곡	녹존
	간병-	파군	염정	보필	무곡	녹문	문곡	탐랑	거문
	손신-	염정	파군	무곡	보필	문곡	녹존	거문	탐랑
	감계신진+	탐랑	거문	녹존	문곡	보필	무곡	파군	염정
	곤을+	거문	탐랑	문곡	녹존	무곡	보필	염정	파군
	진경해미-	녹존	문곡	탐랑	거문	파군	염정	보필	무곡
	태정사축-	문곡	녹존	거문	탐랑	염정	파군	무곡	보필

5) 양택(陽宅, 門主灶) 조견표(早見表)

伏位＼方位	乾方	坎方	艮方	震方	巽方	離方	坤方	兌方
乾	伏位	六煞	天醫	五鬼	禍害	絶命	延年	生氣
坎	六煞	伏位	五鬼	天醫	生氣	延年	絶命	禍害
艮	天醫	五鬼	伏位	六煞	絶命	禍害	生氣	延年
震	五鬼	天醫	六煞	伏位	延年	生氣	禍害	絶命
巽	禍害	生氣	絶命	延年	伏位	天醫	五鬼	六煞
離	絶命	延年	禍害	生氣	天醫	伏位	六煞	五鬼
坤	延年	絶命	生氣	禍害	五鬼	六煞	伏位	天醫
兌	生氣	禍害	延年	絶命	六煞	五鬼	天醫	伏位

(5) 3층 : 24절후(節侯)

24節氣	天帝 在	太陽 在	交會 合	說
대한	丑宮	子宮	子丑	시종(始終)
입춘	艮宮	壬宮		
우수	寅宮	亥宮	寅亥	축인(丑寅)이 간(艮)보좌 동북지괘(東北之卦)
경칩	甲宮	乾宮		
춘분	卯宮	戌宮	卯戌	갑을(甲乙)이 진(震)보좌, 정춘(正春), 태양 출(出)
청명	乙宮	辛宮		
곡우	辰宮	酉宮	辰酉	만물정결, 가지런함
입하	巽宮	庚宮		
소만	巳宮	申宮	巳申	진사(辰巳)가 손(巽)보좌 동남지괘(東南之卦)
망종	丙宮	坤宮		
하지	午宮	未宮	午未	병정(丙丁)이 이(離)보좌, 정하(正夏), 만물무성
소서	丁宮	丁宮		
대서	未宮	午宮	未午	노역(勞役)다함
입추	坤宮	丙宮		
처서	申宮	巳宮	申巳	신미(申未)가 곤(坤)보좌 서남지괘(西南之卦)
백로	庚宮	巽宮		
추분	酉宮	辰宮	酉辰	경신(庚辛)이 태(兌)보좌, 정추(正秋), 悅(열)
한로	辛宮	乙宮		
상강	戌宮	卯宮	戌卯	음양상박(陰陽相薄)
입동	乾宮	甲宮		
소설	亥宮	寅宮	亥寅	술해(戌亥)가 건(乾)보좌 서북지괘(西北之卦)
대설	壬宮	艮宮		
동지	子宮	丑宮	丑子	임계(壬癸)가 감(坎)보좌, 정동(正冬)
소한	癸宮	癸宮		

(6) 4층 : 지반정침(地盤正針) 24산(24山)

1) 하도4국(河圖4局)

會成木局	會成火局	會成金局	會成水局
乙水來 立甲向 甲水來 立乙向	丙水來 立丁向 丁水來 立丙向	庚水來 立辛向 辛水來 立庚向	壬水來 立癸向 癸水來 立壬向

이 4국(局)은 금목수화(金木水火)의 회성(會成)인데 1생(生)1성(成)이다. 결국 천지자연이며 그런 뜻이다. 1반(反)1복(復)으로 8국(局)을 이룬다. 생수(生數)를 얻으면 부귀(富貴)하며 성수(成數)를 얻으면 인정(人丁)이 왕성하다.

2) 선천4대국(先天4大局)

天地定位局	山澤通氣局	雷風相薄局	水火不相射局	비고
坤水來立乾向 乾水來立坤向	酉水來立艮向 艮水來立酉向	巽水來立卯向 卯水來立巽向	午水來立子向 子水來立午向	
乾甲龍或乾甲向 見坤乙水來去	艮丙龍或艮丙向 酉丁巳丑水來去	巽辛龍或巽辛向 卯庚亥未水來去	子癸申辰龍 或子癸申辰向 離壬寅戌水來去	附合
坤乙龍或坤乙向 見乾甲水來去	酉丁巳丑龍 或酉丁巳丑向 艮丙水來去	卯庚亥未龍 或卯庚亥未向 巽辛水來去	離壬寅戌龍 或離壬寅戌向 子癸申辰水來去	附合

이상의 4대국은 수래배룡(水來配龍)이며 복력최중(福力最重)하며, 천조지설(天造地設)의 산수(山水)이다. 수(水)의 배향(配向)이므로 복(福) 역시 가볍지 않고 앞당길 수 있다. 만약 을수(乙水)를 보면 손좌건향(巽坐乾向)을 할 수 있는 것과 같다. 즉 그것을 수습하기 위해 건향(乾向)을 한다. 곤수(坤水)를 보면 손좌건향(巽坐乾向)은 더욱 아름답게 될 수 있다. 그 나머지는 이것에 유추한다.

3) 낙서4국(洛書4局)

合成水局	合成木局	合成火局	合成金局
坎水來立乾向 乾水來立坎向	卯水來立艮向 艮水來立卯向	坤水來立酉向 酉水來立坤向	巽水來立午向 午水來立巽向

수목(水木) 2국(局)은 수귀수원(水歸水垣), 목귀목원(木歸木垣)이며, 1득(得)정음(淨陰), 1득(得)정양(淨陽)으로 순미무비(純美無庇)하여 최길(崔吉)의 수(水)이다. 화금(火金) 2국(局)은 화입금향(火入金鄕)과 금거화위(金居火位)이며, 음양(陰陽)파국(破局)은 지방경미(地方輕微)하여 1발(發) 후에 곧 쇠(衰)한다. 만약 용신(龍身)이 성왕(盛旺)하고 비교적 수목(水木) 2국(局)이 더욱 장대(壯大)하면 신속하고 더욱 두텁고 유구하다. 또 합십국(合十局)이 되는 손(巽)수래(水來)면 경좌갑향(庚坐甲向)하고, 갑(甲)수래(水來)면 건좌손향(乾坐巽向)한다. 4국(局)은 이것에 의해 유추한다.

4) 후천8괘합십부부(後天8卦合十夫婦)

1.9合10	2.8合10	3.7合10	4.6合10	비고
離壬寅戌向 坎癸申辰水來去	艮向坤水來 艮向乙水來 丙向坤水來去	震庚亥未向 兌丁巳丑水來去	巽向乾水來 巽向甲水來 辛向乾水來去	
坎癸申辰向 離壬寅戌水來去	坤向艮水來 坤向丙水來 乙向艮水來去	兌丁巳丑向 震庚亥未水來去	乾向巽水來 乾向辛水來 甲向巽水來去	

이상 8국(局)에서 감리(坎離)2국(局)은 선천(先天)과 후천(後天)에서 이러하므로 막대지국(莫大之局)이다. 다음으로 진태(震兌)2국(局)은 순음(純陰)의 합(合)이므로 순수하고 가장 이롭다. 다만 4유(維)4국(局)이므로 음양(陰陽)잡박(雜駁)하다. 입향(立向)의 기교(奇巧)이므로 잘 수납해야 한다. 만약 을좌신향(乙坐辛向)에 건(乾)수래(水來)면 반드시 건(乾)3분(分) 해(亥)7분(分)이라야 한다. 경좌갑향(庚坐甲向)에 손(巽)수래(水來)면 반드시 손(巽)3분(分) 진(辰)7분(分)이 되어야 묘리(妙理)를 얻게 된다. 이 비결은 속현측실지자(續絃側室之子)의 발전을 주장한다. 그리고 후천부부(後天夫婦)이고 구사속발(求嗣速發)한다.

5) 입향법(立向法)

地盤立向正爲訣 三七相兼禍卽侵 陰差陽錯皆天盤 時師立向害殺人
지반입향정위결 삼칠상겸화즉침 음차양착개천반 시사입향해살인

여기서 말하는 입향(立向)은 건물이 향(向)한 면을 말한다. 혈(穴)과 더불어 내(內)분금(分金)은 간섭(干涉)함이 없으므로, 외반(外盤)은 당기(堂氣)를 거둔다는 뜻이다. 예컨대 을(乙)에 진(辰)이 가(加)해지면 길(吉)하고 묘(卯)를 겸(兼)하면 8살(煞)을 범(犯)하는 유형(類型)이다. 향(向)에는 겸(兼)할 수 있는 것이 있는데 겸(兼)이면 이익이 된다. 술건(戌乾), 임자(壬子), 자

계(子癸), 축간(丑艮), 인갑(寅甲), 을진(乙辰), 사병(巳丙), 정미(丁未), 곤신(坤申), 경유(庚酉) 등이다. 향(向)에는 겸(兼)할 수 없는 것이 있는데 겸(兼)이면 불리(不利)하다. 신술(辛戌), 건해(乾亥), 해임(亥壬), 축계(丑癸), 간인(艮寅), 갑묘(甲卯), 묘을(卯乙), 진손(辰巽), 손사(巽巳), 병오(丙午), 오정(午丁), 미곤(未坤), 신경(申庚), 유신방(酉辛方)이다. 이것들은 대체로 협살(夾煞)인데 틀림이 없다.

(7) 5층 : 72분금(分金)

60룡중(龍中)에 각기 1분금(分金)을 만들고, 8간4유(8干4維)에 각기 또 1분금(分金)을 만들면 모두 72룡(龍)을 이루고, 72분금(分金)이 만들어진다. 또 천산(穿山)에 투지(透地)는 그 안에 포괄되어 있다. 천산(穿山)72를 24산(山)에 펼치면 매산(每山)은 각기 3분금(分金)을 가진다.

72분금(分金)은 1산(山)을 $\frac{1}{3}$하여 3.33분(分)이며 좌우3.33분(分)을 합(合)하여 10분(分)으로 소수를 절사하여 모(某)3, 모(某)7임을 판단한다. 갑자(甲子)는 임위(壬位)에 있지만, 자(子)의 3.33분(分)과 임(壬)의 6.66분(分)이 내포하여 있어, 갑자(甲子)는 자3임7(子3壬7)이 된다. 병자(丙子)는 자위(子位)에 있지만, 임(壬)의 3.33분(分)과 자(子)의 6.66분(分)이 내포하여 있어, 병자(丙子)은 임3자7(壬3子7)이 된다. 이하(以下) 상기(上記)와 같다. 24방(方)의 중앙 무자순중(戊子旬中)과 무명(無名)은 각기 24방(方)의 정기(正氣)를 받는다.

(8) 6층, 7층, 8층 : 人盤中針24山, 28宿所屬方7政五行動物, 60龍

1) 소사용인반(消砂用人盤)

수(宿)의 도수(度數) 영축(盈縮)은 인반(人盤)에 부합하며 오직 소사(消砂)에 자상(仔詳)하고 분명(分明)하다. 그 중(中)에 구성(九星)의 반(盤)이 있으므로 토색(土色)의 변별과 혈정(穴情)을 구하는데 사용한다. 협토(峽土)가 자(紫)면 반드시 혈토(穴土) 자(紫)이며, 홍(紅)은 대체로 염정(廉貞)이며 황(黃)은 거문(巨門)이다.

탁장로(託長老)는 과협(過峽)이 토(土)면 혈중(穴中)이 토(土), 수(水)면 혈중(穴中)이 수(水), 석(石)과 니(泥)면 혈중(穴中)이 석(石)과 니(泥)라고 한다. 또 협토(峽土)가 무슨 색인지 보면 혈중(穴中)의 토색(土色)을 안다. 단, 사람들은 지금 토색(土色)을 취할 줄은 알지만 석(石)과 수(水)를 취할 줄은 모른다. 용진혈적(龍眞穴的)의 근원을 알지 못하기 때문에 흉무확거(胸無確據)며 목무확견(目無確見)이며 이문미광(耳聞未廣)이므로 작법미상(作法未詳)이다. 감히 취하지 못하지만 빙거(憑據)를 얻으면 심흉명백(心胸明白)하여 자연감작(自然敢作)이다. 빙거(憑據)는 용(龍)의 과협(過峽)처(處)에 있는 토(土)를 파면 알 수 있다. 용진혈확(龍眞穴確)

과 사수(砂水)교회(交會)를 취할 줄 알아야 한다. 그러므로 택지(擇地)는 별것이 아니며 생동긴주(生動緊湊)와 추길피흉(趨吉避凶)을 취하는 것인데 생동(生動)은 룡진(龍眞)이며 긴주(緊湊)는 혈확(穴確)이면 추피(趨避)할 수 있기 때문이다. 그러면 사수(砂水)는 유효하게 이용(利用)되고 패파(敗破)도 없을 것이므로 길(吉)이다.

2) 성수오행(星宿五行)

子	午	卯	酉	辰	戌	丑	未	寅 左	申 左	巳 左	亥 左	寅 右	申 右	巳 右	亥 右	甲	庚	丙	壬	乙	辛	丁	癸	乾	巽	艮	坤
虛 日 鼠	星 日 馬	房 日 兎	昴 日 雞	亢 金 龍	婁 金 狗	牛 金 牛	鬼 金 羊	箕 水 豹	參 水 猿	軫 水 蚓	壁 水 貐	尾 火 虎	觜 火 猴	翼 火 蛇	室 火 猪	心 月 狐	畢 月 烏	張 月 鹿	危 月 燕	氐 土 貉	胃 土 雉	柳 土 獐	女 土 蝠	奎 木 狼	角 木 蛟	斗 木 獬	井 木 犴
서	마	토	계	용	구	우	양	표	원	인	유	호	후	사	저	호	오	록	연	학	치	장	복	랑	교	해	안
쥐	말	토 끼	닭	용	개	소	양	표 범	원 숭 이	지 렁 이	시 라 소 니	범	원 숭 이	뱀	돼 지	여 우	까 마 귀	사 슴	제 비	담 비	꿩	노 루	박 쥐	이 리	도 룡 뇽	게	들 개
日 太陽火 4君火				4金				左水右火								月 太陰火 4相火				4土				4木			

3) 60룡(龍)

생사(生砂)가 위치한 방위(方位)의 60룡(龍)에 해당하는 자(者)가 출생한다. 조충지법(弔冲之法)의 조(弔)는 신자(申子)에 진(辰)의 1수국(水局) 조법(弔法)을 예로 들고, 목국(木局)과 금국(金局) 및 화국(火局)은 모두 동일한 모양의 조(弔)이다.

조(弔)는 진사(辰砂)에 수향(水向)은 길(吉)로 금생수(金生水)이며, 목향(木向)은 흉(凶)으로 금극목(金克木)이기 때문이다. 충(冲)은 해(亥)로 목(木)을 득양(得養)하는 사사(巳砂)의 수(水)는 수생목(水生木)이나 목국(木局)을 화(火)가 반드시 불사르며, 화(火)를 만나면 반드시 화(火)로 변하며 수(水)를 만나면 반드시 멸(滅)이니 조충법(弔冲法)이다. 길흉(吉凶)도 같이 유추(類推)한다. 조(弔)는 충(冲)의 자리를 사용하는데 있고, 충(冲)은 조법(弔法)을 보존하는데 있으며, 연월일시(年月日時)를 모두 확실히 알 수 있다.

건좌손향(乾坐巽向)의 지(地)에 좌(坐)가 규목(奎木)의 도(度)이고 겸(兼)하여 진(辰)인 진봉(辰峰)이 첨예(尖銳)하면 좌(坐)의 아래에 규목(奎木)을 극(剋)하여 신년(申年)술월(戌月)에 사람이 죽는 것이 조법(弔法)이다. 조(弔) 중(中)에 충(冲)을 쓰며, 진술충(辰戌冲)이다. 그러나 사좌해향(巳坐亥向)의 지(地)이면 사람이 태어난다.

4) 화복(禍福)하는 연명(年命)과 길흉(吉凶)을 보는 연월일시(年月日時)

선천(先天)팔괘(八卦)는 종횡(縱橫)으로 최관(催官)의 묘용(妙用)의 영향이 아니다. 이는 특별한 이치를 자세히 연구한다. 그 수(數)를 여유 있을 때 시험하면 납간납지(納干納支)의 뜻을 자세히 느낀다. 감리진태(坎離震兌)는 12지지(地支)를 통괄하며 계임경정(癸壬庚丁)이 납간(納干)이고 건곤간손(乾坤艮巽)의 납간(納干)이 갑을병손(甲乙丙辛)이다. 12지지(地支)는 장차 응(應)하는 구분을 할 수 없고 알지 못한다. 건곤(乾坤)의 좌우(左右)는 술해(戌亥)와 미신(未申)이고, 손간(巽艮)의 좌우(左右)는 진사(辰巳)와 축인(丑寅)이다.

길흉(吉凶)을 보는 연월일시(年月日時)

宮	從屬	三方調合	對宮	禍福 年命과 吉凶 年月日時
乾	戌亥	乾甲丁, 寅午戌, 亥卯未	庚癸, 辰巳	甲寅, 甲午, 甲戌, 丁亥, 丁卯, 丁未, 庚戌, 癸亥, 甲辰, 丁巳
坤	未申	坤乙壬, 亥卯未, 申子辰	丙辛, 丑寅	壬申, 壬子, 壬辰, 乙亥, 乙卯, 乙未, 丙申, 辛未, 壬寅, 乙丑
艮	丑寅	艮丙辛, 寅午戌, 巳酉丑	乙壬, 未申	丙寅, 丙午, 丙戌, 辛巳, 辛酉, 辛丑, 壬寅, 乙丑, 丙申, 辛未
巽	辰巳	巽庚癸, 巳酉丑, 申子辰	甲丁, 戌亥	庚申, 庚子, 庚辰, 癸巳, 癸酉, 癸丑, 甲辰, 丁巳, 庚戌, 癸亥
坎	壬癸	申子辰, 坤乙壬, 巽庚癸	丙丁戊, 寅午戌	壬申, 壬子, 壬辰, 庚申, 庚子, 庚辰, 丙申, 丙子, 丙辰, 戊寅, 戊午, 戊戌 壬寅, 壬午, 壬戌, 庚寅, 庚午, 庚戌
離	丙丁	寅午戌, 艮丙辛, 乾甲丁	壬癸戊, 申子辰	丙寅, 丙午, 丙戌, 甲寅, 甲午, 甲戌, 壬寅, 壬午, 壬戌, 戊申, 戊子, 戊辰 丙申, 丙子, 丙辰, 甲申, 甲子, 甲辰
震	甲乙	亥卯未, 乾甲丁, 坤乙壬	庚辛己, 巳酉丑	丁亥, 丁卯, 丁未, 乙亥, 乙卯, 乙未, 辛亥, 辛卯, 辛未, 己巳, 己酉, 己丑 丁巳, 丁酉, 丁丑, 乙巳, 乙酉, 乙丑
兌	庚辛	巳酉丑, 巽庚癸, 艮丙辛	甲乙己, 亥卯未	癸巳, 癸酉, 癸丑, 辛巳, 辛酉, 辛丑, 乙巳, 乙酉, 乙丑, 己亥, 己卯, 己未 癸亥, 癸卯, 癸未, 辛亥, 辛卯, 辛未

건(乾)에 술해(戌亥)는 종속된다. 술(戌)의 삼방(三方)조합(調合)은 인오(寅午), 해(亥)의 삼방(三方)조합(調合)은 묘미(卯未), 건(乾)의 삼방(三方)조합(調合)은 갑정(甲丁)이다. 갑정(甲丁)의 대궁(對宮)은 경계(庚癸), 술해(戌亥)의 대궁(對宮)은 진사(辰巳)이다. 갑술(甲戌), 갑인

(甲寅), 갑오(甲午), 정해(丁亥), 정묘(丁卯), 정미(丁未), 경술(庚戌), 계해(癸亥), 갑진(甲辰) 정사(丁巳)가 함께 건궁(乾宮)이다. 화복(禍福)하는 연명(年命)과 길흉(吉凶)을 보는 연월일시(年月日時)이다.

곤(坤)에 미신(未申)이 종속된다. 미(未)의 삼방(三方)조합(調合)은 묘미(卯未), 신(申)의 삼방(三方)조합(調合)은 자진(子辰), 곤(坤)의 삼방(三方)조합(調合)은 을임(乙壬)이다. 을임(乙壬)의 대궁(對宮)은 신병(辛丙), 미신(未申)의 대궁(對宮)은 축인(丑寅)이다. 임신(壬申), 임자(壬子), 임진(壬辰), 을미(乙未), 을묘(乙卯), 을해(乙亥), 신미(辛未), 병신(丙申), 을축(乙丑), 임인(壬寅)이 함께 곤궁(坤宮)이다. 화복(禍福)하는 연명(年命)과 길흉(吉凶)을 보는 연월일시(年月日時)이다.

손(巽)에 진사(辰巳)가 종속된다. 진(辰)의 삼방(三方)조합(調合)은 자신(子申), 사(巳)의 삼방(三方)조합(調合)은 유축(酉丑), 손(巽)의 삼방(三方)조합(調合)은 경계(庚癸)이다. 경계(庚癸)의 대궁(對宮)은 갑정(甲丁), 진사(辰巳)의 대궁(對宮)은 술해(戌亥)이다. 경진(庚辰), 경자(庚子), 경신(庚申), 계사(癸巳), 계유(癸酉), 계축(癸丑), 갑진(甲辰), 정사(丁巳), 경술(庚戌), 계해(癸亥)가 함께 손궁(巽宮)이다. 화복(禍福)하는 연명(年命)과 길흉(吉凶)을 보는 연월일시(年月日時)이다.

간(艮)에 축인(丑寅)이 종속된다. 축(丑)의 삼방(三方)조합(調合)은 사유(巳酉), 인(寅)의 삼방(三方)조합(調合)은 오술(午戌), 간(艮)의 삼방(三方)조합(調合)은 신병(辛丙)이다. 신병(辛丙)의 대궁(對宮)은 을임(乙壬), 축인(丑寅)의 대궁(對宮)은 미신(未申)이다. 신축(辛丑), 신사(辛巳), 신유(辛酉), 병인(丙寅), 병오(丙午), 병술(丙戌), 을축(乙丑), 임인(壬寅), 신미(辛未), 병신(丙申)이 함께 간궁(艮宮)이다. 화복(禍福)하는 연명(年命)과 길흉(吉凶)을 보는 연월일시(年月日時)이다. 나머지는 이에 따라 유추한다.

(9) 9층 : 천반봉침(天盤縫針) 24산(山)

천반봉침(天盤縫針)은 지구의 자전축이 천구와 일치할 때에 사용한다는 설(說)이 전(傳)하기도 한다. 홍수(洪水)에 수로(水路)가 가득할 때에 응용할 수가 있다.

(10) 10층과 11층 및 12층 : 120분금과 360분금 및 28수 도수

분금(分金)의 원칙은 발사분금이며, 발사분금이 좌우로 같으면 화안분금(華鞍分金)을 사용한다. 분금(分金)에는 발사분금(撥砂分金)이 우선이므로 360분금을 익혀야한다. 그러나 양택(陽宅)은 분금(分金)이 없고 음택(陰宅)에서 사용하므로 생략한다.

(11) 나경오반(羅經五盤)

탁장로(託長老)는 위서(僞書)가 만들어 졌다고 입지안(入地眼)에서 밝히므로 내용을 정리한다. 투지룡(透地龍)과 천산호(穿山虎)는 간(艮)이 산(山), 인(寅)이 호(虎), 간인(艮寅)은 동궁(同宮)이라고 말하며 투지룡(透地龍)이라 부른다. 지지(地支)의 자궁내(子宮內)에 갑자(甲子), 병자(丙子), 무자(戊子), 경자(庚子), 임자(壬子)가 있다. 자(子)는 납음(納音)으로 갑자룡입수(甲子龍入首)이면 납음(納音)이 금(金)이므로 금룡(金龍)이 되어 화국(火局)을 사용할 수 없다. 이는 금룡(金龍)을 극(剋)하기 때문이다. 투지룡(透地龍)은 선(線)관 같이 뚫으므로 조금의 차이라도 안된다. 반드시 내룡(來龍)이 1선(線)으로 뚫고 기맥(氣脈)이 정(頂), 이(耳), 요(腰)의 혈(穴)을 관통하는지를 심사(審査)한다. 수혈(受穴)승기(乘氣)에 시해(尸骸)를 투입(透入)한다. 이런 방식에 의거해 관(棺)을 놓기 때문에 투지(透地)라고 한다. 120분금(分金)은 1산(山)마다 5위(位)가 있는데 천산(穿山)과 투지(透地)는 그 안에 있다. 오행(五行)은 부정(不淨)을 씻어내지만 금(金)이 사중(砂中)에 남아 있듯이 오히려 미진함이 있다. 후인(後人)이 분금(分金)을 광다(廣多)하게 보아 추피(趨避)에 써서 어렵게 되었다. 60룡(龍) 중(中)에 각기 1분금(分金)을 만들고, 8간(干)4유(維)에 각기 또 1분금(分金)을 만들면 모두 72룡(龍)을 이루어 72분금(分金)이 만들어진다. 또 천산(穿山)에 투지(透地)는 그 안에 포괄되어 있다. 천산(穿山)72를 24산(山)에 펼치면 매산(每山)은 각기 3분금(分金)을 가진다. 후인(後人)이 보고 모두 이치에 합치하지 않는다며 48국(局)이 되게 고쳐서 좌우(左右)가 서로 겸(兼)하도록 나누면 차착(差錯)과 공망(空亡)은 범(犯)하지 않는다. 구갑공망(龜甲空亡)인 무기(戊己), 고허(孤虛), 관살(關殺)등은 1산(山)에서 무기정중(戊己正中) 1조를 제거하고, 고허공망(孤虛空亡) 1조를 제거하고, 관살(關殺) 1조를 제거하면 72조를 모두 제거하고 난 다음에 남는 것이 아래의 48분금(分金)이다. 임의로 서로 겸(兼)하더라도 관살(關殺)과 공망(空亡)을 침범하지 않는데 잘못된 것이다. 성인(聖人)이 나경(羅經)을 만들어 원리를 알렸다. 그런데 후세 사람이 방향을 정(定)해 천지인(天地人) 3반(盤)이 지반(地盤)은 입향(立向), 인반(人盤)은 소사(消砂), 천반(天盤)은 납수(納水)에 사용한다. 나경(羅經)은 일으켜 세우면 천반(天盤)은 맨 위에 있고, 인반(人盤)은 가운데 있고, 지반(地盤)은 맨 아래에 있다. 천지인(天地人) 3재(才)의 뜻이다. 28수(宿)가 변관(邊關)을 파수(把守)하는데 모수(某宿)가 소재한 도수(度數)가 자(子)라면 실을 매어 정확한 도수(度數)를 검색하는데 사용하는데 앞에 모수(某宿)가 몇 도 위에 있고 뒤에 모수(某宿)가 몇 도 위에 있다. 차착(差錯)을 알 수 없고 후세의 어떤 사람이라도 알지 못한다. 차착2자(差錯2字)가 무기(戊己)에서 나왔다고 설명하는데 구갑(龜甲) · 고허(孤虛)와 관살(關殺) · 공망(空亡) 등의 어귀와 차착(差錯)이라는 것은 사람들을 속이기 위한 것이다.

또 탁장로(託長老)는 가용한 지(地)를 보고 모두 사수향(砂水向) 3반(盤)이 이유라고 한다. 사(砂)는 쓰지 못하고, 수(水)를 거두지 못하고, 향(向)은 바르게 세우지 못하므로 패절자(敗絶者)가 많다. 종래부터 천산(穿山)과 투지(透地)가 있는 것을 보지 못하였고, 분금(分金)은 무기(戊己)와 공망(空亡) 등의 살(煞)을 범(犯)하면 패(敗)하므로 하지 말라고 말하는 것은 아직은 보지 못했다. 나경(羅經)5반(盤)의 작용 외는 여러 편(篇)이나 무용지학(無用之學)이다. 입향(立向)에서 할 수 없이 봉침(縫針)과 외반(外盤)을 사용하는데 소사(消砂)와 납수(納水)에 사용한다. 대개 입향(立向)에는 정침(正針)을 사용하는데 정침(正針)은 지반(地盤)이다. 세상에서 사용하는 봉침(縫針)은 모두 들쭉날쭉한데 2 · 8에 이르기까지는 보태어 가다가 3 · 7에서는 바로 감(減)하니 향(向)을 바르게 세울 수 없다. 그것은 고허(孤虛)와 공망(空亡)을 피하기 위해서인데 구애받을 필요가 없다. 전체적으로 말하면 국면(局面)과 사수(砂水)를 보고 유정(有情) 무정(無情)을 살핀다. 정향(正向) 확대하지 않을지라도 서로 정향(正向)을 겸하는 것은 관계가 없다. 음양(陰陽)2택(宅)을 확정할 경우에 정향(正向)으로 세운다. 구택(舊宅)을 고험(考驗)해 보아도 정향자(正向者)가 발복한 집이 많다. 그러므로 선현(先賢)의 입향법(立向法)은 구인(救人)이고, 후인(後人)의 입향설(立向說)은 해인(害人)이다.

02 풍수지리(風水地理)

택일과 풍수지리는 불가분의 관계를 가진다. 흠정협기변방서(1684)에서 “길지(吉地)를 가려 놓고 다음으로 연월일시를 가리는 것이 용(龍)을 보호하는 천고불역(千古不易)의 이론이다.”라고 한다. 즉 풍수지리로서 혈처(穴處)를 찾아놓고 택일을 한다는 말이다. 그리고 좌향(坐向)을 알아야 택일의 체(體)를 세울 수가 있다.

풍수지리학은 장풍득수(藏風得水)의 준말이라고 정의되어 통용되고 있다. 그러나 이것은 형기(形氣)에 관한 표현으로 이해된다. 그런데 입지안(1821)에서는 풍수의 정의를 다르게 하고 있다. ‘성인(聖人)이 획괘(畵卦)하여 건(乾)으로써 천(天)과 부(父)로 하며, 곤(坤)으로써 지(地)와 모(母)로 하였다. 건(乾)은 양(陽)에 속하며, 곤(坤)은 음(陰)에 속한다. 이것은 부부양상배합이다.’라 하여 음양으로 설명하고 있기 때문이다. 지리(地理)는 지학탐원(1979)에서 ‘지리(地理)는 본래 형가(形家)의 말이다. 즉 형(形)을 살피는 이치라 했다. 태극은 음양(陰陽)으로 나누어지고, 음양(陰陽)은 오행(五行)을 생(生)하고, 오행(五行)은 만물을 생(生)한다. 태극(太極)은 형(形)이 없고, 음양(陰陽) 또한 형(形)이 없다. 오행(五行)에 이르러 마침내 형상(形象)이 있다.’ 또 ‘지(地)는 형(形)이 있다. 형중(形中)에는 온리(蘊理)가 있고, 이중(理中)에는 측기(測氣)가 있으므로 지리(地理)라 한다.’ 전자는 태극과 음양오행을 말하고, 후자는 형세와 이기를 중심으로 설명하고 있다. 풍(風)은 천(天)의 기(氣)이며 수(水)는 지(地)의 혈(血)로 음양(陰陽)의 뜻을 내포한다. 지리(地理)는 자연의 형(形)으로 이치를 살피는데 오행에 형(形)이 있으므로 ‘풍수지리학은 음양오행과 자연의 형태(形態)로 이치(理致)를 살펴 과학적으로 연구하여 법칙을 찾는 학문’이 되는 것이다.

당 · 송나라 이후 형(形)과 이(理)를 중심으로 양파(兩派)로 나누어졌다. 형파(形派)는 형세(形勢)나 만체(巒体)를 해석하며 강서성을 중심으로 전파되었고, 이파(理派)는 이기(理氣)와 방위(方位)를 해석하며 복건성이 활동구역이었다. 양파(兩派)를 완전하게 분절하기는 어렵지만 형파(形派)에서도 방위를 해석하고, 이파(理派)에서도 형세를 해석한다.

형세(形勢)를 보는 안목을 최창조의 "한국의 풍수사상"에서 범안(凡眼), 법안(法眼), 도안(道眼), 신안(神眼)의 네 단계로 구분한다. 범안은 속안(俗眼)이라 하며 산수(山水)의 형세를 매우 상식적으로 이해하는 단계이다. 법안(法眼)은 태조(太祖), 중조(中祖), 소조(少祖) 등을 오행(五行)과 구성(九星)에 맞추어 판단한다. 용신(龍身)에 기복(起伏) 굴곡(屈曲)의 세(勢)와 그 방위(方位)를 풍수지리서에 맞춘다. 도안(道眼)은 개안(開眼)으로 정법(正法)에만 의존하는 게 아니라 얼핏 산봉(山峰)을 보면 대세를 짐작하고 진룡(眞龍)을 발견하고 용신(龍身)을 보면 기지처(氣止處)를 점한다. 기지처(氣止處)에 이르면 혈형(穴形)이 완연히 눈앞에 들어온다. 풍수지리서에 대조해 볼 때 조금도 법에 위배됨이 없을 때 비로소 도안(道眼)이라 일컫는다. 신안(神眼)은 산매(山魅)나 이보(耳報) 같은 사령(邪靈)의 힘으로 귀신의 눈을 갖고 본다는 것이다. 신기하기는 하지만 대지(大地)에 이르면 산매는 산(山)의 정기(正氣)에 억눌려 힘을 발휘하지 못하는 단계이다. 형세(形勢)는 심신주(심호)의 '지학'과 탁장로의 '입지안'을 참고한다.

기(氣)는 풍수지리(風水地理)가 지기(地氣)가 있는 곳을 찾아 그 곳에 음 · 양택(陰 · 陽宅)을 정해 동기감응(同氣感應)을 받음으로써 추길피흉(趨吉避凶)을 하는데 목적이 있다. 지기(地氣)란 때로는 일정한 장소에 뭉쳐있고 또한 흘러 다니기도 하는 것으로 풍수계(風水系)는 인식하고 있다. 대체로 지기는 광범위하게 흘러 다니지 않고, 한정된 통로로 땅속에서 흘러 다닌다고 보는 것이 일반적인 견해이다. 좌향(坐向)을 정(定)하는 목적은 이러한 땅의 기운을 최대한 완벽하게 받는 것이고 여기다가 하늘의 기운인 천기(天氣)를 취용(取用)하자는데 있다. 이러한 논리에 의해 주역과 음양오행을 바탕으로 이기법(理氣法)이 생겼다.

이기(理氣)는 나경(패철)과 택일에 관한 것이 사실상 전부이다. 그러나 뢰문준(賴文俊)의 '최관편'이 용혈사수(龍穴砂水)의 근본적인 이기(理氣)의 요약이다. 이를 수록한 '사고전서'의 시(詩)와 정음정양(淨陰淨陽)에 입각하여 풀이하였다. 나경은 천반 봉침과 지반 정침 및 인반 중침으로 이루어지고 있다. 하늘의 조짐이 있으면 땅이 반응하여 사람에게 길흉이 온다는 개념이다. 그러므로 땅에서 건물을 축조하므로 지반정침을 사용하는 것이 옳다고 판단한다. 똑같은 자리에서 똑같은 좌향(坐向)을 가지고도 이기법(理氣法)에 따라 어떤 것은 길하고 어떤 것은 흉한 상반(相反)된 결과가 나오는 어려움이 있다.

분금(分金)은 금광에서 금을 채취하듯이 골라낸다는 의미에서의 글자이며 지표면 아래인 음택에서 필요하다. 그러므로 절대로 지상구조물과 지표면 위의 봉분은 72분금에서 혼탁하지 않는 정향(正向)을 사용한다.

풍수지리는 50개(個) 글자가 핵심이다. 용요기복굴곡활동위주(龍要起伏屈曲活動爲主), 사요전호포혈조안분명(砂要纏護抱穴朝案分明), 혈요기맥와장혈운위적(穴要氣脈窩藏穴暈爲的), 수요역조횡수평정위가(水要逆朝橫收平淨爲佳), 향요정음정양의수소입(向要淨陰淨陽依水所立)이다.

1. 용(龍)

(1) 오성(五星)

선천(先天)에 1, 2, 3, 4, 5가 수화목금토(水火木金土)로 되어있고 후천(後天)은 목화토금수(木火土金水)의 상생지리(相生之理)를 차례로 펼쳐나간다. 오행(五行)의 순체(純體)는 선천(先天)에 응(應)하고 연주(聯珠)는 후천(後天)의 이치(理致)를 응용한다. 오위(五位, 東西南北中)는 각각 원장을 지어있으나 때에 따라 한 봉우리를 합(合)하여 성체(星體)를 이루고 있으므로 동(東)은 목(木), 서(西)는 금(金), 남(南)은 화(火), 북(北)은 수(水)이다. 오방(五方)에 반드시 한 개의 입면(立面)이 있으므로 개면(開面)을 찾아 밟아 가면 봉우리가 셋이나 넷이나 양체(兩體)를 겸하며 지각(枝脚)이 나누어 있다.

성체(星體)에서 금성(金星)태음(太陰)은 우필(右弼)이며 형적(形迹)은 장대원(長帶圓)이다. 금성(金星)무곡(武曲)의 3뇌(三腦)는 금수(金水)와 같다. 목성(木星)자기(紫氣)는 탐랑(貪狼)이라 부르는데 1첨(一尖)이 직(直)하고 더욱 길다. 토성(土星)천재(天財)는 거문체(巨門體)이며 두뇌(頭腦)는 3으로 나누는데 특이하다.[15] 금성(金星)천강(天罡)은 파군(破軍)과 같으며 각하(脚下)에 첨봉(尖峰)을 산출한다. 토성(土星)고요(孤曜)는 녹존(祿存)과 같으며 연권(撚拳)과 정확히 서로 유사하다. 화성(火星)조화(燥火)와 염정(廉貞)은 같은 이름이며 첨사(尖斜)의 망추형(芒帚形)이다. 수성(水星)소탕(掃蕩)은 문곡(文曲)이며 경사지게 끌어당기는 비단 1폭이다.

행룡(行龍)의 성체(星體)가 일면(一面)에 나타나면 그 사이가 상생(相生)과 상극(相克)의 이치(理致)가 다르다. 금성(金星)이 수성(水星)을 겸하고 목성(木星)을 붙여도 된다. 화성(火星)에 토성(土星)의 겸이나 수성(水星)에 금성(金星)을 붙여도 된다. 모든 성신(星辰)은 이와 같은 예(例)를 따라 본다. 천하(天下)의 산강(山岡)이 반대로 된 행도(行度)가 있다. 오행(五行)이 순생(順生)하는 것이 맞은 이치(理致)이지만 성체(星體)에 다른 것이 많이 있다. 목성(木星)이 행도(行度)를 갖추어 화성(火星)이 대(帶)하면 순생(順生)이고, 수성(水星)이 대(帶)하면 역생(逆生)이 된다.

지리(地理)에 오행을 변론하면 목성(木星)은 직(直), 화성(火星)은 첨(尖), 토성(土星)은 횡(橫), 금성(金星)은 원(圓), 수성(水星)은 곡(曲)이다. 이것이 천변만화(千變萬化)한 가운데 오행으로 분별(分別)한다.

---

15) 토성(土星)은 평뇌(平腦)가 어병사(御屛砂) 체(體), 쌍뇌(雙腦)는 천마사(天馬砂) 체(體), 4뇌(腦)는 옥궤사(玉几砂) 체(體)의 3가지로 구별한다.

1) 목성(木星)

수성(水星)이 크게 장막(帳幕)을 펼치고 목성(木星)이 솟아있으면 달생(達生)이 되어 목성(木星)의 기(氣)가 왕성(旺盛)하다. 수성(水星)이 크고 목성(木星)이 작으면 물에 떠서 유목(流木)이 되어 생기(生氣)를 잃는다. 토성(土星)의 앞 변에 목성(木星)이 솟아 있으면 수성(水星)이 목성(木星)을 도와 배토(培土)배양(培養)의 기(氣)로 목성(木星)이 왕성(旺盛)하다. 목성(木星)이 토성(土星)을 뚫고 나와 생기(生氣)가 왕성(旺盛)할 수 있어도 금성(金星)을 뚫고 나올 수는 없다. 목성(木星)이 금성(金星)을 만나면 목성(木星)을 쳐서 깎으므로 생기(生氣)를 회복할 수 없다. 만약 목성(木星)이 금성(金星)을 뚫고 나온다 해도 생기(生氣)가 없으므로 지엽(枝葉)은 나지 않는다.

목성(木星)이 화성(火星)을 만나 통명(通明)함은 좋다. 작은 목성(木星)이 큰 화성(火星)을 만나면 불에 타므로 쓸모가 없는 목성(木星)이 된다. 목성(木星)이 크고 화성(火星)이 적으면 온기(溫氣)로 근본(根本)이 잘 펼쳐진다. 꽃의 둥근 것은 수성(水星), 뾰족한 것은 화성(火星)이다. 화성(火星)의 빛이 목성(木星)의 지엽(枝葉)에 이르면 화체(花體)를 이룬다. 여기에 이르는 화성(火星)의 기(氣)는 목성(木星)의 지엽(枝葉)을 불태우지 않는다. 목성(木星)이 작고 화성(火星)이 크면 목성(木星)이 불에 타고 메말라 있는 목성(木星)이며 꽃가지가 아니다. 목성(木星)이 작은 화성(火星)을 만나 생목(生木)하는 이치(理致)이다. 혈(穴)은 자기(紫氣)의 취(取)가 시작이며 진(眞)이다.[16)]

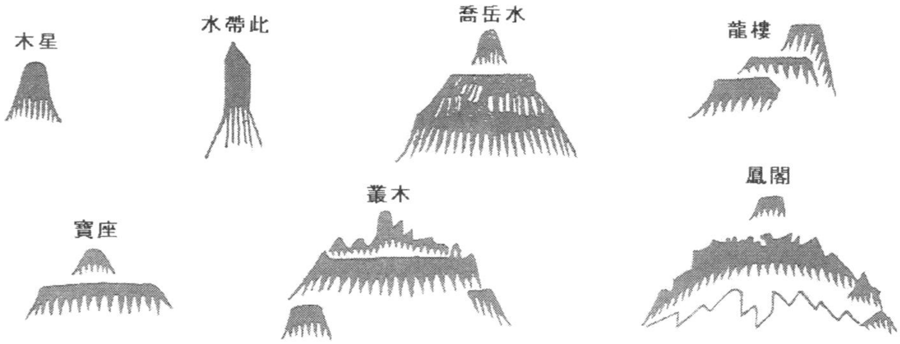

16) 양공(楊公)은 탐랑(貪狼), 료공(廖公)은 자기(紫氣)라 칭(稱)하고, 후세에서 탐랑은 용성(龍星), 자기는 혈성(穴星)이라 하고, 구별은 노목(老木)과 눈목(嫩木)이다.

목성(木星)은 입(立), 좌(坐), 면(眠)의 체(体)가 있다. 입(立)은 독체(獨体)이며 면(眠)은 생목(生木)과 기목(器木)이 있다. 형(形)이 진(眞)이면 작용(作用)은 많은 차이가 없다. 조종(祖宗)과 귀인(貴人)이 된다.

수대차(水帶此)는 목성(木星)이 첨(尖)하게 빼어나면 필(筆)이다. 깎고 가늘면 창이다. 수구(水口)에 있으면 화표(華表)라 한다.

교악수(喬岳水)는 목성(木星)이 태고(太高)하여 높이 솟아 있고, 토성(土星)이 두터운 단(壇)이다. 토성(土星)이 목성(木星)을 배토(培土)하여 귀격(貴格)이다.

용루봉각(龍樓鳳閣)은 행룡(行龍)의 태조(太祖)이지만 사격(砂格)으로 응용한다.

보좌(寶座)는 단정하며 위로 올라가 나타나는 것이 귀인이다. 행룡(行龍)의 조종(祖宗)이 되는 사격(砂格)이다.

총목(叢木)은 두터운 토성(土星) 위에 나타난 봉(峰)이며 사격(砂格)으로 응용한다.

선인(仙人)은 청수(淸秀)하게 솟아난 목성(木星)이다. 선인(仙人)은 혈(穴)을 많이 지을 수 있다.

어옹(漁翁)은 목성(木星)으로서 수성(水星)의 탁한 것을 두른 상이다. 반드시 후장(後帳)에 낙성(樂星, 靠)이 밀어준다.

신동(神童)과 미녀(美女)는 언제나 귀인(貴人) 앞에 나타난다. 신동안(神童案)이 되면 대성대현(大聖大賢)이 난다. 목성(木星)이 수려(秀麗)하면 미녀라 한다. 혈성(穴星)과 사(砂)로 응용한다.

호승(胡僧)은 목성(木星)이 수성(水星)과 화성(火星)를 대(帶)로 하지만 바람에 나부끼는 것 같고 무릎을 꾸러 배례한다.

금동(金童) 옥녀(玉女)는 두 목성(木星)이 갈라서서 협(峽)을 지켜주고 천을태을(天乙太乙)에서 금동 옥녀라 한다. 옥녀는 혈(穴)을 짖고, 금동은 사(砂)로 응용한다.

귀인대좌(貴人大座)는 목성(木星)이 온후한 형상이다.

장군대좌(將軍大座)는 목성(木星)이 비대(肥大)하고 금성(金星)이 대(帶)한다.

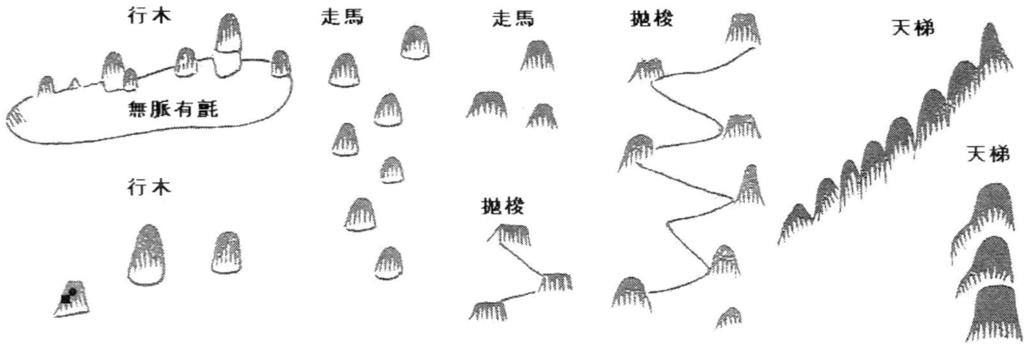

행목맥(行木脈)은 목성(木星)은 표면(表面)에 나타남이 1~2리를 사이에 두고 연생(聯生)도 되나 멀리 꺾이어 처음부터 맥이 서로 연(連)하지 않은 것 같다. 모두 일수(一水)를 자리하며 맥(脉)은 닿지 않은 것 같다. 기(氣)는 스스로 통(通)하며 평전(平田)이나 넓은 들판에 뾰족 선 나무가 사이는 멀지만 목성(木星)은 뿌리가 땅속으로 복행(伏行)하기 때문에 보통사람 눈으로는 잘 보이지 않는다. 광석(廣石)이 가장 많이 이와 같은 격(格)이다.

포사맥(抛梭脈)은 선(線)과 맥(脉)이 있다.

주마맥(走馬脈)은 선(線)과 맥(脉)이 없어 보이나 좁은데서 교묘히 행룡(行龍)하므로용(龍)이 없다 함은 잘못된 말이고 반드시 귀혈(貴穴)이 있다.

천제맥(天梯脈)은 대귀(大貴)하고 세귀(世貴)하는 용(龍)이다. 그러나 혈장(穴場)으로 행(行)하는 용(龍)이 아니면 앞에 가는 목성(木星)을 따라 변화하는 것을 살핀다.

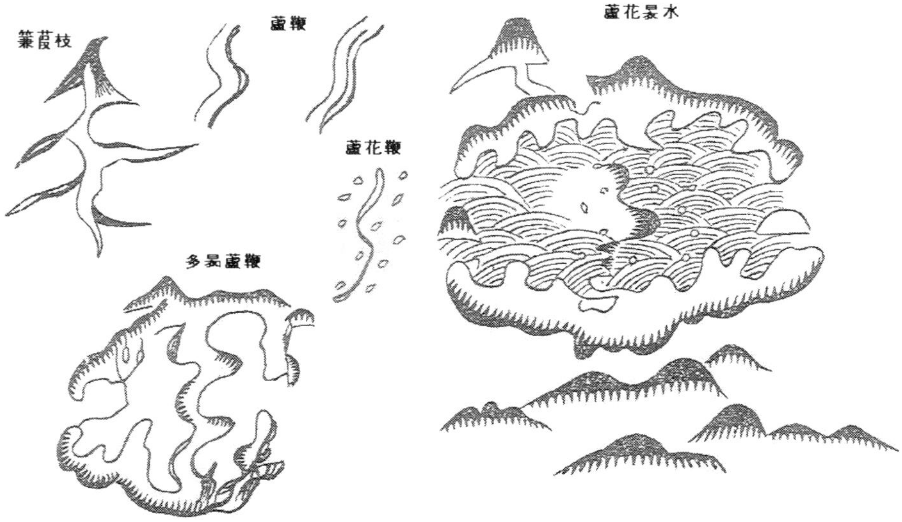

겸가지(蒹葭枝), 노화편(蘆花鞭), 다뇨노편(多裊蘆鞭), 노화뇨수(蘆花裊水)는 수목(水木)이 간들거리는 것이 노편, 꽃에 점이 있는 것을 노화편라 한다. 용(龍)에 노편이 있으면 귀하기가 한원(翰苑)에 이른다.

杞榜枝

大偏形

楊柳枝

楊柳枝反出

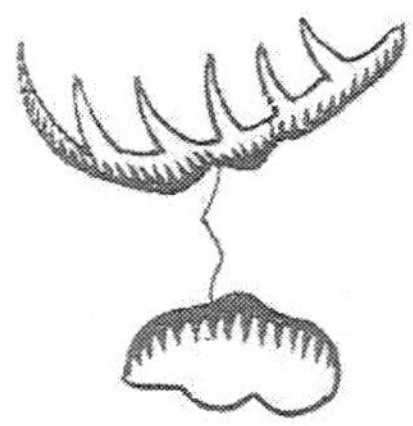

기방지(杞榜枝)는 인자(人字)와 용자(龍字)를 기울게 한 것 같다. 용맥(龍脈)은 여러 번 변신하여 변화한 것이 좋다. 기방지와 대편형의 용(龍)은 크게 기울어진 형상으로 취(取)하지 않는다.

양류지(楊柳枝)의 용(龍)을 살펴보면 좌지(左枝)가 없으므로 장방(長房)에 해당된다. 또 유사(遊絲)로 대(帶)를 하니 귀격(貴格)이다.

양류지반출은 반대로 반출되었으나 귀격(貴格)이다.

玉梳龍

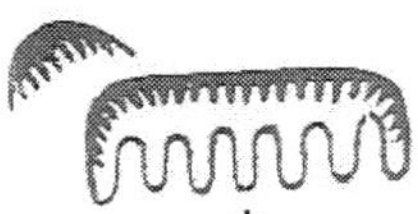

中出

捲簾龍

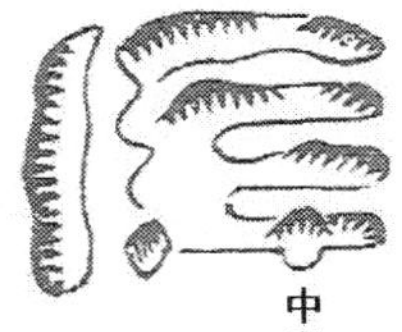

中出

옥소룡(玉梳龍)은 옥룡(玉龍)이 술잔을 내민 것 같은 것이 아름다운 옥(玉)으로 빗을 만든 격(格)인데 대귀(大貴)가 가운데 나와 있다.

권렴룡(捲簾龍)은 횡으로 내민 것 같다. 혹은 목룡(木龍), 토룡(土龍)에서 나온 용격(龍格)인데 진혈(眞穴)은 변화가 다능(多能)하고 대귀(大貴)를 배출한다.

林春笋

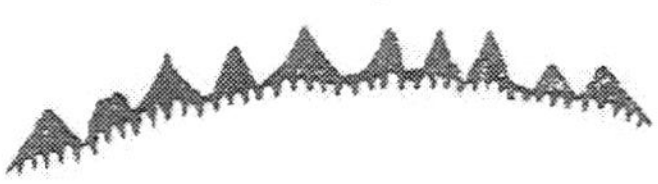

滿床牙笏

萬笏朝天

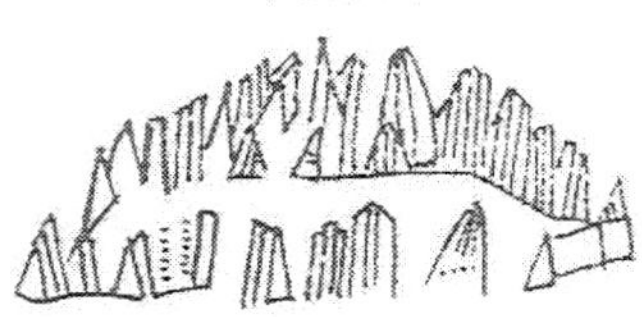

木成林

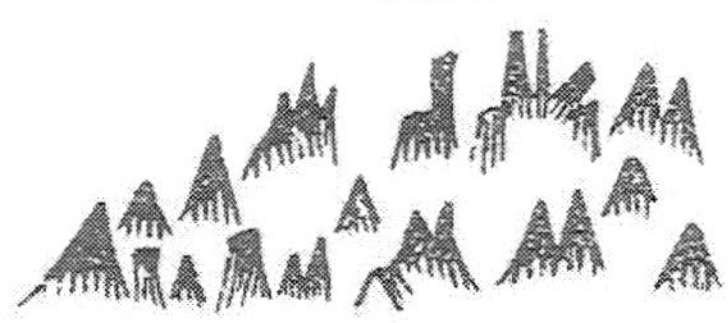

임춘순(林春筍), 만상아홀(滿床牙笏), 만홀조천(萬笏朝天), 목성림(木成林)은 혈(穴)도 있고 사격(砂格)으로 많이 응용한다.

천파문성(天葩文星), 금기천파(金氣天葩)는 대문(大文)의 기운을 함축하여 9대나 대귀(大貴)가 있고 오래간다.

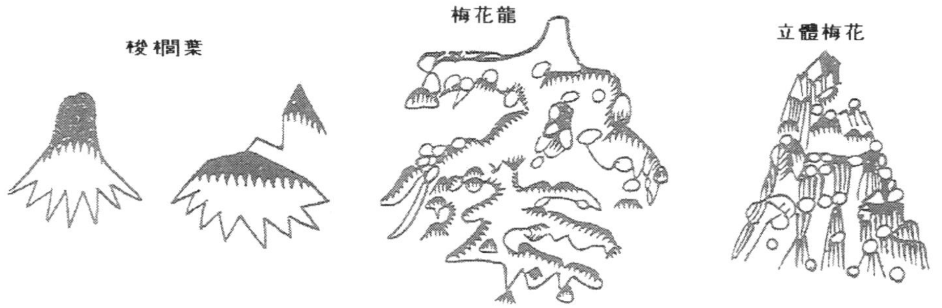

종려엽(椶櫚葉), 매화룡(梅花龍), 입체매화(立體梅花)는 목두화각(木頭火脚)으로 몸에 대(帶)를 한 용(龍)이다.

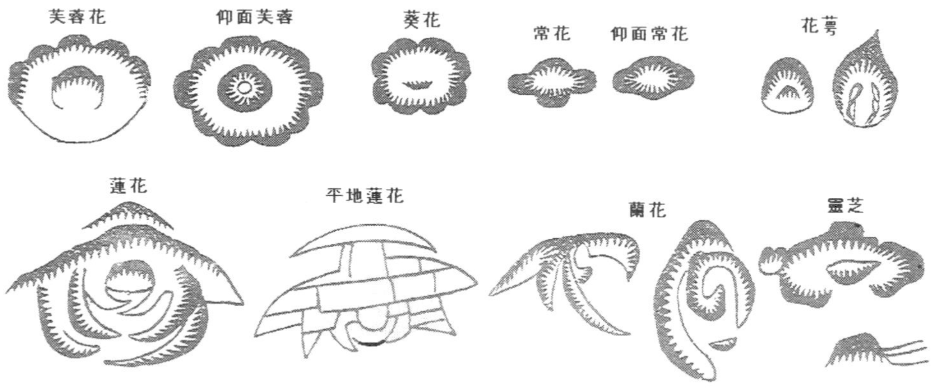

부용화(芙蓉花), 앙면부용화(仰面芙蓉花), 규화(葵花), 당화(棠花), 앙면당화(仰面棠花)의 화체(花体)는 모두 수성(水星)이다. 그러나 꽃의 근원은 반드시 목성(木星)에서 나왔음으로 꽃을 목(木)이라 부른다. 개화(開花)는 작혈(作穴)에 용성(龍星) 역시 화체(花体)가 있다.

화악(花蕚)은 꽃 같으나 화악이다 그러므로 화악에서 오는 맥(脉)이다. 그러나 용(龍)의 행(行)은 돌아서 꺾이어 꽃이 대(帶)를 한다. 화악도 소결(小結)한다.

연화(蓮花), 평지연화(平地蓮花)는 화요(火曜)가 중중(重重)하며 연화를 맺은 것은 노편이 후장을 안아주며 화심(花心)이라 한다. 출맥(出脉)하여 천수(穿水)하고 행룡(行龍)한다. 연화는 수향(水鄕)을 근본이며 수향(水鄕)에는 우사맥(藕絲脉)[17]이 출(出)한다.

난화(蘭花)는 물에서 빛을 쑥 내민 것 같고 혀를 토한 것 같으며 혀를 말아들인 것 같은 형(形)이 많이 형성(形成)된다. 대귀(大貴)가 있는 혈(穴)이다.

영지(靈芝)는 목성(木星)에서 나서 그 위에서 체(体)가 끊어지고 용신(龍神) 역시 작혈(作穴)이 있다.

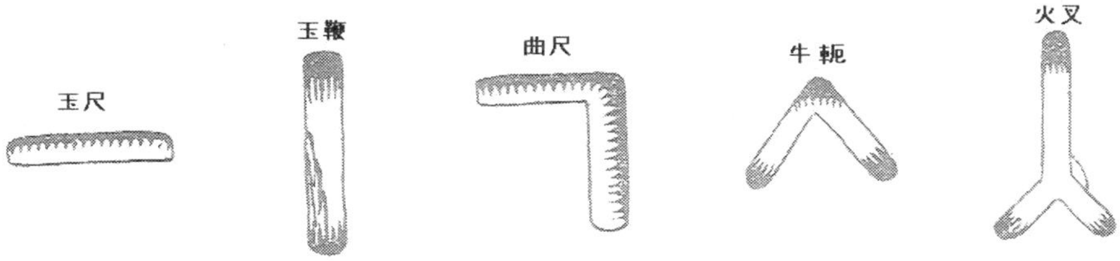

옥척(玉尺)에서 목(木)은 본래 곧은 것이다. 비긴 것은 다르다 반드시 배면으로부터 일어나 임방(壬方)을 바로 쫓아 난 것이 옥척이다. 일자문성(一字文星)이 제일 귀하고 안(案)이 되면 더불 대문 대귀가 난다. 수구(水口)에 있어도 대귀(大貴)한다. 십자(十字), 정자(丁字), 인자(人字), 왕자(王字), 임자(壬字)는 횡비(橫飛)이다. 옥록(玉簏) 등의 격(格)은 모두 일자(一字)를 따라나는 것이 상세히 나타난다. 용격(龍格) 외에 횡강(橫杠), 횡담(橫擔)은 모두 천격(賤格)에 속한다. 격(格)을 상세히 하는 것이 반드시 필요하다.

옥편(玉鞭)은 옥척이 바로 뻗은 것이며 양면이 원정(員正)하고 임방(壬方)에서 내린 맥을 말한다. 수구(水口)에 있어도 귀(貴)하며 후장에 낙성(樂星)이 응(應)해야 횡(橫)으로 취(取)한다. 또 사편(絲鞭), 철편(鐵鞭), 마편(馬鞭), 우편(牛鞭), 방편(芳鞭), 공장(筇杖), 행간(行竿), 죽고(竹篙) 등이 있는데 다르다.

곡척(曲尺)은 옥척이 굽은 것이고, 우액(牛軛)은 소 멍에 같고, 화차(火叉)는 우액이 어긋난 것이다.

* 지리(地理)를 살펴 오행(五行)을 말하는데 먼저 목(木)이며 생기(生氣)가 있는 처음이다. 이는 일기(一氣)와 같아 천(天)에 있으면 원(元), 때를 말하면 봄, 오덕(五德)에는 인(仁), 칠정(七情)에는 희(喜), 지(地)에는 형태(形態)를 이룬다. 형중(形中)에는 온리(蘊理)가 있고 이중(理中)에는 측기(測氣)가 있으므로 지리(地理)라 한다. 또 장승생기(葬乘生氣)이고 천리(天理)를 갖추어야 한다. 기(氣)는 생왕수장(生旺收藏)이 있으므로 생(生)은 목(木), 왕(旺)은 화(火),

17) 우사맥은 선행천리불일견(仙行千里不一見) 지신상수무용언(地神常守無龍言)

수(收)는 금(金), 장(藏)은 수토(水土)이다.

승(乘)은 생기(生氣)를 말하고, 원기(元氣)는 사시(四時)를 관통(貫通)하고 인(仁)은 오덕(五德)을 갖춘다. 승(乘)을 총괄하면 일원(一元)의 생기(生氣)이다. 목(木)이 생기(生氣)를 얻은 처음이 됨으로 지(地)에서 목(木)의 이치를 먼저 말한다.

간(幹)은 지(枝)를 생(生)하며 산(山)의 용도는 대지(大地)에 많고, 간지(幹枝)의 논(論)은 나무와 같다. 나무에서 구부러지고 가지가 나서 발달하는 산머리부터 1~2절로 산(山) 언덕의 시종(始終)에 이르는 절수(節數)도 나무와 같다. 나무는 지중(地中)의 핵을 이루며 본립도생(本立道生)으로 열매를 맺는다.[18] 이에 지리(地理)는 산강(山岡)의 출신(出身)은 나무와 같다. 나무는 뿌리가 줄기로 가지로 펴서 산(山)을 이루므로 하나의 국(局)을 이룸이 나무와 같다. 나무는 심(心)이 있어 뿌리로부터 펴서 문체가 두루 나므로 혈(穴)에 내운(內暈)의 문체는 두루 중복되지만 나무와 같다.

산(山)을 취(取)하는데 곡절(曲折)이 있고 많은 지(地)가 번쩍인다. 이것이 나무와 같지 않고 용(龍)과 같으므로 행도(行度)를 말하며 용(龍)이라 칭(稱)한다. 목(木)의 생의(生意)를 많이 좋아하고, 뭇의 꽃과 열매를 크게 분별(分別)이 없고, 산(山)의 결작(結作)은 한 손의 정(情)을 취한다. 이것은 목(木)같지 않으면 사람 같은데 사람은 남녀(男女)의 분별(分別)이 하나의 천근(天根)이므로 알맞게 풀이해야 한다.

2) 화성(火星)

화생토(火生土)가 대왕(大旺)하면 이는 대격(大格)으로 작혈(作穴)이 된다. 크게 왕성(旺盛)한 화성(火星) 아래에 토성(土星)이 대(帶)를 하면 화성(火星)의 기(氣)로 토성(土星)이 생기(生氣)를 잃어버려 만물(萬物)이 나지 않는다. 이는 화성(火星)의 왕성(旺盛)한 기(氣)로 토성(土星)이 마르고 불에 타서 재만 남게 된다. 마른 언덕 끊어진 구덩이 속을 달리는 화성(火星)의 기(氣)는 수성(水星)이 장막(帳幕)을 쳐도 화성(火星)의 기(氣)는 끊어지지 않고 틈이 있다. 화성(火星)의 기(氣)가 무겁고 수성(水星)의 기(氣)가 가벼우면 수성(水星)의 기(氣)는 사라진다. 화성(火星)은 반드시 조산(祖山)이 되는 것은 말할 필요가 없다. 반드시 수구(水口)를 지키는 것은 다른 성(星)이 아니고 화성(火星)이다. 이에 화성(火星)은 장각(帳角)을 낳는다.

焰天穴

18) 나무는 본립도생(本立道生) 지어성실(至於成實)

염천혈(焰天穴)은 화(火)가 불꽃을 밝히므로 대귀(大貴)의 사(砂)이다. 목성(木星)같으나 화성(火星)이며 불타는 목성(木星)같다. 대문(大文)을 이루는 사격(砂格)이지만 멀리 있어야 한다.

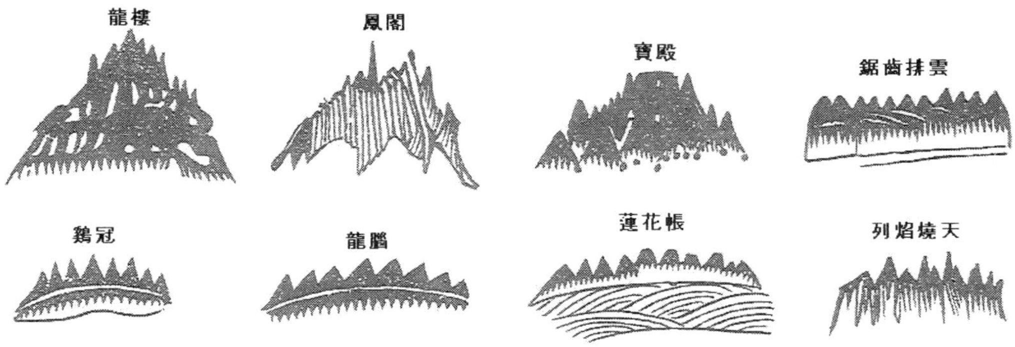

용루봉각(龍樓鳳閣)은 화성(火星)에서 일어나면 대봉대배(大封大拜)하는 사격(砂格)이다. 반드시 태조성(太祖星)이 된다.

보전(寶殿)은 순 화룡(火龍)의 자리다. 화상목(火上木)이 되어 실전(實殿)이고 화상금(火上金)도 되어 대귀(大貴)를 갖추는 사격(砂格)이고 태조성(太祖星)이 된다.

거치배운(鉅齒排雲)은 토상출화(土上出火)로서 화성(火星)이 스스로 장(帳)을 열고, 살인을 하는 사격(砂格)이다.

계관(鷄冠)은 금상출화(金上出火)이고, 용뇌(龍腦)는 수상출화(水上出火)이며 중귀(中貴)하는 사격(砂格)이다.

연화장(蓮花帳)은 순화(純火)로 대귀(大貴)의 사격(砂格)이다.

열염소천(列焰燒天)은 목상출화(木上出火)이고 멀리 있으면 대문(大文)이 나는 사격(砂格)이다.

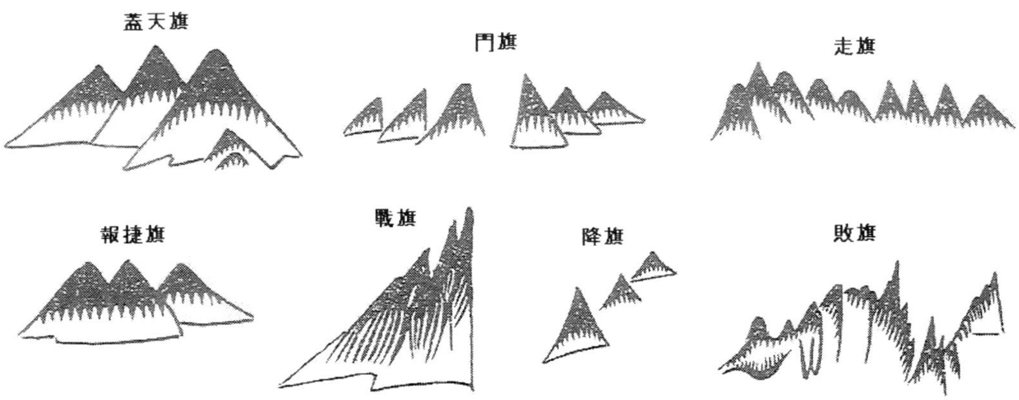

개천기(蓋天旗)는 대봉(大封) 대귀(大貴)하는 사격(砂格)이다. 조산(朝山)과 조산(祖山)에 마땅하다.

문기(門旗)는 정조(正朝), 주기(走旗)는 장졸(將卒)의 기(旗), 보첩기(報捷旗)는 주속(主速)이다. 이들은 대봉(大封) 대귀(大貴)하는 사격(砂格)이다.

전기(戰旗), 항기(降旗)는 머리를 아래로 엎드려 절하고, 적기(賊旗)는 파쇄(破碎), 잡난(雜亂)이다. 이들은 백사불성(百事不成)이고 유리걸식하는 사격(砂格)이다.

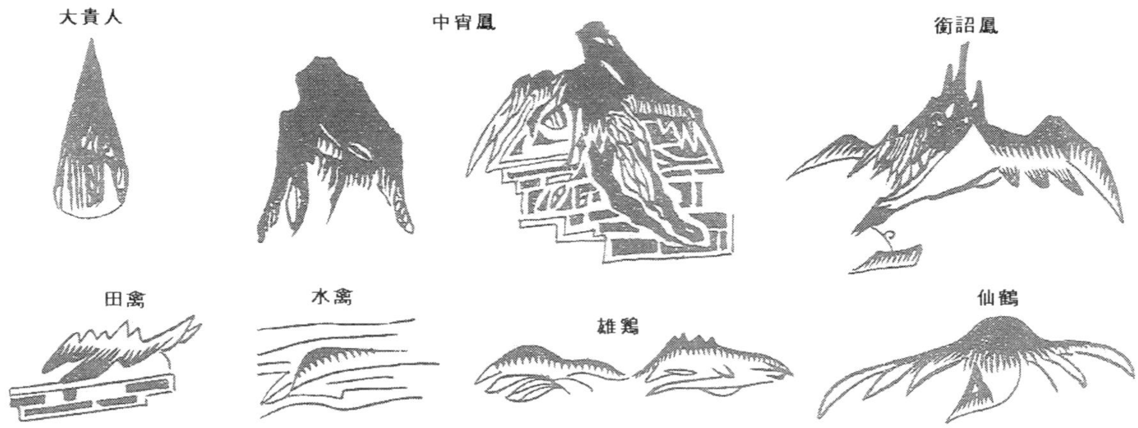

대귀인(大貴人)은 혈성(穴星)이 모두 나타나지 않음이 없고 그 면을 깍은 듯이 절벽에 선 것 같이 형(形)이 이루어지므로 선흉후길(先凶後吉)이다. 그러나 천표(天表)가 멀리 있어 응기(應氣)하면 대길(大吉)이다.

중소봉(中霄鳳), 함조봉(銜詔鳳)의 봉(鳳)은 혈(穴)과 사(砂)가 된다. 그러나 남방(南方) 주작(朱雀)의 화기(火氣)를 안고 행룡(行龍)하므로 당대에 발(發)하지만 오래가지 않고 끊어진다.

전금(田禽), 수금(水禽)은 사(砂)로 많이 응용하고, 웅계(雄鷄)는 혈(穴)과 요성(曜星)이 되고, 선학(仙鶴)은 귀혈(貴穴)이 많이 난다.

연산혈(延山穴)은 야화(野火)이다. 들에 있는 불이 마르고 타므로 혈성(穴星)을 맺기가 어렵다.

강지화(岡地火)는 불에 타고남은 재 같다. 그러나 적은 화성(火星)이 장각(帳角)을 이루어 용(龍)이 되어 혈성(穴星)을 맺으므로 귀한 혈(穴)이 된다. 이것을 기사회생(起死回生)이라 한다.

무염화(無焰火)는 화산(火山)의 정(頂)이 불에 타는 빛이 없고 화성(火星)이 너그러워 귀(貴)하다. 무(武)는 아니고 문(文)으로 대성(大成)하고 대흉(大凶)이 없는 사격(砂格)이다.

* 화성(火星)은 만산(萬山)의 조산(祖山)이다. 노화(老火)는 반드시 작혈(作穴)하지 않고 소화(少火)의 사이에는 이루어지는 것이 있다. 산(山)에 농경(農耕)과 거주를 하면 부득불(不得不) 분택(墳宅)을 하게 된다. 전지(田地)가 있는데 저평(低平)이 있다. 저(低)는 수평(水平)이며 토(土)이다. 토(土)가 있는 사이에 화(火)는 수(水)가 있어서 제화(制火)하므로 택묘(宅墓)가 가능하다. 지(地)에 화성(火星) 중에는 결(結)이 없고 목(木), 수(水), 토(土), 금(金)은 모두 결(結)이 있다.

3) 토성(土星)

금(金)에 금(金), 은(銀), 동(銅), 철(鐵), 석(錫)의 오금(五金), 목(木)에 유유(楡柳), 조행(棗杏), 상자(桑柘), 괴단(槐檀), 조유(柞楢)의 오목(五木), 수(水)에 벽(碧), 자(紫), 백(白), 흑(黑), 황(黃)의 오수(五水)가 있고, 화(火)는 전변(轉變)하여 오색(五色)을 이루고, 대지(大地)에 솟아오른 산이 오형(五形)을 이루고 있다. 오관백해(五官百骸)가 다른 모양이 많아 관해(官骸)가 혼성(渾成)되어 있으나 혈맥(血脉)은 조리가 있듯이 대지(大地)도 이와 같다. 대지(大地)는 본래 개벽으로 혼성되어 있으나 산천은 조리가 정연하다. 이에 오행(五行)이 가운데를 나누어 나오며 생극(生剋)의 논(論)은 형가(形家)의 말이지만 자연의 도리이다.[19] 용(龍)이 있어 뚫으면 생(生)이 나고 연한 기운이 화(化)하거나 상상(相傷), 상구(相求), 상용(相用)하는 다름과 같이 의모의자(依母依子)와 파모극식(破母克息)의 다름이 있다. 토(土)는 높지 않다고 말하지 말고, 우리들이 산중(山中)에 가서 강론(講論)할 곳이 바로 토(土)이다.

玉屛

玉案

19) 복씨(卜氏)는 목(木)은 동중취혈(動中取穴)하고, 양공(楊公)은 관성(觀星)으로 재혈(裁穴)하는 것이 진(眞)이라 했다. 양공(楊公)의 설(說)은 심정(甚正)이지만 복씨(卜氏)는 세속 말이다.

옥병(玉屛), 옥안(玉案)은 대부(大富)대귀(大貴)하는 사격(砂格)이다.

천창(天倉)은 대부(大富), 평창(平倉)은 중소부(中小富)의 사격(砂格)이다.

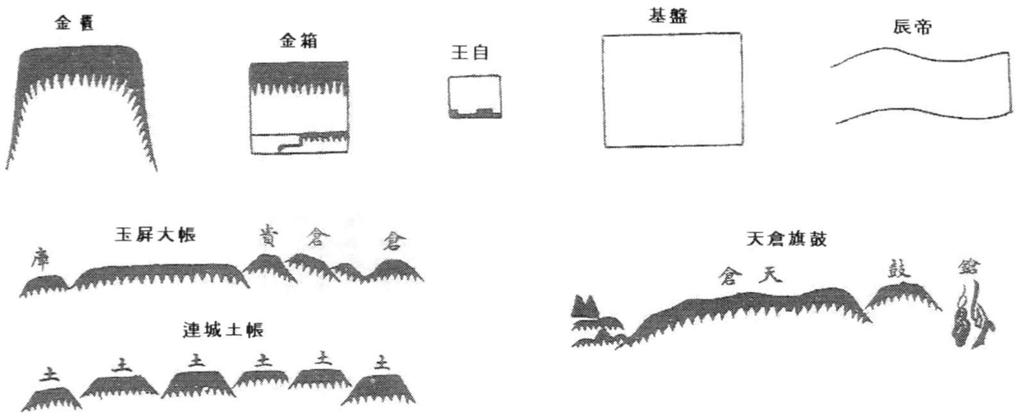

금궤(金匱)는 토성(土星)에 금성(金星)이 높이 대(帶)를 한다. 대부(大富)대귀(大貴)하는 사격(砂格)이다.

금상(金箱)은 사방(四方)이 모나고 벽같이 서 있다. 대귀(大貴)의 사격(砂格)이다.

왕자(王自), 기반(基盤), 신제(辰帝)에서 왕자는 적으면 물에 뜬다.

옥병대장(玉屛大帳)에서 옥병이 귀사(貴砂)와 창고(倉庫)을 대(帶)로 하며 대부대귀의 사격(砂格)이 된다. 반드시 중출(中出)로 나온 맥(脉)이 진(眞)이다. 옥병대장이 나온 맥에는 군현(君縣)이 많다. 이 같은 용(龍)에 편출(偏出)을 좇는다.

천창(天槍)이 기(旗), 고(鼓), 금창(金槍)이 좋게 대(帶)하고 개장(開帳)은 문무쌍전(文武雙全)과 부귀를 비할 수가 없다. 그러나 중출(中出)을 얻기가 어렵다.

연성토장(連城土帳)에서 연성(連城)의 토성(土星)이 수 십리로 성두(星頭)가 개개(个个)로 토(土)이다. 극귀(極貴)하는 사격(砂格)이다. 앞에 토(土)가 다시 금수(金水)로 뚫는 등 방형(方形)의 장(帳)은 화기(化氣)가 있다. 토(土)가 대장(大帳)을 열어 반드시 화성(火星)이 나타나고 아래로 조(祖)를 벗어난 행룡(行龍)은 제2층이다. 큰 군현(郡縣)이 반드시 있다.

전고(展誥), 비고(飛誥), 사문(赦文), 천교(天橋)는 대문(大文)의 사격(砂格)이다.

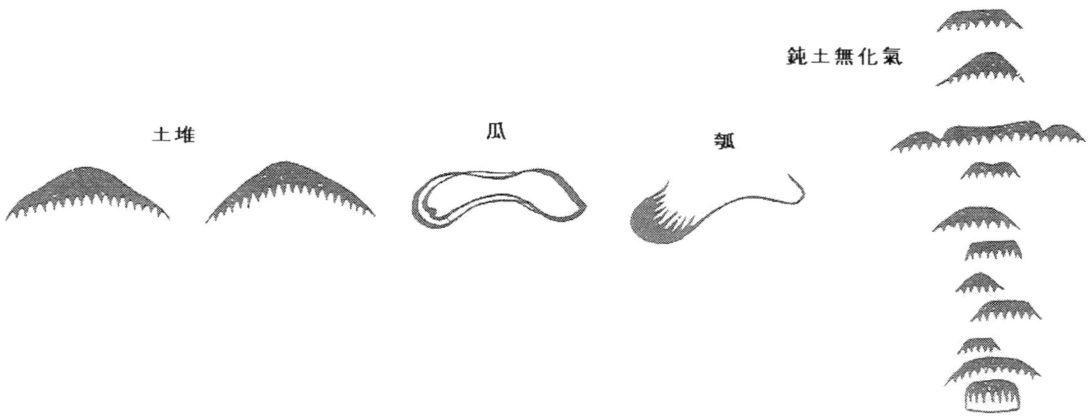

토추(土推), 과(瓜), 호(瓠)에서 둔토(鈍土)는 화기(化氣)가 없다.

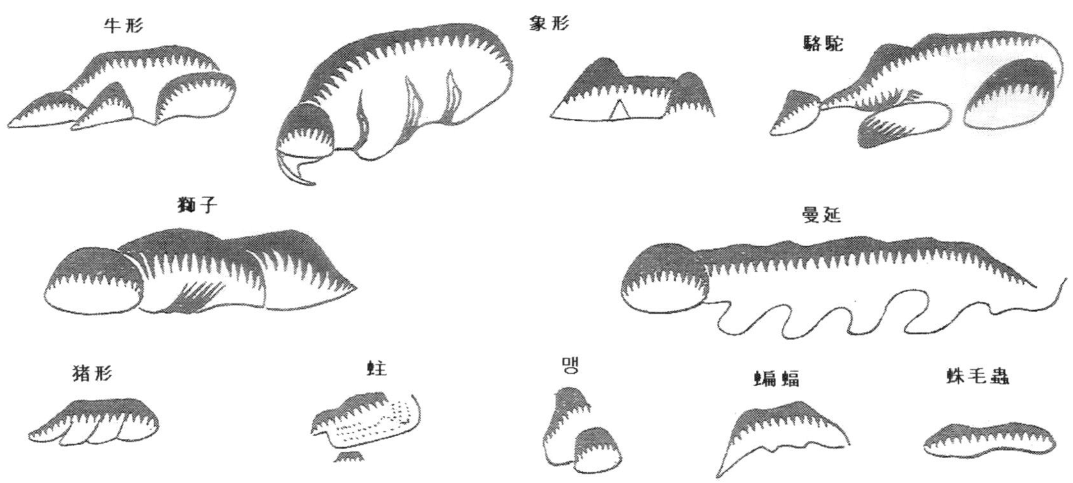

우형(牛形), 상형(象形)은 두(頭)가 화(火), 미(尾)는 금(金)을 토(土)에 합(合)한 것과 같다.

낙타(駱駝)의 형(形)은 목금토(木金土)가 기복(起伏)하고 두(頭)는 금성(金星)이다

사자(獅子)는 두(頭)가 금(金), 신(身)은 토(土), 미(尾)는 화(火)이다

만연(曼延)의 머리는 화(火)를 대(帶)로 하고 신(身)은 수(水)로 되어 있다. 합(合)하여 토성(土星)이다.

저형(猪形), 주(蛀), 맹(黽), 편복(蝙蝠), 자충(蚝蟲)은 음혜(音蕙)이다.

신동(神童), 노옹(老翁)에서 토(土)는 인형(人形)을 하지 않는다. 언뜻 보기에는 목(木)같은데 올라보면 머리가 평평하고 걸어 가다보면 평면(平面)이 인형면상(人形面上)의 체(体)이다. 그러나 난쟁이 같이 낮은 것을 신동(神童)이나 노옹(老翁)이라 하는데 이는 탁(濁)한 가운데 청(淸)이 되면 복이 두터우며 소조(少祖)가 많다. 혹은 조산(朝山)을 지을 수 있다.

* 순토(純土)는 조화법(造化法)이 없다. 토성(土星)은 평(平)으로 편안하여 토(土)를 얻고 국(局)을 얻어 인재(人財)의 보호가 가능하다. 그러므로 거주하는 백성은 천만(千萬)의 근심이 없다. 맥(脉)이 솟는 것을 관찰하여 토색(土色)을 본다. 솟는 것이 관찰되면 스스로 척기(脊氣)가 있다. 국(局)이 있어 세(勢)가 완전히 좋고 토색(土色)이 좋아도 악자(惡者)는 항상 패(敗)한다. 이것은 토(土)가 하는 일이라고 사람들은 스스로 안다. 척지(尺地)에 많은 이름이 없고 사석(沙石), 저여(沮洳), 송부(鬆浮), 동건(冬乾), 하인(夏湮)은 모두 패기(敗氣)로 가용(可用)하지 않는다. 만약 황홍(黃紅)의 토(土)와 국(局)을 얻어야 가능하다.

지리(地理)는 생극(生剋)인데 다른 술(術)을 붙이면 같지 않다. 용(龍)이 있어 뚫으면 다시 생(生)이 나고, 연한 기운이 화(化)하는 상상(相傷), 상구(相求), 상용(相用)은 다름이 있다. 의모의자(依母依子)와 파모극식(破母克息)이다.

사(砂)에도 겁산(劫山), 관산(官山), 복산(福山), 적산(賊山)의 다름이 있다. 모두 성신(星辰)을 인정하면 각기 의기(宜忌)가 있다. 토(土)를 생(生)하는 것은 화(火)이다. 화(火)가 성(盛)하면 토조(土燥)한다. 토생금(土生金)이나 토(土)가 중(重)하면 매금(埋金)이다. 수(水)는 토(土)에 살(殺)이며 또한 토관(土官)이 되고 수토(水土)는 항상 만나지만 둘이 되는 주객이 있으며 수토(水土)는 서로 막고 제재하는 승부가 있다.

4) 금성(金星)

화성(火星)이 일어나는 곳에 금성(金星)같은 특지(特地)가 일어난다. 수성(水星) 위에 토성(土星)이 변하여 둥근 형(形)으로 금성(金星)이 다시 일어나면 토생금(土生金)이 다. 자손(子孫)이 조상(祖上)을 밝히는 격(格)이 되어 떳떳한 도리(道理)이다. 금성(金星)이 두세 번 굽어 돌아가면 수성(水星)이 열린다. 수성(水星)이 금성(金星)을 생(生)하므로 금성(金星)은 더욱 빛이 난다. 금성(金星)이 소각(小角)을 지으면 더욱 좋다. 소각(小角)은 화성(火星)의 기(氣)를 안고 있으므로 더욱 빛이 난다.

진맥(眞脉)에 꽂아 진사(眞砂)를 쓴다. 천변만화(千變萬化)가 되는 것은 모두 둥근 상(相)에 있다. 이와 같이 둥근 형(形)을 알아 얻으면 금성(金星)의 차이가 없다.

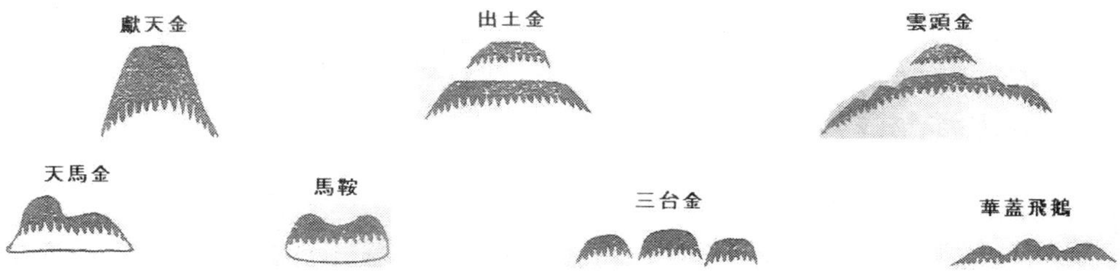

헌천금(獻天金)은 높이 솟아 있어 이수(理數)를 분간하기 어렵다. 큰 것은 높이 솟아 있는 것이 수리(數理)나 된다. 멀리 의지함이 없이 끊어진 것 같으나 우뚝 솟은 것이 가장 얻기가 어렵다. 소조산(少祖山)을 도운 것 같이 우뚝 솟아 있다. 반드시 나라를 편하게 하고 나라를 정할 사람이 나는 사격(砂格)이다. 다만 안산(案山) 넘어 조산(朝山)에 있어야 한다.

출토금(出土金)은 높은 금성(金星)이 토성(土星)위에 솟아 있으므로 참된 주인, 큰 선비, 정승이 나는 귀(貴)한 사(砂)이다. 만약 토성(土星)이 바르지 않으면 다음에 귀(貴)가 난다.

운두금(雲頭金)은 높은 금성(金星)이 운수(雲水) 위에 있으므로 일화운란(日華雲爛)이다. 금성(金星) 끝에 수성(水星)이 거듭 안아주므로 당대 대현인(大賢人)이 나는 사격(砂格)이다.

천마금(天馬金)은 금성(金星)이 큰 토성(土星)을 대(帶)로 하여 높은 산등성이에 연(連)해 있다. 그러나 두(頭)가 금성(金星)으로 되고 토성(土星)이 등이 되어야 한다. 반대로 두(頭)가 토성(土星)이 되고 몸과 꼬리가 금성(金星)으로 되면 퇴마(退馬)가 됨으로 패절(敗絕)을 주장하는 사격(砂格)이다.

마안(馬鞍)은 본래 연금(連金)인데 가운데가 끊어진 것 같이 오목하게 나와 있다. 천마금과 마안이 좌우로 있으면 출장입상(出將入相)하는 사격(砂格)이다.

삼태금(三台金)은 품자형(品字形)으로 따로 서 있으며 중성(中星)은 조금 뒤에 있고 좌우 양성(兩星)은 조금 앞에 있어 정맥이 되므로 귀(貴)의 응(應)함이 삼공(三公)에 이른다.

화개비아(華蓋飛鵝)는 서로 이립(離立)해 있는 금성(金星) 같지만 기(氣)가 연(連)해 있다. 즉 수체(水體)를 이룬 것 같다. 어깨가 두텁게 화개(華蓋)가 펴나가므로 비아(飛鵝)라 한다. 대귀(大貴)나 중귀(中貴)도 나는 사격(砂格)이다. 화개비아는 도처에 있는 사(砂)이다.

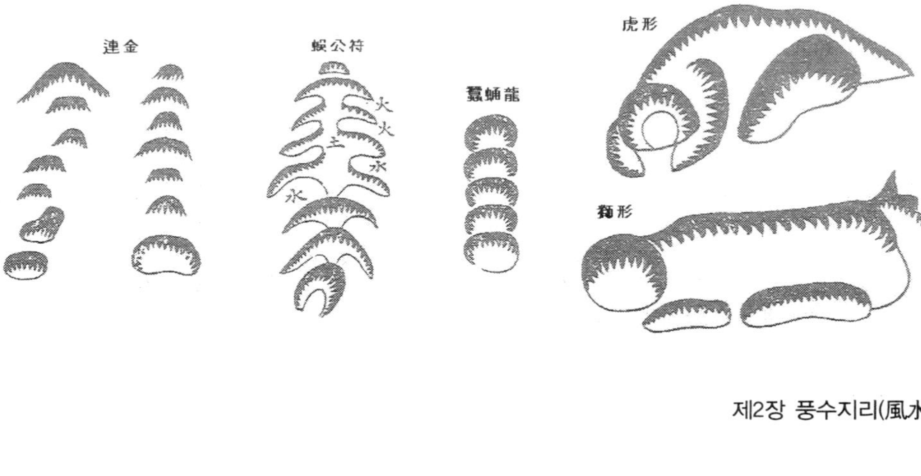

연금(連金)은 변화가 없으면 쓸모가 없다. 금성(金星)이 크게 들어와서 적은 것은 귀성(鬼星)의 꼬리가 되고 크게 들어온 자는 겁귀(劫鬼)가 된다. 양사(兩砂)가 호위가 있어야 하는데 호위가 없다. 반배(反背)를 지은 혈(穴)이 나오면 스님, 무당, 점쟁이가 나고 귀양 가는 자도 있다. 금성(金星)이 수성(水星)으로 변화하여 토성(土星)을 뚫고 나온 자는 다르다.

오공부(蜈蚣符)는 금성(金星)이 토성(土星)으로 대(帶)를 하면 수요(水曜)와 화요(火曜)가 있어 맥(脉)이 기(氣)로 화(化)한다. 이와 같이 맥(脉)을 지으면 아름다운 혈(穴)이 되며 부귀(富貴)가 있다. 행룡(行龍)이 되면 더욱 힘차게 앞으로 나아가 개장(開帳)을 열어 뚫고 나간 연후에 작혈(作穴)이 되며 대귀(大貴)가 있다. 형(形)의 각(脚)이 깃발 같음이 있고 오공(蜈蚣)의 체(體)가 금성(金星)의 절(節)이 없으면 항상 용신(用神)으로 작응(作應)한다. 이에 척기(脊氣)보다는 과협이 되는 것을 생각한다.

잠용룡(蠶蛹龍)은 연금(連金)이며 무식하므로 항상 농탁한 사람이 난다. 만약 전후(前後)에 변화하는 기가(起家) 있으면 상기와 같지 않다.

호형(虎形)은 연금(連金)을 조금 벗어난다. 적게 탈사되므로 선흉후발(先凶後發)이며 범(犯)하면 흉(凶)이다. 가혈(佳穴)은 가능하나 용(龍)과의 응(應)은 불가(不可)하다. 호형에는 흉(凶)인데 숨기는 것이 서시지(噬尸地)이기 때문이다. 호형을 응용하지 않지만 양택(陽宅)에서는 다르다.

사형(獅形)은 금(金)과 토(土)이며 호형과 비슷하다. 용(龍), 장(帳), 호(護)가 가능하다. 사형은 호형에 항복(降服)이 가능하며 호형의 사나운 성질과 다르다.

광금천화(鑛金穿火)[20]는 쇳덩이 같은 금성(金星)이 토성(土星)을 의지하여 화성(火星)을 뚫고

20) 료공(廖公)의 비지(秘旨)이며 금성(金星)에서의 균은 어깨이다. 강(罡)하여 폭악(暴惡)을 주장하고, 료공(廖公)의 규견법(竅肩法)을 알아야 한다.

나와 다시 수성(水星)을 뚫고 나오면 정금(精金)이 된다. 광금(鑛金)이 화성(火星)을 수 없이 뚫고 다시 수성(水星)을 뚫고 나오면 정금(精金) 중의 정금(精金)이 된다. 이와 같은 정금(精金)은 대혈(大穴)을 짓는다.

광금불천화(鑛金不穿火)는 광금(鑛金)이 화성(火星)을 뚫고 나오지 못하면 패(敗)하는 것이다. 대개 사형(獅形)이나 호형(虎形)이 이와 같다.

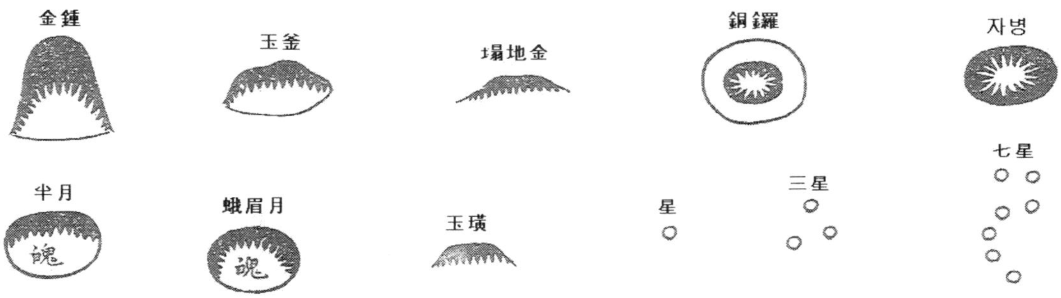

금종(金鍾)은 두(頭)가 둥글고 눈은 솟아나고 입은 뚜껑 같아 어디서 보나 같은 모양이다. 혈(穴)과 사(砂)가 되며 장원급제하는 사격(砂格)이다.

옥부(玉釜)는 두(頭)나 체(体)가 둥근데 입을 딱 벌린 모양이 어디서 보나 같은 모양이다. 장원급제하는 사격(砂格)이다.

탑지금(塌地金)은 평평한 곳에 두(頭)가 약간 들어 난 것 같다. 사면(四面)이 모두 다르며 사(砂)로 응용하며 암행어사가 나는 사격(砂格)이다.

동라(銅羅)는 혈(穴)과 사(砂)가 된다. 동라는 멀리 떠나야 대발한다. 사(砂)로는 과갑(科甲)에 오르며 항상 쟁쟁한 인물이 난다.

자병(餈餅)은 부(富)로 대성(大成)하는 사(砂)이며 극히 드물고, 반월(半月)은 혈(穴)이 되며 사(砂)로 응용하고, 아미월(蛾眉月)은 사(砂)로서 왕비가 난다.

옥황(玉璜), 성(星), 삼성(三星), 칠성(七星)는 중귀(中貴)의 사격(砂格)이다.

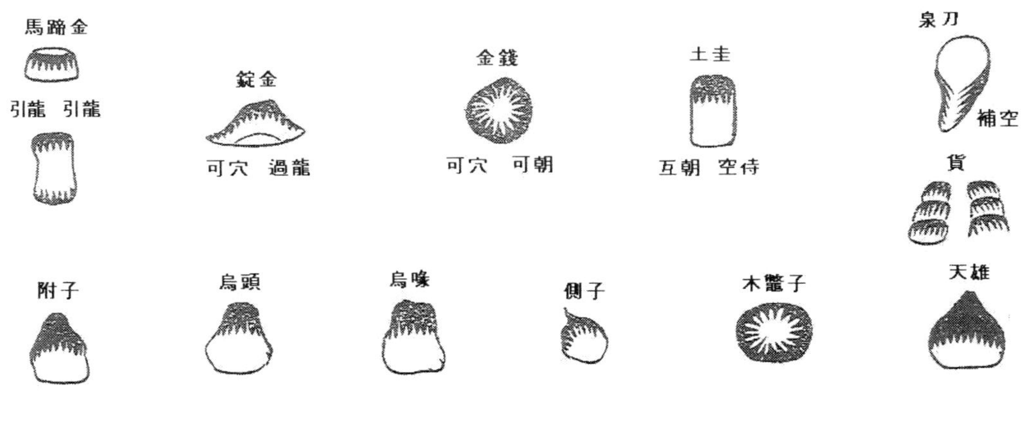

마제금(馬蹄金)은 혈(穴)과 과룡(過龍)이 되고, 정금(錠金)은 혈(穴)과 조안(朝案)이 되고, 금전(金錢)도 혈(穴)과 조안(朝案)이 된다.

토규(土圭, 玉圭)는 조안(朝案)과 좌우(左右) 시위(侍衛)로 응용한다. 수구(水口)에 화표(華表)로 우뚝 솟아있으면 대귀(大貴)의 사격(砂格)이다. 암행어사가 나는 사격(砂格)이다.

천도(泉刀), 화(貨)의 원(員)은 옛날부터 쓰임이 다르며 형(形)도 다르다. 패(貝)는 원래 수물(水物)에 쓰이는 종류들이다.

육물(六物)은 부자(附子), 오두(烏頭), 오탁(烏啄), 측자(側子), 목별자(木鼈子), 천웅(天雄)이다. 육물은 일종(一種)의 변형(變形)으로서 대독(大毒)을 지니고 있다. 금성(金星) 중(中)에 복화(伏火)인 온리(蘊理)가 항상 흉(凶)이다. 진룡(眞龍)이 응(應)하면 장법(葬法)[21]을 사용하고 용(龍)이 천(賤)하면 버린다. 육물은 한약의 종류이다.

금도(金刀), 금검(金劍)은 금성(金星)이다.

금두대(金頭帶)는 금두성(金頭星)의 파(破)이며 양공(楊公)이 말하기를 파군이라 한다. 금(金) 역시 몸체가 통(通)한다. 파(破)는 정룡(正龍)이 아니며 작혈(作穴)도 불가(不可)하다. 장각(帳角)의 결(結)은 문호(門戶)를 지키므로 마땅하다.

금각대화(金脚帶火)는 금성(金星) 다리의 파(破)이며 료공(廖公)이 말하기를 천강(天罡)이라 한다. 용(龍)과 혈(穴)이 되며 문호(門戶)를 지키면 아름답다.

금생수(金生水) 수생금(水生金)은 서로 상생(相生)이다.

21) 구공(邱公)의 금성론(金星論)에서 금중온화(金中蘊火)이다.

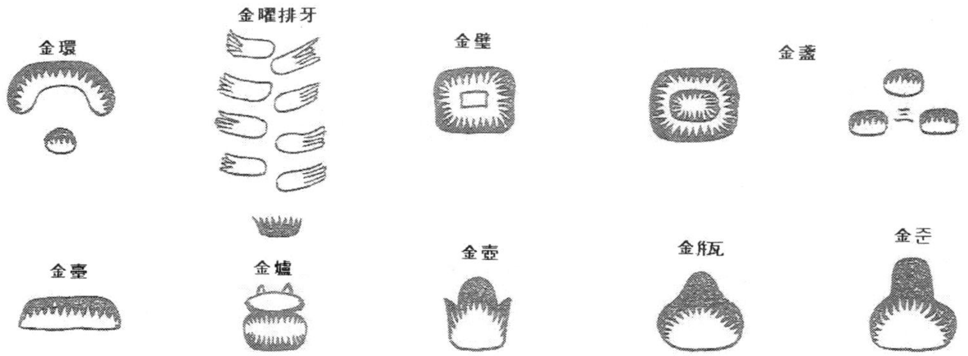

금환(金環)의 권(圈)은 권금(圈金)이다. 권목(圈木), 권토(圈土), 권수(圈水)가 있다. 천홍(天紅), 비백(飛帛), 광주리와 같다. 근본(根本)은 모두 대(帶)를 하므로 떳떳이 지음이 용(龍)에 이로운데 조안(朝案)을 반(反)하면 작혈(作穴)은 유금(流金)이 된다.

화주(火珠), 수주(水珠), 토주(土珠)인데 수주(水珠)가 많고 금주(金珠)는 1~2이며 많은 것은 수주(水珠)로 한다. 금주(金珠)가 혈(穴)을 지으면 수기(秀氣)이다

금요배아(金曜排牙)는 요기(曜氣)이다.

금벽(金壁), 금잔(金盞), 금대(金臺), 금로(金爐), 금호(金壺), 금병(金瓶), 금준(金罇)의 기완(器玩)은 금(金)이라 부른다. 그것은 금(金)이 귀중하고 금(金)이 아니면 오래두지 못하기 때문이다. 그러므로 금성(金星)에서 좋은 혈(穴)을 많이 늘어놓는다.

영구(靈龜), 천별(天鼈), 해형(懈形), 해라(海螺), 주방(珠蚌)의 5형(形)은 금성(金星)에서 나는 혈(穴)이다.

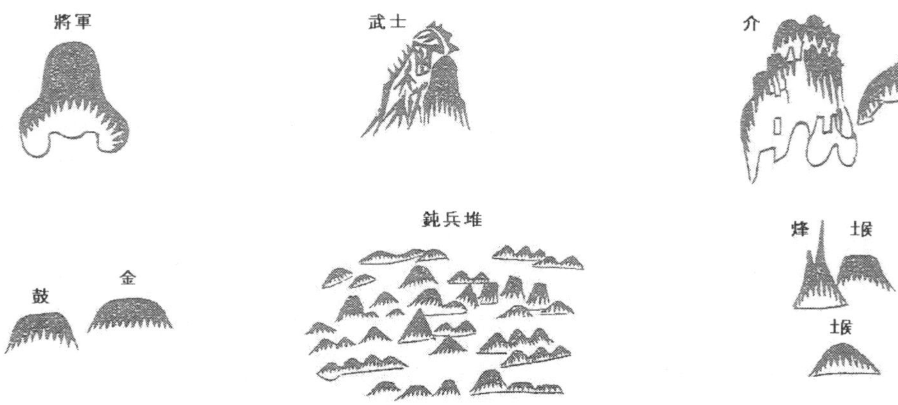

장군(將軍)은 면(面)이 독금(獨金)이며 장군 같은 사(砂)가 있으면 대문(大文)의 사격(砂格)이다.

무사(武士)는 금성(金星)이 화성(火星)을 대(帶)로 하고 신(身)에 석(石)이므로 무사이다.

개(介)는 거북의 등이다. 금성(金星)에 화성(火星)이 나타난다. 금성(金星)은 이슬 같은 돌이다.

금(金), 고(鼓), 둔병퇴(屯兵堆), 봉후(烽堠)도 금성(金星)이다.

* 금성(金星)은 둥글면서 서로 떨어지지 않으므로 고원(高員), 평원(平員), 앙면원(仰面員), 복수원(覆手員), 결금(缺金), 측금(側金)이다. 원이 다변(多變)하여 유산금(流山金)은 수(水) 같은데 가는 것 같고, 도검금(刀劒金)같은데 목(木)과 화(火)와 같다. 양공(楊公)이 무곡, 파군, 보성 등이라 하고, 료공(廖公)은 태양, 태음, 천강성 등이라 한다. 성(星)은 주금(珠金)이다. 그러나 화성(火星)은 떨어지는 구슬, 수성(水星)은 유주(流珠)의 다른 것이고, 권금(圈金)은 금(金)이다. 권목(圈木), 권토(圈土), 권수(圈水)는 다름이 수(水)에 이르고 금성(金星)은 이탈한 것이다. 기조(起祖)와 개장(開帳)을 하고 과수(過水)는 영송(迎送)이 있으며 혈(穴)을 짓는다. 두루 비치고, 광탕(曠蕩)하지 않고, 고립하지 않고, 진흙이나 수중을 지난 후에 진혈(眞穴)을 짓는다. 천하(天下)의 산(山)이 금(金)이 되기 쉽고 강금(剛金)이 변화하지 않고서는 혈(穴)을 이룰 수 없다. 금성(金星)이 고립(孤立)하면 당장 절혈(絶穴)이 된다.

5) 수성(水星)

하늘에 구름을 드린 것 같은 것은 수성(水星)의 형태이다. 수성(水星)의 아래는 목성(木星)이 나지 않고 금성(金星)이 대(帶)를 한다. 수중(水中)의 모래를 걸어내면 금자(金子)가 있다. 수성(水星)아래 작은 금성(金星)은 성혈(成穴)이 되지 않는다. 수성(水星)의 혈장(穴場)의 안(案)에 목성(木星)이 나타나고, 조안(朝案)에 화성(火星)이 나타나 있으면 음양(陰陽)으로 배합(配合)이 된다. 그러므로 천성(天星)이 모두 모여 들어오는 길성(吉星)이 됨으로 만사형통(萬事亨通)이 된다.

수성(水星) 중(中)에서 화성(火星)이 일어나도 기이(奇異)한 것이 아니다. 수성(水星)의 행룡(行龍)에 화성(火星)이 일어나 있으면 음양한난(陰陽寒暖)의 조화이다. 대해(大海)의 중간(中間)에도 떳떳이 화성(火星)이 솟아있는 것을 본다. 음(陰)이 지극함이 있으면 양(陽)이 생기는 것은 마땅한 이치(理致)이다. 수화성(水火星)은 본래(本來) 서로 구제하는 이치(理致)가 있다. 선천(先天)에 일수(一水)이화(二火)는 상생(相生)의 조화(造化)이다. 그러나 지리(地理)는 후천(後天)의 상생(相生)을 많이 응용(應用)하고 있다. 화(火)는 수(水)에 의모(衣母)인 금성(金星)을 치므로 보배를 취(取)하는 틈이 되고, 의자(衣子)는 목(木)을 취(取)하므로 도끼자루를 찾는다. 이 말은 료공(廖公)의 애금방목법(挨金傍木法)을 알아야 한다.

수성(水星)은 귀(貴)에 이르므로 쉽게 결지(結地)한다. 혹은 자기(紫氣)가 나와 체(体)를 이루는 것이 있다. 체(体)를 이루면 의모(衣母, 金星)에서 나와 의자(衣子, 水星)가 된다. 밝은 용(龍)은 정격(正格)으로 나와 기(氣)가 아울러 빼어나다.

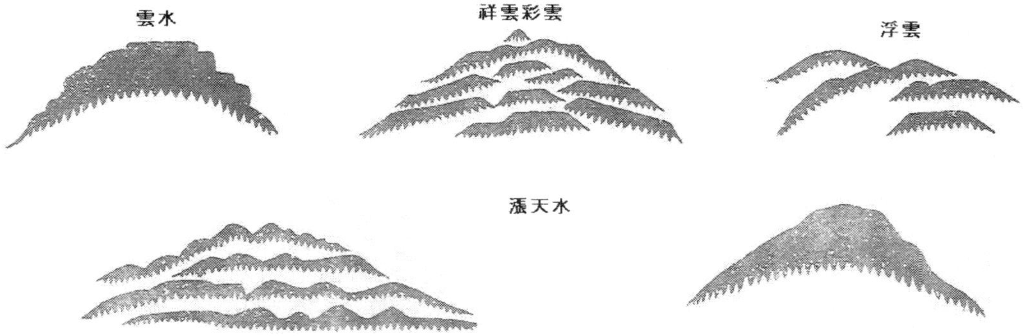

운수(雲水), 상운채운(祥雲彩雲), 부운(浮雲)은 밝은 빛이 거듭하므로 상운이 되고 붉고 푸르게 얼룩지므로 채운이 되고 형태가 성결하게 흩어지므로 부운이 된다.

창천수(漲天水)는 일광(日光)이 파도와 같이 동(動)하는 것이 보이므로 파도가 분명하다.

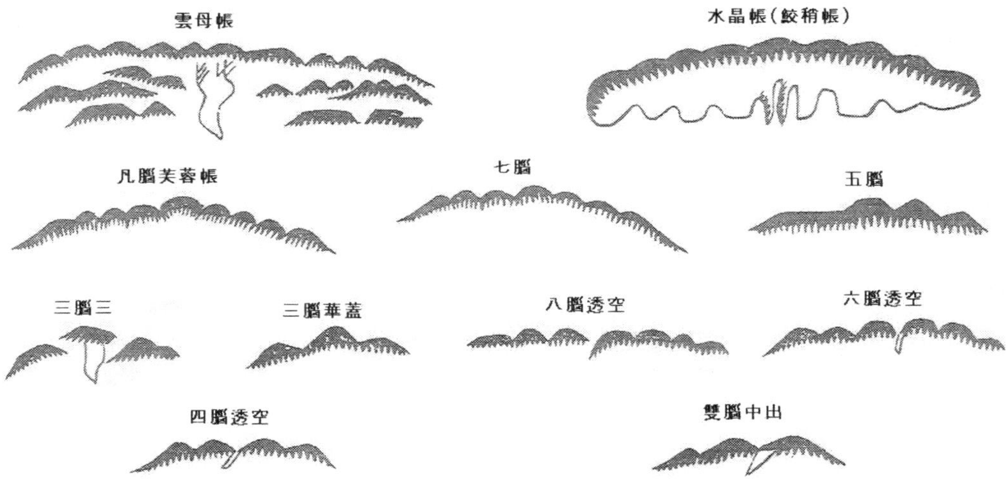

운모장(雲母帳), 수정장(水晶帳=鮫稍帳), 구뇌부용장(九腦芙蓉帳), 칠뇌(七腦), 오뇌(五腦), 사뇌투공(四腦透空), 육뇌투공(六腦透空), 팔뇌투공(八腦透空), 쌍뇌중출(雙腦中出), 삼뇌삼(三腦三)은 삼태(三台)가 사이가 비고 떨어져 3목(木)이 서서 숨은 9뇌와 같다.

삼뇌화개(三腦華蓋)는 3금(金)이 연(連)하여 기(氣)의 시작은 수체(水體)에서 이루어진다. 이것을 화개(華蓋)라 한다.

금수귀인(金水貴人), 금수화개(金水華蓋), 금수비아(金水飛鵝)는 몸을 공경하는 귀인의 어깨 높으므로 화개가 되고, 비아 모양은 수(水)를 말하면서 금(金)이 있고 목(木)이 근본이 되므로 금(金)이 없으면 수(水)를 이룰 수 없다.

금자(金字)는 날고 있는 오리 어깨 없으므로 개자(个字)가 된다. 개자(个字)는 수체(水體)에 구애되지 않는다. 이것은 목성(木星)에 많이 있다.

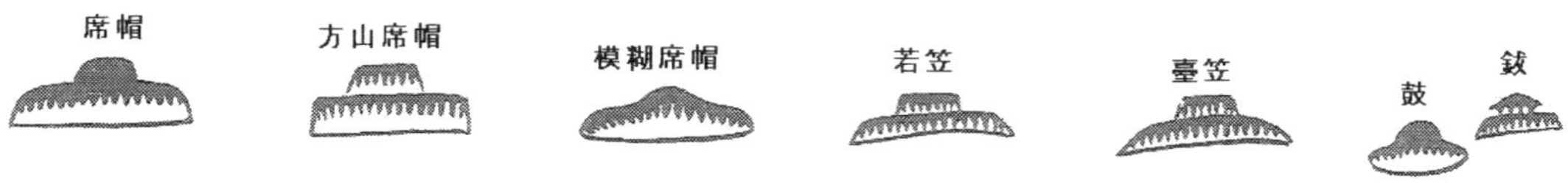

석모(席帽), 방산석모(方山席帽), 모호석모(模糊席帽), 약립(若笠), 대립(臺笠), 발(鈸), 고(鼓)는 금수(金水)가 문고리처럼 평평한 것을 석(席)이라 한다. 도톰한 것은 모(帽)라 한다. 벼슬이 날 자리의 용맥(龍脈)이고, 높고 낮은 것을 보아야 알 것이다. 조탁(粗濁)한 것을 립(笠), 경박(輕薄)한 것은 발(鈸), 강경대살(剛勁帶煞)은 동고(銅鼓)가 되는 모두가 천(賤)하다. 용(龍)을 보고 혈(穴)에서 취(取)할 것이다.

수부용(水芙蓉), 의부용(衣芙蓉), 화악(花萼), 화함(花菡)은 전(田)의 용(龍)에서 기조(起祖)하여 연편(蓮鞭)으로 나온 맥(脉)이 높고 낮게 전(田)에서 홀연히 일어나 연출(連出)된 수성(水星)이 노편(蘆鞭)으로 출맥(出脉)되어 연화혈(蓮花穴)을 지었다.

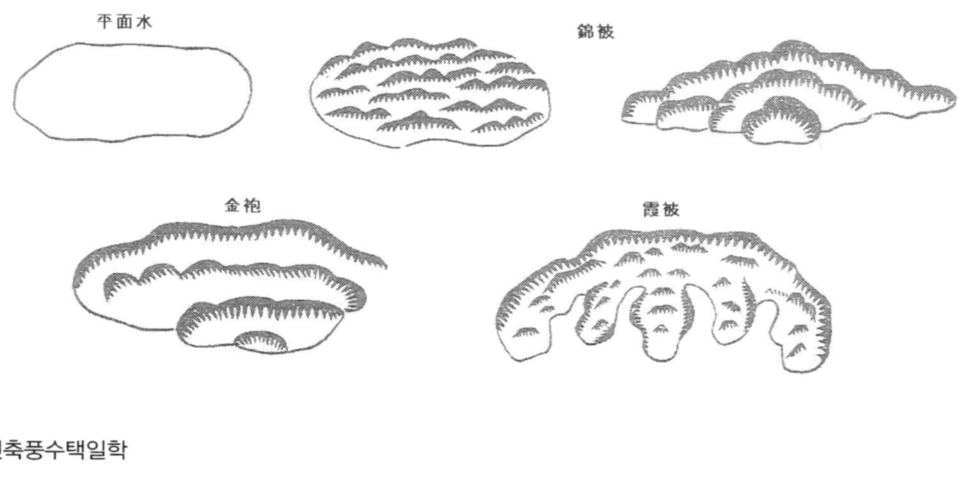

평면수(平面水), 금피(錦被), 금포(錦袍), 하피(霞被)에서 평포는 가죽으로 하고 화문(花紋)이 있으면 금파(金波)이다. 추절체제(皺折体製)는 포(袍)이며 화문(花紋)이 있으면 금포(錦袍)이다. 운두(雲頭)가 완연히 굴러 물결이 끊어져 자세한 것이 하피(霞帔)이다. 평포가 곡동(曲動)한 것은 수성(水星)이다. 가죽이 곱게 쌓여 안과 밖이 분별이 어렵지만 낙(樂)의 응(應)을 보고 취(取)한다.

순의(鶉衣)는 대성(大星)에 각(脚)을 많이 파쇄(破碎)하여 많은 구슬이다.

우의(牛衣)는 수성(水星)의 기(氣)가 마르고 살(殺)은 요기(曜氣)이다.

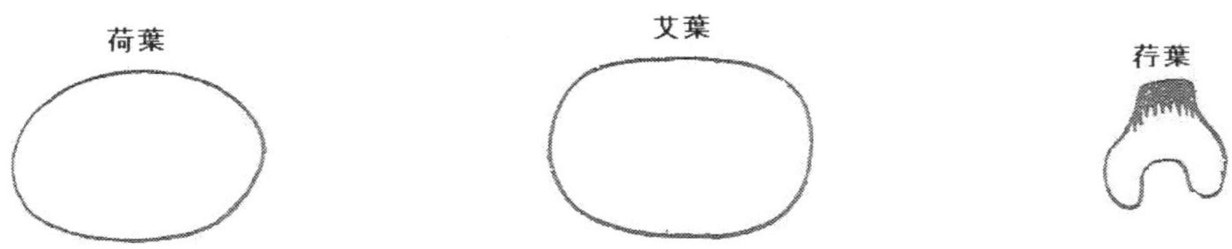

하엽(荷葉), 애엽(艾葉), 행엽(荇葉)에서 하엽(荷葉)이 응(應)하고 특히 빼어난 조(朝)를 지어 당긴다. 노편룡(蘆鞭龍)에 운소필(雲宵筆)은 당대 하나의 장원(狀元)이 나타난다. 다른 엽(葉)은 각각의 형(形)을 구한다.

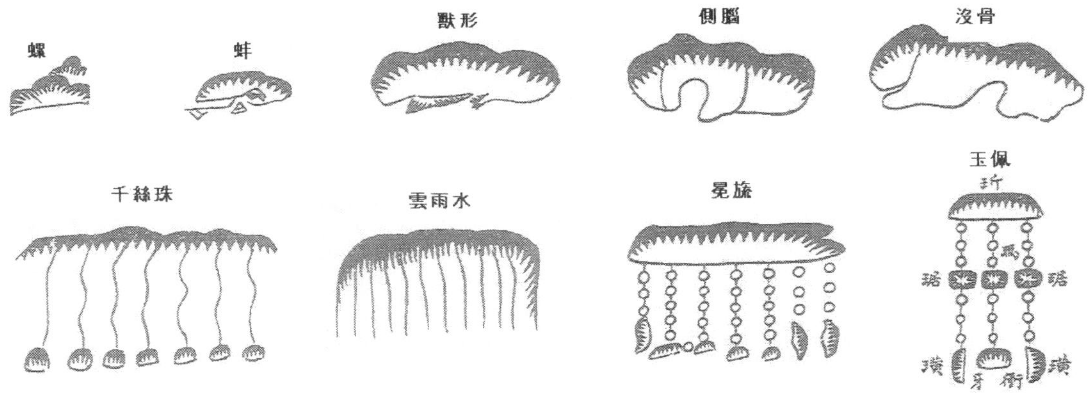

라(螺)는 소라, 방(蚌)은 조개이며 금성편(金星篇)을 살펴본다.

수형(獸形), 측뇌(側腦), 몰골(沒骨)은 금토성(金土星)을 살펴본다.

운우수(雲雨水), 천사주(千絲珠)가 모두 높은 언덕을 좇아 있는데 발부리에 둥근 구슬이 있다. 이것이 실로 구슬을 붙여 놓은 것이다. 많으면 구슬이며 많을수록 귀기(貴氣)가 더욱 무겁다.

면류(冕旒), 옥패(玉佩)는 모두 높은 언덕 아래 구슬을 붙인 것과 같다. 구슬이 3개, 5개가 진(眞)이다. 면류는 얼굴이 있는데 보이지 않고 그림은 7개의 면류이다. 왕비(王妃)가 나는 사격(砂格)이다.

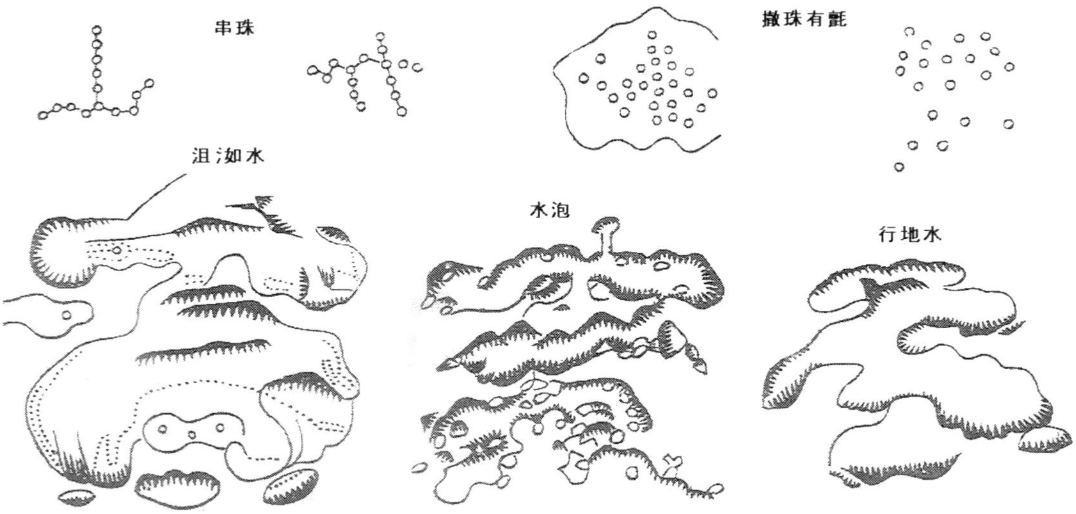

관주(串珠), 철주유전(撤珠有氈)은 구슬을 꿰 놓은 것이다.

저여수(沮洳水)는 수성(水星)이 평포(平鋪)이나 왕기(旺氣)가 은은(隱隱)융융(隆隆)하고 척(脊), 세(勢), 과협(過峽)이 있어 응(應)하여 비춘 연후(然後)에 용(龍)과 혈(穴)이 된다. 만약 엽(葉)같으면 전(氈)이 패(敗)하고, 꿰는 그물을 파(破)하는 것 같으면 저여는 기(氣)가 없다. 맥(脉)이 분탕하여 수습할 수 없어 혈(穴)을 지을 수 없고 용(龍)도 취할 수 없다. 국(國), 관(關), 요(曜)를 하는 것이 불가(不可)한 것이 없다.

행지수(行地水)가 흩어진 토성(土星)에 있으므로 유금(流金)과 같다. 온전히 강금(剛金)이고, 토평(土平)하고 수약(水弱)함을 말함이다. 행지수가 수토(水土)에 철주(撤珠)가 되면 만산(滿山)이 수포(水泡)이다. 수포(水泡)가 많이 생겨 즐겁게 달리면 왕기(旺氣)가 있다.

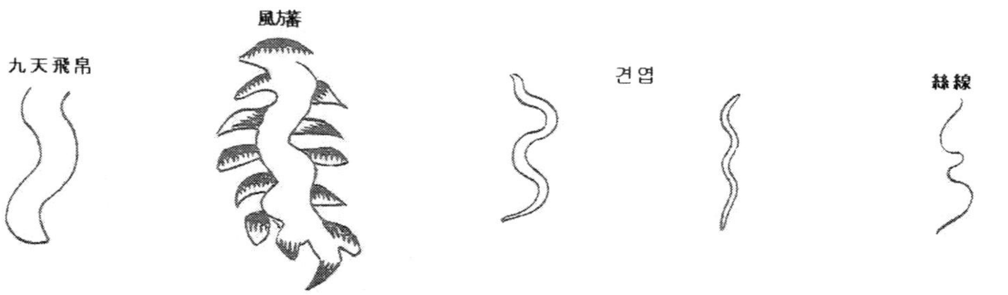

구천비백(九天飛帛)은 하늘을 나는 비단이다. 풍번(風旛)은 바람에 나부끼는 깃발이 오공 같지만 오공은 등이 두툼하고 풍번은 등이 평평하다.

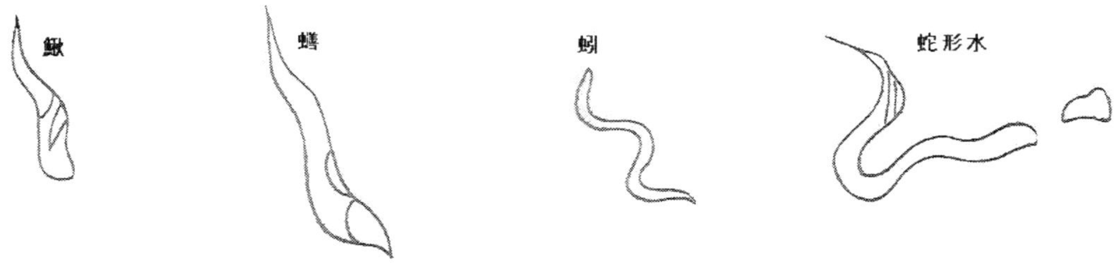

추(鰍), 선(蟮), 인(蚓), 사형수(蛇形水)에서 미꾸라지, 지렁이는 모두 사경(死硬)으로 성혈(成穴)이 되지 않고, 작은 황기(黃氣)가 아니며 혈(穴)이 없다.

사형(蛇形)은 장서(葬書)에서는 취(取)하지 않고 금세(今世)에 많이 있는데 부귀(富貴)가 발(發)한다. 참된 사형(蛇形)은 활동(活動)하여야하며 사경(死硬)은 아니다.

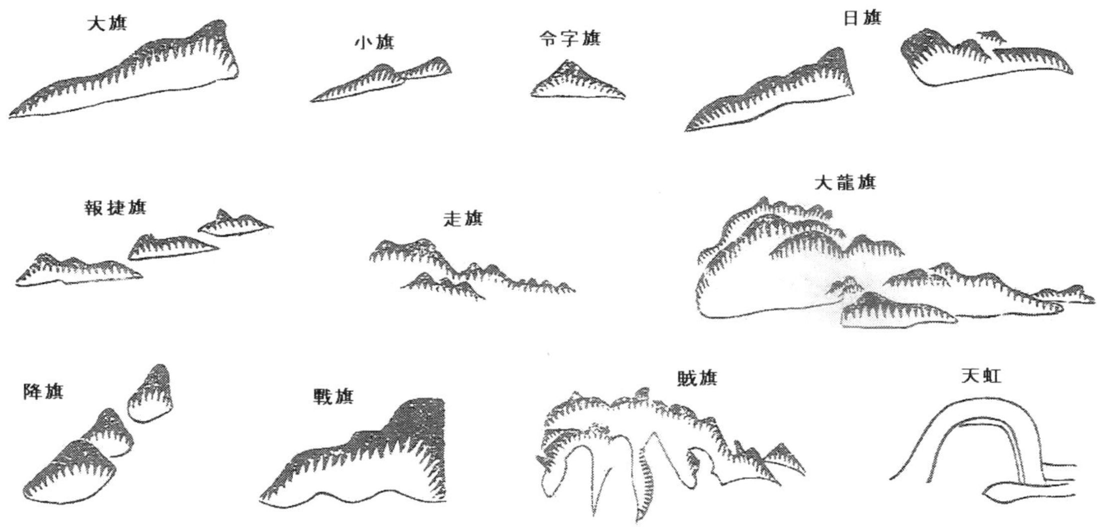

대기(大旗), 소기(小旗), 일기(日旗), 보첩기(報捷旗)에서 수기(水旗), 대기(大旗)는 능숙하드로 떨어짐도 없이 길게 보이므로 병렬(竝列)이다. 반드시 전쟁터에서 공훈을 빛내는 곳이다. 이는 생극(生剋)을 알리는 형(形)이다.

대룡기(大龍旗)는 수성(水星)위에 나타나 화염(火焰)이 대개 용(龍)의 우뢰가 화(火)이다. 염(焰)에 운두(雲頭)의 대(帶)는 첨리(尖利)가 아니다.

전기(戰旗), 적기(賊旗), 항기(降旗)에서 전기(戰旗)는 금성(金星)같은 보임이 있으나 큰 수기(水旗)같고 혈성(穴星)이 큰 수기(水旗)로 보이면 혈(穴)은 겁산(劫山)이 된다.

영자기(令字旗), 주기(走旗)도 있다.

* 수(水)는 기(氣)가 형(形)이 되고 형(形)이 기(氣)가 된다. 높이는 운무(雲霧)가 있고 많고 넓음은 호수와 바다이며 흐르는 것은 강하(江河)이다. 적은 것은 계간(溪澗)이며 더 적은 것은 구독(溝瀆)이다. 물이 멈춘 것이 연담(淵潭)이며 적은 것은 지당(池塘)이며 더 적은 것은 굴택(窟澤)이다. 움직이면 파도(波濤)이며 고요하면 비단결 같고, 지극히 고요하면 씻은 거울 같고 흐트러지면 실이며 쏟아 부으면 점점이 잔질하는 것 같다. 그릇이 모나면 모나고 둥글면 둥글고 그릇이 곡직이면 곡직 해진다. 쪼개면 싫어하지 않으며 나누어도 원망이 없고 합하여도 덕(德)이 되지 않는다. 물의 형태는 변화가 무궁무진하다. 상운(祥雲), 채운(彩雲), 창천수(漲天水), 수상연운(水上連運), 홍하(紅霞), 선교(仙橋), 유행수(流行水), 포지수(鋪地水)가 된다. 피(被), 사선(絲線), 등라(藤蘿), 화(花), 예(蕊), 주(珠), 성(星)이 된다. 또 용(龍), 사(蛇), 금(禽), 수(獸), 충(蟲), 어(魚)가 된다.

(2) 오행론(五行論)

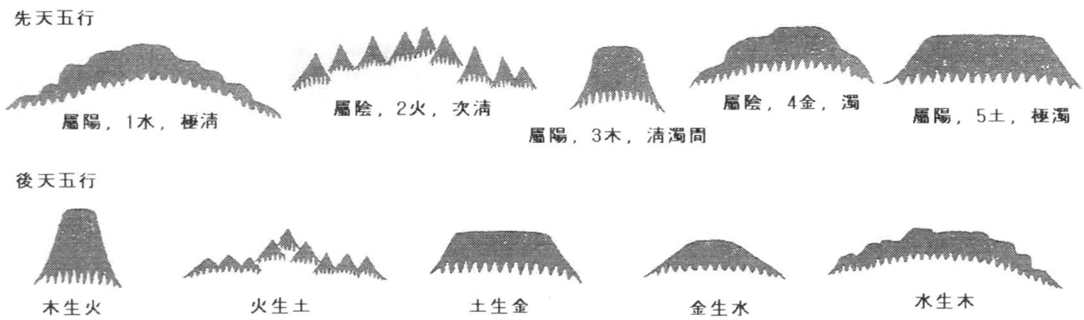

1) 선천오행(先天五行)

1수(水) 2화(火) 3목(木) 4금(金) 5토(土)는 선천생수(先天生數)이다. 목생화(木生火) 화생토(火生土) 토생금(土生金) 금생수(金生水) 수생목(水生木)은 후천생리(後天生理)이다. 동목(東木) 서금(西金) 남화(南火) 북수(北水) 중토(中土)는 오행본방(五行本方)이다. 춘목(春木) 하화(夏火) 추금(秋金) 동수(冬水) 계토(季土)는 오행당시(五行當時)이다. 선천(先天)은 목양(木陽) 수음(水陰) 화양(火陽) 금음(金陰) 토양(土陽)이다. 후천(後天)은 목화양(木火陽) 금수음(金水陰) 토(土)음양지간(陰陽之間)이다. 목문(木文) 금무(金武) 화록(火祿) 수수(水秀) 토부(土富)는 모두 미명(美名)이다. 목준(木蠢) 토우(土愚) 금완(金頑) 수탕(水蕩) 화흉(火凶)은 모두 악명(惡名)이다. 1수(水) 극청(極淸)양(陽), 2화(火) 차청(次淸)음(陰), 3목(木) 청탁간(淸濁間)양(陽), 4금(金) 탁(濁) 음(陰), 5토(土) 극탁(極濁)양(陽)이다.

2) 후천오행(後天五行)

천1생수(天1生水)면 지6성지(地6成之)하고, 지2생화(地2生火)면 천7성之(天7成之)하고, 천3생목(天3生木)이면 지8성지(地8成之)하고, 지4생금(地4生金)이면 천9성지(天9成之)하고, 천5생토(天5生土)면 지10성지(地10成之)하므로 하도(河圖)의 생성지수(生成之數)이다. 지리(地理)에는 연(連)한 수(數)인 선천수(先天數)를 많이 쓰지만 이어 붙임에는 후천(後天)을 많이 쓴다. 목생화(木生火) 소양(少陽)청(靑)인(仁)춘(春) 문성(文星)이나 화(化)하지 않으면 준성(蠢星), 화생토(火生土) 태양(太陽)적(赤)예(禮)하(夏) 녹성(祿星)이나 화(化)하지 않으면 흉신(凶神), 토생금(土生金) 음양지간(陰陽之間)황(黃)신(信)하계(夏季) 부성(富星)이나 화(化)하지 않으면 우성(愚星), 금생수(金生水) 소음(少陰)백(白)의(義)추(秋) 무성(武星)이나 화(化)하지 않으면 경성(傾星), 수생목(水生木) 태음(太陰)흑(黑)지(智)동(冬) 참성(參星)이나 화(化)하지 않으면 탕성(蕩星)이다.

3) 순오성(純五星)

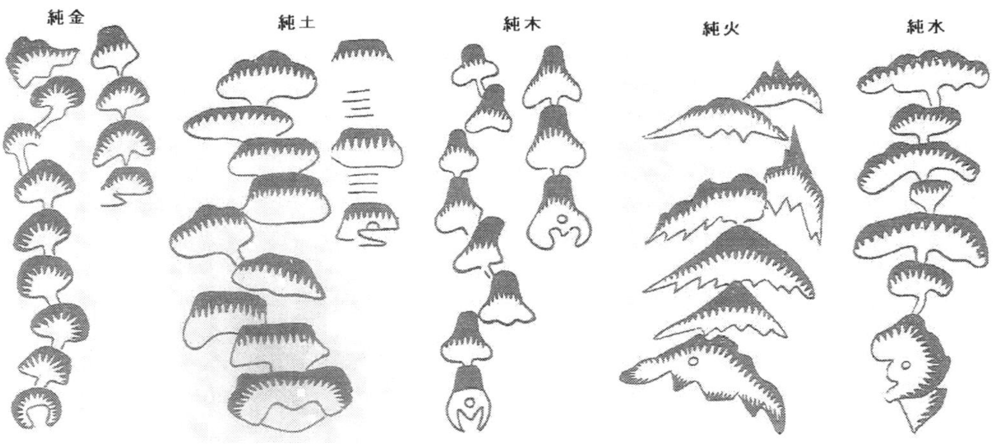

순목성은 3, 8개의 연(連)은 혈(穴)을 짓지 않는다. 만약 혈(穴)을 지었다면 반드시 학문에 힘쓰나 마침내 뜻을 이루지 못하는 것은 순목에 변화가 없기 때문이다.

순토성에 5, 10개의 연(連)은 혈(穴)을 짓지 않는다. 만약 혈(穴)을 지었다면 농사에는 힘써 탁부(濁富)만 됨은 순토에 변화가 없기 때문이다.

순금성에 4, 9개의 연(連)은 혈(穴)을 짓지 않는다. 만약 혈(穴)을 지었다면 가르침을 감당하지 못하고 군적(軍賊)이 됨은 순금에 변화가 없기 때문이다.

순수성에 혈(穴)을 짓지 않는다. 순수성은 탕연(蕩軟)하고 생기(生氣)가 없으므로 혈(穴)을 짓지 않는다. 어떤 곳에 구태여 혈(穴)을 지으면 출인(出人) 유탕(遊蕩)하여 마침내 절사(絶祀)

된다.

순화성에도 혈(穴)을 짓지 않는다. 화성(火星)이 조열(燥烈)하여 물(物)이 불 속에 들어가면 다 녹아 버린다. 구태여 혈(穴)을 지으면 그 자리에 흉패(凶敗)를 볼 것이며, 화(火)가 발하면 열병을 당하여 투옥되고, 화적을 만나 멸망하는 길이 생긴다.

오행은 화(化)하지 않음이 없으나 순순하여 화(化)하지 않는데 진룡(眞龍)을 찾으려면 반드시 장각(帳角), 성장(城牆), 귀미(鬼尾)가 있으면 한번 궁리하여 가고 오는 행룡(行龍)의 진(眞)을 살펴본다. 수토(水土)가 비록 끊어지지 않으나 귀(貴)하고 어진 사람이 남을 바랄 수 없다. 진룡(眞龍) 행도(行度)는 반드시 오성(五星)을 갖추고 칠구(七俱)를 갖추어 행룡(行龍)하여 구슬같이 연(連)해서 순생(順生)함으로 이치가 바른 것이다. 그러나 산천이 많이 다르므로 오성(五星)을 갖춘 용(龍)을 얻을 수 없음으로 그 다음의 삼성(三星)이나 사성(四星)간에 성혈(成穴)이 되므로 온전한 것은 없으나 성원(城垣), 외양(外陽), 파열(擺列)에서 3길6수(3吉6秀)의 귀사(貴砂)가 보충되고 조응하여 도와주면 대지(大地)가 된다.

4) 자배(滋培)목성(木星)

목성(木星)을 기조(起祖)로 하면 혈(穴)이 생긴다. 목성(木星)은 화성(火星)이 도와주기도 하고 토성(土星)이 배토(培土)로 도와주기도 한다. 그렇지 않으면 목성(木星) 아래 수성(水星)이 도와준다. 이를 자수(滋水)의 목성(木星)이라 한다. 목성(木星)이 수성(水星)을 뚫고 나아가면 입목(立木), 면목(眠木)도 있다. 화성(火星)이 목성(木星)을 도와주지 않으면 토성(土星)이 목성(木星)을 배토(培土)로 도와서 병장(屛帳)을 열어 배토(培土)의 목성(木星)이다. 목성(木星)은 수성(水星)을 얻음으로 무성하게 자라고 토성(土星)이 배토(培土)하여주므로 크게 왕성하다. 목성(木星)이 앞으로 나감에 지엽(枝葉)을 많이 뻗어서 열게 함으로 목화혈(木華穴)이라 한다. 또 목성(木星)이 지엽(枝葉)을 많이 거느리고 앞으로 뚫고 지나가면 다시 열매를 맺으므로 목과혈(木果穴)도 지을 수 있다. 목성(木星)은 안으로 생기(生氣)가 충만하고 밖으로 열매가 빛나고 아울러 무성하므로 어진 사람이 나고 귀한 사람이 난다. 이에 귀한 사람이 나지 않는 것은 화성(火星)이 적기 때문이다. 반드시 전조(前朝)외양(外陽)에 길성(吉星)이 온당하게 병렬(屛列)한 것이나 옆으로 기울어진 것을 구애됨이 없이 홀로 빼어난 화성(火星)이나 횃불 같은 화성(火星)이 늘어서 있으면 목성(木星)으로 발복함에 빼어남이 있고 목성(木星)에 따스한 온기를 도와줌으로 귀한 사람이 난다. 자배목성(滋培木星)은 외양(外陽)에서 화성(火星)이 도와주고 후장(後帳)에서 토성(土星)이 배토(培土)로 배양(培養)하여 주면 대발(大發)하는 것이다. 또한 자배목성(滋培木星)은 오성(五星)을 갖춘 것이므로 왕성한 목성(木星)이 된다.

5) 성기격(成器格)

목성(木星)이 자수(滋水)와 배토(培土)는 왕(旺)이다. 도리어 하나의 금성(金星)에게 당(當)한다. 즉 화목수벌(化木受伐)로 지엽(枝葉)을 생(生)하지 않아서 화실(花實)을 구할 것이 없다. 다만 성기격(成器格)은 목성(木星)과 금성(金星)에 반드시 사람을 만나야 귀인(貴人)이 되어 목기(木器)가 이루어진다.[22]

6) 목화통명격(木火通明格)

목성(木星)과 화성(火星)이 서로 도움을 얻으면 목화통명이라 한다. 그래서 화성(火星) 앞에 있는 목성(木星)은 목화상생(木火相生)이며 발화목(發火木)이 되고, 화성(火星) 뒤편에 있는 목성(木星)은 더욱 발화목(發火木)이 된다. 모두 화성(火星)이 유익하다. 그러나 목성(木星)을 중심(中心)으로 상하(上下)에 화성(火星)을 만나면 모두 타버리므로 무용지물의 목성(木星)이 된다. 목성(木星)이 금성(金星)을 뚫어 싹이 돋아나는 것보다 목성(木星)이 화성(火星)을 뚫고 나가면 모두 타버리므로 생기(生氣)를 회복할 수 없다. 그러나 목성(木星)이 늘어선 성두(星頭)에 입석(立石)으로 된 화요(火曜)는 기(氣)가 빼어나므로 목성(木星)이 화기(火氣)를 토(吐)함이며 큰 해는 없다. 만약 화성(火星)이 두텁고 목성(木星)이 적으면 거화(炬火)의 화성(火星)이 되어 목성(木星)은 다시 말할 수 없다. 홀로된 목성(木星)은 화성(火星)을 피하여 외로이 행룡(行龍)하면 불발(不發)이다. 그러나 목성(木星)은 후장(後帳)에 토성(土星)을 두고 화성(火星)이 있어 멀리 안아 주거나 좌우로 장각(帳角)이 있으면 화성(火星)의 기창(旗槍)을 이룬다. 전산(前山)외양(外陽)에 홀로 빼어난 화성(火星)이 있으면 귀(貴)하며 목성(木星)이 좋아한다.

7) 순류(順流)목성(木星)

목성(木星)이 금성(金星)을 뚫으니 땅이 뒤집힌다. 토성(土星) 많으면 목성(木星)은 썩어 없어지고 수성(水星)이 많으면 목성(木星)이 뜬다. 화성(火星) 많으면 불에 타고 금성(金星)이 많으면 목성(木星)이 쪼개진다. 그러므로 용(龍)이 길게 오면 내력이 좋으나 상생(相生)으로 행하는 용(龍)이 아니면 그대로 끝난다. 그러나 진맥(眞脉)은 번개처럼 지나가고 활촉 통처럼 생긴 금성(金星)은 멈추어도 곁에 빠지는 기(氣)가 있어 성룡(成龍)이 되지 않는다. 이에 용(龍)이 아니며 처음은 있으나 끝이 없다. 용(龍)은 모두 악(惡)한 순수(順水)가 목성(木星)에 더욱 심하다. 만약 순수하게 강하(江河)의 유수(流水)가 변(邊)을 달리면 생(生)한다.

---

22) 고경(古經)에서는 식성(息星)이 모(母)를 극(克)하면 자(子)는 영창(榮昌)이고 모(母)가 식성(息星)을 극(克)하면 자(子)는 멸망(滅亡)이라 했다. 또 경(經)에서는 목득금래(木得金來)는 그릇을 만들어 사용한다.

8) 경측음양(景測陰陽)

금성(金星)은 수성(水星) 낳고 수성(水星) 또한 금성(金星)을 낳으니 금수(金水)가 서로 함께 얻으므로 금백수청(金白水淸)을 대귀(大貴)라 한다. 그러나 금수(金水)는 냉(冷)하여 한랭(寒冷)한 땅에는 발복할 수 없다. 토성(土星)은 물을 멈추게 하지만 토성(土星)의 성분(性分)은 차거나 따스할 수도 있으나 금수(金水)가 많으면 토성(土星)도 차므로 사이에 화성(火星)이 있으면 따스하다. 이것이 금토(金土)나 수토(水土)이다. 그러나 목성(木星)도 추위를 두려워하여 화성(火星)이 보여야 금수(金水)가 중단이 된다. 화기(火氣)는 후장(後帳), 외양(外陽), 좌전우호(左纏右護)에 바라보는 화성(火星)만 얻으면 양기(陽氣)가 비추어 주므로 어진 사람이 나고 귀(貴)가 발(發)한다. 이것을 경측음양(景測陰陽)이라 한다. 산양(山陽)이 있으면 순수한 금수(金水)도 스스로 화(和)하여 따스하다. 산음(山陰)이 있으면 반드시 화성(火星)이 필요하다. 좌(坐)와 혈(穴)에 음양한난(陰陽寒暖)이 있는데 산남수북(山南水北)은 양(陽), 산북수남(山北水南)은 음(陰)이라 한다. 이것은 큰 산이나 큰 하천도 적용된다.

(3) 용(龍)

용(龍)은 잠기고, 날고, 크고, 작은 것을 마음대로 한다. 땅의 형태가 솟으면 산(山)같이 높고 빠져들면 연못이나 샘이 되고 크게 열리면 읍(邑)이나 시(市)가 된다. 맥(脉)이 작은 것은 사(絲)와 선(線)같다. 용(龍)이 꿈틀거리며 변화하는 모습은 떨어져 나간 곳이나 끝이 난 곳을 쉽게 알 수 없다. 산강(山岡)에서 나온 용(龍)이 동쪽으로 가다가 서쪽으로 굴러가고, 남으로 행(行)하다가 북으로 가버려 용(龍)의 간 곳을 지레짐작으로 정(定)하기 어렵다. 그러므로 변화가 있는 것을 용(龍), 변화가 없는 것은 황산(荒山)이다.

용(龍)은 밭에 나타나 있을 때, 하늘에서 날고 있을 때, 못에서 뛰고 있을 때에 볼 수 있는데 변화막측(變化莫測)이다. 산룡(山龍)은 준령으로부터 아래로 평강(平岡), 평양(平洋)에 낙맥(落脉)하며 산룡(山龍)은 순음(純陰)무양(無陽)이며, 평강(平岡)은 태음(太陰), 평양(平洋)은 소음(少陰)으로 삼는다. 토(土)는 용(龍)의 육(肉), 석(石)은 골(骨), 초(草)는 모(毛)이다. 용(龍)이 아름다우면 사수(砂水)가 흠이 있어도 결혈(結穴)하나 용(龍)에 흠이 있으면 좋은 사수(砂水)를 가져도 무결(無結)하여 용(龍)을 중시한다. 용(龍)이 근본으로 되며 혈중(穴中)의 난기(煖氣)는 온전히 용맥행래(龍脉行來)에 의존한다.

용맥(龍脉)은 태조(太祖)로부터 내려가 원조(元祖), 태종(太宗), 소종(少宗), 소조(少祖)가 됨으로써 부모(父母)에 이른다. 태조(太祖)는 화성(火星)이 많으며 격(格)이 용루봉각(龍樓鳳閣), 충소봉개(沖霄鳳蓋), 천기(天旗)이다. 화성(火星)에 구애받지 않는 격(格)이 창천수(漲天水), 주천수(湊天水), 헌천금(獻天金), 충천목(沖天木), 일화운란(日華雲爛), 보전(寶殿), 보좌

(寶座)이다. 기이하게 변하여 변화가 많으면 모양에 이름 붙이기 어렵다. 대개 보통 정도이면 종택(宗宅)이다. 현(賢)과 귀(貴)가 높지 않고 드물게 보이고 오래가지 않는 것은 조종(祖宗)의 힘이 없기 때문이다.

종(宗)은 행룡(行龍)이 길고 멀면서 중도에 절상(節上)하고 성신(星辰)이 일어나야 종파(宗派)를 여는데 종(宗)과 조(祖)는 거의 같다. 다만 조(祖)는 불노(不老)가 없으며 거듭 겹치며 하나이고, 종(宗)은 장대(壯大)함이 좋으며 수발(秀拔)이 좋으며 많다. 대개 조(祖)에 공(功)이 있고, 종(宗)은 덕(德)이 있다. 대종(大宗)이 있으면 소종(小宗)이 있고, 종(宗)이 길게 흐르면 가지가 종(宗)과 조(祖)가 되고, 종(宗)이 또 각각의 소조(少祖)가 된다.

소조산(少祖山)은 용(龍)의 출신처(出身處)이고, 부모산(父母山)은 용(龍)의 입수처(入首處)이다. 출신처(出身處)는 용발(聳拔), 개장(開帳), 성체(星体)와 합(合), 중출(中出), 전환(轉換), 과협(過峽)이 필요하다. 지각(地脚), 전호(纏護), 영송(迎送), 생사(生死), 강약(强弱) 순역(順逆) 진퇴(進退)를 살펴보며 유무(有無)와 정혈처(正穴處)를 살펴야 한다. 부모산은 원무(元武) 산정(山頂)의 뒤에 있으며, 혈중(穴中)으로 기(氣)가 오는 곳인데, 산(山)의 기운이 바로 여기에 있다. 부모산 아래의 발맥처(發脉處)가 태(胎)로 되는데, 천품이 부모의 혈맥과 같아 태(胎)라 한다. 그 아래 속기처(束氣處)가 식(息)으로 되는데, 부모가 태를 품고 자식을 양육하는 것과 같다. 다시 성면(星面)의 기복(起伏)을 살펴 원무정(元武頂), 화생뇌(化生腦), 태극운(太極暈), 토축(土縮)을 삼는데 이것이 잉(孕)이다. 잉이 이루어지면 사람이 두(頭), 면(面), 수(手), 각(脚)의 형체를 가지는 것과 같다. 융결혈처(融結穴處)는 육(育), 구염지중(毬簷之中), 나문(羅紋)이다. 아이가 태(胎)에서 나와 크는 것과 같다. 이것이 결국 용(龍)의 입수처(入首處)이다. 내세(來勢), 속맥(束脉), 유기무기(有氣無氣), 형세(形勢), 결국(結局)을 관찰하여야 한다.

심룡(尋龍)의 정의(正義)는 음양(陰陽) 양자간(兩者間)에서 취(取)하고, 명사(明師) 지점(指點)한 것을 찾아 간산(看山)하여 만두(巒頭)와 이기(理氣) 2가지를 우선해야 한다. 양체고(陽體高)며 음체평(陰體平)이며 고산(高山)은 양이고 평지(平地)는 음이다. 이는 형체로서 와겸(窩鉗, 陰)유돌(乳突, 陽)과 같은 뜻이다. 음성(陰性)은 흡(翕)하고 양성(陽性)은 서산(舒散)하는 것은 기맥(氣脈)의 쓰임으로 와겸(窩鉗, 陽)과 유돌(乳突, 陰)의 음양이 바뀐다.

심룡(尋龍)에서 혈장(穴場)에 올라 거기서 행지(行止), 거래(去來)의 분합(分合), 진가(眞假), 미악(美惡)을 변별하여 알아야 한다. 유린(遊鱗)과 풍익(風翼)은 진락(眞落)이 아니고 륵마(勒馬)와 횡궁(橫弓)을 식별해야 한다. 용(龍)의 주동(走動)에서 멈추지 않는 것과 수(水)가 나누어지고 산(山)이 발(發)하는 곳을 행(行), 멈추어 가지 않는 것과 산(山)이 교(交)하고 수(水)가 모이는 곳을 지(止)라 한다. 용(龍)은 수계(水界)로 인하여 기(氣)가 선회하며 지(止)한다. 분아포조(分牙佈爪), 요도섬후(撓掉閃後)는 행(行)하려 하고, 장아축조(藏牙縮爪), 수족향전(手足向前)은 지(止)하려 한다. 용(龍)의 행(行)은 산과 산이 탈사(脫卸)하고 앞을 향하여 비등(飛騰)하는 것 같고, 龍의 지(止)는 산(山)과 산(山)의 합포(合抱)가 마치 조읍(朝揖)하는 것 같다. 즉 용(龍)의 행(行)은 유린(遊鱗), 풍익(風翼), 포마(跑馬), 장아포조(張牙布爪), 유송유영(有送有迎)이다. 용(龍)의 지(止)는 륵마(勒馬), 횡궁(橫弓), 봉요(蜂腰), 학슬(鶴膝), 사교수회(砂交水會), 세눈(細嫩)이다. 이런 곳에도 불지(不止)하는 것과 요결(要結) 및 섬결(閃結)의 지점(指點)에서 규(竅)를 깨달아 알아야 한다.

용(龍)이 출신(出身)하면 반드시 분수(分水)로써 그것을 인도한다. 용(龍)이 지(止)하면 자연히 수(水)로써 그것을 경계하게 된다. 유합무분(有合無分)이면 래(來)가 불명이며 유분무합(有分無合)이면 지(地)가 진(眞)이 아니다. 이것은 수(水)의 분합(分合)으로 용(龍)의 기지(起止)를 알 수 있다. 산기(山起)와 수원(水源)은 절정(絶頂)에 올라 배면(背面), 간지(幹枝), 전환(轉換), 교회(交會)을 살펴서 마음속에 어디가 주결(主結)과 부결(副結)인지를 짐작하면서 찾는다. 결작(結作)이 있어도 아름답지 않다. 용신(龍身)의 요도류하(撓掉溜下)는 진룡주결(眞龍住結)이 아니고 유두(乳頭)의 결작(結作)이다. 대룡(大龍)의 전절처(轉折處)에 와(窩)가 열려 지었음을 안다.

용(龍)의 진가(眞假)는 돈질(頓跌)과 곡절(曲折)있어야 되며 1맥(脉)으로 청(淸)하고, 1성(星)으로 정기(正氣)해야 한다. 돈질(頓跌)과 곡절(曲折), 맥청성정(脉淸星正)은 결(結)이 있다. 행(行)의 진처(盡處)에 이르러 한 송이 꽃처럼 보여도 사수(砂水)가 불합(不合)하고 입향(立向)에 음양(陰陽)파국(破局)을 알아야 한다. 다만 산(山)의 각하(脚下)와 변성(變成)한 요도(撓掉)에 있거나 돈질 후 2~3절(節)을 행주(行走)하여 개문(開門)입호(立戶)에 4산위포(4山圍抱)하며 조안(朝案)대좌(對坐)하며 사수(砂水)합법(合法)이면 진룡(眞龍)의 거주지는 찾을 수 있으나 혈(穴)은 찾기 어렵다. 조산(朝山)만 가지는 것과 앞으로 바쁘게 나아가는 것은 수(水)의 교회처가 아니며 일단 꽃처럼 보이나 진룡(眞龍)이나 불결(不結)은 이것을 말한다.

용(龍)의 미악(美惡)은 성신(星辰)의 단정(端正), 개장(蓋帳), 돈질(頓跌), 기복(起伏), 개자(个字), 비아(飛鵝) 등은 **미룡**(美龍)이다. 만두(巒頭)의 옹종(擁腫), 성체(星體)의 사측(斜側), 불변화(不變化), 불기복(不起伏), 무개장(無蓋帳), 무요도(無撓掉), 도두(到頭)가 타인(他人)을 호위(護衛)하는 것들은 **악룡**(惡龍)이다. 미봉(美峰)이 결지(結地) 하였지만 아름답지 않고, 성신(星辰)이 아름답지 않지만 대지(大地)를 맺을 수 있다. 개장(蓋帳)과 비아(飛鵝)가 귀(貴)를 산출하는 수도 있고, 없어도 귀(貴)를 산출하는 수가 있다. 개자(个字)의 귀천(貴賤)은 용(龍)의 중심인데 중심을 꿰뚫는 용(龍)은 백에 하나를 얻지 못한다. 극귀지룡(極貴之龍)은 심(心)의 천심(穿心)이다.

용(龍)의 전환(轉換)과 변화의 유래 및 유정(有情)을 안다. 만두(巒頭)의 체(体)를 알고 전환(轉換) 중에서 휴(休), 구(咎), 정(情)을 추리한다. 또 산체(山體)로써 말하면 맥출(脈出)은 가지마다 세소(細小)하나, 왕성한 기운이 용출하여 고강(高岡)을 이룬다. 용행(龍行)에서 진룡변태(眞龍變態)를 모두 말할 수 없고 고하상생(高下相生), 소대상속(小大相續), 비수상간(肥瘦相間), 부앙상승(俯仰相承), 자웅상배(雌雄相配), 자손상초(子孫相肖)하지 않는 것은 없다. 퇴사전환(退卸轉換)으로 조(粗)는 세(細)를 내며, 흉성(凶星)은 길기(吉氣)로 바뀌며, 노룡(老龍)이 부드러운 지가(枝柯)를 박출하는 질단(跌斷)을 싫어하지 않는다. 노룡(老龍)은 넓은데 눈지(嫩枝)가 나와 질단(跌斷)을 혐오하지 않는다. 전환지룡(轉換之龍)은 모두 만두(巒頭) 상에 자연히 있고 그러한 모양과 형세를 인력으로는 그렇게 할 수 없다.

좌우에서 대룡(大龍)을 영송(迎送)하는 사(砂)를 용호(龍虎)라 여긴다. 만포 한듯하나 도리어 대체로 사측(斜側)하고, 자세히 살펴보면 상중하경(上重下輕)이며, 면전(面前)의 산(山)은 멀리 떨어진 것을 빌려와서 작안(作案)하므로 무정(無情)이다. 영송(迎送) 2사(砂)는 큰 용신(龍身) 상(上)으로 지나가는 기(氣)이며 결작(結作)이 아니다. 결지(結地)에는 고대(高大)성봉(星峰)이 있고 혈장(穴場)을 환포(環抱)하면 3방(3方)이 같이 일어난다.

모(毛)와 골(骨)이 기이하고 특이한 것은 자웅(雌雄)에 따라 그렇다는 것을 알아야 한다. 자웅을 깨달아 아는 것이 용(龍)을 간편하게 안다.

용격(龍格)에서 조(祖)에는 조격(祖格), 종(宗)에는 종격(宗格), 개장(開帳)에는 개장격(開帳格), 출맥(出脉)에는 출맥격(出脉格), 간(幹)에는 간격(幹格)이 있고 지(枝)에는 지격(枝格)이 있다. 가지와 줄기가 몸을 돌리고 행(行)하는 법도(法度)와 굽히고 꺾이어 모양을 짓는데 이에 모두 격(格)이 변하는데 연유한다. 행도(行度)[23]를 알지 못함은 신룡(神龍)의 정(正)과 부(副)를 알지 못함이다. 대개 성취와 실패는 모두 행도(行度)에 있다.

1) 출맥(出脉)

출맥(出脉)은 조(祖) 아래로 종(宗) 아래로 장막을 병풍같이 펼쳐서 용(龍)의 마디 성두(星頭) 아래가 모두 맥(脉)이 나온 곳이다. 중출(中出)이 관정(貫頂), 수삭(瘦削), 붕사(崩瀉), 몰멸(沒滅), 횡애(橫崖), 난단(攔斷), 파쇄(破碎), 기절(氣絶), 급거직하(急遽直下), 무호(無護), 유일비주(有一飛走), 조악옹종(粗惡癰瘇), 휴흉란산(休凶孏散), 주기약객기승(主氣弱客氣勝), 관작(寬綽), 과우핍박(過于逼迫), 의희의복(依稀倚伏), 편면편배(偏面偏背), 수탁천악(水濁泉惡), 토소사산(土疏沙散), 초목본사(草木本死), 여고조부(如枯燥腐)는 분명히 진짜가 아니다.

23) 행도(行度)에서 양공(楊公)은 용성(龍星), 료공(廖公)은 혈성(穴星), 뢰공(賴公)은 방위(方位)를 말했다.

격국(格局)은 편(偏)과 정(正)으로 구분하는데, 격(格)이 오동(梧桐)이면 가장 우수하며, 다음이 작약(芍藥)과 양류룡(楊柳龍)이다. 개자(个字) 1결(訣)로서 알 수 있다. 오동지(梧桐枝)의 양반(兩畔)은 평(平)이며 정(正)개자(个字)의 격(格)이며, 제일 좋은 것은 쌍송쌍영(雙送雙迎)이다. 양류지(楊柳枝)는 변유변무(辺有辺無)이므로 편(偏)개자(个字)의 격(格)이며, 겸가(蒹葭)와 작약(芍藥)은 좌우 호전(互傳)이므로 초(草)개자(个字)의 격(格)이다. 기재(杞梓)와 진아(蓁芽)는 반유반무(半有半無)이므로 반(反)개자(个字)의 격(格)이다.

오동지(梧桐枝)는 균형 있는 쌍송쌍영(雙送雙迎)의 양수(兩手) 형세이며 대절분생(對節分生)의 천심(穿心)으로 만들어진다. 이것의 용(龍)은 백에 한 둘도 없다. 겸가(蒹葭)는 좌유(左有)면 우무(右無)이므로 과(過)1절이며 우유(右有)면 좌무(左無)이므로 역시 다르지 않다. 성신(星辰)이 득위(得位)하면 대체로 진룡(眞龍)이다. 교대로 생지(生枝)하므로 한쪽을 버리지 않는다. 목화(木火)로 짓는 성신(星辰)에서 많다. 오동지(梧桐枝)는 절(節)이 있어 좌우로 뻗은 가지가 분명하다. 용(龍)의 행도(行度)가 중정(中正)이어야 천지심(天地心)이 된다. 맥(脈)이 내리면 2~3절을 굴러가다 반드시 변한다. 횡으로 가는 용(龍)은 각(角)을 냄으로 신(神)이 머물기를 좋아한다. 용(龍)을 찾아 밟아서 다한 곳에 혈(穴)이 정해진다.

작약지(芍藥枝)는 나눈 것이 있으므로 선후(先後)를 살펴본다. 절절이 창성하여 피곤하지 않다. 때에 있어 뛰어난 기(氣)는 만산(萬山)을 붉게 물들이고 생작(生作)하면 보살의 면(面)이 된다. 작약지는 깊이 싸여 있고, 꽃은 미개(未開)일 때가 좋게 머금은 꽃부리이다. 꽃이 깊이 싸고 있는 곳을 취(取)한다. 작약룡(芍藥龍)은 노엽(蘆葉)이 첨첨(尖尖)하며 좌우에 이른다. 좌우의 상생은 본래 부동(不同)이며 분처(分處)에 광패(光貝)의 지엽(枝葉)이 있는데 목룡(木龍)이 수(水)를 가지고 만난다.

진아(蓁芽)와 기재(杞梓)는 지(枝)에 있는데 반유반무(半有半無)이므로 인자(人字)와 유사하다. 이 용(龍)은 목성(木星)으로 옮기는 것으로 판단하며 성신(星辰)은 혼잡, 시기가 없는 것을 기뻐한다.

편생(偏生)은 양류지(楊柳枝)에 있는데 편좌편우(偏左偏右)로 한 끝에만 올라와 이상하다. 이 성(星)은 원래 치우친 곳을 수용한 것이며 반고반영(半枯半榮)으로 무의미하다. 홀연히 입수(入首)에서 오동(梧桐)과 양류(楊柳)로 변하는데 양류는 지두정심(枝頭正心)이라야 옳다.

땅을 보고 한 곳에 이르면 먼저 용(龍)의 만두(巒頭) 체격(體格)을 관찰하고 오성(五星)중의 무슨 성체(星體), 용(龍)의 행도(行度)와 격(格)을 관찰한다. 용격(龍格)은 정체(正體)에 정출(正出), 측뇌(側腦)는 측출(側出), 쌍뇌(雙腦)는 요출(凹出), 몰골(沒骨)은 연출(軟出), 횡룡(橫龍)은 섬출(閃出)이다. 장요(長腰)는 선교출(仙橋出), 포출(抛出), 합기출(合氣出), 잠종출(潛踪出)이 있다. 비록 기(奇)와 정(正)은 같지 않지만 중출(中出)이다. 이 외에도 수(數)없이 많아 당연히 밝게 분별(分別)하여야 한다.

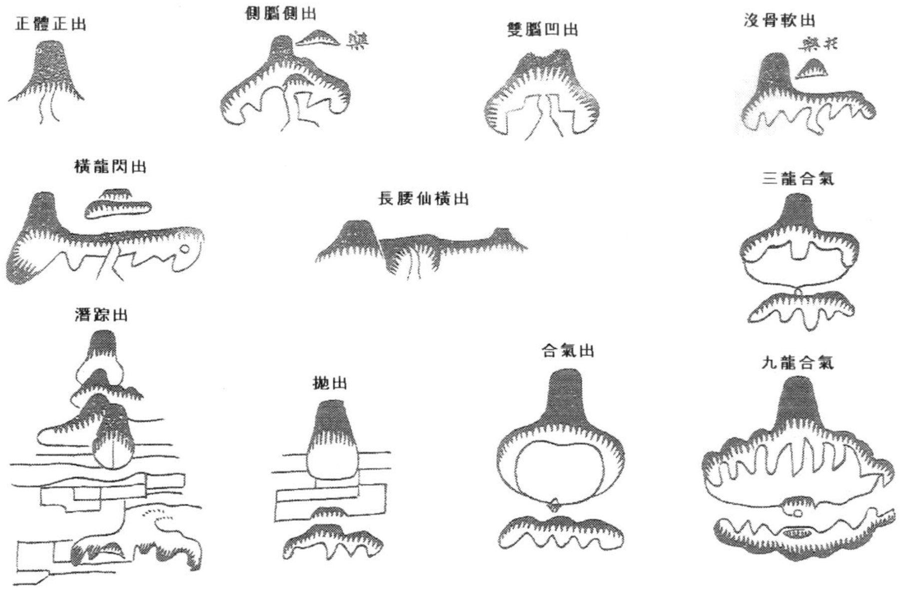

정체정출(正體正出)의 모든 체(体)가 사립문 모양으로 여러 가지 형태로 이루어지는 것이 아니다.

측뇌측출(側腦側出)는 세(勢)가 짐을 푸는 것같이 열려 어깨에서 맥(脉)이 나와 몸을 바르게 한다. 한 팔로서 두(頭)와 면(面)을 돕고 중출(中出)하지 않고 기울어져 있다.

쌍뇌요출(雙腦凹出)은 머리가 둘이나 한 몸이다. 하나의 머리가 되면 주살맥(誅殺脉)이다. 가지가 아니면 나래에 있다. 반드시 오목하게 나온 곳을 쫓아서 살펴보면 진맥(眞脉)은 능히 쌍기(雙氣)에서 취(取)하는 것이 옳다.

몰골연출(沒骨軟出)에서 몰골은 사람의 팔꿈치 살이 두터워서 뼈가 보이지 아니함을 말한다. 성기(星氣)는 팔꿈치 사이로 흐르는데 빼어난 맥(脉)이 또한 가운데로 난다. 살펴보면 사방이 물을 잡는 것같이 기울어졌으나 후장(後帳)에 탁성(托星)인 낙성(樂星)이 응(應)하고 있다.

횡룡섬출(橫龍閃出)에서 횡룡(橫龍)은 직(直)으로 요(腰)에 이루지 않는다. 용(龍)이 한쪽 변(邊)에서 번쩍 나오면서 탁한 기(氣)가 없어지고 맑은 기(氣)가 나타난다.

장요선교출(長腰仙橋出)은 두 봉이 서로 바라보면서 긴 허리는 운수(雲水) 중에 가늘고 가는 뇌(腦)가 있어 맥(脉)이 가운데서 번쩍하면서 아래로 나온 맥(脉)이 선교(仙橋)이다.

측뇌(側腦)는 모두 후장에 탁성(托星)인 낙성(樂星)이 있어야 의심하지 않는다. 혹은 본신(本身)에서 스스로 나와서 귀성(鬼星)을 짓거나 서로 안아 주거나 가까이 있기도 한다. 또 진기(眞氣)를 얻으면 귀격(貴格)이 되어서 중출(中出)과 같다. 선교(仙橋)는 진실로 길게 행(行)하는 격(格)이 있으며 후장(後帳)을 살펴본다.

포출맥(拋出脉)은 지맥(地脈)이 행(行)하는 기세(氣勢)가 날아서 움직이는 것 같은 바로 밑에 평원(平原)으로 떨어져 자취가 있는 가운데 문득 끊어 졌다. 수장(數丈)의 사이를 두고 먼 것은 한눈에 바라보기도 한다. 성봉(星峰)이 홀연히 일어났다가 다시 후맥(後脉)으로 이어간다. 급한 것 같은데 느리게 끊어진 것같이 이어진다.

합기출(合氣出), 삼룡합기(三龍合氣), 구룡합기(九龍合氣)에서 쌍룡(雙龍)합기(合氣)는 일룡(一龍)이 개구(開口)하면 둘이 되고 합기(合氣)하면 하나가 된다. 삼룡합기는 일룡(一龍)이 개구(開口) 토설(吐舌)한 것이 다시 하나가 된다. 사룡, 오룡, 구룡 합기(合氣)한 것은 일룡(一龍)이 이빨을 펴고 손발톱으로 춤추는 것 같으나 다시 하나가 되므로 형(形)과 분(分)은 전(氈)이 합(合)하고 전(氈)이 합(合)하면 기(氣)가 합(合)한다. 이와 같으면 가장 기이한 자취가 있다.

잠종출(潛踪出)은 용(龍)이 행(行)하는 것이 삐어지고 삐어져 홀연히 평야(平野)를 뚫는다. 수리로 이어서 평평(平平)한 가운데 미로모척(微露毛脊)의 잠종룡이 되므로 맥(脉)이 기이하고 귀(貴)하며 길게 오래 간다.

시소맥(翅梢脈)는 정맥(正脉)을 중출(中出)로 알고 찾으므로 얻지 못한다. 시소맥은 중출(中出)이 가맥(假脉)이고 장막이 굴려 용(龍)을 이루므로 중출(中出)은 도리어 빌린 것이 된다. 대귀(大貴)의 지(地)가 아닌 것은 시자(侍者)가 없다.

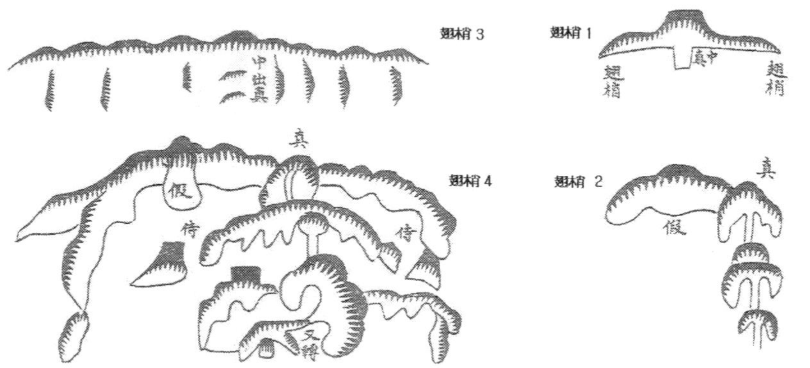

2) 장(帳)

장(帳)은 용(龍)의 포장이며 크고 두텁다. 무협유봉(無峽有峰)은 혈(穴)이 있어도 비교적 대지(大地)의 진정한 융결(融結)은 어렵다. 용(龍)은 몸을 당겨 날개를 회전하면 왕기(旺氣)가 발서(發舒)하는데 이것이 혈(穴)의 근본(根本)이다. 신상(身上)에 봉(峰)을 내지 않는데 봉(峰)을 내면 반드시 지엽송(枝葉送)을 주장한다. 오직 진인(眞人)만이 장만(帳幔)을 가지며 귀인(貴人)의 출입(出入)이 많고 성(星)이 고용(高聳)이면 협중탈환(峽中脫換)하고 더욱 중중(重重)하며 결혈(結穴)의 사정과 형적을 미리 헤아릴 수 있다. 용행(龍行)이 개장(開帳)한 용(龍)은 귀(貴)하다. 맥출천심(脉出穿心)이면 맥(脉)은 시존(始尊)하며 1중이나 수중이 상격(上格)으로 되며,

편맥편출(偏脈偏出)은 하국(下局)으로 삼는다.

개장(開帳)은 행룡(行龍)이 대격(大格)이면 귀인(貴人)이 나는 것은 장막을 베풀어 바치는 것이 중위(重威)한 존체(尊體)이다. 격(格)이 화(火)이면 연화장(蓮花帳), 거치배운(鋸齒排雲), 봉관(鳳冠), 계관(鷄冠), 용염(龍焰)이 된다. 목(木)이 되면 난화장(蘭花帳), 일림춘순(一林春筍), 만상아홀(滿牀牙笏), 만홀조천(萬笏朝天)이 된다. 수(水)가 되면 운모장(雲母帳), 수정(水晶), 부용이 된다. 목화상부(木火相付)가 되면 찬창(攢槍), 창열극(槍列戟), 필진(筆陣), 열거(列炬)이다. 토(土)가 되면 병풍이며 열병(列屛) 역시 장(帳)이 되고 연성(連城) 역시 장(帳)이 된다. 수토상부(水土相付)가 되면 수토연운(水土連雲)이 된다. 오직 금(金)은 장막이 없으며 연금(連金)이면 수(水)를 이루며 운모장(雲母帳), 부용장(芙蓉帳) 같은 것이며 가운데 한자리 성두(星頭)가 단정한 것이 금성(金星)이다. 양각(兩角)이 앞으로 행(行)한 것이 한 겹 두겹이 세(勢)를 점점 거두어 드림이 있으므로 한 겹 같은 것은 운모장(雲母帳), 두겹은 구뇌부용(九腦芙蓉), 세 겹은 칠뇌(七腦), 네 겹은 오뇌(五腦), 다섯 겹은 삼태화개(三台華蓋), 여섯 겹은 비아(飛鵝)이며 곧장 혈(穴)이 맺힌다. 조금이라도 결(結)이 있는 곳을 보면 좌기우고(左旗右鼓), 좌기우창(左旗右槍), 좌천창우지고(左天倉右地庫)이며 큰 것은 좌우에 룡루봉각(龍褸鳳閣)의 형(形)을 이룬다. 혹은 비봉(飛鳳), 기린(麒麟), 청사(靑獅), 백상(白象)을 이루는 급(給)이 있다. 장막을 뚫어 중행(中行)을 하면 귀(貴)를 알 것이다. 장막이 조종(祖宗)을 떠나서 먼저 장막을 베풀고 대성체(大星體)가 아래에 나오면 장막 안에는 장군이고, 장막 속에 미인이다. 장막이 귀인이 나는 것이 이것이다. 장막을 여는데 몸이 나아감이 있는 것은 봉(鳳)이 양 날개를 편 것 같으며 이것을 천기(天旗)라 한다.

3) 협(峽)

협(峽)은 용(龍)의 질단(跌斷)이며 세눈(細嫩)과 환골탈태(換骨奪胎)로 진정으로 수렴(收斂)하며 혈(穴)의 인후(咽喉)로 삼는다. 귀한 용(龍)이 아니면 협(峽)을 가지지 못한다. 만약 협종(夾從)에 전호지룡(纏護之龍)이 기왕(氣旺)을 만나지 못하면 발서(發舒)하지 못한다. 기(氣)가 응취하지 못하는 것은 나아가는 용(龍)이 만드는 작은 장협(帳峽)이며 용신(龍身)이 돈기고봉(頓起高峰)하여도 타인(他人)의 기고(旗鼓)이다. 호위(護衛)를 구비한 것이 정룡(正龍)이다.

용(龍)이 과협(過峽) 탈사처(脫卸處)이면 결인(結咽)이다. 인(咽)은 사람의 성명(性命)이고, 협(峽)은 용신(龍身)의 생사(生死)에 관계한다. 래(來)는 환골탈태(換骨奪胎)하며 거(去)는 체국(體局)을 양성한다. 맥(脈)은 장단(長短)이 있다고 한다. 정(正)과 도(倒)의 통과는 같지 않고, 니전(泥田)과 석수(石水)도 한결같지 않다. 내대거소(內大去小)나 내소거대(內小去大), 유영무송(有迎無送)과 유송무영(有送無迎), 천호(天狐)가 천각(天角)에서 일어나고, 장성(將成)

하나 봉요(蜂腰)와 학슬(鶴膝)로 맺고, 음맥과 양맥을 불구하고 중중(重重)포과(包裹)를 가장 기뻐한다. 과협(過峽)은 마땅히 가까워야 하며 멀면 마땅하지 않다. 협착(狹窄)은 마땅하나 관완(寬緩)은 마땅하지 않다. 협(峽)을 잘 살피는 자는 혈중(穴中)의 사정과 형적을 자연히 예측할 수 있다. 정과자(正過者)는 입혈(入穴) 역시 정(正)하며, 측과자(側過者)는 입혈(入穴) 역시 측(側)이다. 산호자(山護者)는 혈(穴)을 산수(山藪)에 결(結)하고, 수호자(水護者)는 혈(穴)을 수변(水邊)에 결(結)한다.

석척(石脊)과 옥지(玉池)는 협(峽)과 다르다. 분명히 조석(燥石)인데 습(濕)하니 니협(泥峽)과 전협(田峽)은 이체(異體)이기 때문이다. 그러므로 산곡(山谷)은 전(田)과 더불어 닿아 있으므로 국(局)은 고저(高低)로 분별할 수 있다. 거산(去山)이 작고 무영(無迎)인 것은 기(氣)가 염복(斂伏)하여 결작(結作)이 가까이 있다. 거산(去山)이 크고 유영(有迎)인 것은 기(氣)는 발설하지만 물을 건너고 산을 넘어 멀리 간다.

전환을 하기 위해 협(峽)을 내는데 풍취(風吹)를 가장 두려워한다. 입수(入首)에서 맺는 태(胎)는 수겁(水劫)을 더욱 싫어한다. 과협처(過峽處)는 결국 용(龍)의 탈살지소(脫煞之所)이며 과협(過峽)이 없으면 사(砂)가 된다.

과협처의 양변(兩邊)에 양사(兩砂)가 협(峽)을 만포(彎抱)하고 있는 것이 필요한데 송사(送砂)라 한다. 송사(送砂)의 밖에 2사(砂)의 협호(峽護)를 요(要)한다. 전송(纏送)향전(向前)에 좌우 불리(不離)면 결국 수행비서일 뿐이다. 도두(到頭)를 양쪽에서 환송함에 이르면 번신역세(翻身逆勢)한다. 2사(砂)가 혈(穴)을 향(向)하면 용(龍)이 사는 곳이라 할 만하다. 이것이 득력지사(得力之砂)이며 3산병출(山並出)이라 한다. 용(龍)이 과협(過峽)하면 탈거노매(脫去老賣)하여 반드시 고세특립(高勢特立)의 성(星)을 일으킨다. 성후(星後)의 양변(兩邊)에 유하(溜下)하는 지각(枝脚)은 엎드려 가다가 뒤를 돌아서 송사(送砂)와 더불어 상포(相抱)함을 요하는데 영사(迎砂)라 한다. 이것이 유영(有迎), 유송(有送), 유호(有護)라는 것이다. 다만 과협처는 낮아야 하며 높지 않아야 하고, 세밀해야 하며 조잡하지 않아야 하고, 짧아야 하며 길지 않아야 한다. 낮으면 장풍(藏風)이나 높으면 노풍(露風), 짧으면 역경(力勁)이나 길면 역만(力慢)이기 때문이다.

단청(單淸)과 쌍청(雙淸)을 알아야 한다. 만약 용(龍)의 1지(枝)는 동행(東行), 1지(枝)는 서행(西行)이라면 이러한 기미가 음양인지 아는 것이 중요하다. 음양은 일정한 방향과 장소로 알 수 있다. 전정(前程) 천리라도 혈(穴)은 반드시 알 수 있다. 1지(枝)는 남, 1지(枝)는 북이라도 나경(羅經)을 잡고 흑백을 분간하는 것이 필요하다. 용(龍)은 단행(單行)과 쌍행(雙行)이 있다. 단행은 길(吉)하나 쌍행은 길한 것도 흉한 것도 있다. 24단룡(24單龍)과 24쌍룡(24雙龍)이다. 쌍용 과협은 10국(局)이 길하나, 14국(局)은 흉하다. 길(吉)은 음양2택(陰陽2宅)의 평안하나, 흉(凶)은 화불선종(禍不旋踵)이다. 이는 용혈사수(龍穴砂水)와는 관계없는 일이다. 용(龍)의 겸(兼)이 불가한 것은 협상(峽上)에서 신술(辛戌), 건해(乾亥), 해임(亥壬), 계축(癸丑), 간인(艮寅)은 파호아(怕虎牙)이다. 갑묘(甲卯), 묘을(卯乙)은 휴상견(休相見)이다. 진손(辰巽), 손사(巽巳)는 막봉타(莫逢他)이다. 병오(丙午), 오정(午丁)은 쌍살요(雙煞曜)이다. 미곤(未坤), 신경(申庚)은 난여마(亂如麻)이다. 유신(酉辛) 쌍협은 불의과(不宜過)이다. 이것은 협살(峽煞)과 차이가 없고 적확(的確)한 법이다. 아무래도 중요한 것은 과협처에 나경을 고정하는 일이다. 그러면 이것은 무슨 용(龍)의 출신인지 알 수 있고, 단맥 쌍맥의 용(龍)이 어디로 와서 가며, 성체(星體)를 세밀히 분간하면 어떠한 성(星)의 기세(氣勢)이며 행도(行度)는 어떤 방(方)으로 가며, 이것이 가서 결지(結地)와 불결지(不結地)를 안다. 결지는 계속하여 연달아 앞으로 나아가고, 불결지는 심기만 허비한다. 부귀, 빈천, 수요(壽夭)의 궁통(窮通)이 이것의 변별에 있다. 성체(星體)를 인정하기 위해 협상(峽上)을 살펴 나경을 사용하여 모룡(某龍)이 모방(某方)으로 가는 것을 바르게 확정하면 앞으로 나아가서 결지와 불결지 그리고 지(地)의 대소를 안다. 탐랑은 1백감(白坎), 거문은 2흑곤(黑坤), 녹존은 3벽진(碧震), 문곡은 4녹손(綠巽), 염정은 5황중(黃中), 무곡은 6백건(白乾), 파군은 7적태(赤兌), 좌보는 8백간(白艮), 우필은 9자리(紫離)이다. 이것은 낙서(洛書)의 대9이1(戴9履1), 좌3우7(左3右7), 2 · 4위견(2 · 4爲肩), 6 · 8위족(6 · 8爲足), 5황중궁(5黃中宮)이므로 9궁8괘(9宮8卦)이다. 용법(用法)은 두병(斗柄)의 탐랑과 낙서의 자백(紫白) 둘이 하합하여 하나로 두(頭)의 변화를 보면 사(砂)가 확실하지 않는 것이 없다. 탐랑(貪狼) 목성(木星)은 자기(紫氣)이며, 목신(木身)은 곧고 길며 두(頭)는 둥글고 바르다. 거문(巨門) 토성(土星)은 방정(方正)하여 궤 같다. 조금 길고 모지며 측면으로 약간 넘어진 듯하다. 천(天)에 있으면 천의로 되고 사람에 있으면 구빈지신으로 되며, 6수(秀) 방위에 있음을 좋아한다. 녹존(祿存)토성(土星)은 형태는 거문과 동류이다. 단지 각이 파치(把齒)같고 옆으로 기울어 수습하지 못한다. 인간의 화환지신(禍患之神)으로 삼는다. 문곡(文曲) 수성(水星)은 수성의 기운이 강하하면 인간은 유혼(遊魂)으로 된다. 염정(廉貞) 화성(火星)은 위는 동방에서 일어나면 제출지향(帝出之鄕)이며 구성(九星) 중에 이것만이 독존이다. 무곡(武曲) 금성(金星)의 형류(形類)는 태양으로 두원(頭員)이 고용(高聳)하며 기(氣)가 인간에 내리면 복덕지신(福德之神)으로 된다. 파군(破軍) 금성(金星)은 두(頭)는 고대(高大)하며 형(形)은 무금(武金)과 같으나 각(脚)이 산란하여 뻗어 나오는 것이 비스듬히 나는 것 같아 마치 파산(破傘)모양이다. 파군성이 작조(作祖)면 정출(正出)에는 불결(不結)하며 각락(角落)에 金水로 변(變)하면 겨우 결혈(結穴)한다. 하늘만이 가지는 숙살지권(肅殺之權)이 인간에 하강하면 절체(絶體)로 된다. 이 성(星)의 행룡(行龍)은 풍취수겁(風吹水劫)을 두려워 않고, 다시 영채(營寨)를 쌓고 혈(穴)을 맺을 수 있다. 좌보(左輔) 금성(金星)은 과협의 결혈처에 많이 생긴다. 과협에 이 성(星)이 있으면 이것은 영송(迎送) 2사(砂)이다. 결혈(結穴)에 이 성(星)이 있으면 비아(飛鵝)보성(輔星)으로 된다. 결혈(結穴)은 정룡(正龍)의 과협처에 결지되고, 모두 보성(輔星) 결혈이다. 정대한 결작에 정대한 인물이 산출한다. 협전(峽前)에 맺거나 협후(峽後)에 맺는데 옛사람이 협전(峽前) 협후(峽後)인지 심룡(尋龍)을 잘하라고 했다. 보성(輔星)은 본래 금(金)에 속하나 구성(九星)의 곤을(坤乙)은 보필 토(土)이므로 토생금(土生金)을 취한다. 오행(五行) 중에 토(土)가 아니면 불생(不生)이므로 거기에 보좌(補佐)의 뜻이 있다. 우필(右弼) 수성(水星)은 구궁(九宮)에서 사는 위치는 대개 제성(帝星)과 더불어 이(離)에서 서로 본다. 오행(五行)에서 수(水)가 아니면 불생(不生)이며 구성(九星) 중에서 거문 곤을(坤乙)은 토(土)이며 오(午)에서 양기(陽氣)는 극대하며 혈상(穴上)에 1성(星)의 유동(流動)이 뱀 같은 굴곡이 불체(不滯)한데 근간에 유사한 것이 있으나, 원간(遠看)에 없으므로 세심한 체인(體認)이 필요하다. 탐랑, 거문, 녹존, 문곡, 염정, 무곡, 파군, 보필은 천상(天上)의 구성(九星)이다. 용(龍)이 비록 결지하더라도 먼저 장협(帳峽)을 따라 일어난 것을 관찰한다. 반드시 만두(巒頭)가 어떤 천성(天星)으로 세(勢)를 일으키는지 알아야 한다. 그러므로 천상(天上)으로 그것을 관찰하며 만약 결지(結地)하더라도 각각이 부동하며 변태(變態)에도 방식이 없다. 유결 무결은 과협 상에 있어서 나경을 사용하여 길흉을 변별한다.

과협의 토색(土色)이 청황홍백흑(靑黃紅白黑)이면 혈내(穴內)의 토색 역시 그렇다. 과협이 석(石)이면 혈중(穴中) 역시 석(石)인데 석고혈(石古穴), 과협이 수(水)면 혈(穴)도 수(水)인데 용천혈(龍泉穴), 과협이 니(泥)면 혈중(穴中) 역시 니(泥)인데 용수혈(龍髓穴)이라 한다. 산(山) 전체가 그럴 필요는 없이 혈중에 이런 것이 있으면 진적(眞的)으로 된다.

개혈(開穴)에 전조(前朝) 명사(名士)의 소장지물(所藏之物)이었던 고기이물(古器異物)이나 비금주수괴석(飛禽走獸怪石)이 나오는 수도 있다. 이것은 모두 협상(峽上)을 세심히 주의하면 깨달아 알 수 있다. 문서로 전하기 어려운 말은 반드시 구전심수(口傳心授)임을 알아야 한다. 사충(蛇蟲), 하마(蝦蟆), 소구(小龜), 나사(螺螄), 방해(螃蟹) 등 속(屬)이 나오는 경우도 있다. 생기(生氣)로 생각하고 기이한 것은 아니다.

용(龍)은 지(地)에 있으나 빗장은 실제 천(天)에 있다. 북극성이 있으면 뭇별이 그를 향해 함께 돌고 있는 것과 같은 것이 바로 이것이다. 신(辰)은 두내(斗內)에 있고 두(斗)에는 구성(九星)이 있다. 그것은 건극(建極)에 살면서 사방(四方)으로 움직인다. 28수(宿)는 주천경성(周天經星)이며 그밖에 포열(布列)하여 북신(北辰)을 환공(環拱)한다. 감여지법(堪輿之法)도 혈장(穴場)은 북신(北辰), 용신(龍神)은 구성(九星), 사(砂)는 28수(宿), 수(水)는 은하수(銀河水)이다. 구성(九星)을 사용하여 용신(龍神)을 관찰하며, 28수(宿)를 사용하여 사(砂)를 관찰한다. 28수(宿)는 바로 이것을 말할 뿐이다. 오성(五星)을 정체(正體)라 하면 구성(九星)은 9변괴법(變怪法)이므로 모두 한 장소에 정지하고 있는 북신(北辰)을 찾는 것이다. 구성(九星)은 하늘의 두병(斗柄)으로 월(月)을 따라 돌며 주야로 정지하지 않는다. 두병이 인(寅)을 가리키면 천하는 개춘(皆春)이다. 정월은 인(寅), 2월은 묘(卯), 3월은 진(辰)으로 1년은 12월이고, 한 달은 1자

(字)를 가리킨다.

북두칠성의 좌측에는 보성(輔星)이 있고 우측에는 필성(弼星)이 있으므로 구성(九星)이라 한다. 탐랑, 거문 녹존, 문곡, 염정, 무곡, 파군, 좌보, 우필이다. 구성(九星)은 하늘에 있으면 성상(成象), 지상에 있으면 성형(成形)이다. 용신(龍神)의 행도(行度)로써 변태(變態)가 무궁하다. 그러므로 구성(九星)의 성체(星體)는 용신(龍神)의 행도처(行度處)를 살펴 모두 소유했는지 분별해야 한다. 북두(北斗) 제1성(星)은 간병(艮丙) 탐랑목(木), 제2성(星)은 손신(巽辛) 거문토(土), 제3성(星)은 건갑(乾甲) 녹존토(土), 제4성(星)은 이임인술(離壬寅戌) 문곡수(水), 제5성(星)은 진경해미(震庚亥未) 염정화(火), 제6성(星)은 태정사축(兌丁巳丑) 무곡금(金), 제7성(星)은 감계신진(坎癸申辰) 파군금(金), 제8성(星)은 곤을(坤乙) 보필토(土)이다. 구성은 8방위를 메고 있다. 좌보와 우필은 함께 1괘(卦)이며 각기 1괘(卦)를 관장한다. 1괘(卦)는 3산이며 구성은 납갑(納甲)에 속하므로 구성의 방위는 같지 않는 수도 있다.

중행(中行)은 용(龍)의 등이 되고 고강(高岡), 평강(平岡)하므로 위사곡절(委蛇曲折)을 행도(行度)라 한다. 행도(行度)하는 가운데 빗장을 한 곳이 있으므로 반드시 협(峽)을 짓는데 개협(開峽)이라 한다. 협(峽)은 용(龍)의 생명(生命)이다. 영송(迎送) 하는 곳에 협(峽)이 한 개의 생명을 이루어 모든 영송(迎送)을 갖춘 격(格)이다.

영송협(迎送峽), 쌍영쌍송(雙迎雙送), 교호영송(交互迎送), 교호쌍영송(交互雙迎送)이며 영송(迎送)이 협(峽)을 이룬다. 이런 곳에 협(峽)이 더욱 많으므로 사람도 묘(妙)하게 서로 사귀면 다시 아름답다.

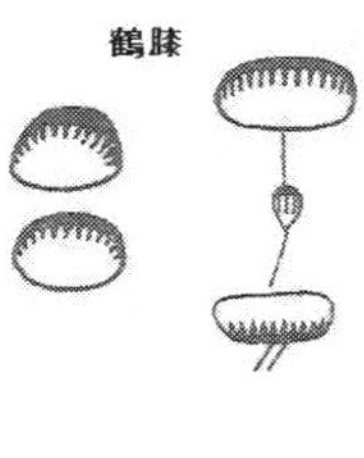

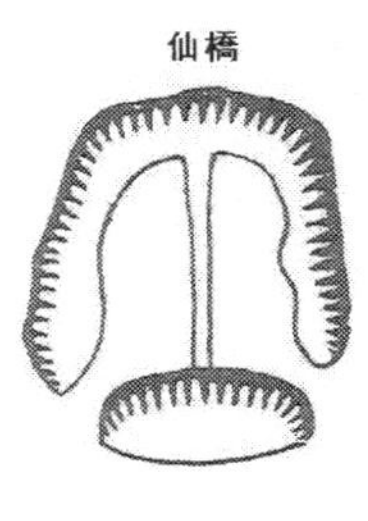

학슬(鶴膝)은 한 허리가 길고 절(節)이 있으면 학슬이라 하나 모두 영송(迎送)과 어울려서 말한다.

선교(仙橋)는 바르게 뻗은 것이고 반드시 운산(雲山) 중에 있으니 곧고 길고 정미로움이 다르며 다리 위를 밟아 두렵고 조심스러워 마음에 찢음이 있으면 바야흐로 선교를 이룬 것이다. 귀(貴)가 나타나고 높은 사람이 나는 것을 주장한다.

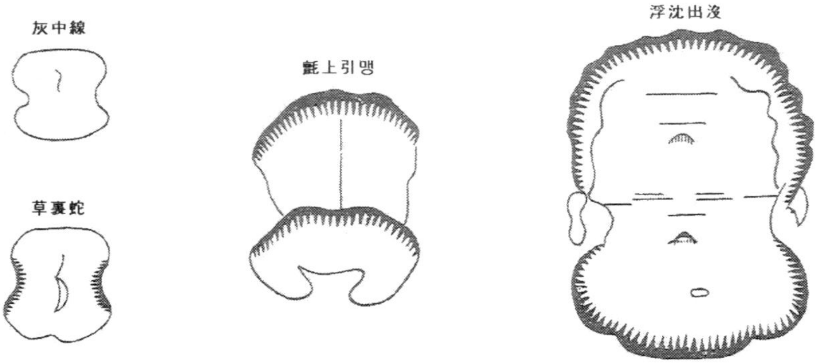

회중선(灰中線), 전상인승(氈上引繩), 초리사(草裏蛇)은 대략 같은 종류이다. 그러나 그 가는 것은 같지 않다. 그 갖춘 곳에 평평하고 넓은 가운데 미로모척(微露毛脊)은 가장 현묘(玄妙)하다. 진룡(眞龍)이 됨으로 기이한 穴이 되는 것이다. 이 기이한 穴이 간혹 괴이하게 숨어있다. 대부(大富)대귀(大貴)가 이러한 곳에서 나는 것이다. 세속 사람들이 황평(荒坪)한 들판이라고 생각지도 않고 버려두는 곳이다. 진실로 진기(珍奇)한 조물(造物)을 하늘이 덮어두고 있는 것이다. 그 보물은 주인을 기다리고 있는 것이다. 이러한 곳에 무궁한 발복(發福)이 있다.

부침출몰(浮沈出沒)은 언덕을 서로 바라보는 가운데 큰 들판을 이루며 혹 축축이 젖어가다 안아주고 큰물에 떠서 가늘게 들판에 나타나므로 뒤가 보이지 않고 가늘고 이슬 같은 기(氣)의 등이 드러나는 것이 이같이 두개가 되면 진실로 기이하다. 생각 하건대 슬기롭고 어지고 착한 영웅과 현인(賢人)이 날 것이다.

횡절협(橫折峽)에서 협(峽)은 모두 등을 끌어당기면서 앞으로 나간다. 또한 횡절(橫折)이 있기 때문이다. 一字, 十字, 王字, 건괘(乾卦), 중건(重乾), 옥계(玉階), 어계(御階) 등은 모두 한결 같이 협(峽)이 된다. 모두 가로로 된 사이에 있다. 그 王字의 절(節)을 자세히 살펴본다.

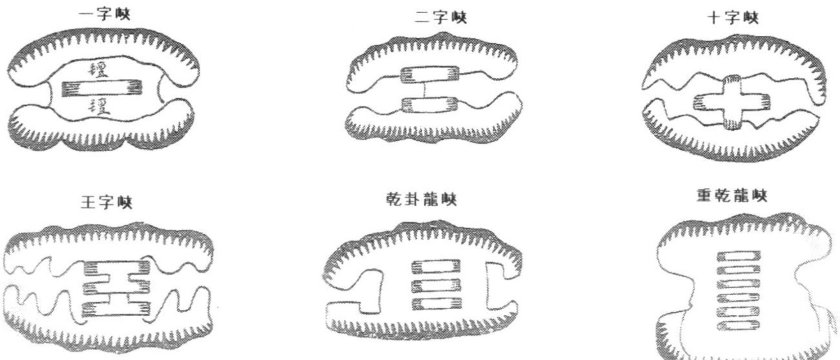

일자협(一字峽)은 문장(文章)이고, 십자협(十字峽)은 복덕(福德)을 갖추고, 이자협(二字峽)은 부귀겸전이며 오묘한 재주가 있어 나라의 큰 관(官)인 외무대신에 오른다.

왕자협(王字峽)은 왕(王)이며 공훈을 세워 봉군(封君)을 받는다.

건괘룡협(乾卦龍峽)은 중정(中正)이 굳세고 씩씩하므로 대귀(大貴)도 나고 대현(大賢)도 난다.

중건룡협(重乾龍峽)은 현(賢)과 귀(貴)가 자주 나고 그 운기(運氣)가 오래간다.

건괘룡협(乾卦龍峽)의 등뼈 가운데에 나타난 조(祖)를 잡으면 기지(起止)가 분명하다. 만약 횡직(橫直)이 짧게 뚫으면 길게 날아서 움직이는 것 같으므로 가히 횡비직상(橫飛直上)이 되는 것이다. 그것을 왕자건괘룡(王字乾卦龍)의 협(峽)이라 한다. 대개 군자(君子)의 덕이 있고 마땅히 대신의 위(位)에 오를 것이다. 이것을 견룡재전(見龍在田)이라 한다.

4) 평양룡(平洋龍)

고산(高山)을 보고 용(龍)을 안다고 말하지 마라. 도리어 평지 내맥(來脉)하여 진적(眞跡)이 실종된 것일 뿐이다. 평지를 따라온 용(龍)은 고령(高嶺)에서 출발했고, 고기(高起)한 성봉(星峰)에서 저지로 낙맥한 것이다. 고산(高山)은 이미 좋은 성봉(星峰)임을 알지만, 평지의 양쪽은 수세(水勢)를 살펴 그 양쪽의 수계(水界)가 진룡(眞龍)이다. 수전(水纏)이면 곧 산전(山纏)이 되는 이치이나, 상강(霜降)에는 수(水)가 얼어붙어 용(龍)이 나타나지 않으며, 춘하(春夏)에는 수(水)가 높아 용(龍)이 배현(背見)이므로 평양룡의 간룡법(看龍法)이다.

과처(過處)는 여사여선(如絲如線)이나 반드시 형적(形迹)은 명현(明顯)으로 떨어져 내려와 있다. 수(水)보다 1척(尺)이 높으면 산(山)으로 삼고, 수(水)보다 1척(尺)이 낮으면 수(水)의 회환(回還)이다. 조종(祖宗)에서 부모(父母)까지 리수(里數)가 아득하므로 회선(灰線), 초사(草蛇)의 맥척(脉脊)을 살피고, 은은(隱隱)융융(隆隆)을 반드시 자세히 알며, 주사(蛛絲)마적(馬跡)을 분명히 아는 것이 필요하다. 여발여주(如髮如珠)는 진협(眞峽)이며 일단일속(一斷一續)은 이종(離踪)이 아니다. 평양 일돌(一突)은 다시 기이하게 되고 더욱 활동이 필요해 속기(束氣)를 구하는데, 홀연히 혈구(穴口)에 들어와 겸개(鉗開)를 만든다. 양수(兩水)가 좌우에서 보호하므로 진실로 바쁜 모습이다.

평지 용(龍)은 수려한 용분지봉(聳坟之峰)이 없고 은은융융(隱隱隆隆)에 불과하며, 고저에 방불(彷佛)하며, 후박(厚薄)에 비슷한 모양이며, 고(高)가 척촌(尺寸)이면 수(水)로 삼으므로 이와 같이 몸이 단락되므로 가장 진상을 포착하기 어렵다. 평지룡이 평양에 낙맥해도 역시 반드시 은미하게 퇴부(堆阜)의 단속(斷續)을 만든다. 단처(斷處)에서 그 속(續)을 고려하고, 속처(續處)에서 그 단(斷)을 고려하라. 또 그것이 굽어 돌아 전환되는 곳에서 그의 귀숙(歸宿)을 구하며, 만약 점점 윤대(潤大)하면 반드시 견익(肩翼)과 장만(帳幔)을 소유하고, 이것이 없는 것은 곧 응호(應護)가 없는 것이므로 진룡(眞龍)이 아니다. 그리고 결혈처에 이르면 반드시 미미하게 용기(湧起)하고, 인욕(絪褥)을 펴고, 겸국(鉗局)을 여는데, 절대로 포전태대(鋪展太大)는 불가하다. 소위 진기(眞氣) 불취(不聚)이기 때문이다. 용(龍)을 수행하는 수(水)가 좌우에서 교합(交合)하는데 수(水)는 용(龍)과 혈(穴)에 떨어지지 않기 때문이다. 평양에서는 수(水)를 먼저 관찰하는 것이 요결(要訣)이다.

천리 내용(來龍)에 다만 도두1저(到頭1著)를 관찰한다. 도두(到頭) 결혈은 좌우에 반드시 양고(兩股)의 두공(兜拱)을 가지며, 지경 내에 보내진 기맥(氣脉)이 입혈(入穴)한다. 혈전(穴前)에는 반드시 소명당이 있고, 좌우에서 용(龍)을 수행하는 수(水)는 당국에 송달되어 교호(交互)한다. 앞에는 조안사(朝案砂)가 있어 그것을 횡란(橫欄)하고, 수(水)는 혈(穴)을 향하여 만환(彎環)하며, 4방 주위의 호종사(護從砂)는 회두(回頭)주차(駐箚)하며 면면(面面)유정(有情)이다. 명당은 평정(平正)하고 수구(水口)는 교아(交牙)이며 앞에서는 조금 거두고 뒤에서는 떠밀어 보내며, 좌의 사(砂)는 향우(向右)하고, 우의 사(砂)는 향좌(向左)하며 귀인좌아(貴人坐衙)와 대장등단(大將登壇)같아 공아(拱衙)하지 않는 자가 없으므로 천연의 결국이다. 옛날에 평지1혈(平地1穴)은 승산10혈(勝山10穴)이라고 했다.

북룡(北龍)은 수신(水神)을 취하지 말고, 당연히 근지고저(近地高低)를 살피며, 남룡(南龍)은 수상(水象)을 함께 말하며 근처미망(近處微茫), 특생돈부(特生墩阜), 면선형국(眠亘形局), 전수재국(剪水裁局)을 취한다. 조산(朝山)의 구비가 혈(穴)의 증명으로 긴요하며, 평양이 고지(高地)에 연면(連綿)해 있으면 반요(盤繞)에 결지한다. 평전(平田)이 장원(長遠)한 평지에 있으면 양변(兩邊)수계(水界)에 결지한다. 대양지중(大漾之中)에 있으면 평강룡처럼 결지한다. 돈부(墩阜)가 연선(連線)으로 되어 있으면, 홀기홀복(忽起忽伏)하며 결지한다. 광판지중(壙坂之中)에 있으면 고저가 미미한 계수(界水)에서 고척(高脊)의 반선(盤旋)에 결지한다. 모두 맥락(脈絡), 조공(朝拱)으로 정마(定馬)를 관찰한다. 평양룡이 단속(斷續)의 고토(高土)를 소유하면 돈부(墩阜)라고 하는데, 원(員)은 돈(墩), 긴 것은 부(阜)라 한다. 중돈(衆墩)이나 중부(衆阜)중(中)에서 당연히 주종을 변별하고 생사를 살펴 특대특소(特大特小) 자가 주(主)이다. 혹시 중원(衆圓)이나 독방(獨方)이며 중방(衆方)이나 독원(獨圓)인 경우 중자(衆者)에서 다른 것이 주(主)이며, 그 중 하나가 주(主)가 되면 나머지는 종(從)으로 된다. 종자(從者)는 조안(朝案)으로 되고 호사(護砂)로 되는데 불과하며 주(主)를 위한 용신(用神)일 뿐이다. 맥(脉)은 호중(湖中)에서는 박(薄)하다. 돈부(墩阜)로 돌기(突起)한 것은 살기(殺氣)탈진(脫盡)이면 길(吉)하며 기(氣)가 모인 곳이면 대지(大地)를 맺는다. 그러므로 호중(湖中)의 돈(墩)은 10중 7이 혈(穴)을 맺는다.

수(水)를 통과하는 용(龍)은 반드시 석척(石脊)을 소유하는데 통과한 이후부터는 비슷한 형영(形影)도 없고, 평지 상에 이미 소돈(小墩)이 첩첩하되 미미하게 모척(毛脊)을 노출한다. 만약 수(水)를 경계로 앞을 막는 것이 보이면 진맥이 스스로 멈추어 반드시 대지를 맺는다. 그리고 1편의 노양지(老陽地)라면 표면이 매우 높은 곳도 없고 특별히 일어난 돈(墩)도 없으며 수도(水

道)가 환요(環繞)하여 地氣를 수속하므로 스스로 성혈(成穴)한다. 하중(河中)을 통하여 결혈, 심빈(深濱)을 통하여 결혈, 지루(地漊)를 통하여 결혈하는 것도 있다. 통하(通河)는 수동(水動)이니 가장 이발이패(易發易敗)하며, 심빈(深濱)중에서 빈상(濱上)의 생빈(生濱)이면 쉽게 수속하며, 문호혈(門戶穴)의 결지는 그 중심에 있고, 지루(池漊) 결혈에 이르러서는 힘이 심후하며, 수(水)가 정지하여 달아나지 않으며, 가득히 찬 뒤에 취하므로 가장 면원하고 유구하다. 그러나 토(土)는 반드시 미고미동(微高微動)이 비로소 기(氣)를 가지게 된다. 만약 평판(平板)부동(不動)이면 사토(死土)로 된다. 수도(水道)로써 가관(可觀)이나 그것을 취할 수는 없다.

광판지중(壙坂之中)에는 4반수요(4畔水繞)를 가지며, 전승(田勝)이 첩첩하여 마치 낭용(浪湧)처럼 보인다. 용론(龍論)을 구비하여 작성하는 데는 3가지 법이 있다. 첫째, 공래(拱來)로서 형(形)은 초월(初月)같고 양각(兩角)이 향하(向下)로 첩첩이래(疊疊而來)하되 결혈처까지 직행하여 횡변곡승(橫變曲塍)이어야 진(眞)으로 된다. 둘째, 수래(收來)로서 초월(初月)같고 양각(兩角)이 향상(向上)으로 연연이래(軟軟而來)하고 형세가 마치 첩랑(疊浪)같되 방판부동지처(方板不動之處)까지 직행해야 진(眞)으로 된다. 셋째, 용린추(龍鱗縐)[24]로서 형세는 수열(水裂)같고, 양반(兩畔)이 모두 마땅하고, 가운데에 동기(動氣)가 있고, 복개대구지처(復開大口之處)까지 직행하여 결혈하거나 방대부동지처(方大不動之處)까지 직행하여 결혈해야 진(眞)으로 된다. 평양(平洋) 간법(看法)도 고산(高山)과 다르지 않다. 분수(分水)에 용래(龍來)며 합수(合水)에 용주(龍住)한다.

1편완원지지(1片頑垣之地)는 초무수각(初無手脚)이므로 순행1정(順行1程)은 끊어지지 않으나 이것이 지나치면 거듭하여 인후(咽喉)를 맺고, 지각(枝脚) 향포(向抱)하여 수환(水環)이 옥대(玉帶)처럼 보이며, 사호금성(砂護金城), 고저척촌(高低尺寸), 수구처(水口處)에서 맺으면 상수(上手)의 평탄처(平坦處)이다. 이로 인하여 발조(發祖)하여 순류결혈(順流結穴)이므로 순결(順結)이라 한다. 하수(下手)의 완원(頑垣)이면 수각(手脚)이 없으나 상호(相護)하므로 역행1정(逆行1程)은 지각(枝脚)을 만나면 역상(逆上)은 거듭하여 인후(咽喉)를 맺는다. 국(局)이 수요(水繞)에 임(臨)하여 개면(開面)이면 반드시 하수(下手)의 완원지지(頑垣之地)의 발조(發祖)이며 역상(逆上)이 분수처(分水處)에 이르러 결혈하므로 역결(逆結)이 된다. 그러므로 수구처(水口處)에 맺는 것은 순(順)으로 되며, 수분처(水分處)에 맺는 것은 역(逆)일 뿐이다.

평양지결(平洋之結)은 4반(4畔)이 무수(無水)라도 모두 평(平)을 취하고 무협(無峽) 자라도 반드시 비변(飛邊)이나 조각(弔角)에 결(結)한다. 비변(飛邊) 자는 틀림없이 평포지맥(平鋪之脈)이며 신상(身上)에 미수(微水)도 가지지 않고 와서 직충(直冲)으로 수변(水邊)에 이르러 대략 당국(堂局)을 여는 것이면 결혈하고 혹시 당국(堂局)을 가로지르는 것도 역시 결혈한다. 조

24) 용의 비늘처럼 주름진 것을 말함.

각(弔角) 자는 용신(龍身)으로부터 봉요(蜂腰)나 학슬(鶴膝)의 형상이 없고 겸(兼)하여 웅장, 분주, 후중(厚重)하며 미세한 것도 다 수렴하여 곧장 각처에 도달한 것이 미미하게 빛을 내면 결혈이다.

5) 국(局)

국(局)은 태극일권(太極一圈)을 말하므로 대국(大局), 중국(中局), 소국(小局)이 있다. 스스로 본신(本身)을 시조(始祖)로 하였고 조산(朝山)도 시조(始祖)로 더불어 각기 나타나 전호(纏護)하여 합성일권(合城一圈)이 되면 대국이다. 스스로 본신(本身)을 소조(少祖)로 하여 조산(朝山)도 소조(少祖)와 더불어 각기 나타나 전호(纏護)하여 합성일권(合城一圈)이 되면 중국이다. 스스로 본신(本身)을 부모산(父母山)으로 하여 조산(朝山) 장막이 각기 나타나 수각(手脚)이 되어 합성일권(合城一圈)이 되면 소국이라 한다. 국(局)이 없으면 용(龍)을 말할 수 없고 국(局)을 그릇되게 판단할까 두려움이 있다. 다만 삼당(三堂)을 이루면 한 국(局)이 된다. 성(城)과 원(垣)과 문(門)은 스스로 자연히 이루어진 것이다. 국(局)은 당(堂)과 양(陽)이라 이름 한다. 3당이 반드시 모두 나타나는 것이 아니다. 대봉대배(大封大拜)를 지어내는 대지(大地)는 모두가 있으므로 내당(內堂)만 보지 말고 중당(中堂)과 외당(外堂)을 살핀다.

국(局)을 보는데 간절한 것은 배면(背面)에 있다. 배면(背面)은 쉬으며 동자(童子)도 안다고 하지만 노자(老子)도 배면(背面)을 몰랐다고 한다. 배면(背面)의 말은 쉬워도 실제는 시비 거리이다. 배(背)는 사람의 등 같고 면(面)은 가슴과 같다. 배(背)는 손등, 면(面)은 손바닥, 면(面)은 안과 나를 바라보고 배(背)는 밖과 다른 곳을 바라본다. 좌로 보아도 배(背)이고 우로 보아도 배(背)가 되면 복체(覆体)라 한다. 좌우에 면(面)으로 보이면 용(龍)의 국(局)이 크며 가지가지가 열매를 맺고 절절(節節)이 꽃이 피는 한 국(局)을 이루므로 주결(主結)이라 한다. 면(面)은 반드시 반지처럼 둥글게 나를 행해야 하고 만궁(彎弓)처럼 벌려도 나를 향하지 않으면 나를 버리는 산이다. 양산(兩山)이 안아주거나 요긴해도 경면(硬面)과 이향(離鄕)산(山)은 가국(假局)이다. 배면(背面)은 국(局)을 찾는 대략이고, 배면(背面)을 알지 못하면 땅을 살펴서 찾을 필요가 없다. 국(局)이 없으면 협(峽)과 용(龍) 및 혈(穴)을 말할 수 없다.

산을 나무에다 비교하면 나무는 천만 가지를 이루므로 좀 벌레를 벗어나야 아름다운 과일과 꽃이 핀다. 이 말뜻은 용(龍)이 살기(殺氣)와 노기(怒氣)를 벗어나서 연미하고 활동력이 있어야 하고, 행룡(行龍)의 칠구(七俱)를 갖춘 연후에 결실을 한다. 다시 말해서 좀 벌레는 살기와 노기를 말한다.

산을 사람에게 비유하면 가장 적절하다. 인신(人身)의 5관4지백해(5官4肢百骸)와 360골절(360骨節) 곳곳이 모두 혈처(穴處)이다. 이에 진정(眞正) 주혈(主穴)은 남녀이근(男女二根)에 있다. 만약 국(局)을 논(論)하면 사람의 양다리 열린 곳이 대(大) 진국(眞局)이다.

산이 둘러있는 곳에 물에 싸여 갇혀서 눈에 볼 수 없다. 용(龍)이 반(半)으로 국(局)을 이루고, 수(水)도 반(半)으로 국(局)을 이루고, 산(山)과 강(岡)도 반(半)으로 반강반양(半岡半洋)이 셋이나 일곱으로 나누어서 서로 물이 모인 것은 끝을 마치지 못하고 파국(破局)이 된다. 국(局)은 사방을 갖추어서 높이기를 좋아하고, 갖추어 평평함을 좋아하고, 기복(起伏)을 좋아한다. 다만 혈처(穴處)는 주위가 온전하게 모여 들어서 파성(破城)되는 것을 가장 두려워한다. 그러므로 거두고 거두어도 먼 곳에서 불어오는 바람을 바로 쏘이면 혈(穴)을 폐쇄해야한다.

산천은 이보환형(移步換形)이다. 정면에서 보면 단정하나 좌쪽에서 바라보면 기울어지고 우쪽에서 다시 바라보면 단정히 바라보이는 것이 있다. 후장(後帳)에서 앞으로 가는 것을 안아주고 앞에서 혈장(穴場)으로 향(向)하는 것을 안아주고 좌(左)에서 오른쪽으로 안아주고 우(右)에서 왼쪽으로 안아줌으로 국(局)은 반드시 중립(中立)이 된다.

지리(地理)는 대교회(大交會)를 알고 혈장(穴場)을 여러 겹으로 안아주고 정체(正體)와 변체(變體)를 판별하여 용(龍)을 찾는다. 정격(正格)과 변격(變格)을 살펴서 용(龍)을 이룸에 세(勢)가 반드시 흩어지고 모여드는 이치를 깨달아야한다. 용법(龍法)을 얻지 않고는 국(局)을 살필 수 없다. 도두일착(到頭一着)의 공부가 미흡하다고 말한다. 진룡(眞龍)은 국(局)을 살펴보고 국(局)은 용(龍)이 잠든 곳이다. 용(龍)이 기(氣)를 토(吐)하고자 한곳이 바로 용구(龍口)이다. 산꼭대기에 많이 나타난 것이 비룡(飛龍), 뭇 산이 둘러싸인 것은 반룡(蟠龍), 물에 들어 있는 것은 잠룡(潛龍)이라 한다. 그러므로 횡수국(横水局)과 회룡국(回龍局)이 있는데 직수국(直水局)이 없다. 만약 한 산이 직래(直來)하게 되면 사산(死山)이며 용(龍)과 국(局)이 없다. 국(局)이란 한나라를 말할 것 같으면 큰 경계를 말하므로 대성(大星)은 시종(始終)이 하나의 태극(太極)이다. 대룡(大龍)은 반드시 음양택(陰陽宅)을 맺는다.

땅을 보는데 성(星)을 알고 격(格)을 말하고, 격(格)을 알고 용(龍)을 찾고, 용(龍)을 찾아 국(局)을 살펴야 혈(穴)에 들어간다.

(4) 이기(理氣)

1) 용혈사수(龍穴砂水)

① 용(龍)

催官第一天皇龍 博龍換入天市東 少微陽璇左關局 廉貞起祖峰崇崇
최관제일천황룡 박룡환입천시동 소미양선좌관국 염정기조봉숭숭

해룡(亥龍)의 좌선(左旋)이 간손유(艮巽酉)로 들어 좌관국(左關局)으로 하고 진(震)에서 해(亥)의 납갑(納甲)이며 진(震)은 박간(博艮)이며 후천(後天)이 선천(先天)에 든 것이다.

右關廉貞降樞兌 變換太乙東南雄
우관염정강추태 변환태을동남웅

진(震)은 해룡(亥龍)의 우선(右旋)이며 화성(火星) 작조(作祖)로 간(艮)에 들어 유(酉)로 변환(變換)하여 손(巽)에 이른 우관국(右關局)이다.

② 혈(穴)

穴乘陽樞秉生氣 或更受穴天皇宮 天皇太微爲正向 陽樞穴癸爲上龍
혈승양추병생기 혹경수혈천황궁 천황태미위정향 양추혈계위상룡

혈(穴) 안을 말하며 간기(艮氣)를 타거나 해기(亥氣)를 받거나 혈(穴)이 계좌정향(癸坐丁向)이나 임좌병향(壬坐丙向)은 기(氣)를 받아야 진정한 입향(立向)이 바르다.

③ 사(砂)

四神八將應位起 三火竝秀三陽衝
사신팔장응위기 삼화병수삼양충

사신(四神)은 건곤간손(乾坤艮巽)이고, 팔장(八將)은 자오묘유갑경병임(子午卯酉甲庚丙壬)이며 간병손신태정진경(艮丙巽辛兌丁震庚)의 말이 있는데 아니고, 삼양(三陽)은 병오정(丙午丁)을 말한다.

④ 수(水)

三陽洋朝入庚震
삼양양조입경진

삼양(三陽)은 2가지가 있는데 사기(砂起)의 병오정(丙午丁)과 손병정(巽丙丁)은 수(水)의 삼양(三陽)이다. 조래(朝來)가 경(庚)이나 묘(卯)에 들어 삼양수(三陽水) 평(評)은 조래(朝來)로 돌아오는 귀향(鬼鄕)이다. 묘경(卯庚) 2위(位)는 귀향(鬼鄕)이다.

⑤ 응험(應驗)

食邑開府應三公 更出仙翁與佛子 蓬萊眞境超凡風
식읍개부응삼공 갱출선옹여불자 봉래진경초범풍

해룡(亥龍)의 좌우선(左右旋), 혈(穴)의 기(氣), 사(砂), 수(水)의 응험(應驗)이다. 묘용(妙用)을 총괄하면 태미(太微)가 존재하고 정향(正向) 4자(字)의 향(向)과 같이 정(丁)은 다시 부동처(不同處)가 있다. 해룡(亥龍) 임좌병향(壬坐丙向) 일국(一局)의 용혈사수(龍穴砂水)가 자세히 다 있고 그 응험(應驗)의 차이가 없다. 다만 최관(催官)의 입향론(立向論)은 많이 치우친 말이 길룡(吉龍)이다. 즉 해(亥)의 길(吉)을 논(論)하듯이 흉처(凶處)를 말하지 않았다. 결(訣)을 얻는 것은 하나로서 셋을 파악한다. 모서리 길수(吉水)는 자연히 서로가 크게 불능(不能)이다. 이와 같이 국(局)의 응험(應驗)은 위의 3구절 설명을 연구한다. 팔장(八將)과 사신(四神)은

사(砂) 중에서 크게 분별이 있다. 건갑자오(乾甲子午) 사(砂)와 같이 응(應)하는 위치의 사(砂)는 두광(頭光)의 윤기와 사각(砂脚)의 정제(整齊)이다. 삼원(三元)이 응(應)하면 급제(及第)하여 삼공(三公)재보(宰輔)이다. 손사(巽砂)가 응(應)하는 위치는 문장(文章)이 세상에 더한다. 묘경임유(卯庚壬酉)가 응(應)하면 장군이 나타나 대외에 떨친다. 병사(丙砂)가 응(應)하면 장수(長壽)하고 사문(赦文)되어 흉화(凶禍)가 없음을 주장한다. 간사(艮砂)는 선옹(仙翁)과 불자(佛子)가 나고 계(癸)의 1~2분(分)을 대(帶)한 것과 같다. 또 정사(丁砂)가 향(向)을 비추면 선불(仙佛), 장수(長壽), 개부(開府)이고 식록(食祿)은 대수(大數)가 불영(不永) 혹은 후사(後嗣)가 소조(蕭條)하다. 이것도 천지(天地)의 전공(全功)이 없다.

2) 간룡(艮龍)

陽樞起祖降兌巽 變艮作穴官應同
양추기조강태손 변간작혈관응동

간룡(艮龍)이 유손(酉巽)에 들어 사신팔장(四神八將)의 사(砂)와 삼양(三陽)의 수(水)를 얻어 관위(官位)가 동일하다. 용(龍)이 전(傳)하여 변(變)하며 사수(砂水)의 응위(應位)는 길흉(吉凶)을 나누어 일격(一格)이 같지 않게 드리는 것을 보지 않는다. 음룡(陰龍)의 존(尊)을 보지 않아 천(賤)을 알지 못하고 양룡(陽龍)의 천(賤)을 보지 않아 귀(貴)를 알지 못한다.

3) 유룡(酉龍)

少微起祖降艮巽 亦主富貴永興隆
소미기조강간손 역주부귀영흥륭

유룡(酉龍)이 좌전(左轉)하여 간(艮), 우전(右轉)하여 손(巽)을 함께하면 부귀(富貴)를 주장한다.

少微轉巽還少微 人才昌熾官職卑 太乙少微復太乙 亦主文官持彩筆
소미전손환소미 인재창치관직비 태을소미복태을 역주문관지채필

유룡(酉龍)이 손(巽)을 지나 유(酉)로 굴러서 인재(人財)의 창치(昌熾)를 주장하고 유(酉)에서 금기(金氣)가 완고하다. 그리하여 손(巽)으로 구른 것은 재물과 관(官)이다. 금(金)에서 완고하므로 비록 관(官)이 있어도 비천(卑賤)을 주장한다. 손룡(巽龍)이 유(酉)를 지나 손(巽)으로 돌면 문(文)을 주장하고 관(官)은 채필(彩筆)이다. 손(巽)이 동남(東南)에 존재하는 목화(木火)의 위치이며 문명(文明)의 상(象)이 존재한다. 끝에는 유(酉)로 구르므로 벼슬을 얻어도 주머니가 풍후(豊厚)하지 않다. 다만 채필(彩筆)에서 세상에 이름만 날릴 뿐이다.

迢迢西兌入天皇 淸貴翰苑誇文章
초초서태입천황 청귀한원과문장

유해(酉亥)는 금한수냉(金寒水冷)의 지(地)이므로 청귀(淸貴)이다. 그리하여 유입해(酉入亥)는 청귀(淸貴)이나 오히려 금래생수(金來生水)로 거문고를 얻고 학(鶴)이 서로 따르며 마음대로 솥을 늘어놓고 식사한다. 만약 입유(入酉)는 가마솥에 먼지가 쌓이고 부엌에 개구리가 울어대는 청귀(淸貴)는 한랭빙로(寒冷氷露)이다.

4) 육수(六秀)

六秀變出紫微局 砂水應位官無窮
육수변출자미국 사수응위관무궁

육수(六秀)는 간병손신유해(艮丙巽辛酉亥)이다. 육수(六秀)의 행룡(行龍)이 굴러 해(亥)입수(入首)이다. 결(訣)에서 육수(六秀), 삼길(三吉), 모든 길흉(吉凶)을 총괄하여 논(論)하지 않았다. 용(龍)과 사수(砂水) 길위(吉位) 방향의 응(應)을 요(要)하며 능히 위치를 따라 대소(大小)의 발달(發達)이다. 만약 사수(砂水)가 응위(應位)하지 않으면 용(龍)은 비록 합위(合位)라도 증거가 없고 복력(福力)이 경미하게 마친다.

5) 삼길(三吉)

① 묘경해(卯庚亥)룡(龍)

六秀行度間庚震 三吉受穴文武崇
육수행도간경진 삼길수혈문무숭

삼길(三吉)은 묘경해(卯庚亥)이다. 육수(六秀)의 행룡(行龍) 사이에 묘경(卯庚)이고 묘경해(卯庚亥)에서 굴러 혈(穴)이 받으면 이는 문무(文武) 병출(竝出)의 룡(龍)이다.

② 해신사(亥辛砂)

亥山一丈可致富 巽水一勺可救貧 辛山十丈富相親 難養過房異姓人
해산일장가치부 손수일작가구빈 신산십장부상친 난양과방이성인

해산(亥山) 일장(一丈)이면 치부(致富)가 가능하다. 신산(辛山) 십장(十丈)과 같고, 나라가 감당하기 힘든 부(富)이다. 다만 해산(亥山)을 얻은 것은 인(仁)이 아니고 부(富)이다. 이들의 평론(評論)은 온전한 용법(用法)이 존재하는데 방위에 의한 합(合)이 통한다. 만약 해(亥)와 신(辛)을 만나면 파국(破局)이며 신(辛)은 걸개(乞丐), 절사(絶嗣), 고고(孤苦)하고 해(亥)는 허로(虛癆), 손소(損少)이다. 손수(巽水) 일작(一勺)은 구빈(救貧)하는데 양양(洋洋), 대호(大湖)를 만난 것과 같이 부귀(富貴)를 누린다는 말이다. 사(巳)의 2~3분(分)을 대(帶)한 것과 같은 래(來)에 양향(陽向)으로 입향(立向)은 냉투(冷透)의 폐(弊)이다. 천옥외전(天玉外傳)에서 말하는 묘을진(卯乙辰)신술건(辛戌乾)의 사수(砂水)는 파국(破局)이며 명령(螟蛉)이 있어 이성(異姓)의 응(應)이 있다. 그러므로 신산(辛山)은 부(富)이나 사자(嗣子)는 신(辛)이 어렵다.

③ 진경(震庚)사수(砂水)

震庚砂水秀朝位 持節邊疆統卒戎
진경사수수조위 지절변강통졸융

묘경(卯庚)의 사수(砂水)가 합도(合度)하면 무(武)를 주장한다.

6) 해간(亥艮)

天皇行龍入天市 富貴兼美芝蘭芳
천황행룡입천시 부귀겸미지난방

간(艮)은 천시원(天市垣)이며 재화보옥(財貨寶玉)이 바로 모이는 지(地)이다. 진(震)의 선천(先天)에 간(艮)이 존재하며 해(亥)는 진(震)의 납갑(納甲)이다. 선천(先天)에 후천(後天)이 들어오므로 부귀(富貴)를 주장한다.

天市天皇龍第一 巽辛兌丁官可必 最喜廉貞作祖宗 廉貞作祖爲官疾
천시천황룡제일 손신태정관가필 최희염정작조종 염정작조위관질

사람들이 해룡(亥龍)을 부러워하는 것은 최관편제일(催官篇第一)로 인(因)한 잘못이다. 뢰공(賴公)을 알지 못하며 최관(催官)의 명편(名篇) 24룡(龍)에서 유독 해(亥)를 자미제성(紫微帝星)으로 한다. 세상에서 흔히 말하는 최관제일천황룡(催官第一天皇龍)은 존제(尊帝)의 덕(德)인데 해룡(亥龍)은 존(尊)이 아니다. 이로서 손신묘경미유정사축간병(巽辛卯庚未酉丁巳丑艮丙)을 모두 같은 무리로 들어 삼공(三公)개부(開府), 관위(官位)동(同), 문무(文武)숭(崇), 변강(邊疆)지절(持節), 한원(翰苑)문장(文章), 관(官)가필(可必), 관질(官疾)한다. 12음룡(陰龍)이 최관(催官)정결(正訣)의 용(龍)이다. 용(龍)의 파특(破特)을 가리키며 흉처(凶處)를 말할 겨를이 없다. 음룡(陰龍)에서 귀(貴)하고 양룡(陽龍)이 천(賤)하다.

7) 병정경(丙丁庚)

陰樞南極及天潢 行龍受穴俱榮吉
음추남극급천황 행룡수혈구영길

병정(丙丁)은 삼양화(三陽火), 수성(壽星), 사문(赦文)이다. 경(庚)의 납갑(納甲)은 진(震)이며 담식(膽識)이 있어 행룡(行龍)의 수혈(受穴)은 가장 영화로운 길(吉)이다.

8) 손사병(巽巳丙)

天屛巽丙同逶迤 只主優優發財食
천병손병동위이 지주우우발재식

사(巳)의 납갑(納甲)이 유(酉)이다. 손(巽)은 유(酉)를 두려워하며 사(巳) 역시 살(煞)의 무리이다. 사손병(巳巽丙)의 동래(同來)가 단지 의식(衣食)우유(優游)를 주장한다. 손(巽)은 비록

문(文)으로 사(巳)를 제복(制伏)하고 병(丙)은 사문(赦文)을 열어 좋아하여 부(富)를 주장한다. 그렇지 않으면 본질을 극제(剋制)하여 냉투(冷透)가 있어 도태(饕胎)의 근심이다.

9) 축미(丑未)

鬼牛二氣災害萌 拜禮神佛崇香燈 二煞獨行豈爲吉 宜與丁艮相兼行 相兼行度龍局吉 男女多痣家豊盈
귀우이기재해맹 배례신불숭향등 이살독행기위길 의여정간상겸행 상겸행도룡국길 남녀다지가풍영

두 개 살(煞)의 독행(獨行)은 길(吉)하고 나머지 정간(丁艮)과 서로 겸하는 행룡(行龍)도 마땅하다. 정간(丁艮)이 겸하는 행룡(行龍)의 국(局)은 행도(行度)가 길(吉)하고 남녀(男女)가 사마귀가 많으며 집안이 풍영(豊盈)하다. 미(未)는 귀금(鬼金), 축(丑)은 우금(牛金)은 대다수가 사탄의 말이다. 독행(獨行)이 불길(不吉)은 마땅하지 않고 나머지 정(丁)과 동행(同行)은 장수(長壽)의 주장이 당연하다. 혹시 곤(坤)을 대(帶)하면 비구니의 나타남을 주장한다. 여자의 도(道)와 사(師)가 늙어 과모(寡母)는 승도(僧道)와 사통(私通)한다. 축(丑)이 마땅한 간(艮)과 동행(同行)은 대부(大富)의 발(發)을 주장하고 마땅하지 않은 계(癸)와 동행(同行)은 형제(兄弟) 도륙(屠戮), 여화(女禍), 수모개가(隨母改嫁)를 주장한다.

10) 오룡(午龍)

陽權頓伏蜂腰起 陰權砂水來相迎 切忌戌亥來照穴 鼓盆反復災相仍
양권돈복봉요기 음권사수래상영 절기술해래조혈 고분반복재상잉

오룡연복봉요기(午龍軟伏蜂腰起)의 말은 맥(脉)이 임사(壬砂)를 얻고 임수(壬水)의 래(來)를 맞이하는 힘은 최관(催官)이 가능하다. 단 오(午)가 해(亥)를 보면 두려워하며 임(壬)과 해(亥)는 서로 경계에 있다. 경계는 봉침(縫針)의 중출(中出)과 같아 해살(亥煞)이며 불정(不淨)하다. 다시 술래(戌來)가 모여 조혈(照穴)하면 재화(災禍)를 주장한다. 이것이 오룡(午龍)의 희기(喜忌)에 자세한 말이다. 양룡(陽龍)을 오인하면 흉다길소(凶多吉少)이다.

11) 임룡(壬龍)

陰權坎癸貴極後 岡勢磊落如流星 陽權砂水秀朝穴 龍虎抱衛公侯生
음권감계귀극후 강세뢰락여유성 양권사수수조혈 용호포술공후생

공후(公侯)를 산출하는 이유는 당연히 오(午)가 임(壬)에서 보충된다. 온전히 요구하는 강만(岡巒)의 정준(精俊), 용호(龍虎)의 포위(抱衛), 사수(砂水)의 수조(秀朝)가 당연히 길위(吉位)에서 일어난다.

12) 임자계(壬子癸)

陽玄陰光砂水秀 陰陽砂拱官班榮 陽光瑤光陰權位 行龍懶緩生朱泓 陽光單行更高聳 孕生六指無猜驚
양현음광사수수 음양사공관반영 양광요광음권위 행룡라완생주홍 양광단행경고용 잉생육지무시경

임자계(壬子癸) 행룡(行龍)에 사수수조(砂秀水朝)는 최관(催官)을 주장한다. 만약 행룡(行龍)이 나완(懶緩)하면 천홍(泉泓)이 생긴다. 자룡(子龍) 단행(單行)의 고용(高聳)은 육지아(六指兒)가 생기고 행룡(行龍)의 흉(凶)을 총괄하면 나완(懶緩)에 있다. 병(丙)이 빼어나면 관(官)이 가능하며 반드시 관질(官疾)이다.

13) 곤룡(坤龍)

陽玄行龍兼鬼氣 少亡孤寡並尼僧
양현행룡겸귀기 소망고과병니승

곤룡(坤龍)의 말이며 신(申)의 동행(同行)은 좋아한다. 만약 미(未)와 겸(兼)은 겸(兼)은 소망(少亡), 고과(孤寡), 승니(僧尼)를 주장한다.

14) 건룡(乾龍)

陽璣來龍最凶惡 絶嗣無主坟荊榛
양기래룡최흉악 절사무주분형진

건(乾)이 늙어서 혈(穴)이 퇴처(退處)이며 서북(西北)은 절(絶)하여 생(生)이 없다. 중요한 비밀이 술(戌)과 동행(同行)은 오히려 선천(先天)을 대(帶)하여 소년(少年)의 생기(生氣)이다. 만약 단행(單行)은 보좌가 없어 절사(絶嗣)를 주장하며 곤(坤)의 단행(單行)과 같다.

15) 진술(辰戌)

魁罡方位不堪坟 少亡惡逆嘗爭横 山奇水秀穴周密 暫可致富隨伶仃
괴강방위불감분 소망악역상쟁횡 산기수수혈주밀 잠가치부수령정

술(戌)은 루금(婁金), 진(辰)은 항금(亢金)에서 천라지망(天羅地網)한다. 만약 신손(辛巽)과 동행(同行)은 소망(少亡)악역(惡逆)을 주장한다. 펼쳐진 산기수조(山奇水秀)는 잠간 부(富)가 따르는 영정(伶仃)의 응(應)이 있다. 만약 술건(戌乾), 을진(乙辰)의 동행(同行)은 여기에서 논(論)하지 않았다.

16) 인갑(寅甲)

陰機天梧若受穴 痼疾瘋跛人生盲 寅甲行龍穴奇巧 僅可一發人溫飽
음기천오약수혈 고질풍파인생맹 인갑행룡혈기교 근가일발인온포

인갑(寅甲) 행룡(行龍)은 전신(纏身)의 풍질(瘋疾)을 편안히 견딘다. 인갑(寅甲) 파국(破局)은 풍파(瘋跛), 잔질(殘疾), 맹목(盲目), 일배(痀背)를 주장한다. 인(寅)에서 간(艮)을 대(帶)하며 갑(甲)에 연속하여 묘방(卯方)의 응(應)이 있다. 만약 인갑(寅甲)쌍행(雙行)은 혼잡하지 않아 양균송(楊筠松)은 착자(着紫), 착미(着緋)라 말했다. 또 착록(着綠)은 인갑(寅甲)수래(水來)를

따른다. 소년(少年)들이 과제(科第)하며 반드시 인갑(寅甲)수래(水來)에는 더구나 인(寅)의 기교(奇巧)이다. 다만 온포(溫飽)는 이미 되고 또 반드시 괴원(魁元)이 있어 많은 남자들이 경험한다.

17) 양룡(陽龍)

陽龍懶緩不堪栽 形孤穴露生凶災 行龍起伏如萬馬 陽局周完要奇雅
양룡나완불감재 형고혈로생흉재 행룡기복여만마 양국주완요기아

오(午)로부터 연복(軟伏)하여 여기까지는 양룡(陽龍)의 길흉(吉凶)을 통괄하여 논(論)했다.

평룡(評龍)의 최관(催官)은 니(泥)와 같다. 구절에서 음룡(陰龍)은 길(吉), 양룡(陽龍)은 흉(凶)이다. 그것은 각각 일조(一條)를 들어 귀에 익게 나타나는 해룡(亥龍)은 귀(貴)와 같은 것이다. 만약 천관조혈(天關照穴)이 정(定)해지면 살육(殺戮)의 화(禍)를 주장한다. 만약 나완(懶緩)이 임(壬)을 대(帶)하고 혈(穴)의 형태가 고독하면 역시 흉(凶)을 생(生)해 재앙이다. 형태가 고독하며 혈(穴)에 이슬은 흉(凶)을 생(生)해 재앙으로 풀이한다. 최관(催官)의 4편(篇)이 앞 사람의 정론을 뒤집는 많은 조짐이 있다. 뢰공(賴公)을 알고 양공(楊公)과 증공(曾公)의 깊은 뜻을 넘는다. 그렇지 않으면 뿌리를 지켜온 것이 사문(死文)의 구절이다.

世人盡愛龍逶迤 不明曲折兼醇離 天皇行龍莫曲折 璣權氣雜非瑰琦
세인진애룡위이 불명곡절겸순리 천황행룡막곡절 기권기잡비괴기

곡절(曲折)은 행룡(行龍)이 가장 좋아한다. 또 청순(淸醇)하지 않고 음양(陰陽)차착(差錯)을 범(犯)하면 두렵다. 가령 해룡(亥龍)은 건임(乾壬)이 경계에 있는데 봉침(縫針)의 중앙이다. 좌선(左旋)의 축간(丑艮)은 순잡(醇雜)하며 임자(壬子)는 리(醨)하다. 우선(右旋)의 신유(辛酉)는 순잡(醇雜)하며 술건(戌乾)은 리(醨)하다. 세상 사람은 위이(逶迤)곡절(曲折)만 도(道)이며 순리(醇醨)의 뜻을 밝히지 않는다.

18) 순리(醇醨)

天市逶迤失正氣 天廚天掊爲深庇 陰璇切忌間婁氣 庚兌委曲咸相宜 陽璿亦忌間亢氣 乘氣愼勿差毫釐
천시위이실정기 천주천부위심비 음선절기간루기 경태위곡함상의 양선역기간항기 승기신물차호리

간룡(看龍)은 위이(逶迤)를 말하며 정기(正氣)를 잃는 것이 두렵다. 인갑(寅甲)의 일간(一間)이 깊은 결함이다. 손(巽)과 진(辰), 신(辛)과 술(戌)은 함께 정기(正氣)를 잃은 것이다. 그러므로 용(龍)의 순리(醇醨)가 당연히 명확하고 혈중(穴中)의 승기(乘氣)는 호리(毫釐)의 차이가 있는 것이 불가(不可)하다. 더욱 자세히 삼가하고 승기(乘氣)의 차이가 없어야 한다. 승기(乘氣)에 약간의 차이에서 화(禍)를 생(生)한다.

19) 변룡(辨龍)

龍辨中抽左右落 吉凶官職定容削 左落乾亥如雙行 乾多亥少那勘作 右落乾亥亦同行 亥多乾少堪裁度 中抽乾亥平分來 可作行龍穴休鑿
변룡중추좌우락 길흉관직정용삭 좌락건해여쌍행 건다해소나감작 우락건해역동행 해다건소감재도 중추건해평분래 가작행룡혈휴착

해룡(亥龍)의 중추(中抽)좌락(左落)은 해다건소(亥多乾少)의 작혈(作穴)에 해기(亥氣)를 타며 건기(乾氣)를 방출(放出)하여 해기(亥氣) 방(方)이 청(淸)하다. 만약 건다해소(乾多亥少)는 해기(亥氣)가 불청(不淸)하여 작혈(作穴)하지 못한다. 우락(右落)은 해소건다(亥少乾多)이다. 만약 해다건소(亥多乾少)는 해기(亥氣)나 건기(乾氣)를 타면 재도(裁度)에 능수능란하다. 혹시 기(氣)가 다하고 진혈(眞穴)이 아니면 작혈(作穴)하지 못한다. 건해(乾亥)의 평분(平分)은 용(龍)의 중추(中抽)로 이기(二氣)가 혼잡(混雜)하여 착혈(鑿穴)이 불가(不可)하다.

20) 임해(壬亥)

壬亥雙行從左落 亥多壬少官榮爵 雙行右落龍不純 壬多亥少家蕭索 中抽壬亥平分來 轉換精奇莫差錯
임해쌍행종좌락 해다임소관영작 쌍행우락룡불순 임다해소가소삭 중추임해평분래 전환정기막차착

임해룡(壬亥龍)의 좌락(左落)과 우락(右落)이 함께 재도(裁度)의 다소(多少)가 요구된다. 승기(乘氣)는 호리(毫釐)의 차이 없이 정(定)해야 영작(榮爵)이 있다. 임해(壬亥)중추(中抽)는 평분(平分)과 같아 전환(轉換)과 진기(眞奇)는 승기(乘氣)가 이미 순(醇)하여 자연히 영귀(榮貴)한다.

21) 건해임(乾亥壬)

單亥中抽爵祿縻 左落乾頂眞龍虧 右抽壬頂爲四輔 龍逢官旺不須疑
단해중추작록미 좌락건정진룡휴 우추임정위사보 용봉관왕불수의

해룡(亥龍) 단행(單行)의 중추(中抽)는 작록(爵祿)이 자미(自縻)하다. 좌락(左落)은 건정(乾頂)이며 해(亥)의 진기(眞氣)가 휴실(虧失)한다. 우락(右落)의 임정(壬頂)은 건정(乾頂)과 같다.

22) 축간인(丑艮寅)

艮頂中抽爲第一 最喜龍直嫌逶迤 左落丑頂爲半吉 右抽寅頂生瘋胗
간정중추위제일 최희룡직혐위이 좌락축정위반길 우추인정생풍치

간정(艮頂) 중추(中抽)의 용(龍)이 가장 좋아하는 재출(再出)이다. 입수지처(入首之處)가 있고 행도(行度)를 가리키지 않는다. 그래서 위이(逶迤)를 혐오하고 좌락(左落)의 축(丑)은 길(吉), 우락(右落)의 인(寅)은 흉(凶)이다.

23) 축간(丑艮)

丑艮對頂平分出 穎異亦主生光輝 丑艮雙行從左落 丑多艮少生災危 丑艮雙行從右落 艮多丑少榮孫枝[25)]

축간대정평분출 영이역주생광휘 축간쌍행종좌락 축다간소생재위 축간쌍행종우락 간다축소영손지

축간(丑艮)이 쌍행(雙行)을 갖추어 길(吉)하다. 다만 간(艮)의 소남(少男)과 천시(天市)의 체(體)이며 축(丑)과 견주어 아름답다.

24) 간인(艮寅)

寅艮中抽不宜穴 左抽艮頂堪扶持 艮寅右落豈爲吉 棓星作主生災非

인간중추불의혈 좌추간정감부지 간인우락기위길 부성작주생재비

간인(艮寅)은 쌍행(雙行)이 불가(不可)하며 인(寅)은 기성(箕星)에서 풍질(瘋疾)을 주장한다. 간(艮)과 같이 행룡(行龍)하면 살요(煞曜)이며 염정(廉貞)을 대(帶)한다.

25) 갑묘을(甲卯乙)

震山正落龍最貴 若見甲乙宜深推 震甲雙行患瘋疾 震乙繼贅螟蛉兒

진산정락룡최귀 약견갑을의심추 진갑쌍행환풍질 진을계췌명령아

묘산(卯山)의 사이 갑을(甲乙)이다. 해산(亥山)의 사이 건임(乾壬)과 같이 해(亥)는 건(乾)과 임(壬)의 혼잡한 기(氣)가 불가(不可)하다. 묘(卯) 역시 겸(兼)이 불가(不可)하며 관원(官苑)의 성(星)이다. 용맥(龍脈) 수로(水路)가 함께 같다.

26) 병오(丙午)

離丙雙行切須忌 天降回祿災翬飛

이병쌍행절수기 천강회록재휘비

병오(丙午)쌍행(雙行)은 회록(回祿)을 주장한다.

27) 진손(辰巽)

辰巽並落非粹美 左落辰頂堪嗟悲

진손병락비수미 좌락진정감차비

진손(辰巽)쌍행(雙行) 좌락(左落)의 진정(辰頂)은 탄식을 하며 진(辰)에서 검정(伶仃), 풍라(瘋癩), 암아(喑啞), 풍질(風疾), 소망(少亡)을 주장한다.

---

25) 손지(孫枝)는 고목생화(枯木生花)와 같은 의미를 말함.

28) 신술(辛戌)

辛戌雙行本非吉 左落辛頂多鎡基
신술쌍행본비길 좌락신정다자기

신술(辛戌)겸행(兼行)이 좌락(左落)의 신정(辛頂)은 취(取)하며 더욱 신(辛)에서 관리의 문장(文章), 한림(翰林)의 원괴(元魁), 금백(金帛)의 주취(珠翠)이다.

29) 오정미(午丁未)

丁山正落亦爲貴 午未雜氣家陵夷
정산정락역위귀 오미잡기가릉이

정미(丁未)겸행(兼行)은 길(吉)하고 오(午)의 혼잡은 흉(凶)이다.

30) 용변(龍辨)

起頂降脈定偏正 他宮放此須無違
기정강맥정편정 타궁방차수무위

용(龍)으로부터 중추락(中抽落)과 좌우락(左右落)이 길흉(吉凶)과 관직(官職)의 영삭(榮削)을 정(定)한다. 2구절을 총괄하면 곡절(曲折)과 순리(醇醨)의 분별이 명확하고 취기(取氣)하며 대관(大關)을 견고히 한다. 해(亥)로부터의 순리론(醇醨論)은 술(戌)과 건(乾)이 모두 음양(陰陽)이 혼잡하지 않음을 주장한다. 좌우중(左右中)삼락(三落)에서 기정강맥처(起頂降脉處)를 정(定)하고 편정(偏正)과 입혈(立穴)의 승기(承氣) 및 방위의 하수처(下手處)가 있다.

衰病絶鄕未爲福 死兼墓沐家流離 臨官生旺胎養位 不須更論陰陽庇
쇠병절향미위복 사겸묘목가류리 임관생왕태양위 불수경론음양비

최관(催官)에서 가장 중요한 것은 정음정양(淨陰淨陽)이다. 그런데 생왕(生旺)에서의 의견이 세상에 나왔다. 생왕묘(生旺墓)를 더한 것도 본래 선사(先師)의 법도(法度)이다. 또한 음양(陰陽)의 합(合)과 비교는 결점이 없이 아름다워야 한다. 음양(陰陽)의 합(合)과 비교하여 복(福)이라고 할 수 있다. 후박(厚薄)이 없지는 않으므로 쇠병절(衰病絶)의 패(敗)를 만난다. 용(龍)의 래(來)에 순정(錞淨)이 복(福)이며 역시 박(薄)은 사묘(死墓)이다. 용(龍)의 래(來)에 혼잡(混雜)은 화(禍)이며 더욱 더 관생왕태양(官生旺胎養)의 용(龍)을 다시 할 필요가 없다. 음양(陰陽)에서 비교하여 합(合)은 발복(發福)한다.

우백온(劉伯溫)의 주해는 야율(耶律)이 초(楚)나라 자료 천성심법(天星心法)의 말을 최관(催官)에 적용하는 용사(庸師)는 어리석다. 심법(心法)은 음(陰)이 귀하고 양(陽)이 천(賤)하다. 정음정양(淨陰淨陽)의 비밀을 얻어 양(陽)에서 거주하는 사유(四維)와 음(陰)에서 거주하는 사정(四正)이 음양지묘(陰陽之妙)의 방위를 얻는다.

31) 사룡(四龍)

四龍轉換爲第一 卦變三兩皆爲稀 一卦獨行爲巧一
사룡전환위제일 괘변삼양개위희 일괘독행위교일

사룡(四龍)은 건곤간손(乾坤艮巽)사유(四維)의 용(龍)이다. 간태손해(艮兌巽亥)를 주해하는 것은 잘못이다. 매룡(每龍)은 성육합전일(成六合專一)이고 생극(生剋)없이 변괘(變卦)는 모두 상생(相生)의 득법(得法)이 응과(應科)하는 이름이다. 건갑정(乾甲丁)해묘미(亥卯未)는 모두 목(木)에 속(屬)하며 같은 일괘(一卦) 이고 모두 장생(長生)이 해(亥)에 있으므로 오룡(五龍)은 모두 근본정리가 건(乾)이다. 곤을임(坤乙壬)신자진(申子辰))이 모두 수(水)에 속(屬)하며 같은 일괘(一卦) 이고 모두 장생(長生)이 신(申)에 있으므로 오룡(五龍)은 모두 근본정리가 곤(坤)이다. 간병신(艮丙辛)인오술(寅午戌))이 모두 화(火)에 속(屬)하며 같은 일괘(一卦)이고 모두 장생(長生)이 인(寅)에 있으므로 오룡(五龍)은 모두 근본정리가 간(艮)이다. 손경계(巽庚癸)사유축(巳酉丑)이 모두 금(金)에 속(屬)하며 같은 일괘(一卦)이고 모두 장생(長生)이 사(巳)에 있으므로 오룡(五龍)은 모두 근본정리가 손(巽)이다. 사룡(四龍)은 24산(山)을 통괄(統括)해서 박환(剝換)하여 변화(變化)된 것을 말한다. 용(龍)의 행도(行度)에 박태환골(剝胎換骨)이 서지 않는 본괘(本卦)이다. 전일(專一)의 이름은 박환(剝換)하여 들어오는 것이다. 이괘(二卦)삼괘(三卦)는 드문 것이며 역시 상생(相生)이 길(吉), 상극(相剋)이 흉(凶)이다. 관(管)의 일절(一節)이 일대(一代)이고, 일절(一節)의 생왕(生旺)이 일대(一代)의 부귀(富貴), 일절(一節)의 극해(剋害)가 일대(一代)의 빈천(貧賤)으로 심(甚)히 패절(敗絶)에 이른다. 고선(古仙)은 산(山)에서 퇴운(退運)을 대개 이로서 추리한다.

상완(嘗玩)은 풍수지리학파의 말이다. 항상 일부를 제시하여 후(後)에 학자(學者)가 전체의 모양을 엿볼 수 있게 한다. 사룡(四龍)과 같이 양공(楊公)의 24산(山)이 바른 주의(注意)이다. 쌍쌍(雙雙)이 일어나 음양(陰陽)을 떨어 정(定)하여 연주(聯珠)를 꿰는 상방지법(相放之法)이 없다.

가령 건해갑묘정미(乾亥甲卯丁未)의 목산(木山)은 해방(亥方) 래(來)로부터 장생(長生), 축간(丑艮) 래(來)로부터 관대(冠帶), 갑묘(甲卯) 래(來)로부터 왕방(旺方)이므로 해룡(亥龍)이 좋아하는 염정(廉貞)과 묘작(卯作)의 조종(祖宗)이다. 사오(巳午) 래(來)로부터 휴수(休囚)하며 미곤(未坤) 래(來)로부터 묘(墓)로 끊난다. 즉 용(龍)의 미악(美惡)과 화복(禍福)의 응(應)을 아는데서 가능하다.

모든 것이 쌍쌍(雙雙)연주(聯珠)이다. 요점을 총괄하면 결국처(結局處)에서 나경(羅經)을 사용해서 진술축미(辰戌丑未)로 수구(水口)를 격정(格定)한다. 발맥처(發脉處)에서 나경(羅經)을 사용해서 건곤간손(乾坤艮巽)을 본다. 수구(水口)를 격정(格定)하여 얻은 진(辰)은 기조(起祖)의 산(山)을 아는데 반드시 발맥(發脉)의 정(頂)이 건(乾)에 있다. 건(乾)은 출구(出口)의 수(水)가 진(辰)에 있다. 대간(大幹)은 수천리(數千里)가 틀림없고 일간(一幹)은 수백리(數百里)

역시 부(副)와 같고 소지(小枝)소맥(小脉)은 비록 수십리(數十里)로 출(出)하며 역시 일호(一毫)의 차이가 없다. 그러므로 수구(水口)가 진(辰)에 있으며 좌선(左旋)의 용(龍)은 신금(辛金)에서 장생(長生)이 자(子), 왕(旺)은 신(申), 묘(墓)가 진(辰)이다. 우선(右旋)의 용(龍) 론(論)은 임수(壬水)의 장생(長生)은 신(申), 왕(旺)은 자(子), 묘(墓)는 진(辰)이다. 술축미(戌丑未)의 론(論)도 이와 같이 유추한다. 즉 고선(古仙)은 입산(入山)하여 수구(水口)를 찾는 결(訣)이다. 그러므로 옥척(玉尺)에서 말한 군류추귀(羣流趨歸)는 동북(東北) 곤신(坤申)의 기(氣)가 시작된다. 곤신(坤申)에서 좌경우정(左庚右丁)은 축(丑)에서 묘(墓)와 같다.

32) 정룡(正龍)

正來龍遠毋栖遲 栖遲側閃爲傍落 亦須造化無參差
정래용원모서지 서지측섬위방락 역수조화무참차

정룡(正龍)은 중추(中抽)의 맥(脉)이 하나도 느린 누각이 없다. 혹시 측섬(閃側)의 서지(栖遲)는 거짓의 기(氣)가 있는 것이 두렵고 조화(造化) 중(中)에 참차(參差)가 있기 때문이다.

眞行僞落爲變局 龍眞穴的無推移 砂秀水朝爲吉助 博龍合矩登天衢 僞行眞落爲吉福 但恐換骨有興衰
진행위락위변국 룡진혈적무추이 사수수조위길조 박룡합구등천구 위행진락위길복 단공환골유흥쇠

서(書)에 산간(山間)의 진룡(眞龍)은 항상 많이 위락변국(僞落局變)이 같지 않다. 함께 용종혈적(龍鍾穴的)에서 실(實)로 벗어나기 어렵다. 또 사수수조(砂秀水朝)를 얻어 길위(吉位)가 응(應)한다. 기조(起祖)한 연후(然後)에 강룡(剛龍)을 사용하여 합향(合向)의 법(法)은 능히 운형(雲衡)에 올라 최관(催官)이 어렵지 않다. 합향(合向)의 법(法)은 선사(先師)의 최고 비밀이며 서(書)에 감히 쓰지 않았다. 위행진락(僞行眞落)은 발복(發福)이 비록 멀지 않아도 환골(換骨)도상(度上)에 이르러 흥쇠(興衰)는 입향(立向)을 본다.

33) 상관(詳觀)사수(砂水)

詳觀砂水定品秩 收放乘氣爲眞機 土圭測位勿草草 心意消息毋昏欺 龍穴砂水爲至要 爲君備賦催官詩
상관사수정품질 수방승기위진기 토규측위물초초 심의소식무혼기 룡혈사수위지요 위군비부최관시

진룡혈정(眞龍穴正)은 사수(砂水)를 자세히 보아 관작(官爵)의 품질(品秩)을 정(定)하는 것이 가능하다. 진짜 틀의 비묘(秘妙)는 구할 수 없고 길흉(吉凶)은 불확실하다. 이는 더 없이 성실한 마음의 요구는 최관시(催官詩)를 부가하여 갖추는 것이다.

뢰공(賴公)의 최관(催官)에 용결(龍訣)은 탐랑(貪狼), 거문(巨門), 녹존(祿存), 문곡(文曲), 염정(廉貞), 무곡(武曲), 파군(破軍), 좌보(左輔), 우필(右弼)의 구성(九星)에서 용신용법(龍神月法)의 길흉(吉凶)을 분별하는데 있다. 옛날부터 지금까지 구전심수(口傳心授)는 서(書)에 쓰지 않았고 누설(漏洩)을 경계하였다. 세상에 진(眞)이 있으며 구전(口傳)을 얻어야 한다.

2. 혈(穴)

혈(穴)은 용(龍)에서 정해지므로 용(龍)을 알면 진룡(眞龍)은 진혈(眞穴)을 가지고 있다. 착오가 없으려면 다음으로 점혈(點穴)한다. 음양분할(分陰分陽), 정체교도(正體交度), 승기접맥(乘氣接脈), 국세점혈(局勢點穴), 형상점혈(形象點穴)이다. 유혈(有穴)의 용(龍)에는 점혈할 수 있으나 무혈(無穴)의 산(山)이면 점혈할 수 없다.

고산(高山)이면 의지할 형태가 있고 형태가 있으면 구할 수 있다. 산룡(山龍)의 결혈(結穴) 증좌(証佐)로 낙맥(落脈)은 팔자분개(八字分開), 음래양수(陰來陽受), 양래음수(陽來陰受), 해안(蟹眼), 하수(蝦鬚), 금어(金魚), 선익(蟬翼), 거사애생(去死挨生), 와겸유돌(窩鉗乳突)이다. 평양지(平洋地)는 기은맥장(氣隱脈藏)이며 고저기복(高低起伏), 결성체단(結成體段), 개문입향(開門立向), 생기단취(生氣團聚), 혈장(穴場), 음양이 교구(交媾)하는 장소, 대세(大勢)와 수(水)의 발원(發源)과 거둠, 좌환우포(左環右抱)을 관찰한다. 이런 곳이 태극의 근본이다. 용(龍)에 살기(殺氣) 등이 있으면 박환(博換)할 수 없어 앞으로 나아가 평평유하(平平溜下)로 일대평강(一帶平岡)을 맺지만 살기불탈(殺氣不脫)이다. 토중(土中)에 원운(圓暈)이 결성(結成)되어 있다. 평강상(平岡上)에 도달하여 수(水)의 소파지처(消破之處)가 혈운(穴暈)이다. 석산토혈(石山土穴), 토산석혈(土山石穴), 사자혈(砂子穴), 청수혈(淸水穴), 기룡괴혈(奇龍怪穴) 등 자연히 정상적 이치로는 잡을 수 없으며 형상을 보고 형태를 취하지만 천연의 법칙이 있다.

(1) 혈성(穴星)

혈성(穴星) 있는 곳을 찾기가 어렵다. 진룡(眞龍)이 어느 곳에 떨어졌으면 다음으로 당국(堂局)이 어느 곳에 이루어진 것을 본다. 또 용신(龍神)은 어느 곳에 합기(合氣)가 된 것을 본다. 개국(開局)과 삼당(三堂)이 있어 혈장(穴場)을 지은 곳에 들어가면 혈성(穴星)을 볼 수 있다.

용(龍)이 정맥(正脉)에서 기(氣)가 번쩍하면서 빠져 나오는 용맥(龍脉)이 되어야 진룡(眞龍)이라 한다. 그러나 회두(回頭)와 기복(起伏)이 없이 바로 들어온 용(龍)은 병룡(病龍)이며 살기(殺氣)를 가지는 용(龍)이다. 발을 옮겨 다시 용(龍)을 찾아보면 앞으로 굴러서 끊어진 것 같이 보이지만 반드시 성(星)이 바르게 단정하게 솟아 앞으로 걸어오는 곳이 있다. 아름다운 협(峽)은 실 같은 선(線)을 이루고 반드시 양변(兩邊)에서 가만히 도와서 정면(正面)을 열어준다. 이와 같이 되면 스스로 앞에 가는 성신(星辰)이 일어난다.

주성(主星)은 고대(高大)하고 진실로 아름다움과 준엄함이 있고 일반은 모두가 낮다. 또 주성(主星)이 가운데 자리하여 뭇 산(山)이 도우면서 안아 준다. 주성(主星)이 있어 한 구석을 찾으면 분명히 장막 속에 앉아 있으므로 모든 의장을 갖추어 있다. 혈성(穴星)이 있는 곳에 소당(小堂)이 열린다. 많은 산과 언덕의 특이함을 취하게 되면 높고 크고 활달하여 특지(特地)가 가로 열리므로 맥(脉)이 내린다. 이에 주성(主星)이 있으면 땅을 뚫어 물에 잠기며 모퉁이나 가장자리에 달아난다. 그러므로 자취를 잃고 사람을 의혹 하게 한다. 그러나 이곳에 국(局)을 찾아 들어가 보면 넓은 방(方)이 있고 주성(主星)은 한가하게 문(門)에 앉았고 시립(侍立)한 것은 호종사(護從砂)가 된다. 이곳을 바라보면 넓고 큰 것 같으나 가보면 성상(星象)이 있다. 그곳의 사(砂)는 평평한 곳으로 돌아오므로 큰 울타리를 바라봄에 평평한 곳이 된다. 이곳에 진룡(眞龍)이 맺고 모두가 모여들어 큰 형상을 이룬다. 이곳을 바라보고 거두어들이면 주성(主星)을 찾는다. 신룡(神龍)의 변화는 신(神)같이 굽혔다 폈다 하며 천성(天星)이 응(應)하고 혈성(穴星)을 얻는 일은 8~9는 도두(到頭)의 연구가 깊어야 한다.

(2) 혈장(穴場)

혈장(穴場)이란 정미롭고 정세(精細)하다. 그러므로 한 개의 성신(星辰)에 팔면(八面)이 있다. 팔면(八面)이 모여 있어야 분명한 혈장(穴場)이라 한다. 정연한 혈장(穴場)이 어느 곳에 떨어져 있는지 쉽게 알 수 없다. 혈장(穴場)은 반드시 내당(內堂)이 있어 당(堂)이 열린 자리에 용(龍)이 머문 것을 혈장(穴場)이라 한다. 이와 같으므로 세래기지(勢來氣止)가 되어야 혈장(穴場)이라 한다.

거칠거나 파손이 되어 있으면 혈장(穴場)이 아니다. 혈장(穴場)은 반드시 개면(開面), 개수(開手), 개구(開口)가 있어야 된다. 이는 용(龍)이 머문 곳이다. 또 좌우에 선익(蟬翼), 전순(氈脣)에 전(氈)이 있어야 완전무결한 혈장(穴場)이 된다. 혈성(穴星)을 이루고 아름다운 협(峽)을 지어 도두(到頭)가 분명해야 혈장(穴場)을 이룬다. 혈운(穴暈)이 있어 태극(太極)이 분명해야 혈장(穴場)이라 한다.

혈장(穴場)은 개구(開口)가 없으면 개수(開手)가 된 것을 살펴본다. 만약 와(窩)가 길면 겸(鉗)이 된다. 와겸(窩鉗)은 태양(太陽), 소양(少陽)이고 구슬을 머금은 것 같은 돌(突)과 혀를 토(吐)한 것은 유(乳)가 태음(太陰), 소음(少陰)이 개구(開口)가 있어야 단정하다. 그러므로 사상(四象)은 만물을 낳게 한다. 또 팔꿈치의 오목한 곳에 혈(穴)을 지으면 단제(單提)라 한다. 혈구(穴口)를 도와주고 개수(開手)를 도와주면 말이 필요 없다. 주성(主星)을 두루 안은 것이 있으면 주성(主星)에 도움이 되고 안은 것이 요긴한 것은 혈구(穴口)가 되고 조금 안은 것은 개수(開手)가 된다. 혈구(穴口)가 원기(元氣)를 머금은 것은 개수(開手)로 마음을 돕고 가장 요긴한 것은 차분(差分)이 없다. 그러나 유돌(乳突)은 양쪽에서 안은 것이 약간 멀고 중간에 염(黶)이 요긴하게 있다.

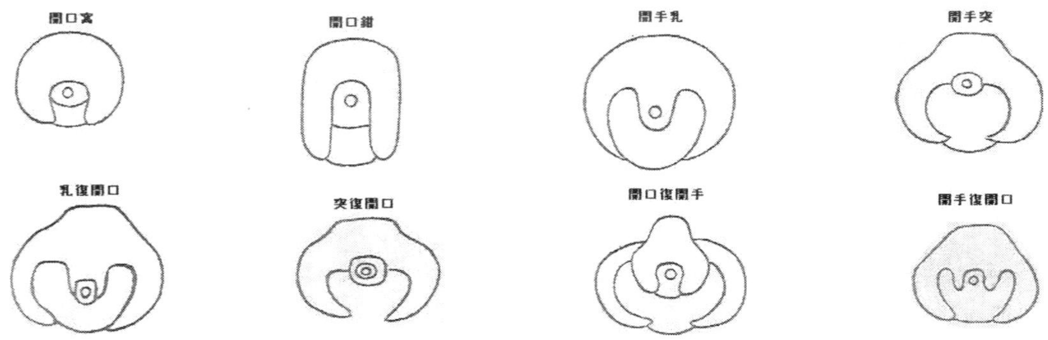

개구와(開口窩), 개구겸(開口鉗)에서 와(窩)는 태양(太陽), 겸(鉗)은 소양(少陽)이다. 와겸은 열려 있고 사람의 가슴 같고 사람의 손바닥 같아 양(陽)이라 한다. 또 꽃이 피어있는 것같이 열려있음으로 양(陽)이라 한다.

개수유(開手乳), 개수돌(開手突)에서 유(乳)는 소음(少陰)이 되고 돌(突)은 태음(太陰)이다. 유돌이 음(陰)이라 하는 것은 유돌의 성체(星體)가 음(陰)을 좋아한다. 사람의 등 같고 사람의 손등과 같이 결실이 되어 음(陰)이다. 이것은 남여이근(男女二根)과 다름이 있다.

유복개구(乳復開口), 돌복개구(突復開口)에서 유돌(乳突)은 개수(開手)가 안아 주고 있다. 양(陽)의 가운데 음(陰)이 있다. 유(乳)는 약간 엉성한 것 같고 돌(突)은 굳어 있다. 그러나 유돌(乳突)은 미세한 개구(開口)를 열고 있다. 유돌은 본시 음(陰)이나 면(面)을 양(陽)으로 하므로 생생(生生)한 기(氣)가 다함이 없고 변화가 끝이 없다.

개구복개수(開口復開手), 개수복개구(開手復開口)는 성두(星頭)가 개구(開口)가 되어 양 어깨도 출수(出手)가 된 곳이 있다. 혹은 성두(星頭)에 개수(開手)가 나온 곳도 있다. 와(窩)가 개구(開口)를 지으면 기(氣)가 성(盛)하여 힘이 크므로 좌우에 개수(開手)가 중중(重重)이 있으면 좋은 혈(穴)이 된다.

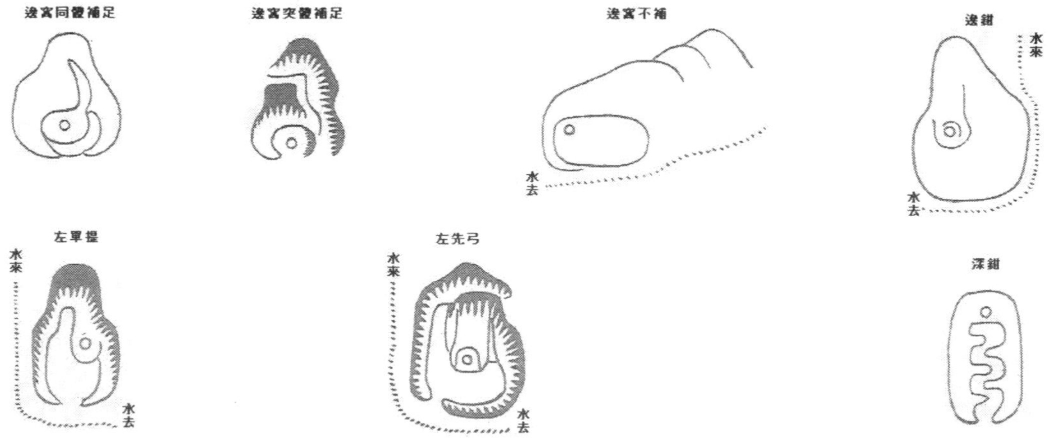

변와동체보족(邊窩同體補足), 변와돌체보족(邊窩突體補足)은 정체(正體)의 와(窩)가 아니고 한 곁으로 와(窩)가 있으면 와(窩)의 둘레를 돌아서 안아 주는 사(砂)가 있다. 반드시 밖에 있는 사(砂)가 도와주므로 스스로 나온 맥(脉)이 수기(水氣)를 담고 있다. 맥(脉)이 스스로 나오는 것은 뒤에 협(峽)을 지어 절기(節氣)를 두고 있으므로 어두운 곳에서 밝은 곳으로 나오는 맥(脉)이 완연하다.

변와불보(邊窩不補)는 반드시 밖에 있는 사(砂)가 도와서 지각(枝脚)을 이루어야 혈(穴)이 된다. 이와 같지 않으면 혈(穴)이 아니다. 혈(穴)을 이루지 못한 원인은 반드시 산의 높은 곳에서 물이 흘러오므로 혈(穴)이 물의 압기(壓氣)를 받아 패망(敗亡)한다. 요긴한 것은 밖에 있는 사(砂)가 도와서 밖에서 물이 흘러와야 하고 도와주는 외사(外砂) 밖에 넓고 넓은 곳에서 물이 흘러오면 모인 기(氣)가 힘을 얻어 발복한다. 이와 같지 않으면 혈(穴)이 아니다.

변겸(邊鉗)은 한쪽 곁에 있는 겸(鉗)은 밖에 있고 도와주는 사(砂)를 빌리는 것이 있으므로 단제(單提)와 같은 형(形)이다.

좌단제(左單提), 좌선궁(左先弓)은 한 어깨를 잡은 것같이 맥(脉)이 내려 팔꿈치와 같은 오목한 곳을 단제(單提)라 한다. 또 한 손에 물건을 잡은 것 같이 되어있다. 좌단제(左單提)라 함은 오른쪽에서 물이 왼쪽으로 흘러가면 좌단제라 한다. 왼쪽에서 오른쪽으로 물이 흘러가면 우단제(右單提)라 한다. 만약 혈(穴)을 안아 준 지각(枝脚)이 길게 돌아주면 궁각(弓脚), 선궁(仙弓) 또는 선궁(仙宮)이라 한다. 좌우로 모두 갖춤이 있고 밖에서 한쪽 곁을 도와주고 본성(本星)이 나옴에 선후(先後)를 다투는 것같이 되어 있다. 혹은 뒤에서 나온 맥(脉)이 많은 것 같으나 또한 2~3절에 지나지 않는다. 이에 나누는 것이 다시 먼 것 같으나 위에서 물이 많이 흘러오면 기(氣)를 막아주는 암석이 있으면 수족(手足)을 이루기가 어렵다. 출신 성체(星體)가 크게 돌아서 변하므로 번잡하다.

심겸(深鉗)은 반드시 좌우로 이빨 같은 요(曜)가 밝게 서로 엇갈리는 형(形)이다.

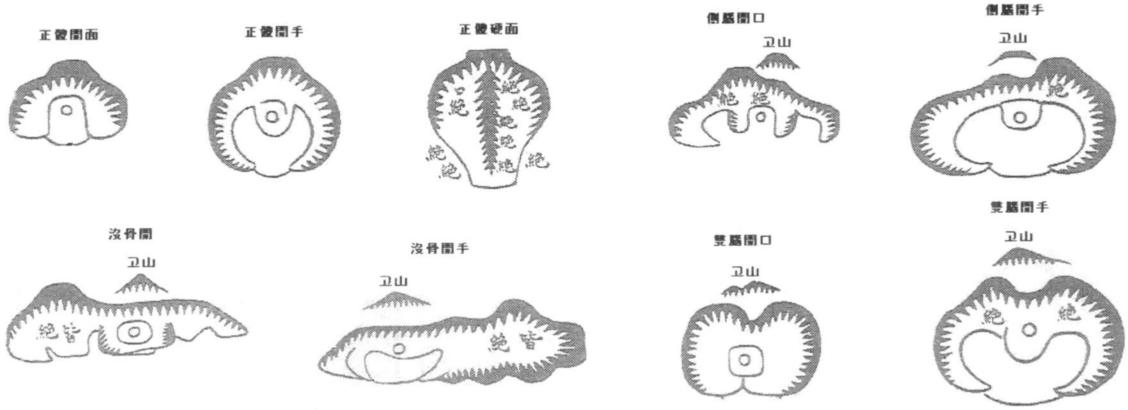

정체개면(正體開面), 정체개수(正體開手), 정체경면(正體硬面)은 모두 어떻게 있든지 개구(開口)를 열어야 한다.

측뇌개구(側腦開口), 측뇌개수(側腦開手)는 성체(星體)의 두 어깨가 되지 아니하면 한 곁에 개구(開口)가 되어 있다. 이와 같이 된 혈(穴)은 귀(貴)와 현(賢)이 난다. 정체(正體)와 다를 바 없고 개수(開手)한 중간에는 유(乳)와 돌(突)이 있다. 혹은 고깃덩이 같은 염(黶)이 있다. 반드시 미미한 와(窩)같이 되어 있는 곳을 제거한다. 염(黶)을 제거하지 않으면 혈(穴)이 될 수 없다.

몰골개(沒骨開), 몰골개수(沒骨開手)는 성두(星頭)가 혈(穴)의 상(上)을 지나서 기두(起頭)가 되어 있으니 좀 멀게 보이나 연하고 부드러운 육(肉) 위에 꽂혀 있는 혈(穴)이다. 이것을 몰골(沒骨)이라 한다. 반드시 개수(開手), 개구(開口)가 되어 있다. 이에 혈(穴)을 받아 혈(穴)을 얻어 복(福)을 받으면 정체(正體)와 같다. 고산(靠山)의 정(情)을 받는다면 혈중(穴中)은 위를 보거나 올라서 오목한 곳을 살펴본다.

고산(靠山)은 본명(本名)의 응(應)이다. 술가(術家)는 낙(樂)이라 이름하며 낙(樂)은 즐겁고 좋은 것이다. 그러나 혈(穴)의 바로 뒤에 있으면 좋지 않고 조금 떨어져 있어야 좋다. 또 고산(靠山)을 탁성(托星)이라고도 한다.

쌍뇌개구(雙腦開口), 쌍뇌개수(雙腦開手)에서 쌍뇌는 혈중(穴中)에서 쌍기(雙氣)를 거둔다. 고산(靠山)은 반드시 뚜렷이 서 있어야 된다. 평강(平岡)에 있는 고산(靠山)은 좁은 곳으로 양수(兩水)를 달고 온다. 자세히 살펴보면 다정함이 있고 살기를 담고 있는 요기(曜氣)를 잘 막아주고 있다.

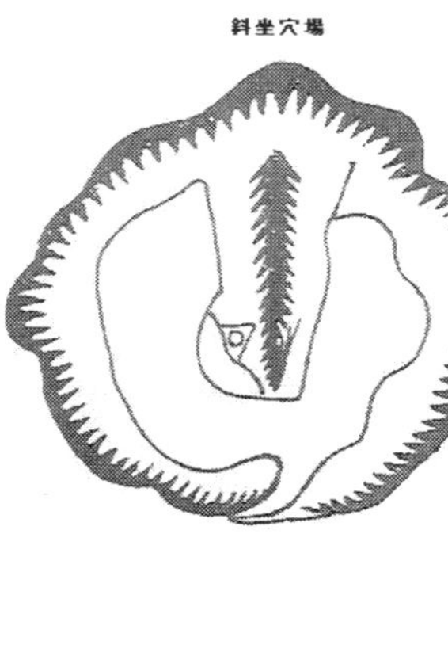

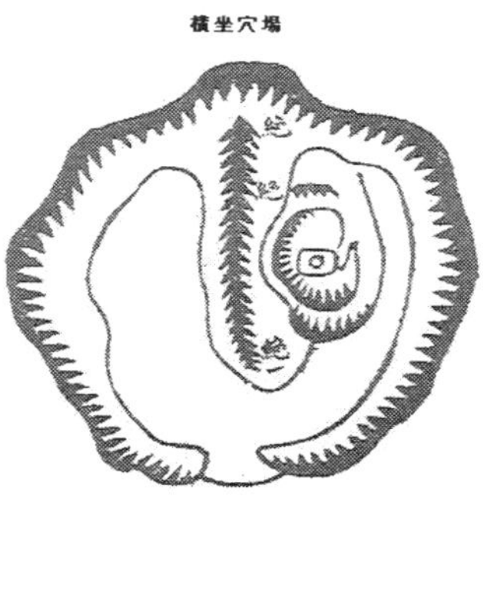

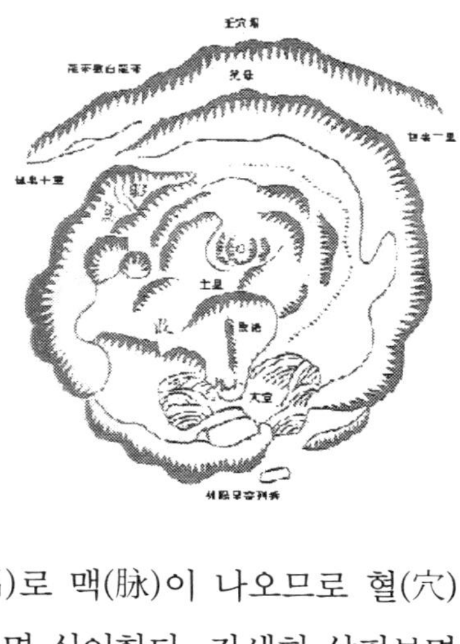

횡좌혈장(橫坐穴場)은 용(龍)이 와서 당(堂)을 열어 중출(中出)로 맥(脉)이 나오므로 혈(穴)이 있다. 면(面)이 굳어 있어 음척(陰脊)용(龍)이며 혈(穴)이 받으면 싫어한다. 자세히 살펴보면 횡(橫)으로 한쪽 변(邊)에 개구(開口)와 순(脣)도 있고 당(堂)도 열려 있으므로 혈(穴)이 있다. 이곳은 귀성(鬼星)과 낙성(樂星)이 필요하지 않고 개구(開口)뿐이다.

사좌혈장(斜坐穴場)은 바른쪽은 혈(穴)이 없고 옆에 미미한 혈구(穴口)가 있다. 신령스런 빛을 토(吐)해 내는 곳이며 대발(大發)한다.

임혈장(壬穴場)은 명용(名龍)에 대국(大局)을 이루므로 당당(堂堂)한 성(星)에 정정(正正)한 국(局)이다. 개구(開口), 개수(開手)가 있고 횡(橫)으로 국(局)을 열었다. 대물(大物)이 이와 같다. 하나에 대당(大堂)의 외양(外陽)에 천 가지의 기이한 성(星)과 백가지의 빼어난 사(砂)가 가득히 혈장(穴場)을 도와 응기(應氣)와 조림(照臨)으로 늘어 서 있다. 그리고 귀인(貴人)이 좌정(坐定)하여 있다. 천기백관(千騎百官)과 왕후(王侯)도 모두 와서 읍하며 배례하는 대(大)혈장(穴場)이다.

애금방목법(挨金傍木法)은 금두목각(金頭木脚)은 금극목(金剋木)이 되어 목(木)은 살기(殺氣)를 받는다. 금목(金木) 상교처(相交處)에 미미한 와염(窩靨)이 있다. 이것을 용공타개(用工打開)하면 참된 운(暈)과 토색(土色)이 나타난다. 그리고 전순(氈脣)으로 뻗어 있는 목순(木脣)을 제거하여 소당지(小塘池)를 만들어서 앞에 있는 목순(木脣)을 보이지 않는 것이 개금취수(開金取水)이다. 애금전화법(挨金剪火法)은 금두화각(金頭火脚)이 첨살(尖殺)이다. 화성(火性)의 열기(熱氣)를 담고 있어 애금방목법(挨金傍木法)과 동일하게 용공타개(用工打開)한다.[26]

1) 사락(四落)과 사결(四結)

입혈(立穴)에 4락(落)을 알고 혈적(穴的)을 구하는데 부합해야 한다. 초락(初落)은 조산(祖山) 근처에서 유래하며 국세(局勢)는 반드시 완전하다. 요락(腰落)은 여지가 떨어져 성곽을 만들고 길기(吉氣)는 여기(餘氣)에 머문다. 말락(末落)은 대진룡(大盡龍)이며 기세는 가장 호웅(豪雄)하다. 분락(分落)의 후룡(後龍)은 벽맥(擘脈)하여 가고 관관(貫串)하여 다시 취(取)할 수 있다.

4락 중에 4결(結)이 있다. 직래(直來)하며 당배자(撞背者)를 순결(順結), 순래(順來)하며 사출자(斜出者)를 섬결(閃結), 정래(正來)하며 측락자(側落者)를 횡결(橫結), 번신(翻身)하여 고조(顧祖), 조(朝)을 대하기 위한 전향(轉向), 도기룡(倒騎龍)의 부류는 모두 역결(逆結)이다.

4세(4勢)는 전후좌우(前後左右)이며 주위국면(周圍局面)이다. 세(勢) 중에서 으뜸은 나성(羅城)의 주밀(周密)을 취(取)한다.

2) 오성구요(五星九曜)

점혈에는 반드시 성체(星體)를 정확히 알아야 하는데 오성(五星) 정체(正體)에 따른 혈체(穴

26) 금두화각(金頭火脚)은 천강(天罡), 금두목각(金頭木脚)은 고룡(孤龍)이다. 료공(廖公)의 비지(秘旨)이다.

體)가 상(上)이고, 9요(曜)의 변체(變體)는 다음이다. 오성(五星)의 정체(正體)가 결혈(結穴)되는 관찰법을 본다.

금성(金星)이 개와취수(開窩取水)에 천(扦)하며 무와(無窩)이면 괘각수포(卦角水泡)이다. 만약 와각(窩角)이 분명치 못하면 경면(硬面)은 화(禍)가 내침(來侵)한다. 금성(金星)에는 앙(仰), 복(覆), 측(側)의 3세(勢)가 있다. 또 태양(太陽), 태음(太陰), 반월(半月), 아미(蛾眉), 복종(覆鍾), 관주(串珠), 측면사자(側面梭子), 평면복부(平面覆釜) 측뇌(側腦) 등의 종류가 있다. 측(側)이 청이교자(清而巧者)면 귀(貴), 측(側)이 후이만자(厚而滿者)면 부(富)이다. 양이만자(陽而滿者)의 혈(穴)은 마땅히 중(中)에 천(扦)하고, 음이결자(陰而缺者)의 혈(穴)은 마땅히 구(口)에 천(扦)한다. 또 4기지혈(四奇之穴)은 혈(穴)의 방(旁)에 영광(影光)이면 암중취명(暗中取明)한다. 혈(穴)의 중(中)에 순수(脣水)면 만중취결(滿中取缺)한다. 혈(穴)이 복부금(覆釜金)이면 정중취평(頂中取平)한다. 혈(穴)이 현릉혈(弦楞穴)이면 사중구생(死中求生)한다.

목성(木星)이 유절(有節)이면 절중(節中)을 취하고 무절(無節)이면 초피(鍬皮)의 연처(軟處)에 천한다. 직목개구(直木開口)는 도리어 기이하며 음혈(陰穴)은 반드시 의심이 없다. 목성(木星)에는 좌(坐), 입(立), 면(面)의 3세(勢)[27]가 있다. 입(立)이면 충천지목(沖天之木), 면체(眠体)가 대부분인데 교지(交枝), 곡척(曲尺), 완람(腕纜), 부수(浮水), 옥침(玉枕), 옥척(玉尺) 등의 부류가 있다. 출유작혈(出乳作穴)은 좌세(坐勢)로 되고 첩벽(帖壁)으로 된다. 목성(木星)은 대부분 금채형(金釵形)으로 된다. 개(蓋), 점(粘), 당(撞) 3법이 있다. 혈(穴)은 마땅히 살(煞)을 모아서는 안 된다. 면립(眠立) 2세(勢)는 혈(穴) 역시 동일하지 않다. 입세(立勢)의 기(氣)는 상(上)에 솟는다. 혈(穴)은 고결(高結)이 많으나 정상(頂上)의 평(平)이 중요하며 틀림없이 미고(微高)이다. 또 부근의 좌우도 중요한데 3방(方)의 산(山)이 고용(高聳)하고 뒤를 싸면 혈(穴)에 천(扦)할 수 있다. 산(山)은 하조상눈(下粗上嫩)을 요하는데 세분각시(勢奔脚施)가 적실하다. 혈(穴)이 밑에 있으면 높아도 험준을 피하지 않고 아래에 반드시 득기(得氣)하여야 한다. 둘이 틀림이 없으면 비로소 혈(穴)에 천(扦)할 수 있다. 면세(眠勢)의 혈법(穴法)은 많은데 유절(有節), 유개(有蓋), 유탕(有蕩), 유아(有芽), 유당(有撞), 유점(有粘), 초피사의(鍬皮斜倚), 완중차구혈(腕中叉口穴) 등의 법이다. 노편(蘆鞭)은 마땅히 횡하(橫下)에 많다. 도두(到頭)는 반드시 주살(湊煞)을 막아야 하며 생기(生氣)가 내려온 원만처(員滿處)가 적실로 된다.

화성(火星) 결혈(結穴)은 반드시 토입(土入)을 취하며 혈(穴)은 원래 목유(木乳)를 필요로

27) 목성(木星)에서 입목(立木)은 천혈(天穴)이며 당법(撞法)을 사용하며 태천(胎天), 선인출수(仙人出袖), 납촉(蠟燭), 유안규춘(柳眼窺春)이다. 좌목(坐木)은 인혈(人穴)이며 당법(撞法)을 사용하며 선인기복(仙人起腹), 남형(男形), 천파(天葩)이다. 면목(眠木)은 지혈(地穴)이며 개점당법(蓋粘撞法)을 사용하며 천근(天根), 월굴(月窟), 복령(伏零)이다. 유안규춘은 와염(窩靨)혈재(穴在), 동남(東南)향(向), 춘시(春時)용(用)이다.

하며 흙이 없으면 첨진처(尖盡處)에 천하기 곤란하여 전법(剪法)이 사용된다. 화성(火星)은 조(祖)를 만들고 수구(水口)를 만들 수 있고 신묘(神廟)에 좋다. 만약 토성(土星)으로 변출(變出)하면 주로 경상(卿相)을 배출하는 지(地)이다. 질낙(跌落) 평양(平洋) 역시 대지(大地)를 맺는다.

수성(水星)은 떠내려가서는 안 되고 떠내려 가버리면 인정(人丁)은 점점 소멸한다. 금정(金頂)을 따르고 근원(根源)을 묻는 것이 좋다. 수성(水星)에서 산롱(山壟)은 굽고 접힌 것이 많고, 평양룡(平洋龍)은 파랑(波浪)과 같다. 파랑은 정중(靜中)에서 취(取)하고, 곡접(曲摺)은 완중(腕中)에서 구한다.

토성(土星)은 토(土)를 거듭해 보지 않아야 한다. 작혈(作穴)은 반드시 복리금(腹裡金)에서 찾아야 한다. 홀연히 번쩍하며 각리(角裡)로 돌아와 떨어진 유금(流金)에 비로소 작혈(作穴)할 수 있다. 토성(土星)에는 토각류금(土角流金), 토복장금(土腹藏金)이 있다. 혹시 변방(邊傍)에 출각(出角)하거나 평양(平洋)에 저와(低臥)하는데 구(口)나 각(角)에 천(扦)한다.

9요(曜)의 변체(變體)가 결국(結局)되는 관찰법은 본체(本體) 자신(自身)에 용호(龍虎)가 없으면 차호(借護)와 격수(隔水)로 보충한다. 평면도지(平面倒地)로 성상(星象)을 이루면 체(體)는 고산상(高山上)에 준하다. 상기정(上起頂), 하수맥(下垂脈)에 용호균균자(龍虎均勻者)는 현유(懸乳)이다. 상유정(上有頂), 하무유(下無乳)에 좌우분포자(左右分抱者)는 개구(開口)이다. 변유변무(邊有邊無)는 단제(單提)이다. 직분찬(直奔竄)을 반드시 방비하는 1장1단(一長一短)은 선궁(仙弓)인데, 각(脚)의 사비(斜飛)는 절대로 꺼린다. 무정(無頂)에는 몰골(沒骨)을 찾아 요(凹)에 천(扦)하고 귀(貴)는 낙성(樂) 근처에 있다. 정(正)을 보내고 사(斜)를 따라 측뇌(側腦)에 붙이며 특히 조산(朝山)을 얻으면 기뻐한다. 중룡중호(重龍重虎)의 쌍비(雙臂)는 주밀이 요긴하고 용장호장(龍長虎長)에 직출(直出)은 당연히 막히어야 한다.

성체(星體)와 용(龍)의 사이를 알 수 있으면 향촌(鄕村)의 도처에서 찾을 수 있다. 용(龍)은 전기(全氣)를 얻은 용신전기(龍身全氣)는 용신구원(龍身久遠)에 연유하기 때문이다. 용신구원을 구하여 전기를 취하고 발사법에 마땅해야 한다. 그것을 순국(醇局)과 잡국(雜局)으로 나누어 순(醇)은 유구(悠久)하고 잡(雜)은 잠발(暫發)이다.

(3) 혈운(穴暈)

혈운(穴暈)은 혈장(穴場) 중에 다시 참작을 한다. 혈장(穴場)은 개구(開口), 개수(開手)에 와겸유돌(窩鉗乳突)을 떠날 수 없으며 혈운(穴暈)은 태극일권(太極一圈)이다. 천지가 있기 전에 먼저 태극(太極)이 있어 천지가 정해진다. 하늘도 하나의 태극이고 땅도 하나의 태극이고 만물(萬物)이 나는 것도 하나의 태극이다. 그러므로 만물을 하나의 태극이라 함은 통합해서 한 것이고 일물(一物)이 하나의 태극은 독유자(獨有者)를 말한다. 태극 가운데 다시 태극을 담은 것은 지리(地理)에 하나의 용(龍)이 시작과 마침이 점령하는 영역을 합하여 하나의 태극이라 한다. 영역 중에 성곽(城郭)이 열린 것, 성중(城中)에 원(垣), 원중(垣中)에 궁(宮), 궁중(宮中)에 당(堂), 당중(堂中)에 좌(座)가 있어 모두 하나의 태극이다.

혈운(穴暈)은 당상(堂上)의 좌(座)를 가르친다. 이는 귀근(歸根)이 복명(復命)이다. 지극히 정미롭고 세밀하여 일권(一圈)만 얻으면 가운데를 혈운(穴暈)이라 이름 한다. 일월(日月)이 하늘에 있고 옆에 운(暈)이 있으므로 운(雲)은 무형(無形)이지만 영(影)이 있듯이 혈운(穴暈)이 그러하다.

1) 태극운(太極暈)

잠깐 보면 있고 오래보면 없고 자세히 보면 있고 거칠게 보면 없다. 자세한 사람에겐 보임이 있고 오패한 사람에겐 보임이 없고 명철한 사람에겐 보임이 있다.

2) 와겸운(窩鉗暈)

와중운(窩中暈)은 반드시 와중(窩中)에서 돌(突)이 아니다. 다만 보기에 한 조각 흙덩이다. 음(陰)은 음(陰)을 풍융(豊隆)하므로 육(肉)이 운(暈)이다. 저운(底暈)이 있는데 둥근 것을 좋아한다.

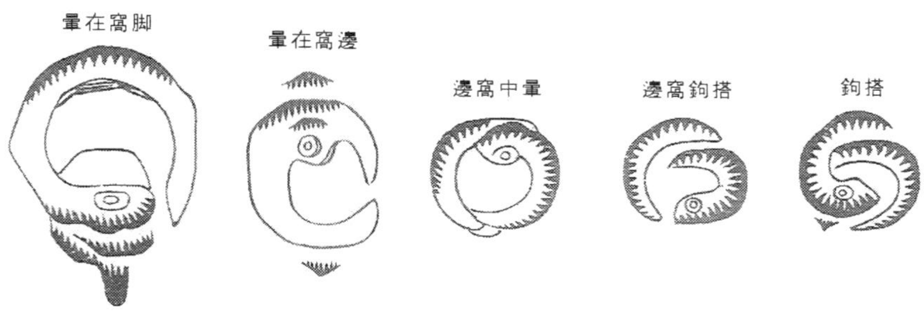

운재와각(暈在窩脚)은 운(暈)이 성(星)의 다리에 기울어 난 것이다. 성두(星頭)가 방향을 돌려 뿌리치고 돌아서 이른 것이다. 성두(星頭)의 작안(作案)에 조산(朝山)이 보이거나 보이지 않아도 모두 혈(穴)이 된다. 다만 혈(穴) 뒤에 반드시 귀성(鬼星)이 받침을 하고 있다. 귀성(鬼星)이 쌍(雙), 단(單), 횡(橫)으로 밀어주는 귀성(鬼星)이 있으며 모두 혈(穴)이 된다.

운재와변(暈在窩邊)은 개와(開窩)가 분명하므로 상중하(上中下)의 운기(暈氣)가 분명하다. 옆을 살펴서 운(暈)이 일변(一邊)에 돌아가면 붙은 옆 아래가 혈(穴)이 된다. 변(邊)의 운후(暈後)에 고(靠)와 앞에 조(照)가 반드시 있다. 명(明)이나 암(暗)이며 참되게 힘을 얻어서 혈(穴)을 얻는다. 이 와(窩)는 반드시 변(邊)이 후(厚)하고 박(薄)하다. 혹은 후변(厚邊)과 박변(薄邊)에 의지하며 일정(一定)한 것이 없다. 생기(生氣)를 살펴보면 기(氣)가 돋아난다.

변와중운(邊窩中暈), 변와구탑(邊窩鉤搭), 구탑(鉤搭)은 와(窩)의 뒤에 옆으로 기우러진 것 같고 물이 서로 흐르는 것 같은 운(暈)이 있는데 혈(穴)이 있다.

鉗頭暈 鉗中暈 鉗下暈

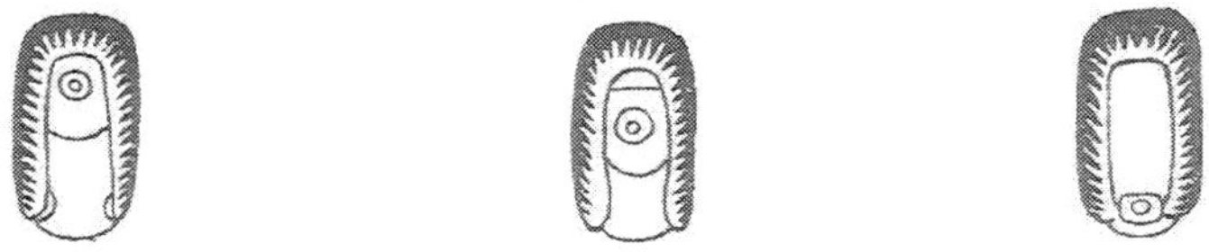

겸두운(鉗頭暈)의 겸(鉗)은 구(口)에 전(氈)이 합(合)과 불합(不合)이 있다. 헐리고 뚫은 것은 계수(界水)의 주름이다. 이와 같은 수(水)는 겸(鉗)이 아니다. 진겸(眞鉗)은 정(頂)의 기(氣)가 모여서 풍족하다. 겸(鉗) 중에는 둥글고 맑은 것이며 생기(生氣)를 금규은조(金規銀槽)라 한다. 운(暈)은 반드시 정하(頂下)에 있다.

겸중운(鉗中暈)의 운(暈)이 겸(鉗) 중에 있으므로 혈(穴)의 중(中)이 함주혈(銜珠穴)이라 한다. 상(上)에서 물이 흘러와도 좌우에 모두 사라져 두려워하지 않으며 도랑을 만들 필요가 없다.

겸하운(鉗下暈)의 운(暈)이 구(口)에 있으므로 혈구(穴口)의 운(暈)이 점점 일어난 것이 옥근협만두형(玉筋夾饅頭形)이라 이름 한다. 운(暈)이 있어 낮고 평평한 곳에 성분(成墳)해도 발복은 같다. 상탑(上搭) 중에 물이 나누어 사라지고 가만히 사라지는 두 가지 법이 있다. 혈(穴)의 후두 및 바닥에 암반(岩盤)이 막아주므로 땅속으로 물이 흘러가는 길이 있다.

3) 유돌운(乳突暈)

乳頭暈 蓋穴壓煞 撞穴藏煞 粘穴脫煞 倚穴閃煞 窩中突突中暈

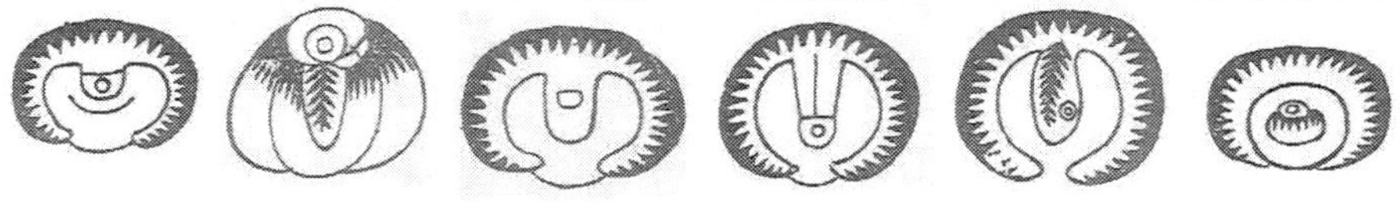

유두운(乳頭暈)의 유(乳)은 양수(兩手)를 합한 것이며 진유(眞乳)는 반드시 유두(乳頭)에 천(扦)한다. 유두(乳頭)는 운(暈)이 있으며 사람의 유두(乳頭)에서 유즙(乳汁)이 나는 것과 같은 이치이다. 이와 같으므로 유두(乳頭)를 쫓아 혈맥(穴脈)이 난다. 조금 위가 아니라 혈(穴)의 구멍에 진기(眞氣)가 있다. 그러므로 맥(脈)이 오지 않으면 기(氣)가 솟지 않는다. 혈(穴)의 위를 운(暈)의 중으로 착각하면 화(禍)만 있고 복(福)은 없다.

개혈압살(蓋穴壓殺)은 양수(兩手)가 합(合)하므로 중척(中脊)에 운(暈)을 이루고 단단한 등뼈사이에 덮어 있는 것을 개혈(蓋穴)이라 한다. 구름 같은 영기(靈氣)가 덮어 있는 것이 정(頂)에 해당한다. 화개(華蓋)가 덮어 있어 두문(頭門)에 해당하고 관개(官蓋)가 덮어 있어 이마 위에 해당된다. 사세(四勢)를 두루 돌아 덮어 있으므로 팔방(八方)으로 바람이 들어오지 않는다. 혈(穴)에 앉으면 순(脣)은 보이나 지각(枝脚)은 보이지 않으므로 압살(壓殺)이라 한다.

당혈장살(撞穴藏煞)의 당혈(撞穴)은 혈(穴)이 유(乳) 가운데 운(暈)이 나타난다. 유(乳) 중에 있는 혈(穴)은 모두 살(煞)이 있다. 혈(穴)은 홀로 동서남북(東西南北)이 화평(和平)한 것같이 되어 있다. 혈(穴)은 살(煞)이 있는 곳이 보이지 않으나 사방(四方)이 보이지 않으므로 장살(藏殺)이라 한다. 혈(穴)은 철창으로 에워싼 것을 밀치는 혈(穴)이다. 그러므로 다단(多端)이 없는 혈(穴)이다.

점혈탈살(粘穴脫煞)은 유(乳)의 신(身)에 살(煞)이 있으므로 혈(穴)이 불가하다. 혈(穴)이 유두(乳頭) 밑에 붙어 있으므로 점(粘)이라 한다. 운(暈)이 유두(乳頭) 밑에 붙어있다. 이 혈(穴)은 고(靠)가 있어야 하는데 고(靠)가 없이 유두(乳頭)가 얽히어 서로 어기므로 실점(實粘)이다. 유두(乳頭)를 에워싸지 아니하고 지나갔으므로 허점(虛粘)이다. 점하(粘下)에 있는 穴을 철(輟)이라 한다. 철하(輟下)에 하나의 혈(穴)을 탈(脫)이라 한다. 탈하(脫下)에 하나의 혈(穴)을 포(抛)라 한다. 포혈(抛穴)은 비어 있는 잔중(盞中)같은 것이 있으므로 무중(無中)에 나는 것이 있다. 사세(四勢)가 가히 모여 있는 것 같다.

의혈섬살(倚穴閃煞)은 유(乳) 중에 살(煞)이 있다. 그것은 작은 산등이 나와 혈(穴)이 되는 것 같으나 혈(穴)이 아니다. 이것을 섬혈(閃穴)이라 한다. 이것은 큰방에 붙어있는 작은 방을 말한다. 이와 같으므로 의혈(倚穴)이라 한다. 유(乳)가 뻗어 내리는 맥(脉)의 중척(中脊)이 굳어 있으므로 후장(後帳)에 고(靠)를 의지해야 혈(穴)이 된다. 등뼈가 도두(到頭)를 이루지 못하고 비어 있으므로 의지하여 나는 혈(穴)이다. 그러나 순(脣)은 약간 드러나고 있다.

와중돌돌중운(窩中突突中暈)은 돌(突)이 와중(窩中)에 있어야 하고 평중(平中)에 있기고 하나 평중(平中)은 반드시 개수(開手)가 있어야 된다. 그러므로 와중(窩中)에 있어야 된다. 돌(突)은 다단(多端)이 없고 운(暈)을 얻은 곳이 혈(穴)이다. 돌(突)은 정평(頂平)이나 혈(穴)의 이마는 약간 뾰족한 기(氣)가 있다. 좌우를 살펴보면 앞에 미미한 염탄(黶坦)이 있으므로 운기(暈氣)이다. 운(暈)이 혈(穴)이며 살펴보면 점탈(粘脫)의 체(体)가 없다.

(4) 관맥(串脉)

태조(太祖)로부터 입혈(入穴)에 이르러 마디마디에 맥(脉)이 있어 행룡(行龍)의 맥(脉)은 산을 지나지 않고 척(脊)을 잡아 당겨서 연(連)해서 끌어간 것은 속인(俗人)도 안다. 그러나 혈(穴)에 들어간 맥(脉)은 도자(道者)도 모두 알지 못한다. 입혈(入穴)의 맥(脉)은 모름지기 천산(穿

山)을 말한다.

천산(穿山)은 나경(羅經)에 실린 것인데 기해(己亥) 신해(辛亥) 등을 천산(穿山)이라 한다. 안력(眼力)으로 입수(入首)하고, 정(頂)이 일어나고, 산의 머리를 뚫고 지나가고, 혈장(穴場)을 뚫고, 혈운(穴暈)이 뚫고 들어왔는지를 말하는 것이 참된 천산(穿山)이다. 그 법이 입수(入首)는 2협(峽)으로 성명(性命)에 관계된다. 바로 뚫으면 바로 나오고, 기울어져서 뚫으면 기울어져 나오고, 굽어져서 뚫으면 굽어서 돌아 나온다. 천산(穿山)의 맥(脉)이 높이 나오면 운(暈)도 높다. 천산(穿山)의 맥(脉)이 낮게 나오면 운(暈)도 낮다. 천산(穿山)의 맥(脉)이 가운데서 나오면 운(暈)도 중(中)을 안아 있다. 천산(穿山)의 맥(脉)이 크게 높이 있으면 높은 것을 좇아서 맥(脉)이 내리는 것을 만나 기(氣)의 구(口)가 다리 밑에서 반출(反出)한다. 천산(穿山)의 맥(脉)이 크게 낮으면 아래 승상(升上)을 좇아 기(氣)의 구(口)는 정(頂)을 좇아 나온다. 천산(穿山)이 흐리고 흐리면 기(氣)는 융융(隆隆)히 나타난다. 천산(穿山)이 미미하면 기(氣) 도 은은(隱隱)이 나온다. 나온 맥(脉)을 벗어나면 기(氣)는 반드시 밝게 나오고 천산(穿山)의 맥(脉)이 깊이 빠져 있으면 기(氣)는 반드시 벗어난다.

정천정출(正穿正出)은 당당(堂堂)한 진(陣)이다. 바르고 바른 기치와 같다. 바로 오고 바로 받으므로 기이함을 구하는 용태는 없다.

천사출(穿斜出)은 비껴서 들어오고 비껴서 맥(脉)이 나오고 혈구(穴口)가 옆으로 비껴 나오므로 맥(脉)은 혈(穴)을 짓는다. 이와 같이 혈(穴)을 지으면 스스로 인정(人丁)이 발한다. 穴이 강(强)하여 정중(正中)으로 혈(穴)이 되면 사출(斜出)이 아니므로 반드시 흉(凶)이 있어 근심을 떠날 수 없다.

곡입영출(曲入迎出)은 굽어서 맥(脉)이 들어옴으로 협(峽)이 있다. 이것을 굽은 협(峽)이라 하며 맥(脉)이 굽어서 나타나는 자를 맞이하면 발복(發福)한다.

맥고운고(脈高暈高), 맥저운저(脈低暈低), 맥중운중(脈中暈中)은 맥(脉)이 높이 들어오면 운(暈)도 높다. 맥(脉)이 낮게 들어오면 운(暈)도 낮다. 맥(脉)이 산을 뚫고 들어온 운(暈)은 맥(脉)을 맞이하여 응기(應氣)한다.

맥함운돌(脈陷暈突)은 산을 뚫고 나온 맥(脉)이 합하여 빠진 것같이 지나서 내린 맥(脉)은 국(局)을 모은다. 그러나 이런 맥(脉)은 지나가는 과룡(過龍)이다.

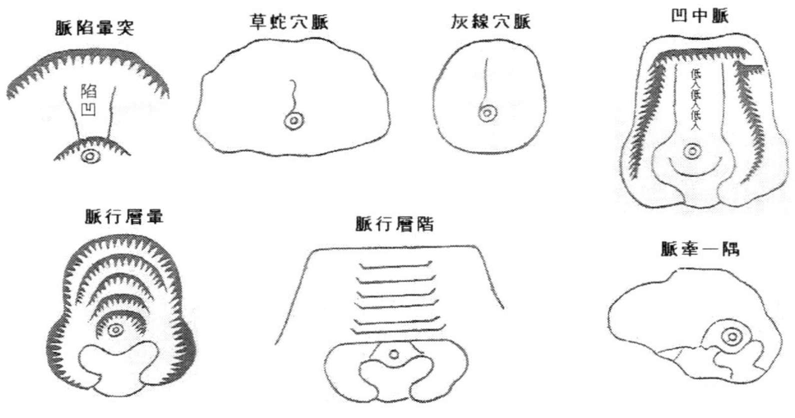

1) 십이비맥(十二秘脈)[28]

눈에 보이는 초사(草蛇), 회선(灰線)이 있고 보이지 않는 맥행요중, 맥행평중(脈行平中), 맥행층운(脈行層暈), 맥행층계(脈行層階), 맥견일우(脈牽一隅) 등이 있다.

초사혈맥(草蛇穴脈)은 성두(星頭)가 열리고 면(面)이 평평하고 넓게 퍼져있고 흩어진 것이 없고 고운 것을 잡은 것같이 평평하다. 이에 이슬 같고 털 같고 등뼈 같은 작은 맥이 초사(草蛇)이며 특맥(特脈)이라 한다. 인자(人字)로 열려 있는 곳에 운(暈)을 얻어 그림자같이 모여 있다. 이것이 바로 혈장(穴場)이다. 천만분의 일이라도 가히 맥(脉)을 상(傷)하지 말아야 하며 맥(脉)을 상(傷)하면 영광(靈光)을 묻어버리므로 복(福)을 얻지 못하고 먼저 화(禍)를 얻는다. 이 맥(脉)은 누워서 보나 앉아서 살펴보아도 세밀히 살펴보지 않으면 진(眞)을 얻지 못한다.

회선혈맥(灰線穴脈)은 회선(灰線)과 초사(草蛇)를 비교하면 회선(灰線)이 더욱 숨어 있고 감춘 것같이 되어 있다. 그러므로 없는 가운데 뜻이 있어 이슬같이 가만히 드러나고 있는 맥(脉)이다. 또 돌면서 드러났다 없어졌다 한다. 회선(灰線)의 혈운(穴暈)은 이에 그림자같이 되어 있으므로 그림자 같은 것을 신빙할 따름이다.

요중맥(凹中脈)은 맥(脉)이 높은 곳을 피하여 아래로 내리면서 변(邊)을 따라 낮은 곳으로 행(行)한다. 사람 손바닥 상(上)의 마디같이 되어 있는 곳에서 혈구(穴口)로 좇아 동(動)하는 맥(脉)이다. 실제로 오목하게 빠져있는 곳에 혈(穴)이 있다. 그러나 지맥(地脈)은 뚜렷이 혈장(穴場)을 이루고 있다. 이 도(圖)는 좌우 양쪽이 높이 되어 있다. 이와 같으므로 속사(俗師)는 맥(脉)을 따라 한 걸음도 가지 않고 지나버린다. 오목한 가운데 진맥(眞脉)이 행(行)한 곳에 운(暈)이 열려 있다.

맥행층운(脈行層暈)은 정하(頂下)에 운영(暈影)이 중중(重重)하여 천륜영개(天輪影蓋)라 이

---

28) 필경지수(必經指授)

름 한다. 많은 것은 칠중(七重)으로 되어있다. 모두 갖춘 맥(脉)이 상(上)에서 아래로 좇아 덮은 것같이 내리고 있다. 맥(脉)이 층(層)을 이루어 내리므로 순(脣)이 기다린 것같이 나와 둥글게 원을 그리면서 돌고 있다. 순(脣)을 에워싼 위에 작혈(作穴)하면 된다.

맥행층계(脈行層階)는 정하(頂下)에 일자(一字)로 된 평평한 것이 층계를 중중(重重)으로 이루므로 옥계맥(玉階脈)이라 이름 한다. 맥(脉)이 스스로 층계(層階)를 지나 내려가고 바로 이르러 순(脣)이 나고 개구(開口)가 되어 있다. 개구(開口) 위에 운(暈)이 모여 있으므로 작혈(作穴)하면 된다.

맥견일우(脈牽一隅)는 한쪽 구석에서 맥(脉)을 잡아당기는 자는 성두(星頭)가 평만(平漫)하고 맥(脉)이 있으나 보이지 않고 개구(開口)가 있어 운(暈)이 일어나는 곳에 이르러 돌아보면 이에 전신(全身)을 끌어당기는 것을 깨닫는다. 맥(脉)은 잡아당기는 사이에 있다. 천하에 개구(開口)가 없는 운(暈)이 없다 하는데 운(暈)이 없으면 혈(穴)이 없고 맥(脉)이 없으면 운(暈)이 없으므로 한 걸음도 안 가서 황강(荒岡)이 되어 버린다. 맥(脉)이 없고 운(暈)이 없으면 불신(不信)이다.

(5) 승기(乘氣)

기(氣)가 맥(脉) 밖에 짓지 않고 맥(脉)을 따라 기(氣)가 산(山)의 등뼈 중간으로 행(行)한다. 천산(穿山)과 맥(脉)에 투지(透地)를 논(論)한다. 기(氣)에 투지(透地)는 아니다. 시사(時師)는 갑자(甲子) 병자(丙子) 등을 일러 투지(透地)라고 한다. 참된 기(氣)가 충만하여 지중(地中)으로 통하는 기맥(氣脈)이 비좁기도 하고 땅 가운데로 뚫고 나오기도 하고 지면(地面)으로 솟아오르기도 하는 것을 일러서 투지(透地)라고 한다. 비유하면 기(氣)라고 하는 것은 시루에 밥을 찌는 것과 같다. 반드시 가마와 시루가 있어 밥을 찌는데 김이 솟아나는 모양으로 된 것을 기(氣)라고 한다. 혈(穴)에 있어 가마솥 시루의 범위를 벗어나지 못하는 리치를 말하는 것이다. 다만 요긴한 것은 시루 가운데 오목한 구멍이 있어 그 구멍으로 온기가 솟아올라야 밥이 되므로 횡방(橫放)으로 직방(直放)으로 모두 증숙하는 이치이다. 다만 두려운 것은 그 시루 꼭대기가 밖으로 나오면 뚜껑이 열리므로 기(氣)가 빠져 나와 온기(溫氣)가 사라져 밥을 증숙할 수 없다. 가마솥과 시루에서 솟아오르는 증기를 기(氣)에 비유하며 그 범위를 일러 태극일권(太極一圈)이라 말한다.

(6) 요감(饒減)

운(暈)에 있어 의지함이 드물고 맞아도 맞지 않는 운(暈)이 있다. 모름지기 요감(饒減)을 응용하는 법이 있다. 방(方)을 얻어 적당하면 요(饒)는 일보 사양하여 열어주고, 감(減)이 일보 나아가고, 요(饒)는 상수(上水)하고 감(減)은 하수(下水)한다. 요감(饒減)의 얻는 법은 운심(暈心)에 해당된다.

饒右減左

饒左減右

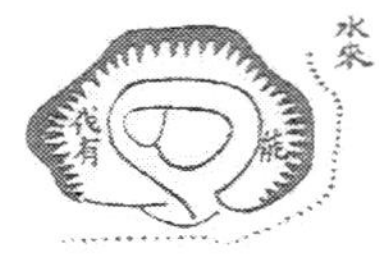

요좌감우(饒左減右)는 미미한 그림자와 같다. 하수(下水)일변(一邊)에 의하여 조금조금 떨어 들어가면 내운(內暈)이 보이며 내운(內暈)이 보이면 운(暈)에 따라 개광(開鑛)한다.

요우감좌(饒右減左)는 감(減)이 후변(厚邊)이므로 미정(未定)이면 감(減)이 응(應)하는 변(邊)에 있으며 후준이박령(厚蠢而薄靈)이다. 또한 감(減)이 후변(厚邊)에 있으며 살아서 후(厚)하고 죽어서 박(薄)하다. 이것은 진실로 천심(天心)이 솟아 나온 혈(穴)이다. 또 천심(天心)에서 떨어진 염혈(魘穴)은 내운(內暈)을 보면서 소식(消息)을 알리는 것이므로 신선(神仙)의 자취가 보인다. 다만 하수(下手)를 감(減)하고 상수(上手)를 감(減)하지 않는 것이 한결같다.

(7) 탄토(呑吐)

운(暈)이 있어도 의지함이 드물고 맞아도 맞지 않으므로 탄토(呑吐)를 살핀다. 이에 적당함을 얻으면 탄(呑)은 축진(縮進) 일보(一步), 토(吐)는 방생(放生) 일보(一步)이다. 이는 삼정법(三停法)이 아니며 하나의 운(暈)이 호흡하는 법이다. 탄(呑)에는 앙면(仰面)하며 현무(玄武)가 벽(壁)에 선 것 같다. 탄토(呑吐)는 끊는 것이 불가(不可)하고 춘시(椿腮)하고 차(車)를 돕고 청(淸)을 깎는 것 같고 토(吐)는 끊지 못하고 탄(呑)은 이에 조금씩 상지(上地)를 규정하여 아래로 한다. 만약 진탄(眞呑)을 당(當)해나면 길을 쫓아 파 열리며 그 가운데가 들리고, 진토(眞吐)를 당(當)해나면 와겸(窩鉗)을 버리고 아래 혈구(穴口) 외(外)로 물러간다. 마음에 용(龍)과 국(局)이 진(眞)이면 진(眞)이 보인다.

呑上

吐下

眞呑

眞吐

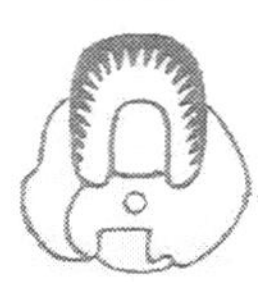

탄상(呑上)의 법이 순(脣)은 밝은데 현(弦)이 밝지 않지만 조금씩 위로 현(弦) 쪽으로 파면 운(暈)을 얻으며 운(暈)이 생기면 그친다. 현(弦)이 밝은데 순(脣)이 밝지 않으면 조금씩 퇴출(退出) 평지(平地)로 파면 운(暈)을 얻으며 운(暈)이 생기면 그친다. 내운(內暈)은 상현(上弦)이 보기 쉽고 하현(下弦)은 보기 어렵다.

토중(吐中)의 토법(吐法)은 장(葬)의 동지(同地)이다. 그 토(土)가 더 접고 성글지 아니하여야 운(暈)을 볼 수 있다. 개정(開井)에 작량(酌量)하면 정중(井中)은 이에 연한 운(暈)이 토색(土色)에 보이고 가늘게 분층(分層)을 이룬다.

진탄(眞呑)은 용(龍)이 국(局)에 이르러 현무(玄武)가 벽립(壁立)하고 고현(靠弦)이 많이 감싸 안아 있으면 살수(煞水)가 두절(頭絶)한다. 탄중(坦中)에는 습기가 끊어지지 않는다. 높은데는 노풍(露風)이 끊어지지 않는다. 이에 혈(穴)의 진기(眞氣)는 실(實)로 산복(山腹) 중에 감추어 졌으므로 굴을 파고 그 구(口)를 봉새(封塞)하면 구(口)는 문(門)이 된다.

탄하(呑下)는 용(龍)이 국(局)에 이르면 성(星)도 개구(開口)이다. 구내(口內)에 가까이 되면 삼정(三停)이다. 모두 아래에 있지 않아 진기(眞氣)를 살피면 중(中)이 구외(口外)에 나오므로 구외(口外)를 찾으면 미미한 운(暈)이 그림자 아랫니다. 이 그림자가 점점 솟아서 돌(突)을 이룬다. 또한 함(陷)한 것이 밑이므로 왕기(旺氣)이다. 다만 두려운 것은 혈구(穴口)로 떨어지면 진토(眞吐)가 아니다.

(8) 사진삼법(四眞三法)

사진(四眞)은 진룡(眞龍), 진혈(眞穴), 진사(眞砂), 진수(眞水)이다. 진룡(眞龍)은 혈정(穴頂)의 1선지맥(1線之脈)이 여사여대(如絲如帶)하며 약은약현(若隱若現)하며 적낙혈내(滴落穴內)이다. 진혈(眞穴)은 장구(葬口)의 상하지간(上下之間)에 유구유첨(有毬有簷)이며 여복여앙(如覆如仰)이며 생기융결(生氣融結)이다. 진사(眞砂)는 선익(蟬翼)과 우각(牛角)이다. 혈(穴)을 엄폐하기 위한 선익(蟬翼)이 없으면 기(氣)는 춥고, 혈(穴) 아래를 싸기 위한 우각(牛角)이 없으면 기(氣)는 흩어진다. 진수(眞水)는 하수(蝦鬚), 해안(蟹眼), 금어(金魚)이다. 혈상(穴上)에 하수지분(蝦鬚之分)이 없는 수(水)는 임두(淋頭)를 두려워하며 아래의 금어(金魚), 해안(蟹眼)의 합(合)이 없는 수(水)는 할각(割脚)을 꺼린다.

진룡(眞龍)이 기강(旣降)이면 진수(眞水)가 협포(夾抱)하며 천성(天星)이 용돌(湧突)하므로 진혈(眞穴)이 있다. 입혈(立穴)의 법은 진사(眞砂)가 있고, 진사(眞砂)가 응(應)하면 혈정(穴正)에 오차가 없다. 사(砂)는 양로(兩路)에서 관계하며 수(水)는 3에서 상대하는데 그것을 종합하면 4진(眞)이 생기(生氣)에 관계가 있음을 알 수 있다.

삼법(3法)은 고불투살(高不鬥煞), 저불범냉(低不犯冷), 섬불리맥(閃不離脈)이다. 파구(破毬)는 투살(鬪殺)이며 맥(脉)이 강(强)하면 요감(饒減)을 알지 못하고 맥(脉)이 완(緩)한 것은 과도하게 삼켰기 때문이다.[29] 파첨(破簷)은 범냉(犯冷)이며 맥(脉)의 유(柔)는 탄토(呑吐)를 알지 못

---

29) 상(上)은 대체로 유심투살(有心鬥煞), 하(下)는 대체로 무심투살(無心鬥煞)이다.

하고 맥(脉)이 급(急)이면 과도하게 토(吐)하여 넘어진 것이다.[30] 혈(穴)을 손상하고 용(龍)을 손상하지 않는다. 혈(穴)이 상(傷)하면 냉퇴하나 용(龍)이 상(傷)하면 흉(凶)하기 때문이다. 탄토(呑吐)를 알 수 있으면 삼가지 않을 수 없다. 애섬지법(挨閃之法)은 와있는 것이 고명고암(股明股暗)인지 심사하며, 와서 닿은 것이 선도후도(先到後到)인지 변별하여 기(氣)가 선도(先到)이면 애(挨)하여야 한다. 만약 명암(明暗)이 모인 곳은 애섬법(挨閃法)을 재량으로 쓴다.

기(氣)가 나타남이 혈(穴)의 뒤, 중앙, 아래, 좌우에 보이는 것이 있다. 혈(穴)의 뒤는 파구(破毬), 중앙은 주구(湊毬), 아래는 취기(就氣), 좌우는 애생(挨生)이다.[31] 상(上)에서 맥(脉)이 오는 것을 보며, 하(下)에서 기(氣)를 보고 받으므로 상관(上觀)이기 때문에 개태(蓋胎), 하관(下觀)이기 때문에 승태(乘胎), 경계를 방관(傍觀)하기 때문에 협태(夾胎)라 한다. 양(陽)으로 오면 취구(取毬)하며 음(陰)으로 오면 취와(取窩)한다. 정(頂)은 상뇌(傷腦)[32]와 와(窩)는 파순(破脣)[33]을 하지 않는다.

점혈(點穴)에서 먼저 입수(入首) 속기처(束氣處)를 관찰한다. 기(氣)는 어느 곳을 좇아와서 어느 곳에서 멈추며 맥기(脉氣)가 상하좌우(上下左右)가 아니면 점혈(點穴)은 중(中)이며 정래정수(正來正受)이다. 사람 몸에 상정(上停), 중정(中停), 하정(下停)의 삼정(三停)의 혈(穴)이 있는 것과 같이 재상(在上)에는 점상(點上)이며 재중(在中)에는 점중(點中)이며 재하(在下)에는 점하(點下)이다. 용(龍)의 완급(緩急)을 관찰하여 급래(急來)에 점하(點下)하고 완래(緩來)에 점상(點上)한다. 불급불완(不急不緩)에는 중(中)이다. 혈(穴)이 있는 장소는 반드시 와겸유돌(窩鉗乳突)이다.

속인처(束咽處)를 볼 때는 반드시 지반(地盤)으로써 그것을 격정(格定)한다. 만약 정확히 용척(龍脊)이 자(子)에 있으면 바로 자룡(子龍)이며 단청(單淸)으로 된다. 1반(半)이 자(子)에 있고 1반(半)이 임(壬)에 있으면 임자(壬子)용(龍)이며 쌍청(雙淸)으로 된다. 1반(半)이 자(子)에 있고 1반(半)이 계(癸)이면 쌍청(雙淸)으로 자계(子癸)용(龍)이 된다. 이런 3용(龍)의 상겸(相兼)이 대체로 적절하며 사용 가능하다. 임룡(壬龍)이 1반(半)은 임(壬)이고 1반(半)은 해(亥)이면 임해(壬亥)용(龍)이며 8살용(8煞龍)이다. 양룡(陽龍)에 양수양향(陽水陽向), 음룡(陰龍)에 음수음향(陰水陰向), 양수(陽水)에 양향(陽向), 음수(陰水)에 음향(陰向)을 취(取)한다. 양룡(陽龍)이 오고 있으면 음수음향(陰水陰向)이 다발(多發), 음룡(陰龍)이 오고 있으면 양수양향

30) 상(上)의 범냉(犯冷)은 불용심(不用心), 하(下)의 범냉(犯冷)은 과용심(過用心)이다. 점혈(點穴)에 불용심(不用心)이나 과용심(過用心)이 불가(不可)하여 절실히 말한다.

31) 기섬(氣閃)이 좌(左)면 좌(左)가 생(生), 우(右)면 우(右)가 생(生)이다.

32) 취구(取毬)에 투살(鬥煞)은 옳지 않다.

33) 취와(取窩)에 파순(破脣)과 범냉(犯冷)은 옳지 않다.

(陽水陽向)이 더욱 흥(興)이다. 이 때문에 음래양래(陰來陽來)는 반드시 도두1절(到頭1節)에 있으며 결혈(結穴)은 후래룡(後來龍)의 소협처(小峽處)를 통과하는 속인(束咽)이 위주이며 진룡(眞龍)이다.

용혈사수좌우용호조안(龍穴砂水左右龍虎朝案)의 10개자(个字)를 종합하여 관찰하여 왔고 둥그스름한 1개 태극권(太極圈)이다. 사람들이 심지(尋地)에서 반드시 이런 1국(1局)을 알아야 한다.

탁장로(託長老)는 탐랑, 거문, 무곡, 보필은 가장 알기 어렵다. 심룡(尋龍) 입국(入局)이 순전히 이 성(星)이면 여러 세대가 부귀함에 휴헐(休歇)이 없다고 결법(訣法)에 있다. 흉룡(凶龍)을 변별하면 파군, 녹존, 문곡, 염정이면 가장 흉하여 출군(出軍), 출적(出賊), 온화(瘟火)를 만난다. 단지 신단(神壇)과 묘당(廟堂)을 만들어 사숭(社崇)할 터이다. 9개 천강은 인도(人道)에 나쁘며 6개는 길성(吉星) 낙맥이며 만약 토금수(土金水) 성신(星辰)으로 변하면 가장 좋아 인빈(人貧)을 구한다. 9개의 고요는 좋지 않다고 하며 4개는 금보(金寶)를 장(藏)하여 원래 수(水)가 개금(開金)을 낳고 혈(穴)이 이곳에 있는지 살핀다. 9개의 조화는 길흉을 가지며 7개는 선종(仙踪)인데 옛사람들의 전화법(剪火法)을 본받으면 반드시 과거하여 등용된다. 9개의 소탕은 남김이 없게 하며 7개는 온천(蘊天) 기법(機法)은 재량이다. 이것은 용진괴혈(龍眞怪穴)일 때 진혈(眞穴)에 점저(點著)하면 발복하지 않음이 없으므로 흉룡(凶龍)에 재혈 할 수 없다고 말하지 않는다. 흉룡(凶龍)도 집안과 나라를 일으킬 수 있는데 간성룡(間星龍)을 알지 못할 뿐이다. 탐랑 중에 염정, 문곡, 보필이 있으며 파군 간에 보필이 있다. 녹존에 거문 무곡과 염정은 10리나 5리에서 1봉으로 솟는데 소(小)는 성대(成大)하며 약성웅(弱成雄)한다. 이것이 용가(龍家)의 간성법(間星法)이다. 간성룡(間星龍)을 알 수 있다면 향촌(鄉村)도처(到處)에서 찾을 수 있고 이것을 알면 용(龍)과 괴혈(怪穴)의 길(吉)을 알 수 있다.

탁장로(託長老)는 향촌(鄉村)에 가서 멀리서 만세(巒勢)를 보고 경중(輕重)을 분별하며 가까이서 명당(明堂)을 살펴 진가(眞假)를 식별하였다. 원무사분(元武蛇奔)의 앞에는 혈(穴)이 있으나 청룡포마(青龍跑馬)의 안에는 이루어진 것이 없다. 제1의 심용(尋龍) 결(訣)은 돈질(頓跌), 비원(肥圓), 수성(水城)이다.

1) 승금(乘金, 頂氣)

모든 성(星) 혈(穴)의 좌(坐)에서 뒤를 보면 정(頂)은 둥글다. 둥근 것은 금(金)이므로 승금(乘金)이라 한다. 승금(乘金, 頂氣)은 금성(金星)이 굳고 둥글며 바르다. 목(木)은 몸이 우뚝 솟아 있으나 원정(員頂)이고 수(水)는 의모(依母)이며 원정(員頂)이고 토(土)는 의자(依子)이며 원정(員頂)이다. 화(火)는 혈(穴)을 짓지 않는다. 그래서 곽씨(郭氏)는 오행을 빌려서 혈법(穴

法)을 말하지만 단적으로 승금(乘金)이다. 측체(側体), 몰골(沒骨), 요뇌(凹腦)는 혈(穴)의 좌(坐)에서 정(頂)을 바라보면 원(員)이 분명하다. 그렇지 않으면 누워서 바라보면 반드시 둥글다. 둥근 것이 아니면 혈(穴)의 정기(頂氣)가 이루지 않는다.

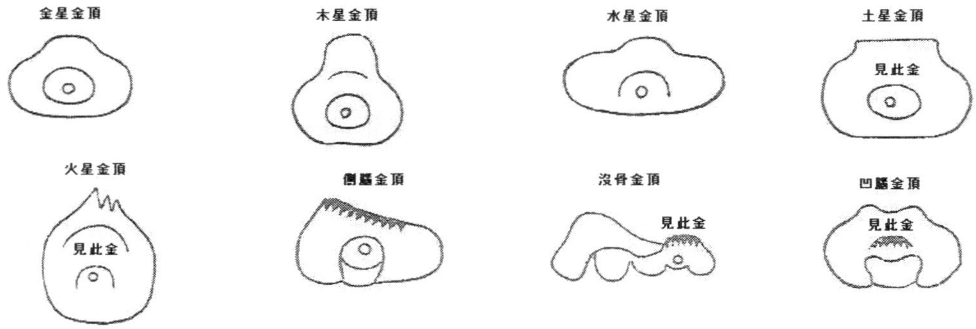

금성금정(金星金頂), 목성금정(木星金頂), 수성금정(水星金頂), 토성금정(土星金頂), 화성금정(火星金頂)에서 혈(絜)의 정(頂)을 혈(穴)의 좌(坐)에서 바라보면 반드시 둥근 것이 왕기(旺氣)이며 길기(吉氣)이다. 높은 것 같이 성(盛)하여 둥근 것 같고 흐리고 온후한 것같이 둥그므로 모두 운토(暈土)가 있는 둥근 것이다. 정기(頂氣)가 둥글지 아니하면 운(暈)을 이루지 아니한다.

측뇌금정(側腦金頂), 몰골금정(沒骨金頂), 요뇌금정(凹腦金頂)에서 어지러운 가운데 뇌(腦)를 취(取)하는 것이 괴이한 가운데 기(氣)를 받는 것이 다르므로 승금(乘金)이 없는 것이 아니다. 고산(高山)이나 평지(平地)도 모두 그렇다.

2) 상수(相水, 脣氈)

모든 성(星) 혈(穴)의 좌(坐)에서 앞을 보면 순(脣)은 굽어있다. 굽은 것은 수(水)이므로 상수(相水)라 한다. 어떠한 혈(穴)이든지 불구하고 와겸유돌(窩鉗乳突)뿐이다. 하(下)에 반드시 순(脣)이 있고 순(脣)의 아래에 전(氈)이 있다. 순(脣)이 있는 곳에 합혈(合穴)이 되므로 기(氣)가 있다. 전(氈)이 있어 합룡(合龍)이 된 곳에 기(氣)가 있다. 순(脣)의 아래에 있는 것이 금어수(金魚水)이고 전(氈)의 아래에 있는 것이 녹저수(綠儲水)이다. 이것이 상수(相水)이다. 상수(相水)는 순전(脣氈)을 말한다. 구수(溝水)나 전수(田水)나 지수(池水)나 처음 물이 흐르는 것은 상수(相水)가 아니다.

유돌(乳突)이 운(暈)이 있어도 순(脣)이 나오지 않으면 기(氣)가 끊어져 두렵다. 와겸(窩鉗)의 가운데 오목한 것이 수중(水中)에 잠자는 것 같고 물이 낮으므로 물 가운데 누워있는 것 같다. 와겸(窩鉗)도 순(脣)이 나오지 않으면 물 가운데 누워 있어 물을 끌어당긴다. 유돌(乳突)이 순(脣)이 없으면 고유고돌(孤乳孤突)이다. 와겸(窩鉗)도 순(脣)이 없으면 공와공겸(空窩空鉗)이다.

순(脣)이 있는 곳은 혈구(穴口)를 이룬 곳이다. 순(脣)이 없으면 구(口)가 아니다. 기(氣)가 없으면 혈전(穴氈)을 다시 말할 수 없다. 순(脣)이 있는 곳은 그 얼굴이 작게 보이나 전(氈)이 있는 곳은 그 얼굴이 넓어 보인다. 순(脣)이 없으면 혈(穴)이 없고 전(氈)이 없으면 자손(子孫)이 적다. 혈(穴)을 짓는 곳에는 위로 천륜(天輪)의 그림자가 아래를 덮은 것 같고, 아래에는 순(脣)의 기(氣)가 있어 투구의 꼭지같이 기(氣)를 감싸 상(上)으로 안아 있는 것 같이 되어 있다. 이와 같으면 혈(穴)은 장차 달아나지 않고 그 가운데 편안하게 이루고 있다.

혈(穴)의 좌(坐)에서 순(脣)을 보면 특지(特地)가 투구의 꼭지 같다. 그러므로 굽었다고 말한다. 순(脣)이 머리가 둥글고 바르면 오행(五行)이 있다. 둥근 것이 금순(金脣), 굽은 것은 수순(水脣), 방(方)은 토순(土脣)이므로 모두 길(吉)이다. 직(直)은 목순(木脣), 첨(尖)은 화순(火脣)이므로 모두 살기(殺氣)를 두르고 있다. 목순(木脣)과 화순(火脣)은 깎아서 제거하는 법이 있다.

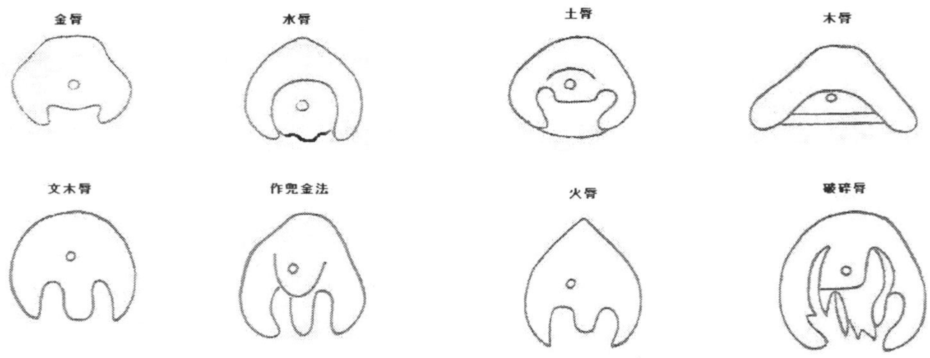

금순(金脣)은 순(脣)의 기(氣)가 둥글게 돌아간다. 오성(五星)에 수순(水脣)이 좋다. 목혈(木穴)에 금순이 있어도 좋다.

수순(水脣)은 순(脣)이 세 번 굽어 지어 있다. 그러나 혈(穴)을 대(對)하는 가운데는 둥글다. 수순이 되면 혈구(穴口)가 크게 이루어 있다. 수순은 목혈(木穴)에 더욱 좋다.

토순(土脣)은 참으로 정방(正方)이다. 穴에 앉아서 바라보면 대상(臺上)에 서 있는 것 같이 되어있다. 반드시 이는 대룡(大龍)에 대혈(大穴)이다. 토순에는 자손이 많고 발복이 오래간다. 이와 같은 혈(穴)은 항상 높은 산(山)에 있다. 높은 것은 기형압살(騎刑壓殺)이 있고 평지에는 모두 길(吉)하다.

목순(木脣)은 혈(穴)의 면(面)이 부채같이 넓게 지어있고 우액(牛軛) 같이 되어 있다. 양쪽 개수(開手)는 서로 노려보는 것 같으며 순(脣)이 나타나고 둥글고 가득 찬 것 같으니 안으로 스스로 기(氣)가 모여 있다. 만약 혈구(穴口)가 넓게 퍼져 있으면 횡(橫)으로 난간을 이룬 것 같고 먹줄 노끈으로 끌어 맨 것 같은 것이 목순이다. 목순은 반드시 온전한 복(福)이 없다. 부(富)는 탁하고 귀(貴)는 가난하다. 만약 목순을 배토(培土)하여 바른 것을 둥글게 만들면 길(吉)하다.

문목순(文木脣)은 혈(穴) 아래에 직(直)이 길게 나온 것이 여기(餘氣)이다. 높이 있는 자는 설(舌)이고, 평평히 있는 자는 순(脣)이다. 이것은 모두 살기(殺氣)이다. 만약 용진혈적(龍眞穴的)인 것은 가히 투구모양을 금(金)으로 만들어 압살(壓殺)을 막는다. 순(脣)이 나온 것이 평평하면 버려야 마땅한 것이다. 이는 주(主)가 고향을 떠나고 빈천(貧賤)하다. 또 개와 같이 싸우다가 목을 매어 자살한다.

작두금법(作兜金法)은 가운데서 길게 끌어서 바르게 된 것은 반드시 스스로 낮게 평평하게 이룬 것이다. 넓게 퍼져 있는 혈(穴) 앞에 넓은 가운데는 복숭아 같고 투구의 꼭대기 같은 것을 쪼개고 굴려서 못(池)을 짓는 법과 같은 이치가 있다. 다만 화평한 것을 만든다. 반드시 지당(池塘)과 같이 물이 고이게 만드는 것이 아니다. 혈(穴)에 앉아서 바라보면 둥근 것같이 만든 것을 보이게 되면 직살(直煞)이 보이지 않아 길(吉)이 된다. 만약 점점 평평하게 만든 것이 혈(穴)에 앉아 둥근 것으로 깍은 것이 보이지 않으면 더욱 좋다.

화순(火脣)은 어떠한 성(星)을 불구하고 다만 첨순(尖脣)이 보이면 즉시 살기(殺氣)이고 흉(凶)하다. 개수(開手)제화법(制火法)이 있다. 화기(火氣)가 비친 모양을 깎아서 배(培)로 샘을 만들면 항상 물이 고여 마르지 않는다. 이는 대복(大福)을 얻고, 못이 마르지 않으면 살기(殺氣)를 막을 수 있으며 스스로 길(吉)한 징조가 있다.

파쇄순(破碎脣)은 혈전(穴前)에 있는 여기(餘氣)가 앞으로 뻗으면서 여러 갈래로 갈라진 것이다. 혈(穴)은 흉택(凶宅)이며 주(主)가 횡화(橫禍)를 불러들이는 것과 같다. 재물은 흩어지고 사람은 고향을 떠난다.

3) 혈토(穴土)

모든 성(星) 혈(穴)의 좌(坐)에 바로 점(點)하면 혈(穴)이고, 지(地)는 평평하다. 평(平)은 토(土)이므로 혈토(穴土)라 한다. 혈토(穴土)는 어떠한 성(星)을 불구하고 혈(穴)은 마땅히 운(暈)의 가운데 있으므로 반드시 한 조각 육지(肉地)가 있다. 진혈(眞穴)은 한쪽으로 치우침이나 기울어짐이 없다. 생(生)과 와(臥)가 가능하여 화평(和平)이 중정(中正)하여 토(土)이다. 일점영광(一點靈光)[34]이며 영(靈)이 가운데 있으므로 장승생기(葬乘生氣)가 반드시 기(氣)를 타고 있

34) 진혈(眞穴)이 있는 곳은 산이 반드시 어린 눈(嫩)같고, 면(面)이 반드시 열리고, 사세(四勢)가 반드시 돌아 안아오고, 풍(風)도 반드시 감추고, 수(水)가 반드시 모와 들고, 와겸유돌(窩鉗乳突)이 반드시 분명하므로 일점영광(一點靈光)이 있다.(眞穴所在 其山必嫩 其面必開 其四勢必歸 其風必藏 其水必聚 其窩鉗乳突必分明而有一點靈光)

어 천심(天心)이다. 이것이 교회(交會)하므로 나문(螺紋), 토숙(土宿), 구진(句陳)이라 한다. 등사(螣蛇)는 운(暈)을 이룬 것을 말한다. 윤영(輪影)이 점점 모두 거두어들이므로 나문(螺紋)이라 말한다. 세(勢)는 뒤로부터 모두 와서 이에 머물고 스스로 앞을 투구처럼 이르러 그친 것이 스스로 좌우를 안아 오므로 이에 이르러 그친 것이 가만히 잠자는 것 같으므로 숙(宿)이다. 토숙(土宿), 구진(句陳)은 입토(立土)가 되고 등사(螣蛇)는 면토(眠土)가 된다. 구진은 뒤에 있고 등사는 앞에 있다. 추(樞)는 중앙의 태극운(太極暈)이 중심이 되어 있으므로 천심십도(天心十道)의 세(勢)이다. 구진, 등사 형(形)은 생기(生氣)이다. 기(氣)는 영광(靈光)의 뜻이고 나문(螺紋)은 내외(內外)가 있다. 운(暈)은 층이 있어 중앙이 운심(暈心)이다. 토숙(土宿)은 혼연(渾然)히 뭉쳐있으므로 일편(一片)의 괴(塊)이다. 그러므로 일점(一點)의 빛을 비추어주므로 색(色)으로서 모든 것을 결정한다. 부토(浮土)의 작총(作塚)은 천로(天露)가 살(煞)을 소멸하여 재앙이 없다. 체석(砌石)이 정(頂)에 결(結)해 있으면 3년을 기다리는 것이 료공(廖公)의 법이다.

4) 인목(印木)

모든 성(星) 혈(穴)의 좌(坐)에서 좌우를 보면 양주(兩肘)에 긴 곡직(曲直)이 포혈(抱穴)한다. 곡직(曲直)은 목(木)이므로 인목(印木)이라 한다. 인목(印木)은 선익(蟬翼), 우각(牛角)이며 추가로 용호(龍虎)를 말하며 개수(開手)의 양주(兩肘)를 말한다.

(9) 이기(理氣)

1) 해혈(亥穴)

① 임좌병향(壬坐丙向)

催官第一天輔穴 天皇氣從右耳接 穴宜挨左微加乾 天皇貫穴氣無洩 四神八將俱朝迎 紫綬金章左前列
최관제일천보혈 천황기종우이접 혈의애좌미가건 천황관혈기무설 사신팔장구조영 자수금장좌전열

해룡(亥龍)의 임혈(壬穴)이며 우이(右耳)를 따라 접(接)한 해기(亥氣)이고 혈(穴)은 당연히 애좌(挨左)하여 건(乾)의 미가(微加)는 해기(亥氣)가 혈(穴)을 뚫어 터럭만큼도 새는 것이 없다. 또 사신(四神)팔장(八將)의 사(砂)를 얻은 응위(應位)로 자수금장(紫綬金章)과 평룡(評龍)수장(首章)의 응험(應驗)과 같다.

② 건좌손향(乾坐巽向)

天皇氣射天廐星 微挨西獸加壬行 天廐穴空始爲吉 耳受左氣官資榮
천황기사천구성 미애서수가임행 천구혈공시위길 이수좌기관자영

해룡(亥龍) 건혈(乾穴)은 좌이(左耳)를 따라 접(接)한다. 해기(亥氣)가 미애(微挨)는 백호(白

虎)를 넘어 변(邊)으로 방출(放出)된다. 건기(乾氣)에 임(壬)이 가(加)하면 건기(乾氣)가 공(空)이며, 해기(亥氣)의 시(始)를 얻은 것이다.

③ 계좌정향(癸坐丁向)

天皇氣鍾穴北道 挨左立穴爲樞要 稍加乾位細推詳 左耳乘氣母沖腦
천황기종혈북도 애좌입혈위추요 초가건위세추상 좌이승기모충뇌

해룡(亥龍) 계혈(癸穴)은 우맥(右脈)을 따라 해기(亥氣)를 취(取)한다. 좌(左)를 밀어 간(艮)에 작게 건(乾)이 가미되는 해기(亥氣)는 우수(右臉)의 입수(入首)이다. 단 요수(腰臉)의 수기(受氣)는 잡기(雜氣)를 많이 범(犯)하여 뇌(腦)를 충(沖)한다. 어미의 뇌(腦)를 충(沖)하면 잡기(雜氣)가 나타난다.

④ 유좌묘향(酉坐卯向)

少微正向宜配丁 右腰乘氣官職輕 挨入天皇脈受穴 耳乘氣公侯生
소미정향의배정 우요승기관직경 애입천황맥수혈 이승기공후생

유혈(酉穴)이 해(亥)의 중(中)에 실려 있으면 마땅하지 않다.

2) 간혈(艮穴)

① 계좌정향(癸坐丁向)

催官第二穴宜癸 天市正氣左沖耳 穴挨西獸微加寅 晝錦榮華耀閭里
최관제이혈의계 천시정기좌충이 혈애서수미가인 화금영화요여리

간룡(艮龍) 계혈(癸穴)은 좌이(左耳)를 따라 정(正)간기(艮氣)를 받아 혈(穴)은 마땅히 밀어 백호(白虎)를 넘어 변(邊)이다. 미세하게 인(寅)이 가미되면 기(氣)에서 선(線)내로 인기(寅氣)의 방출(放出)은 간기(艮氣)가 좌이(左耳)의 정관(正貫)이다.

② 병정향(丙丁向) 사원(四垣) 사수(四獸)

壬癸背北面南離 河洛理數無相違 四垣四獸各正位 五氣順逆相憑依
임계배북면남리 하락리수무상위 사원사수각정위 오기순역상빙의

이는 병정(丙丁)이향(二向)의 아름다움을 총괄하여 판단한다. 임계(壬癸)는 감(坎)1궁(宮), 병정(丙丁)은 이(離)9궁(宮)이므로 배(背)일면(一面)이 이(離)이다. 이는 하락(河洛)에서의 이(理)와 수(數)가 상합(相合)하여 틀림이 없다. 사원(四垣)은 자미원(紫微垣)이 북(北), 천시원(天市垣)은 동(東), 태미원(太微垣)이 남(南), 소미원(少微垣)이 서(西)에 있다. 사수(四獸)는 청룡(靑龍), 주작(朱雀), 백호(白虎), 원무(元武)이다. 정위(正位)는 24산(山)에서 좌감조이(坐坎朝離)의 지(地)가 사원(四垣), 사수(四獸)를 각기 그 본위(本位)에서 얻는다. 오기순역(五氣順

逆)을 각기 얻은 빙의(憑依)는 공(公)이 가미한 좌북조남(坐北朝南)의 오묘함이다. 주역(周易)의 대구리일(戴九履一)이 천지(天地)의 중(中)에 수(數)가 거주하는 존(尊)이며 이것이 국(局)의 상합(相合)이다.

③ 갑좌경향(甲坐庚向)

天市迢迢穴陰璣 氣從右耳毋逶迤 天廚微加穴宜土 富貴文武官班縻
천시초초혈음기 기충우이모위이 천주미가혈의토 부귀문무관반미

간룡(艮龍)의 갑혈(甲穴)은 우이(右耳)에서 승기(乘氣)이며 적은 위이(逶迤)가 없고 점점 위(逶)와 같다. 간기(艮氣)의 진혈(眞穴)이 아니면 좌(左)에 붙어 미미하게 가미된다. 입향(立向)은 간기(艮氣)의 정(正)이 우이(右耳)를 충(沖)한다.

④ 임좌병향(壬坐丙向)

天市行龍太微向 氣鍾左腧官資旺 陰陽相見福永禎 二樞配合相隨唱
천시행룡태미향 기종좌수관자왕 음양상견복영정 이추배합상수창

간룡(艮龍) 임혈(壬穴)은 요수(腰腧)를 따라 수기(受氣)하고 간(艮)은 양추(陽樞), 병(丙)은 음추(陰樞)가 음양(陰陽)상견(相見)의 배합(配合)으로 최관(催官)의 힘이 가능하다.

* 요혈(腧穴)은 척중(脊中)에 있고 대등(對等)하게 각각 반촌(半寸)이 열려 있다.

* 좌이(左耳), 우이(右耳), 요수(腰腧)는 괘(卦)와 함께 기(氣)의 선(線)이 미청천(眉淸泉)의 어떠한 기(氣), 입혈방(入穴放)의 어떠한 기(氣)가 바깥으로 나가는 것을 삼가하며 진적(眞的)의 방(方)이 발복(發福)하므로 승기(乘氣)를 논(論)하여 입수(入首)에 사용하는 것이 정석(定石)이다.

⑤ 을좌신향(乙坐辛向)

陽樞穴左天官星 右腧乘氣多榮名 若得陰璇山秀起 含書飫史稱明經
양추혈좌천관성 우수승기다영명 약득음선산수기 함서어사칭명경

간룡(艮龍)의 을혈(乙穴)은 간기(艮氣)를 탄 좌요(右腰)와 같이 신향(辛向) 상봉(上峯)의 수기(秀起)를 얻어 가장 길(吉)하다.

⑥ 묘좌유향(卯坐酉向)

陽樞爲龍西向兌 右耳乘氣應爲最 穴宜挨左加廚星 閥閱榮華應無文
양추위룡서향태 우이승기응위최 혈의애좌가주성 벌열영화응무문

간룡(艮龍)의 묘혈(卯穴)은 향(向)에서 이(耳)를 탄 간기(艮氣) 혈(穴)은 마땅히 좌(左)를 밀어 축(丑)이 가미된 변(邊)이다.

⑦ 건좌손향(乾坐巽向)

天市行龍向陽旋 氣沖左脇通玄微 渥潤肥家積金玉 但恐夭折虧天年
천시행룡향양선 기충좌수통현미 악윤비가적금옥 단공요절휴천년

소남(少男)이 장녀(長女)에 수입(脇入)하여 장녀(長女)는 천절(天折)의 응(應)이 소남(少男)의 정준(精俊)에 맞지 않다. 장녀(長女)는 미려(美麗)하므로 수명은 단축되고 풍성한 복(福)은 나누어진다.

3) 신혈(辛穴)

① 건좌손향(乾坐巽向)

第三催官穴天廐 天乙行龍右耳受 挨左立穴加少微 中男及第紆紫緩
제삼최관혈천구 천을행룡우이수 애좌립혈가소미 중남급제우자완

신룡(辛龍)의 건혈(乾穴)은 납갑(納甲)에 합(合)하여 최관(催官)이며 중남(中男)이 응(應)하여 급제(及第)한다.

② 유좌묘향(酉坐卯向)

穴坐天西向東震 陰璇左氣從耳進 微加婁位勿加多 巡警小官亦聰俊
혈좌천서향동진 음선좌기종이진 미가루위물가다 순경소관역총준

신룡(辛龍)의 유혈(酉穴)은 용(龍)이 유산(酉山)과 상극(相剋)의 국(局)이다. 혈(穴)이 주밀(周密)하게 펼치면 관(官) 낮고 미미하다.

③ 곤좌간향(坤坐艮向)

陰璇龍向天市垣 氣從左脇通其原 玉堂金馬無分到 儒官雅俊多田園
음선룡향천시원 기종좌수통기원 옥당금마무분도 유관아준다전원

신룡(辛龍)의 곤혈(坤穴)은 신(辛)은 문장(文章)이고 옥당(玉堂)금마(金馬) 역시 그것을 나눈다. 한원(翰苑)에 이름을 날린다.

4) 손혈(巽穴)

① 을좌신향(乙坐辛向)

第四催官穴宜乙 陽璇氣沖左耳入 天官借坐加青蛇 禁闕宸宮班夜值
제사최관혈의을 양선기충좌이입 천관차좌가청사 금궐신궁반야치

손룡(巽龍)의 을혈(乙穴)은 좌이(左耳)에서 손기(巽氣)를 받는다. 음양(陰陽)이 합(合)한 상견(相見)과 납갑(納甲)의 배합(配合) 및 천을(天乙)태을(太乙)의 귀(貴)가 응(應)한다. 입수(入首)의 직(直)과 관쇄(關鎖)를 금(禁)한다.

② 사좌해향(巳坐亥向)

太乙行龍天屛穴 右耳乘氣眞奇絶 亢金煞位勿加多 巨富小貴人英傑
태을행룡천병혈 우이승기진기절 항금살위물가다 거부소귀인영걸

손룡(巽龍)의 사혈(巳穴)은 손(巽)이 유(酉)를 두려워하고 사(巳)의 살(煞)들이 손룡(巽龍)을 극제(剋制)한다. 단 해향(亥向)에서 발부(發富)하며 사(巳) 등(等)의 평론(評論)은 혈(穴) 중(中)의 작용지법(作用之法)을 깨달아야 가능하다.

③ 간좌곤향(艮坐坤向)

太乙行龍向陽樞 右腰乘氣無差殊 砂奇水秀龍精異 詩禮富貴多金珠
태을행룡향양추 우요승기무차수 사기수수룡정이 시례부귀다금주

손룡(巽龍)의 간혈(艮穴)은 좌요(左腰)에서 승기(乘氣)이다. 대개 혈(穴)과 용(龍)이 4~5위(位) 떨어지며 제수(臍臉)의 승기(乘氣)에 요출(腰出)은 위기(僞氣)이다. 터럭만큼의 차이가 없는 승기(乘氣)에 사(砂)가 적당하고 수(水)가 기이하게 용(龍)에 읍(揖)하면 일곱의 본질을 없애고 깨끗하다. 어떠한 용(龍)을 불론(不論)하고 함께 이 합(合)을 요구한다.

5) 묘혈(卯穴)

① 갑좌경향(甲坐庚向)

第五催官穴宜甲 陽衡氣從左耳發 穴挨西獸加天官 持節邊疆掌生殺
제오최관혈의甲 양형기종좌이발 혈애서수가천관 지절변강장생살

묘룡(卯龍)의 갑좌경향(甲坐庚向)은 경해미(庚亥未)의 사수수조(砂秀水朝)를 얻어 절(節)을 가지며 변강(邊疆)을 주장한다. 그래서 서방(西方)을 좋아하고 결함(缺陷)방위와 진망(陣亡)이 아니다. 이(耳)를 구하려면 일반적인 경우의 절단(節澶)을 깨달아야 어려움이 없다.

② 을좌신향(乙坐辛向)

阿香東來穴天官 氣從右耳屍靈安 微加甲位穴龍左 先文後武榮官班
아향동래혈천관 기종우이시령안 미가갑위혈룡좌 선문후무영관반

묘룡(卯龍)의 을좌신향(乙坐辛向)은 신상(辛上)의 산(山)이 수미(秀美)정영(精英)하면 선출(先出)문귀(文貴)이며 후출(後出)무귀(武貴)를 주장한다. 사수(砂水)의 취(取)를 알아보면 먼저 용(龍)의 힘이 발(發)하고 뒤에 쌓인다. 양공(楊公)과 뢰공(賴公)이 사람의 됨됨이로 봉분을 입향(立向)하고 무덤의 편안은 사(砂)에 많이 의지하고 수(水)를 짝하였다. 목전(目前)에서 선무(先務)하고 차후(次後)에 간룡(看龍)에서 위반을 구(救)하는 것이 오래된 말이다.

6) 경혈(庚穴)

① 유좌묘향(酉坐卯向)

第六催官向東震 天潢氣從右耳進 微加申位多榮華 富壓鄕邦衆欽信
제륙최관향동진 천황기종우이진 미가신위다영화 부압향방중흠신

경룡(庚龍)의 유좌묘향(酉坐卯向)은 기(氣)가 우이(右耳)를 따라 입혈(入穴)하고 미미하게 신(申)이 가미된 위치는 신기(申氣)의 방출(放出)로 힘이 최관(催官)하여 무귀(武貴)가 발(發)한다. 시(詩)에서 말한 부압향방(富壓鄕邦)은 신기(申氣)에서 더하여 나타난 것이 아니다.

② 곤좌간향(坤坐艮向)

天潢正向天市星 氣奔左耳眞奇淸 微加酉兌穴粘右 水朝局備家資盛
천황정향천시星 기분좌이진기청 미가서태혈점우 수조국비가자성

경룡(庚龍)의 곤좌간향(坤坐艮向)은 경기(庚氣)가 나아가 좌이(左耳)에서 입(入)하고 수조(水朝)국(局)을 갖추어 얻어서 가(家)의 재물이 풍성(豐盛)함을 주장한다.

7) 정혈(丁穴)

① 곤좌간향(坤坐艮向)

第七催官穴宜坤 南極氣從右耳奔 要使亢陰勿貫穴 微加天廣榮家門
제칠최관혈의곤 남극기종우이분 요사항음물관혈 미가천광영가문

정룡(丁龍)의 곤좌간향(坤坐艮向)은 기(氣)가 우이(右耳)를 따라 입(入)한다. 모름지기 미기(未氣)를 막고 사이의 혼잡은 애(挨)가 필요하고 오방(午方)을 지나 관(棺)을 놓고 정기(丁氣)로 하여금 관두(棺頭)우이(右耳)를 따라 입(入)하고 미기(未氣)의 관두(棺頭)에 있는 흙을 밖으로 빼내어 미기(未氣)를 맑게 거두어 얻고 정기(丁氣)를 적당하게 얻는다. 만약 요수(腰受)에서 정기(丁氣)는 미기(未氣)가 이(耳)를 뚫어 정기(丁氣)가 맑지 않다. 곤혈(坤穴)에서 정기(丁氣)로 하여금 입(入)이 필요하고 미기(未氣)는 출(出)한다. 드러나게 이(耳)를 자세히 아는 법은 혈중(穴中)을 자세히 보고 체(體)를 인식한다.

② 사좌해향(巳坐亥向)

南極行龍天皇向 氣沖左耳乃爲上 穴接西獸微加羊 陽權愼勿毫釐間
남극행룡천황향 기충좌이내위상 혈접서수미가양 양권신물호리간

정룡(丁龍)의 사좌해향(巳坐亥向)은 중간 오자(午字)는 정기(丁氣)를 거두어 오기(午氣)의 출(出)이 필요하다. 좋아하는 방위에 이와 같이 방관(放棺)의 개토(開土)가 필요하다. 미방(未方)의 애(挨)는 오기(午氣)로 하여금 혈중(穴中)으로 호리(毫釐)도 입(入)하지 않는다.

8) 병혈(丙穴)

① 을좌신향(乙坐辛向)

催官第八丙龍乙 氣沖左腧英才出 太微之龍穴粘巳 左氣貫耳富而已
최관제팔병룡을 기충좌수영재출 태미지룡혈점사 좌기관이부이사

병룡(丙龍)에 을좌신향(乙坐辛向)의 기(氣)가 척수(脊腧)를 뚫어 영재(英才)의 출(出)인데 관(貫)은 대개 이(耳)가 발부(發富)이다.

② 곤좌간향(坤坐艮向)

太微行龍向陽樞 右腰乘氣無差殊 穴宜挨左加青蛇 亦主人旺家資富
태미행룡향양추 우요승기무차수 혈의애좌가청사 역주인왕가자부

병룡(丙龍)의 곤좌간향(坤坐艮向)은 우요(右腰) 병기(丙氣)의 적당한 승(乘)이 필요하고 삼가 차이가 없어야 한다. 오기(午氣)를 승(乘)한 입혈(入穴)에 함께 애좌(挨左)로 가미가 출(出)하여 맑은 오기(午氣)이다.

9) 유혈(酉穴)

① 곤좌간향(坤坐艮向)

催官第九兌山艮 左氣沖耳無差紊 略加天乙貴龍來 亦主文章典州郡
최관제구태산간 좌기충이무차문 략가천을귀룡래 역주문장전주군

유맥(酉脉)의 곤좌간향(坤坐艮向)은 좌이(左耳)의 수기(受氣)이며 약간 신변(辛邊)의 가미는 신기(辛氣)를 필요하게 거둔 입혈(入穴)이다. 래룡(來龍)이 귀(貴)하여 문장(文章)을 주장한다.

② 해좌사향(亥坐巳向)

金雞來泊天門啼 右氣沖耳天廐噓 微加天潢砂水秀 少年一擧登科第
금계래박천문제 우기충이천구허 미가천황사수수 소년일거등과제

유기(酉氣)의 해좌사향(亥坐巳向)은 건기(乾氣)의 출(出)을 필요로 한다. 천구허(天廐虛)는 경기(庚氣)를 거두어 겸(兼)하며 다시 사조수수(砂朝水秀)를 얻어 소년(少年)의 등과(登科)이다.

③ 유좌묘향(酉坐卯向)

金雞啼向扶桑東 氣沖腦散虧神功 庚辛受穴乃爲貴 官職宏霸資財豐
금계제향부상동 기충뇌산휴신공 경신수혈내위귀 관직굉패자재풍

이는 양공(楊公)의 개장장법(開杖葬法)이며 유룡(酉龍)이 가서 유좌묘향(酉坐卯向)을 지어 기(氣)의 범(犯)은 뇌(腦)를 충(沖)하여 흩어지는 병(病)이다. 중정(中頂)에서 단단한 줄기에 개장장법(開杖葬法)을 사용한다. 이관(二棺)에서 신기(辛氣)를 받고 일관(一棺)에 경기(庚氣)를

받은 기(氣)는 뇌(腦)를 충(沖)하지 않는다.

④ 계좌정향(癸坐丁向)

陽闔西來穴宜癸 兌丁相見本爲美 右腰乘氣氣力輕 轉亥結穴氣從耳
양개서래혈의계 태정상견본위미 우요승기기력경 전해결혈기종이

유룡(酉龍)의 정배(正配)는 계좌정향(癸坐丁向)이다. 단 우요(右腰)에서 승기(乘氣)는 혼잡한 임자(壬子)기(氣)의 입(入)이 두렵다. 맥(脉)이 해(亥)로 돌아 우이(右耳)에서 기(氣)를 거두면 유해(酉亥)기(氣)가 이르러 공후(公侯)를 생(生)한다.

10) 오혈(午穴)

① 병좌임향(丙坐壬向)

催官第十穴天貴 離宮左氣從耳注 微加南極穴周迴 砂水合矩公侯至
최관제십혈천귀 이궁좌기종이주 미가남극혈주회 사수합구공후지

오룡(午龍)의 병좌임향(丙坐壬向)은 오기(午氣)가 좌이(左耳)를 따라 닿으며 혈(穴)은 미미하게 정방(丁方)을 밀어 국세(局勢)는 주회(周廻)하며 사수(砂水)가 법칙에 합(合)하여 공후(公侯)에 이른다. 혹시 국세(局勢)가 불주(不周)하고 사수(砂水)가 유구(踰矩)하면 수기(受氣)가 적당해도 복력(福力)이 종멸(終滅)한다.

② 정좌계향(丁坐癸向)

離山岧嶢應日星 丁穴右耳乘災精 微加天貴毫釐位 立見驟富官職榮
리산초요응일성 정혈우이승재정 미가천귀호리위 립견취부관직영

오(午)는 일(日)이며 염정(炎精)이다. 오맥(午脉)의 정좌계향(丁坐癸向)은 기(氣)가 정혈(丁穴)을 따라 우이(右耳)로 입(入)하고 병방(丙方)을 애(挨)하는 아래의 혈(穴)이다.

11) 임혈(壬穴)

① 자좌오향(子坐午向)

背一面九乘天輔 氣從右耳爲合矩 穴宜挨左加紫星 富貴聲名振鄕土
배일면구승천보 기종우이위합구 혈의애좌가자성 부귀성명진향토

임룡(壬龍)의 자좌오향(子坐午向)은 일구(一九)의 풀이는 위를 본다.

② 간좌곤향(艮坐坤向)

壬山迢迢穴天市 天輔氣奔沖右臉 穴左微侵半分亥 富貴聲名響閭里
임산초초혈천시 천보기분충우수 혈좌미침반분해 부귀성명향려리

임룡(壬龍)의 간혈(艮穴)은 우수(右臉)의 수기(受氣)이고 혈(穴)이 미미하게 나눈 해(亥)의

애좌(挨左)는 삼가한다. 애(挨)가 많으면 임기(壬氣)는 혼잡하다.

③ 신좌을향(辛坐乙向)

天輔龍向天官星 氣從左臉通玄靈 穴宜挨右加陽光 亦主財旺人英俊
천보룡향천관성 기종좌수통현령 혈의애우가양광 역주재왕인영준

임룡(壬龍)의 신좌을향(辛坐乙向)이다.

12) 자혈(子穴)

① 자좌오향(子坐午向)

穴坎陽光右耳通 龍脈精俊生英雄 切忌陽光氣沖腦 家資退落應如掃
혈감양광우이통 룡맥정준생영웅 절기양광기충뇌 가자퇴락응여소

자룡(子龍)의 자좌오향(子坐午向)은 절대 꺼리는 것은 기(氣)가 뇌(腦)를 충(沖)하여 흩어지는 것이며 마땅히 좌이(左耳)를 따라 승기(乘氣)한다.

② 간좌곤향(艮坐坤向)

陽光穴坐天市垣 氣沖右耳乃爲玄 穴宜挨左加天輔 孕産六指多田園
양광혈좌천시원 기충우이내위현 혈의애좌가천보 잉산륙지다전원

자룡(子龍)의 간좌곤향(艮坐坤向)은 우이(右耳)의 승기(乘氣)이다. 혈(穴)은 마땅히 애좌(挨左)로 임(壬)이 가미되어 육지아(六指兒)를 생(生)한다. 남자는 부(富)를 발(發)하며 여자는 육지(六指)를 생(生)하는 빈(貧)이다.

13) 계혈(癸穴)

① 간좌곤향(艮坐坤向)

催官十三面玄戈 陰光俊美右耳過 挨左宜加半規月 富貴便見風流多
최관십삼면현과 음광준미우이과 애좌의가반규월 부귀편견풍류다

계룡(癸龍)의 간좌곤향(艮坐坤向)은 용신(龍神)이 준미(俊美)하여 자(子)에서 배(配)한 계(癸)의 이기(二氣)는 함께 풍류(風流)를 거두어 누구나 나란히 가능하다.

② 자좌오향(子坐午向)

陰光穴坎向炎精 左耳乘氣不爲輕 穴宜挨右微加半 出人英俊資財盛
음광혈감향염정 좌이승기불위경 혈의애우미가반 출인영준자재성

계룡(癸龍)의 자좌오향(子坐午向)은 좌이(左耳)의 승기(乘氣)는 뇌(腦)의 폐(弊)를 충(沖)하지 않는다. 그래서 재백(財帛)의 풍성(豐盛)은 토(土)의 응(應)이 다른 것을 없애는 것과 같다.

14) 곤혈(坤穴)

① 정좌계향(丁坐癸向)

丁穴迴環局關鎖 玄戈耳入氣沖左 穴粘西獸微加申 龍局精奇發如火
정혈회환국관쇄 현과이입기충좌 혈점서수미가신 룡국정기발여화

곤룡(坤龍)의 정좌계향(丁坐癸向)은 용맥(龍脈)이 정기(精奇)하게 발(發)하여 화(火)와 같고 더하여 용맥(龍脈)을 들추어보면 불발(不發)이다. 산천(山川)의 정기(精奇) 생성(生成)은 지(地)에서 취기(取氣)의 맥(脉)을 얻는 연구를 한다.

② 곤좌간향(坤坐艮向)

坎離交極少生氣 老龍不交龍不備 水朝砂秀亦陽龍 坎癸離壬納于是
감리교극소생기 로룡불교룡불비 수조사수역양룡 감계리임납우시

곤룡(坤龍)에 곤혈(坤穴)은 노음(老陰)의 불교(不交)이며 펼쳐진 수조사수(水朝砂秀)는 계(癸)를 구(求)한다. 오임인술(午壬寅戌)의 산향(山向)이 아래의 방위에 생육의 생기(生機)이다. 곤(坤)의 선천(先天)은 감위(坎位)에 있고 감(坎)의 납갑(納甲)이 계신진(癸申辰)이며 짝이 오(午)의 납갑(納甲)이 임인술(壬寅戌)이므로 곤계(坤癸)이임(離壬)의 납갑(納甲)이 임(壬)이다.

15) 건혈(乾穴)

① 경좌갑향(庚坐甲向)

亢陽無生甲從乾 氣從𦟛入非天然 陽局不奇總凶惡 鰥寡絶嗣災綿綿
항양무생갑종건 기종수입비천연 양국불기총흉악 환과절사재면면

건룡(乾龍)의 경좌갑향(庚坐甲向)은 기(氣)가 수(𦟛)를 따라 입(入)하여 힘이 넉넉하여 최관(催官)이다. 건(乾)은 극진히 노(老)하여 퇴처(退處)이고 서북(西北)은 배합방(配合方)을 얻어 사용한다. 혹은 술(戌)을 대(帶)하거나 임(壬)으로 돌거나 갑(甲)의 조래(朝來)는 함께 가능하다. 만약 국세(局勢)의 불진(不眞)은 흉악(凶惡)이 있어 환과(鰥寡), 절사(絶嗣)를 주장한다. 극진한 양(陽)의 기(氣)에서 양육이 적다.

② 신좌을향(辛坐乙向)

陽璣來龍宜向乙 迢迢左氣從耳入 穴宜挨左微加婁 水朝局備家資實
양기래룡의향을 초초좌기종이입 혈의애좌미가루 수조국비가자실

건(乾)의 용맥(龍脈)에 신좌을향(辛坐乙向)은 곤(坤)에서 납갑(納甲)이 을(乙)이며 짝을 지어 선천(先天)부부(夫婦)의 생기(生機)이다. 기(氣)가 좌(左)를 따라 와서 우(右)에 입(入)하여 술위(戌位)가 가미된다. 후천(後天)에 합(合)이다.

16) 술혈(戌穴)

① 신좌을향(辛坐乙向)

戌山迢迢宜向乙 鼓盆左氣從耳入 龍行起伏向陽朝 巨富但恐人殘疾
술산초초의향을 고분좌기종이입 룡행기복향양조 거부단공인잔질

진술(辰戌)은 고지(庫地)로 재보(財寶)를 주장한다. 단 행룡(行龍)의 기복(起伏)은 높은 귀(貴)를 주장한다. 또 행룡(行龍)의 정영(精英)은 술건(戌乾)진손(辰巽)은 괴원(魁元)의 발(發)을 주장한다. 평가한 말에서 손궁(巽宮)의 범(犯)이 냉퇴(冷退)이다.

② 경좌갑향(庚坐甲向)

鼓盆龍向天苑星 行龍懶緩災非輕 穴挨西獸細消詳 水朝局備家資盛
고분룡향천원성 행룡라완재비경 혈애서수세소상 수조국비가자성

행룡(行龍)의 나완(懶緩)은 술룡(戌龍)을 논(論)하지 않는다. 곧 삼길육수(三吉六秀) 역시 재앙이 가볍지 않다. 술룡(戌龍)의 나완(懶緩)은 평가의 말에서 세소상(細消詳)가자성(家資盛)은 혹시 정준(精俊)으로 하여금 관(官)이 반드시 가능하다. 어리석지 않으므로 도리어 지어 더한 술룡(戌龍) 역시 참으로 복력(福力)이 있다. 옛날 분택(墳宅)을 경험하면 방위를 믿는 논(論)이 실속 없는 말이 아니다.

17) 인혈(寅穴)

① 간좌곤향(艮坐坤向)

功曹坐艮向玄戈 左耳乘氣無偏頗 微加甲位局周完 龍脈精異發如火
공조좌간향현과 좌이승기무편파 미가갑위국주완 룡맥정이발여화

인룡(寅龍)의 간좌곤향(艮坐坤向)은 간인(艮寅)팔살(八煞)이다.

② 인좌신향(寅坐申向)

功曹正向天關星 龍脈穎異穴堪親 砂水不備總凶惡 寡母怪疾多生嗔
공조정향천관성 룡맥영이혈감친 사수불비총흉악 과모괴질다생진

인룡(寅龍)의 인좌신향(寅坐申向)이 사수(砂水)의 불비(不備)는 전체적으로 흉악(凶惡)하다. 24산향(山向)의 구절은 총평(總評)이다. 용혈(龍穴)의 발복(發福) 대소(大小)는 화(禍)의 경중(輕重)이다. 전체적인 증거의 수집은 사수(砂水)에서 국(局)을 갖춘다. 만약 사수(砂水)의 불비(不備)는 용진혈적(龍眞穴的)의 역량(力量)이 가볍게 끝나 사수(砂水)가 무겁지 않다. 이에 용혈(龍穴)의 미결(未結)에 이(耳)를 지어 용혈(龍穴)을 결작(結作)하는 역시 사수(砂水)에 의지한다. 더하여 천지(天地)의 사이에 따라 괴룡(怪龍)괴혈(怪穴)이 있고 괴사수(怪砂水)는 없다. 그러므로 사비수주(砂飛水走)의 위치는 용혈(龍穴)이 그림 같은 화혈(花穴)의 이름이고 거짓의

형(形)은 사(砂)가 엉기고 수(水)가 모여 있는 장소이다. 용혈(龍穴)이 희미하면 이것을 칭(稱)하여 귀비신석(鬼秘神惜)이다.

18) 갑혈(甲穴)

① 손좌건향(巽坐乾向)

陰璣穴巽向乾峰 氣從右腧家興隆 左右不交龍失度 鰥寡瘋跛動瘟風
음기혈손향건봉 기종우수가흥륭 좌우불교룡실도 환과풍파동온풍

도수(度數)를 잃어버린 용(龍)이다. 갑(甲)의 배(配)인 건향(乾向) 역시 환과(鰥寡)와 풍질(風疾)을 면(免)하지 못하고 이기(理氣)는 형세(形勢)를 함께 살핀다.

② 간좌곤향(艮坐坤向)

陰璣起伏龍向坤 左耳乘氣福無窮 穴宜粘左微加寅 龍奇局鎖方堪用
음기기복룡향곤 좌이승기복무궁 혈의점좌미가인 룡기국쇄방감용

갑룡(甲龍)의 간좌곤향(艮坐坤向)은 좌이(左耳)에서 승기(乘氣)하며 혈(穴)의 좌(左)에 붙어 인(寅)이 가미된다. 그래서 행도(行度)와 용국(龍局)이 함께 합법(合法)이 필요하다. 평가에서 말한 용기국쇄방감용(龍奇局鎖方堪用)은 용(龍)이 불기(不奇)불감(不堪)은 기국(奇局)불쇄(不鎖)의 용(龍)을 쓰고 불감(不堪)은 기국(奇局)관쇄(關鎖)의 용(龍)을 쓴다. 승기(乘氣)의 불진(不眞)은 불감(不堪)의 용도이므로 형세(形勢)와 이기(理氣)에 합일(合一)하는 일이다. 편중(篇中)에 이기(理氣)를 익혀 전체적으로 갑자기 대략이 아니며 형세(形勢) 고유(固有)의 뜻이 바로 있다.

19) 진혈(辰穴)

① 건좌손향(乾坐巽向)

亢金陽龍向玄戈 左腧乘氣力比和 天官微加穴粘左 龍要精異穴關鎖
항금양룡향현과 좌수승기력비화 천관미가혈점좌 룡요정이혈관쇄

진룡(辰龍)의 진향(辰向)은 용상(龍上)에 합(合)하고 천문(天門)의 격(格)을 취(取)한다. 진기(辰氣)를 얻어 진(眞) 사수(砂水)는 으뜸을 따라 받쳐 주는 방위를 껴안아 비추어 수(壽)의 무기(無期)를 주장한다. 이(頤)는 신(辛)에서 사수(砂水)가 수(秀)는 천주(天柱)의 밑이다.

② 간좌곤향(艮坐坤向)

亢金行度向元戈 左腧乘氣力比和 天官微加穴挨左 龍要精奇局要鎖
항금행도향원과 좌수승기력비화 천관미가혈애좌 룡요정기국요쇄

대개 이기(理氣)를 익혀 전체적으로 취(取)한다. 반드시 용(龍)에서 기국(奇局)이 관쇄(關鎖)되어 비평하는 말이 재삼(再三) 정(丁)은 사람으로 하여금 어둡다. 형세(形勢)에서 자세히 강구

(講究)한 연후(然後)에 이기(理氣)의 안돈(安頓)처(處)가 있다. 곧 승기지법(乘氣之法)과 같이 역시 만두(巒頭)상(上)에서 나누어 맑은 기(氣)를 당겨 입혈(入穴)은 의지하지 않는다. 빈곳을 가르켜 모기(某氣)를 거두어 입(入)하고 모기(某氣)를 놓아 출(出)한다.

20) 신혈(申穴)

① 경좌갑향(庚坐甲向)

天關龍從天漢星 氣從右耳須尋正 微加天鉞輔龍行 水朝局鎖人財盛
천관룡종천한성 기종우이수심정 미가천월보룡행 수조국쇄인재성

신룡(申龍)의 경좌갑향(庚坐甲向)은 음양(陰陽)혼잡(混雜)이다.

② 정좌계향(丁坐癸向)

申山局向瑤光宮 左耳乘氣力爲重 玄戈微加穴居左 龍蹲虎踞家資盛
신산국향요광궁 좌이승기력위중 현과미가혈거좌 룡준호거가자성

신룡(申龍)의 정좌계향(丁坐癸向)이다.

21) 사혈(巳穴)

① 사좌해향(巳坐亥向)

赤蛇頭向天門北 直來直受神功裂 巽丙受穴最爲良 富貴榮華人英傑
적사두향천문북 직래직수신공열 손병수혈최위양 부귀영화인영걸

사룡(巳龍)의 사혈(巳穴)은 직래직수(直來直受)의 향(向)이 해(亥)이다. 혹시 향(向)이 건(乾)이나 임(壬)이면 손병(巽丙)혈(穴)을 짓는다.

22) 미혈(未穴)

① 곤좌간향(坤坐艮向)

未山起伏龍向艮 天常氣從右耳邊 穴挨左位帶丁來 左道榮華人貴顯
미산기복룡향간 천상기종우이변 혈애좌위대정래 좌도영화인귀현

미룡(未龍)의 간좌곤향(艮坐坤向)은 귀금(鬼金)이 미(未)에 붙어 좌도(左道)를 주장한다. 혈(穴)은 기(氣)를 거두어 사람이 신숭(信崇)하고 구불(求佛)한다.

23) 축혈(丑穴)

① 임좌병향(壬坐丙向)

金牛走向太微垣 氣奔左耳龍脈旋 陽樞微加穴粘右 水朝局鎖多田園
금우주향태미원 기분좌이룡맥선 양추미가혈점우 수조국쇄다전원

축룡(丑龍)의 임좌병향(壬坐丙向)이다.

② 계좌정향(癸坐丁向)

天廚龍向南極星 左氣沖耳資財興 穴挨西獸加陽樞 富貴人欽左道靈
천주룡향남극성 좌기충이자재흥 혈애서수가양추 부귀인흠좌도령

축룡(丑龍)의 계좌정향(癸坐丁向)은 좌도(左道)술(術)이 많이 태어나 많은 령(靈)을 경험하여 대부(大富)대귀(大貴)의 몸이 재주가 자세히 다르다.

24) 을혈(乙穴)

① 간좌곤향(艮坐坤向)

天官坤向穴天市 氣從左腧乃爲利 亢金微加穴粘右 亦主富貴人招贅
천관곤향혈천시 기종좌수내위리 항금미가혈점우 역주부귀인초췌

을(乙)은 명령(螟蛉)과 계췌(繼贅)를 주장한다.

25) 총결(總決)

① 승기(乘氣)

氣從耳入官易期 氣從腰腧官應遲 耳腰乘氣有多寡 正脉愼勿差毫釐
기종이입관역기 기종요수관응지 이요승기유다과 정맥신물차호리

이(耳)를 따르는 수기(受氣)는 출살(出煞)이 용이하며 승기(乘氣)가 상쾌하다. 요수(腰腧)는 출살(出煞)이 어렵고 승기(乘氣)가 느슨하다. 산두(山頭)횡래(橫來)는 음양(陰陽)차착(差錯)을 쉽게 범(犯)하고 요수(腰腧)에 받은 진기(眞氣)를 얻으면 이(耳)의 변(邊)에 혼잡이 위기(僞氣)가 입(入)하여 두렵다. 진기(眞氣)가 이르지 않고 위기(僞氣)가 먼저 입(入)하므로 관(官)의 응(應)이 지연된다고 말한다. 이 중(中)에 삼가 호리(毫釐)의 적은 차이를 뢰공(賴公)이 보여주고 승기(乘氣)는 깊은 말씀의 급소(急所)이며 가장 먼저 해야 할 중요한 일이다.

② 혈향(穴向)승기(乘氣)

催官穴向幾等第 耳腰乘氣爲眞機
최관혈향기등제 이요승기위진기

최관(催官)에 입수룡(入首龍)과 좌향(坐向)은 등급이 있고 승기(乘氣)는 이요(耳腰)가 진기(眞機)이다.

3. 사(砂)

형체(形體)로 길흉(吉凶)은 첨(尖), 원(圓), 방(方), 정(正)과 같이 진귀한 물건 등의 결성(結成)은 길(吉), 왜사파쇄(歪斜破碎)와 흉악한 기품(器品) 등의 생성(生成)은 흉(凶)이다. 방위(方位)로써 길흉(吉凶)은 진경손신태정간병(震庚巽辛兌丁艮丙)의 방위는 길(吉), 인갑곤신진술축미(寅甲坤申辰戌丑未)의 방위는 흉(凶)이다. 이기(理氣)로써 길흉(吉凶)은 금목수화토(金木水火土)의 각성(各星)은 모두 생왕(生旺)에서 기뻐하며 극설(剋洩)에서 싫어하는 것과 같다.

사(砂)는 형체(形體), 방위(方位), 이기(理氣)에 모두 합당해야 한다. 이기(理氣)의 발사법(撥砂法)과 형체(形體)로써 사(砂)를 아는데 위주 한다. 그리고 방위(方位)가 중요하다고 할 수 없으며 이기(理氣) 역시 정통하다고 할 수 없다. 발사법(撥砂法)은 전적으로 형체(形體), 방위(方位), 이기(理氣)를 잘 인식하는데 있고 음택(陰宅)에서 사용한다.

탁장로(託長老)는 간사(看砂)에서 우선 성체(星體)를 알고 3등의 구분은 부귀천(富貴賤)이다. 비원정(肥圓正)은 부(富), 첨려수(尖麗秀)는 귀(貴), 사옹종(斜臃腫)은 천(賤)이다. 또 성체(星體)의 형상이 하성(何星)의 소속인지 알아야 한다. 비로소 부귀(富貴)의 대소(大小)와 수요궁통(壽夭窮通)을 알고 하늘에 있는 전사(纏舍)를 관찰하고 지상의 정세(情勢)를 관찰하면 길흉(吉凶)이 손바닥 안에 있다.

파군, 녹존, 문곡, 염정의 사(砂)가 대산(大山) 중의 성체(星體)이면 월(일)식 때처럼 볼 수 있는데 창천수성(漲天水星)이다. 두(頭)는 염정, 신(身)은 거문, 각(脚)은 파군, 고(股)는 녹존과 유사한 것으로 분간한다. 이런 성신(星辰)이 노산(老山) 중에 있으면 조종(祖宗)으로 되며, 분지(分支)에서 출(出)은 수구(水口)에서 천웅성(天雄星), 산간 평지에서 천권성(天權星)을 만드는데 화(火)의 변체(變體)이다. 만약 정인(正印)을 차지하면 위무조열지인(威武燥烈之人)과 문무겸전지사(文武兼全之士)를 산출한다.

오성(五星) 사체(砂体)의 형상과 고중저(高中低) 3등으로 나누어 보는 법이 중요하다. 운소(雲宵) 중에 들어간 사(砂)가 제1등으로 되며 가장 유력하고 출장입상(出將入相)을 주장한다. 단원방정(端圓方正)한 사(砂)가 중등지사(中等之砂)로 되며 과거하고 부후(富厚)한다. 난봉저소(亂峰低小)한 사(砂)가 하등지사로 되며 부수인정(富秀人丁)을 주장한다. 이것은 산룡(山龍)의 결지(結地)이다. 평강용(平岡龍)의 결지(結地)는 사(砂)의 고(高)가 수십장(數十丈)이라도 고산(高山)으로 여겨 논(論)한다. 또 평양룡(平洋龍)의 결지(結地)는 고산(高山)에 비하여 더욱 빼어남이 최대이며 가장 유구하다. 전후좌우의 사(砂)가 수장(數丈)이라도 고산(高山)으로 여기고 논(論)한다.

산룡(山龍)의 결지(結地)는 고사(高砂), 평강룡(平岡龍)의 결지(結地)는 중사(中砂), 평양룡

(平洋龍)의 결지는 저사(低砂)로써 위주 한다. 만약 평양지(平洋地)로써 평강지사(平岡之砂)를 얻으면 더욱 추가하고, 평강지(平岡地)가 고산(高山)의 사(砂)를 얻으면 복(福)이 배가한다. 고산지(高山地)가 평양지사(平洋之砂)를 얻으면 없는 것 같이 된다고 말하는데 결국 사(砂)의 여기(餘氣)로 사(砂)가 아니기 때문이다.

용(龍)이 있는 곳에 혈(穴)이 있고, 사(砂)는 혈(穴)을 위해 병렬(屛列)한다. 병렬(屛列)한 사(砂)는 모두가 용신(用神)이다. 높고 낮고 크고 작은 것이나 강만산부(岡巒山阜)를 모두 이름하여 사(砂)라 한다. 사산(四山)을 의지하지 않으면 진사(眞砂)가 아니므로 24산(山)의 좌(坐)에 따라 각기 방위(方位)가 다르다. 산 너머 솟아있는 일척(一尺)의 귀사(貴砂)가 정승을 만들어낸다. 사람에 비유하면 수족(手足)이 있어야 귀(貴)하다. 또 사람의 집에서 거실(居室)이 있으면 원장(垣墻)이 있듯이 일기(一氣)로 인해 용(龍)과 혈(穴)이 참되면 성곽(城郭)이 있다. 성곽이 있거나 없기도 하지만 대관(大官)대귀(大貴)는 성원(城垣)이 없는 자가 없다. 그러므로 사(砂)가 없으면 혈(穴)을 이루지 않고, 호종사(護從砂)가 없으면 용(龍)을 이루지 못한다. 사(砂)를 말함에는 간절하지만 먼저 청룡 백호뿐이다.

(1) 청룡백호사(靑龍白虎砂)

청룡백호사는 본신(本身)에서 출발하는 것과 타산(他山)에서 와서 싸는 것도 있다. 1변(邊)은 본신(本身)에서 나오고, 1변(邊)은 타산(他山)에서 내호(來護)하는 것도 있다. 변(邊)이 있는 것이나 없는 것도 있다. 단변(單邊)이나 쌍변(雙邊)도 있고, 환포(環抱)를 할 수 없는 것도 있다. 무룡(無龍)은 수(水)가 좌변(左邊)을 얽게 되며, 청룡이 없으면 좌수도우(左水到右)하는 것이 필요하다. 우변(右邊)에 백호가 없으면 우수(右水)가 좌변(左邊)을 얽는 것이 필요하다. 수(水)가 좌(左)로부터 오면 청룡이며, 수(水)가 우(右)로부터 오면 백호이다. 그러나 하사(下砂)의 관수(關收)인데 오히려 묘(妙)하게 전환되는 것이 필요하다.

청룡의 생왕(生旺)은 장방(長房)이 발전하며, 백호의 생왕(生旺) 형세가 양양(揚揚)하면 3방(3房)이 흥왕(興旺)하고 창성(昌盛)한다. 주작(朱雀)의 생왕(生旺)은 2방(2房)에 해당하고, 혈전(穴前)의 수(水)는 길흉(吉凶)을 가지며 길(吉)은 복(福), 흉(凶)은 앙(殃)이다. 원무(元武)가 산고(山高)이면 2·5방(房)이 좋다. 그러므로 생방(生方)이면 일마다 번창하고, 살설(煞洩)이면 인재(人財)가 패(敗)한다. 그러므로 일변(一邊)이 유력(有力)하고 일변(一邊)이 무력(無力)하면 방분(房分)이 고르지 않다.

천상(天上) 성신(星辰)이 중원(中垣)에 태극(太極)을 세우고 동서남북(東西南北)에 28수(28宿)가 돌고 싸서 안으므로 좌(左)의 7수(宿)가 청룡, 우(右) 7수(宿)가 백호라 하여 지가(地家)의 형상이다. 그래서 좌수(左手)를 청룡, 우수(右手)를 백호라 이름하고, 좌수우수(左手右手)

의 다른 이름이다.

청룡은 좌측, 백호는 우측을 안아 있으므로 그 가운데 혈(穴)이 있다. 청룡 백호가 가까이 있는 자는 주성(主星), 멀리 있는 자는 후장(後帳)에서 같이 나온 것이다. 성두(星頭)가 일변(一邊)에서 나오기도 하며 일변(一邊)으로 오다가 후장(後帳)을 열어 나오기도 하는데 일변(一邊)에서 나온 것을 단제(單提)라 한다. 청룡이 회전(回轉)하여 안(案)을 짓거나 백호가 회전(回轉)하여 안(案)을 지을 수도 있는데 청룡 백호가 서로 회전한 것을 선궁(先弓)이라 한다. 청룡 백호가 선후(先後)로 횡전(橫轉)한 것을 요포(遶抱)라 하며 요포(遶抱)가 일중이중(一重二重) 수중(數重)으로 에워 싼 것을 교세(交細), 요(曜)가 뻗어서 서로 출입이 된 것을 교아(交牙), 양 날개같이 나온 것을 개정(開睜), 날아서 춤추는 것 같은 것을 전시(展翅)라 한다.

청백은 강약(强弱), 승부(勝負), 노눈(老嫩)이 있다. 또 각각 형상을 이루므로 모두 성정(性情)의 진가(眞假)를 말한다. 강약(强弱)과 승부(勝負)는 청룡 백호에 구애되지 않고 상수(上水) 하수(下水)를 말한다. 청룡이 있어 하수(下水)가 되면 요긴한 것은 청룡이 강(强), 승(勝)이 된다. 백호에 있어 하수(下水)가 되면 요긴한 것은 백호가 강(强), 승(勝)이다. 대략 주성(主星)이 나를 보고 개면(開面)한 것은 진(眞)이고 돌아간 것은 가(假)이다. 본신(本身)에서 동(動)하여 안아 준 것은 참되고 버리고 반대로 간 것은 가(假)이다. 청룡 백호의 세(勢)가 있어도 개면(開面)이 없으면 정(情)이 없으며 가(假)이다. 일변(一邊)이 유정(有情)하고 일변(一邊)이 무정(無情)하면 가(假)이다. 일변(一邊)이 원활(員活)하고 일변(一邊)이 죽은 듯이 굳어있으면 가(假)이다. 일변(一邊)이 뚫려서 열리고 일변(一邊)이 궁(窮)하고 좁으면 가(假)이다.

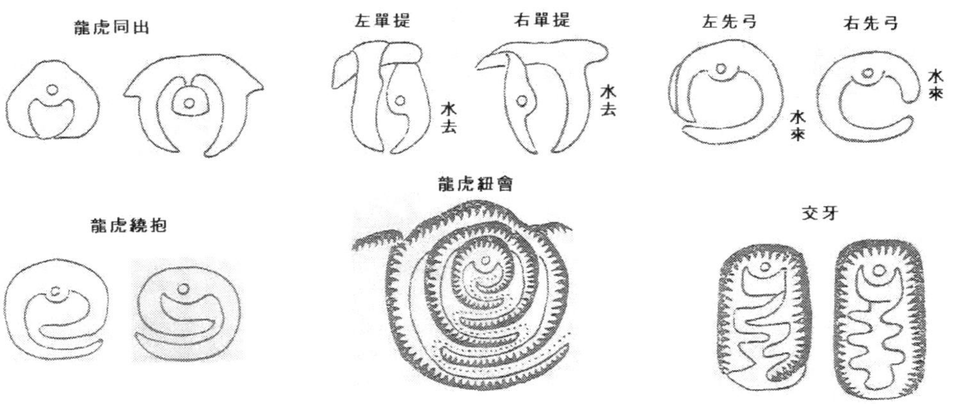

용호동출(龍虎同出)은 청룡 백호가 성두(星頭)에서 같이 나온 것과 장두(帳頭)에서 같이 나온 것은 이치는 같은 것이다. 바로 앞에 나온 것은 개구(開口)가 되고 혈장(穴場)을 감싸 않은 것은 개수(開手)인 것이다. 좌우 개수(開手)가 합(合)한 곳에 穴은 그 가운데 머물러 있다. 사람이 남에 형제간에 우애가 있고 그 나눔이 분명하고 모든 것이 바르게 처리하는 것이다.

좌단제(左單提), 우단제(右單提)는 어떠한 星을 불구하고 모두 단제형(單提形)이 있는 것이다. 또 좌우를 불구하고 다만 요긴한 것은 어깨로부터 곧은 것이 힘 있게 뻗어 내리고 물이 하수(下水)가 10개이며 단제(單提)는 9개가 된다. 이에 참된 것은 상수(上水)가 있어 밀어 주면 한쪽 팔뚝에 힘을 얻는다.

좌선궁(左先弓), 우선궁(右先弓)은 이는 양쪽 팔뚝이 하나는 짧고 하나는 긴 것을 말한다. 그 하나의 긴 것이 안(案)을 짓는다. 그 하나의 긴 것이 도와서 수구(水口)를 막아 주면 힘을 얻어서 당대(當代)에 발복한다.

용호요포(龍虎遶抱)는 청룡 백호가 서로 엉겨서 안아 있으면 더욱 힘을 얻어 부귀와 길상(吉祥)이 있고 만사가 뜻대로 성취된다.

용호뉴회(龍虎紐會)는 청룡 백호가 얽어서 백호를 안아 주고 백호가 얽어서 청룡을 안아 준다. 일중(一重)으로 문호(門戶)를 지어 일중(一重)으로 봉해주니 좌우로 밀어서 덮어준 것이 중중(重重)으로 안아 있으므로 청룡 백호의 힘이 모두 모아 있다. 외양(外陽)에 뾰족하고 둥근 봉만이 서 있으므로 복인(福人)이 사는 신령스런 땅이다. 부(副)는 길고 귀(貴)는 오래 가고 만대(萬代)로 흥왕 하는 길지(吉地)이다. 이는 본래(本來) 부격(富格)인데 청조(淸朝)한 용격(龍格)이다. 외양(外陽)에 빼어난 봉만은 귀격(貴格)이다. 이와 같지 않고 달리 된 것은 가격(假格)이 있을 뿐이다. 홀로 가격(假格)을 빌릴 것이 없으므로 멀리 싸고 있으며 깊이 감추고 헛된 와(窩)가 없다. 이치에 맞추면 참된 것을 얻는다.

교아(交牙)는 대귀(大貴)이고 상격(上格)은 속발(速發)하며 하격(下格)은 초년(初年)에 애로가 많이 있다. 교아(交牙)는 혈구(穴口)밖에 이르러 순(脣)이 합기(合氣)가 된 것이다. 만약 도랑이 깊어 구시가 새고 순(脣)이 찢어지면 맞지 않고 바위가 있어 높고 벽이 있으면 대흉(大凶)이다.

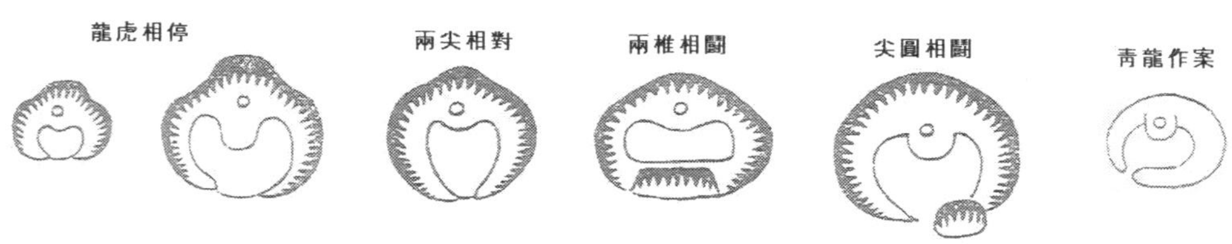

용호상정(龍虎相停)은 청룡 백호가 개수(開手), 개구(開口)가 되면 양변(兩邊)이 같다. 각각 반(半)으로 돌아 안아서 점점으로 모양이 나아짐은 사람이 두 손을 펼치고 마음을 돕는 것 같다. 이는 중정(中正)이 화평(和平)하며 복록이 많은 혈(穴)이다.

양첨상대(兩尖相對), 양추상투(兩椎相鬪), 첨원상투(尖圓相鬪)는 청룡 백호가 가지런히 이르면 사람들이 좋아한다. 요긴한 것은 청룡 백호가 화평(和平)하게 이루어지면 자연히 발복된다. 다만 청룡 백호의 끝이 뾰족하여 상치(相値)가 되면 방패를 잡은 것 같이 서로 죽이는 형상이다. 청룡 백호가 쇠망치로 치는 것같이 서로 대하면 주먹을 들고 서로 치는 것 같다. 청룡 백호가 끝이 뾰족하고 둥근 것이 서로 대하면 나를 죽이고 자기도 상(傷)하게 된다. 이와 같이 되면 화(禍)가 속히 온다. 청룡 백호가 모여 있는 곳에는 반드시 전(氈)이 합(合)해 있다. 청룡 백호가 있는 곳의 당중(堂中)에 수(水)를 거느리지 아니하여도 당지(堂地)가 자후(自厚)하므로 합기(合氣)가 된 곳은 사람이 전(田)과 지(池)를 지은 곳도 있다. 다만 전(田) 가운데가 둥근 투구 속에 든 것같이 되어야 하고 지(池)는 구렁 속에 있는 것이 투구와 같이 둥글게 되어 있으면 모두 길(吉)이다. 의심할 것은 청룡 백호가 서로 연해서 자물쇠같이 막혀 있으면 불길(不吉)이다. 만약 끈을 가로 싸 맺은 것 같은 것이나 머리를 밖으로 향한 것은 불길(不吉)이다. 이는 조금조금 개정하여 달리 맑고 둥글게 본바탕이 평원(平員)을 이루고 가운데 일편(一片)의 육지(肉地)가 투구같이 풍만(豊滿)하게 합(合)하여도 천만분의 일이라도 손상이 있으면 옳지 않다. 그러므로 당(堂)을 열어 지(池)를 만들거나 전(氈)을 깎아서 상(傷)하면 반드시 자손에게 해(害)가 있다. 본래 샘과 못이 있어도 수구(水口)를 막으면 마땅하지 아니하고 부서지고 거친 것도 마땅하지 아니하므로 물이 흘러가는 길을 막으면 수기(秀氣)가 스스로 쇠해지므로 영구히 발복이 없다. 상투(相鬪)는 형제간에 불화(不和)을 주장하고 화(禍)가 많다.

청룡작안(青龍作案)은 안(案)이 본시 성체(星体)이다. 만약 청룡 백호가 안(案)을 지으면 길(吉)하다. 다만 두려운 것은 정결(正結)이 되지 않는다. 청룡 백호가 눈물을 닦는 형상이 되고 안(案)은 높지도 않고 낮지도 않은 것이 흡족하지 않고 나의 눈 아래가 되면 불길(不吉)이다. 사람이 손으로 눈물을 닦는 것 같으면 젊어서 죽고 외로운 홀아비와 과부가 난다.

1) 호사(護沙)

혈(穴)의 좌우에 한겹, 두겹, 세겹으로 보이는 것을 청룡 백호라 한다. 보이지 않는 것을 호사(護砂)라 한다. 호(護)가 많은 것은 2~3겹으로부터 8~9겹으로 쌓여있다. 모두 본룡(本龍)에서 내놓은 수각(手脚)이다. 또 방룡(傍龍)도 본룡(本龍)에서 함께 나와 결작(結作)하고 분주히 달려서 본룡(本龍)을 돌아본다. 이것을 전룡전호(纏龍纏虎)라 한다.

용(龍)이 길게 뻗어 본룡(本龍)을 둘러싸고 앞을 감싸므로 지각(枝脚)이 많이 있다. 호사(護砂)는 장(帳)을 열지 못하나 많이 둘러싸면 장(帳)이 스스로 열린다. 또 기울어 옆으로 열면서 달리는 것은 본룡(本龍)을 위해 감싸고 베푼다. 펴놓은 청룡 백호를 둘러싸면서 앞으로 돌아 안산(案山)이 되고 횡(横)으로 조산(朝山)이 된다. 좌우로 가지런히 이르러 한번 펴고 한번 굽히고 한 가지는 대성(大星)의 수내(水內)에 있고 한 가지는 수외(水外)에 있어 주합(湊合)하여 이룬다. 대지(大地)에 반드시 청룡, 백호, 호(護), 전(纏)이 있다. 높은 산(山)과 조산(朝山)에 올라 바라보는 것이 같음이 없다. 선후(先後)가 굽어 있고 펴남이 있고 타고 오르고 내림을 반복해도 서로 대함이 같지 않다. 천리를 이같이 교회(交會)하여 다투어도 수원(水源)을 찾아야 한다.

호사본신출(護砂本身出)의 호사(護砂)는 본신(本身)에서 나온다. 후장(後帳)에서 일중(一重), 이중(二重)으로 나오며 작은 변의 장(帳)이 모여 이룬다. 모두 일변(一邊)이 본신(本身)에서 나온다.

(2) 조안사(朝案砂)

조(朝)나 안(案)은 모두 혈전(穴前)의 산(山)이며 스스로 변별된다. 어지러운 것은 불가하며 하나라야 한다. 대개 가까이 작은 것을 안(案), 높고 큰 것을 조(朝)라 한다. 안(案)은 빈주(賓主)가 상대(相對)하는 항례지의(抗禮之義)를 취(取)한다. 그러므로 안산(案山)은 근소(近小), 조산(朝山)은 고원(高遠)해야 한다. 지귀(地貴)에 근안(近案)이 있으면 혈전(穴前) 수습(收拾)이 주밀(周密)하다. 원진수(元辰水)가 직장(直長)하지 않더라도 명당(明堂)이 광활(廣闊)하면 기(氣)는 융합되지 않고 모이기도 어렵다. 원조(遠朝)가 있으면 짝을 지을 수 있다. 용진(龍眞)은 조산(朝山)의 특래(特來)에 이른다.

조진(朝眞)은 배산(拜山)의 부앙(俯仰)을 낸다. 부복자(俯伏者)는 순종지정(順從之情)이 있고, 특래자(特來者)는 나아가는 형세가 있다. 조배양방(朝拜兩旁)에 협수지수(夾隨之水)가 있고, 양수지외(兩水之外)에 협보지산(夾輔之山)이 있다. 주산(主山)의 이론과 더불어 다르지 않다. 양산지수(兩山之水)는 상회(相會)한다. 이것은 조화지지묘(造化之至妙)이다. 그러므로 조(朝)는 특래(特來)로써 상(上)으로 되고 횡과분지(橫過分枝)가 다음이다. 양방(兩旁)의 수(水)는 반드시 나를 향하여 나아오고자 해야 진실로 조안(朝案)이 된다고 한다. 안산(案山)이 본신(本身)에서 생래(生來)한 것은 혈전(穴前) 횡란(橫攔)이고 역수(逆水)이므로 길(吉)에 이른다. 혹은 순수(順水)이나 요포(遶抱)하여 과궁자(過宮者)는 그 다음이다. 만약 바깥 또는 역사(逆砂)가 관절자(關截者)로 되어 있으면 역류지안(逆流之案)으로 더욱 훌륭하다. 또 외산(外山)이 안(案)으로 된 경우도 있다. 저소당전(低小當前)이라도 내당(內堂)의 수(水)를 관수(關收)할 수 있고 직설자(直洩者)가 아니면 길안(吉案)이라 한다. 산의 바깥에 외양(外陽)에 수봉(秀峰)이 층용(層聳)이 보이면 결국 아름다운 것으로 된다. 안산의근(案山宜近)이나 태근(太

近)이면 핍(逼)이며, 조산(朝山)이 마땅히 원(遠)이나 태원(太遠)이면 공광(空曠)을 꺼린다. 청룡 백호가 혈내(穴內)의 수(水)를 관쇄하고, 안산(案山)이 청룡 백호의 수(水)를 관쇄하고, 조산(朝山)이 용(龍)이 일어난 조산(祖山)의 수(水)를 관쇄하면, 대체로 관룡(關龍)한 혈(穴)의 설명이 된다. 청룡 백호와 조안(朝案)이 모두 역수(逆水)하게 되면 길(吉)로 된다. 안고제미(案高齊眉)며 안저제심(案低齊心)이다. 혹은 복종(覆鍾), 필가(筆架), 횡궤(橫几)같고 이중(二重) 삼중(三重)으로 앞에 있으면 길(吉)이다. 좌우의 창고(倉庫), 기고(旗鼓)는 모두 길(吉)이다.

진룡(眞龍)에 조산(朝山)이 없을 수도 있는데 그 사이에 제수(諸水)의 회취가 필요하다. 궁원천인(窮源千仞)이 평지1퇴(平地一堆)와 같지 않기 때문이다. 외쇄천중(外鎖千重)은 횡궁1안(橫弓一案)만 못하다. 대체로 무정(無情)이라도 별 다른 의미가 없고 진안(眞案)이 되고 조산(朝山)을 만들면 된다. 무정(無情)하여 불상연(不相戀)이면 빼어남이 규필(圭筆)같더라도 허한(虛閑)일 뿐이다.

혈전(穴前)을 주작(朱雀)이라 하는 것은 양명지의(陽明之義)를 취하기 때문이다. 그러므로 혈전(穴前)이 가진 명당(明堂)은 내양(內陽), 안산(案山)은 중양(中陽), 조산(朝山)은 외양(外陽)으로 된다.

1) 안산(案山)

혈(穴)에 청룡 백호가 있으면 안산(案山)이 있다. 안(案)이라 하는 것은 주성(主星)을 바라보그 의지하여 있는 것을 말한다. 안(案)은 본래 주성(主星)의 수족(手足)과 같으므로 항상 주성(主星)을 도와준다. 만약 안(案)이 귀성(貴星)에 의지하지 않고 비어 있는 자는 안(案)이 아니다. 반드시 주성(主星)을 바라보고 의지하여 있는 곳에 모든 것을 다 송기(送氣)하여 주는 것을 분담하고 있다. 안(案)이 없으면 주성(主星)을 도와줄 수 없다. 청룡 백호가 양변(兩邊)으로 열어주면 그 가운데는 물이 앞, 횡(橫), 순(順), 역(逆)으로 흘러간다. 안산(案山)은 모든 것을 거두어 주성(主星)으로 응기(應氣)하여 기(氣)를 보내주는 것이 안산(案山)이다. 만약 안산(案山)이 없으면 흩어지는 기(氣)를 수습할 수 없다.

국(局)에서 순수국(順水局)은 반드시 역수(逆水)로 안(案)을 짓는다. 이와 같으면 비로소 힘이 있다. 횡수국(橫水局)은 순(順)이나 역(逆)으로 안(案)이 되어도 모두 좋다. 역수국(逆水局)은 반드시 순수(順水)로 안(案)이 된다. 그렇지 않으면 두려운 것이 기(氣)가 빨리 소멸(消滅)된다. 안(案)의 두(頭)에서 조금 흩어지는 기(氣)를 수습하고자하나 안(案)이 옆으로 기울어지거나 반대로 누워버리면 기(氣)를 수습하기 어렵다. 그러므로 주성(主星)을 도와주지 못하고 수구(水口)를 열어주는 격(格)이 되면 물이 새어 흘러가므로 복(福)을 감(減)한다. 안(案)은 활같이 돌아 안은 것을 좋아하고 환(環)은 반드시 병장(屛帳)을 열어 안으로 안아 오는 것을 좋아한다. 그렇지 아니하고 밖으로 안은 것은 반드시 가혈(假穴)이다. 안(案)은 주성(主星)을 보고 반드시 면(面)을 향(向)해야 하고 주성(主星)을 보지 않고 배면(背面)이 된 자는 반드시 가혈(假穴)이다. 안(案)은 생기(生氣)가 있어 반드시 주성(主星)을 보고 향내(向內)하여야 하고 밖으로 향(向)한 자는 반드시 가혈(假穴)이다. 안(案)은 반드시 일점영광(一點靈光)이 있으므로 혈(穴)을 바라보고 영광(靈光)의 빛을 비추어야 발복이 된다. 동쪽에서 달이 뜨면 서쪽이 밝아 오듯이 하늘에 구름이 뜨면 땅에 그늘이 지는 것과 같다. 이와 같으므로 주성(主星)은 영광(靈光)의 형체(形體)가 되고 안(案)은 영광(靈光)의 그림자가 된다. 그러므로 그림자는 반드시 형체(形體)를 따르는 것이다.

땅위에 그림자는 하늘에 한 점 구름이 있기 때문이다. 서쪽 언덕에 흰빛을 바라보는 것은 동방(東方)에 달이 떠오르는 것을 안다. 그러므로 형체(形體)를 보는 것은 그림자를 살핀다. 그림자를 살펴보면 형(形)을 안다. 양공(楊公)은 수중(水中)에서 월(月)의 그림자를 취(取)하는데 비유하여 말했다. 수중(水中)에서 월(月)의 그림자를 취(取)하는 것은 모두가 월(月)을 향(向)하므로 맞이하여 한 점의 영수(靈水)를 얻은 것이 콩과 같이 작은 것 같다. 수중(水中)에 있는 월(月)의 그림자는 크게 보이므로 한 점의 물방울이 왕성하여 그 안에 월(月)의 그림자를 취(取)하는 것을 비유한 것이다. 태양(太陽) 중에서 화(火)를 취(取)하는 것은 반드시 양(陽)의 봉화(烽火)이다. 일(日)을 향해 맞이하여 얻은 것은 일점영광(一點靈光)이 콩같이 작은 것이 크게 왕성(旺盛)한 것이다. 쑥을 비벼서 불을 붙이면 화(火)가 성하는 이치이다. 이것은 조금 편중된 말이나 그 빛이 흩어지면 화(火)는 타지 않는 것이고 물도 한 방울이 아니다. 혈성(穴星)에 비유하면 일(日)은 불꽃같고 월(月)의 빛은 가득 넘쳐 있어야 한다. 일점영광(一點靈光)은 거울같은 수(水)와 밝은 화(火)에다 비유한 문(門)이다. 정정(正正)히 대조(對照)하고 상하(上下)도 아니고 좌우(左右)로 한 치의 차(差)도 없이 혈(穴)의 빛이 비로소 뻗어서 안(案)을 쏘아본다. 안(案)의 그림자가 돌아와서 혈(穴)을 맞이하여야 복(福)을 구하면 복(福)을 얻고 관(官)을 구하면 관(官)을 얻고 어진 자손을 구하면 어진 자손을 얻게 된다. 이 모두가 본룡(本龍)의 역량(力量)의 힘에 달려 있다. 혈(穴)의 고저(高低), 좌우(左右), 천심(淺深)을 모두 살펴서 취(取)해야 한다. 이와 같이 정(定)하는 것이 향(向)과 안(案)이 된다. 또 나경(羅經)으로 도수(度數)를 분경(分經)하는 것도 이와 같다. 천지(天地) 산천(山川)이 묘(妙)하게 분경(分經)이 정(定)해 있다. 병경정신(丙庚丁辛)의 분금(分金)으로 분경(分經)을 정확히 나눈다. 병경정신(丙庚丁辛)의 분경(分經)을 의지하지 않으면 천지 산천에 자연의 분경(分經)을 실리(失理)하는 것이다. 비록 길성(吉星)이 있어도 자연의 분경(分經)을 모르면 혈(穴)을 파괴한다. 대개 혈전(穴前)에 안(案), 조(朝), 외양(外陽)이 있다.

외양(外陽)에 기이하고 빼어나게 열립(列立)하여도 요긴한 것은 면전(面前)에 안(案)이 있어 반드시 조림(照臨)하는 응기(應氣)가 혈(穴)에 대조(對照)해야 발복이 된다. 조산(祖山)에 귀(貴)한 봉(峰)이 조산(朝山)을 지어도 요긴한 것은 면전(面前)에 있는 안산(案山)이 더 좋다. 혹은 귀(貴)한 봉(峰)을 대(對)하거나 귀(貴)가 없는 것을 불구하고 정안(正案)에 일점영광(一點靈光)이 서로 대(對)하고 서로 비추고 쏘아보고 맞이하여도 호리(毫釐)의 차(差)가 있으면 효험이 없다.

사형(蛇形)이면 가능하나 합(蛤)은 불가, 묘형(猫形)이면 가능하나 서형(鼠形)은 불가, 호형(虎形)이면 가능하나 육퇴(肉堆)에는 불가하다.[35]

안산(案山)은 반드시 횡(横)으로 병렬(屛列)이 되어야 한다. 스스로 청룡 백호가 나오기도 하고, 스스로 나와 전호(纏護)하여 감싸기도 하고, 스스로 나와 후장(後帳)을 만들기도 하고, 스스로 안(案)을 짓기도 하고 조안(朝案)을 짓기도 한다. 또 엎드렸다 다시 일어나서 힘을 모아 반드시 기룡혈(騎龍穴)을 짓는다. 안산(案山)도 내력이 있는 자는 과협(過峽)으로 다시 지각(枝脚)을 많이 벌려서 진룡(眞龍)으로 내리는 속기(束氣)는 같지 않다. 안산(案山)의 기(氣)가 왕성한 것은 혈(穴)을 결작(結作)하고 정결(正結)을 바라보고 안(案)으로 병렬(屛列)하는 것도 있다.

일자문안(一字文案)은 한 획(劃)을 긋는 모양이며 일자(一字)는 문장(文章)의 조(祖)가 된다. 일자안(一字案)을 옥척(玉尺)이라 하며 법으로 정(定)한 것이다. 지리(地理)에 일자안(一字案)은 얻기 어렵다. 용(龍)이 되고 개성(蓋星)이 되고 수구(水口)를 편안히 하므로 모두 귀(貴)하다. 만약 정안(正案)이 되면 기울어지지도 않고 모이지도 않고 평(平)으로 보나 올라서보나 등어서 보아도 진실로 일자(一字)는 혈(穴)이 된다. 대문(大文)으로 제일이다. 다만 두려운 것은 일자(一字)같기도 하고 아닌 것 같으면 일자(一字)가 아니다.

면홀안(眠笏案)은 일자(一字)가 조금 흔들린 것 같다. 벼슬길에 오르면 명관(名官)이 된다.

횡편안(横鞭案)은 일자(一字)가 조금 죽은 것이다. 장군(將軍), 도원수가 난다.

횡첨안(横檐案)은 일자(一字)가 횡(横)으로 더한 것 같으면 아침부터 저물 때까지 남의 일만 도와준다. 만약 뛰는 것 같으면 남의 일로 천(賤)한 자가 된다.

횡강안(横扛案)은 일자(一字)가 횡(横)으로 들려 있는 안(案)이 굳세고 강하다. 만약 일자(一字)가 크게 길고 크게 엉성하여 탁한 기(氣)가 있고 빼어난 기(氣)가 없으면 패망하여 돌아간다. 이는 용(龍)이 강하고 살요(煞曜)가 상응(相應)하여 있기 때문이다.

35) 오수부동(五獸不動)은 서(鼠), 묘(猫), 구(狗), 호(虎), 상(象)이다.

횡간안(橫竿案)은 일자(一字)가 길고 가늘어 밭 갈고 고기잡이로 산다. 일자(一字)가 문(文)이 아니고 힘이 없으므로 간지대 같다. 어부나 목동으로 일생을 마친다.

서안(書案)은 정방(正方)이므로 벼슬길에 오르고 제일가는 문장(文章)이 난다.

육안(肉案)은 조탁(粗濁)하므로 도살하여 생활하고 해가 저물도록 글을 읽어도 다하지 못한다.

석전안(席展案)은 자리 위에 병풍을 펴둔 것 같으니 부귀(富貴)가 오래가고 귀(貴)한 손님이 자주 찾아온다.

금상안(金箱案)이 되면 왕비(王妃)가 난다. 방(方)이 엷으면 병풍이 되고 방(方)이 두터우며 상(箱)이 된다.

옥대(玉帶), 옥궤(玉几)는 존귀(尊貴)한 것이 비할 바 없다.

옥월안(玉月案), 아미안(蛾眉案)의 여자는 귀(貴)하고 아내는 어질다. 용격(龍格)이 귀(貴)한 것은 남자는 부마(附馬), 여자는 후비(后妃)가 된다. 용격(龍格)이 중평(中平)한 것은 벼슬하는 사위와 귀(貴)한 여자(女子)를 며느리로 맞이한다. 다만 용(龍)이 두려워하는 것은 더러운 물이고 풍성(風聲)을 싫어한다.

옥황안(玉璜案)은 둥근 옥(玉)이다. 재주가 빼어나 문과(文科)에 오른다. 옥황의 모양이 배가 부르면 무과에 급제한다. 용격(龍格)이 평상(平常)이면 재주가 성(盛)하게 뛰어나는 것이다. 옥황은 수성(水星)을 짝해야 된다.

면궁안(眠弓案)은 귀(貴)가 아니다. 그러나 가도(家道)가 넉넉하다. 만약 궁형(弓形)으로 참된 것이 가까우면 큰 공훈(功勳)이 있다.

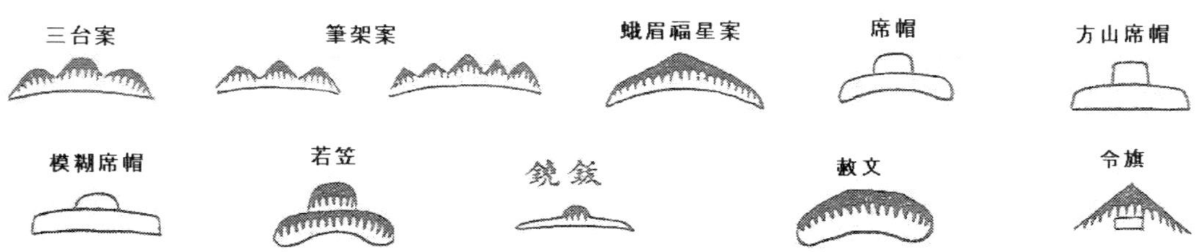

삼태안(三台案), 필가안(筆架案)은 높은 벼슬에 소리가 높다 이는 삼태(三台) 오뇌(五腦)가 되므로 반드시 높은 벼슬길에 오르는 것을 증빙할 수 있다. 눈 아래로 가히 보이므로 안(案)은 반드시 대문(大文) 대귀(大貴)한다. 높은 자는 삼공(三公) 오부(五府)에 이르고 평상(平常)이 되면 또한 형제가 등과 한다.

아미복성(蛾眉福星)은 부귀(富貴)하고 오래 산다. 긴 눈썹이 잘 빠져 나오기 때문에 오래산다. 아미성(蛾眉星)이 좌우로 요기(曜氣)가 나와 있으므로 귀(貴)하게 된다. 대(帶)가 빼어나므로 대문(大文)이 된다. 또 풍후하므로 부(富)가 있다. 아미성(蛾眉星)은 사선(四善)을 갖추고 있다. 반드시 진룡(眞龍)이 되고 국(局)을 갖추면 이것의 안(案)이 있다.

석모(席帽)가 근안(近案)이 되면 마침내 벼슬길에 오르고 맑고 기이하면 벼슬 품위(品位)가 높고 크고 방산석모(方山席帽)가 되면 장원급제하여 크게 봉(封)함을 알리는 것이다. 석모(席帽)가 낮은 것은 관직(官職)도 낮다.

약립안(若笠案)은 거칠어 농부가 난다. 일생동안 농부로 그친다.

요발안(鐃鈸案)이 가볍게 떠 있으니 무당이나 점쟁이가 난다.

사문성안(赦文星案)은 재화(災禍)가 없이 만사 뜻대로 된다.

영기안(令旗案)가 정안(正案)이 되면 당대 정출(定出) 대장(大將)이 난다.

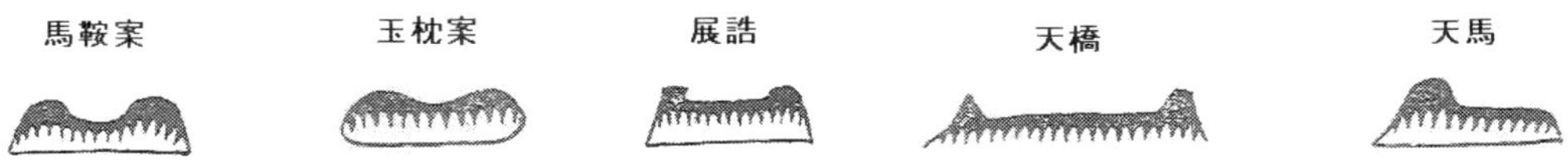

마안안(馬鞍案)은 가운데가 오목하므로 항상 영웅호걸이 난다.

옥침안(玉枕案)은 가운데가 약간 오목하다. 항상 청고(淸高)한 선비가 나는 것이다.

전고안(展誥案)이 바로 앞에 있으면 임금의 은혜에 보답하고 높은 벼슬길에 오른다.

천교안(天橋案)이 되면 반드시 등과하여 벼슬길에 오른다.

천마안(天馬案)은 천마가 공중을 행(行)하므로 반드시 영웅이 난다.

2) 조산(朝山)

안산(案山) 밖에 있는 것을 조산(朝山)이라 한다. 조산(朝山)은 구(口)가 있고, 좌산(坐山)은 주(主)가 되고 전산(前山)은 빈(賓)이다. 빈산(賓山)은 반드시 좌산(坐山)을 정면(正面)으로 향하여 공읍(拱揖)해야 조산(朝山)이라 한다. 즉 주객정종(主客正從)을 말한다. 조산(朝山)은 다름 아니라 귀(貴)한 손님이 주인을 향하고 있는 것을 말한다. 조산(朝山)은 입조(立朝), 좌조(坐朝), 배조(拜朝)가 있다. 반드시 병장(屛帳)이 있고 병장(屛帳) 아래가 방정(方正)해야 된다. 조산(朝山)이 홀로 있으면 귀(貴)하지 않다.

조산(朝山)에 단귀(單貴), 쌍귀(雙貴), 삼귀(三貴)가 있다. 많은 것은 8~9봉(峰)으로 된 것도 있다. 귀자(貴者)는 단봉(單峰)과 쌍봉(雙峰)이 조공(朝空)하는 것도 있다. 조공(朝空)이 되면 외양(外陽)이 열려서 하늘이 나타난다. 이는 멀리 빼어남이 있어 외양(外陽)이 보인다. 귀인(貴人)이 밖에 있어 단봉(丹鳳)을 타고 내려앉는 것 같은 것은 참된 주작(朱雀)이며 조산(朝山)이다. 그 나머지는 파열(擺列)이다.

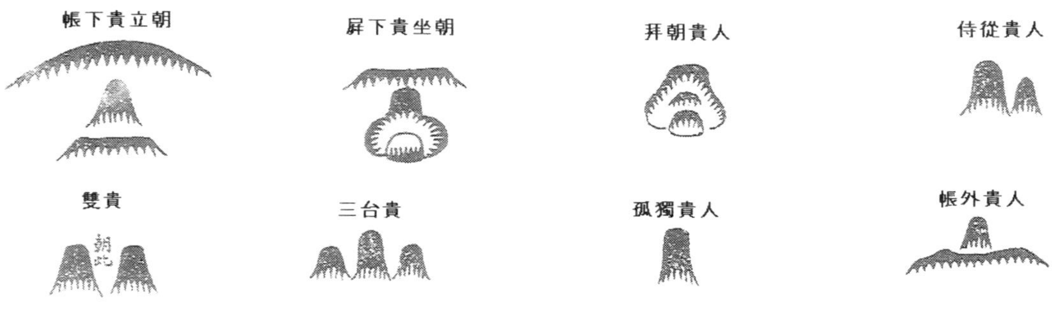

장하귀립조(帳下貴立朝)는 안(案)의 끝에 조산(朝山)이 특립(特立)하여 장막이 분명하므로 높은 자는 삼공(三公)에 이르고 다음은 구경(九卿)에 이른다.

장하귀좌조(帳下貴坐朝)는 병장(屛帳) 아래에 귀인(貴人)이 앉아 있는 형(形)이다. 끊어짐도 없고 비어있지도 아니하고 붙어 있고, 정배(正拜), 대봉(大封)이다.

배조귀인(拜朝貴人)은 귀인(貴人)이 주성(主星)을 바라보고 머리를 숙여 절하는 모양이다. 이와 같으면 주(主)가 대귀(大貴)가 되고 고관(高官)이 난다. 그러나 용(龍)의 세(勢)를 살피고 크고 작은 것을 보아서 용(龍)의 힘에 붙여 본다.

시종귀인(侍從貴人)은 귀인(貴人)의 옆에 작은 귀인(貴人)이 있다. 옆에 따르는 작은 귀인(貴人)이 큰 귀인(貴人)을 좇아오는 모양이다. 만약 귀인(貴人) 앞에 있으면 이는 신동(神童)이라 한다.

쌍귀(雙貴)가 서로 사양하고 머물려 있으면 형제가 동반 급제한다.

삼태귀(三台貴)의 삼태봉은 반드시 중봉(中峰)이 높다. 위(位)는 삼공(三公)에 이르는 것을 의심 할 것이 없다. 또한 중봉(中峰)이 난쟁이 같이 낮으면 주출은사(主出隱士)가 된다. 또 모두 높은 자는 형제가 세 번이나 벼슬길에 오르고 대귀(大貴)한다. 만약 높고 낮은 것이 들어가고 나온 것이 있으면 거짓 조산(朝山)이다.

고독귀인(孤獨貴人)은 혈전(穴前)에 안(案)이 없으면 귀인(貴人)이 있어도 병장(屛帳)이 없다. 이와 같으면 모시고 따르는 자가 없다. 이는 단지 외로운 한 봉(峰)이 있을 따름이다. 이와 같은 고독한 귀인봉(貴人峰)은 귀(貴)하지 않다.

장외귀인(帳外貴人)은 귀인(貴人)이 장외(帳外)에 있고 병장(屛帳) 외(外)에 있으면 귀인(貴

人)이 아니다. 비록 귀(貴)가 아닌 것으로 나타나지만 한 개의 뾰족한 봉우리가 빼어나 보이는 것이 곳곳으로 향하면 인(貴人)이 된다. 저 알지 못하는 사업이 스스로 있어 내가 모은 것이 아니지만 스스로 모여드는 것이 있다. 그러므로 조산(朝山)은 특별히 취(取)하여야 된다. 특별히 솟아 있지 아니하면 조산(朝山)이 아니다. 이가 문필봉(文筆峰), 장원봉(壯元峰)이 된다.

貴人側面

貴人展誥

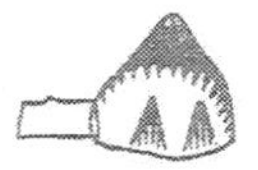

丹鳳來儀

翔鸞舞鳳

귀인측면(貴人側面)은 귀인(貴人)이 측면(側面)으로 나를 바라보므로 정(情)이 없다. 혈(絜)이 아니다. 혈(穴)이 진(眞)이 되면 간사한 영웅이 난다.

귀인전고(貴人展誥)가 된 朝山은 뜻이 있어 문(文)을 알린다. 조금 옆으로 입(立)해도 방해가 되지 않는다. 혈(穴)에 조산(朝山)이 아니라도 귀(貴)하다. 주(主)가 높은 현인(賢人)이 난다.

단봉래의(丹鳳來儀)는 참된 주작(朱雀)이다. 단봉(丹鳳)이 와서 거동함은 참된 주작(朱雀)이므로 성왕(聖王)이 어진 신하를 얻는 것같이 대귀(大貴)하는 조산(朝山)이다.

상란무봉(翔鸞舞鳳)은 산(山)의 지각(枝脚)을 거두고 산(山)의 두(頭)를 거두지 않음이다. 화평(和平)한 기상(氣象)을 가리면 복(福)이 응(應)하는 혈(穴)이다.

3) 외양(外陽)

조산(朝山)의 밖에 있는 산을 외양(外陽)이라 한다. 산에 가리거나 구름에 가리어 출몰(出沒)이 드물게 나타난다. 주성(主星)과 더불어 정(情)이 있어 특별히 나를 위해 모은 것이 있으면 고두 쓰인다. 본룡(本龍)의 힘에 양(量)을 본다. 본룡(本龍)의 내룡(來龍)이 백리로부터 맺었다면 백리의 외양(外陽)을 거두어 본다. 더 멀리 있으면 보이지 않는다. 보이지 않는 곳에서 서로 사귐이 있다. 다만 본룡(本龍)이 머리는 부서지고 몸은 암반으로 굳어 있는 자는 하나의 질그릇을 하나로 붙여놓은 것같이 연(連)해서 앞에 안(案)과 조산(朝山)을 지으면 반드시 거짓 조산(朝山)를 빌리는 격(格)이다. 외양(外陽)은 원조(遠祖)라 한다. 조산(朝山)이 향기롭고 성(盛)한 것이 삼단(三端)이 있다. 앞에 귀인(貴人) 주작(朱雀)이 있고 이에 달리 한 조산(朝山)이 나를 바라보고 있다. 용루봉각(龍褸鳳閣), 제좌(帝座), 천문(天門), 천관(天關) 등의 조산(朝山)은 나를 바라보고 나를 높이는 것이다. 구름 속에 솟아있는 조산(朝山)은 지극히 나를 높이는 것이다. 신자(臣子)는 마땅히 주성(主星)을 보고 조배(朝拜)한다. 요긴한 것은 구름 속에 우뚝 솟아 있는 조산(朝山)은 가히 바라보아도 가까이 할 수 없다. 산천의 많은 형(形)이 같아 보이나 올라가 보면 같지 않다. 외양(外陽)이 함께 조산(祖山)이 되므로 한집이 사사로이 할 것이 아니다.

용루봉각(龍樓鳳閣)은 푸른 산이 크게 밝으므로 누각(樓閣)이 중중(重重)으로 서 있는 것 같다. 하늘이 밝아오고 기분이 상쾌하다. 중봉(中峰)이 바로 보이므로 천리에 가득 차 있는 것 같다. 기이한 조화(造化)의 공(功)으로 서로 흡족하게 좋아하며 대배(大拜) 대봉(大封)이 난다.

천관(天關), 천문(天門), 제좌(帝座)는 신자(臣子)로서는 영광을 다한 것이다. 모름지기 스스로 살펴서 품격(品格)이 어떠한 것인지 상중하(上中下)를 가린다. 그렇지 않으면 제문(帝門)만 두드려서 바라보이면 종시 서민으로 돌아가는 것이다. 이 3사(砂)는 같이 열립(列立)하면 극귀(極貴)한다.

특수(特秀)는 평원(平原)의 수향(水鄕)에서 특히 빼어났으므로 일점(一點) 화성(火星)이 완연하다. 특수봉(特秀峰)을 바라보니 만가(萬家)를 향해 있는 것 같다. 특수봉(特秀峰)은 정면(正面)이 있어야 바른 정(情)이 있다. 정면(正面)이 아니면 흘겨본다.

4) 파열(擺列)

정안(正案)과 정조(正朝) 및 정양(正陽) 밖은 모두 파열(罷列)이다. 궁실(宮室), 병장(屛帳), 천창(天倉), 지고(地庫), 마차(馬車), 의장(儀仗), 문방(文房), 무비(武備), 화당(華堂), 규각(閨閣), 몸을 편하게, 손을 편하게 하는데 쓰임이 있다. 천지(天地) 산천(山川)이 모두 형상을 이룬다.

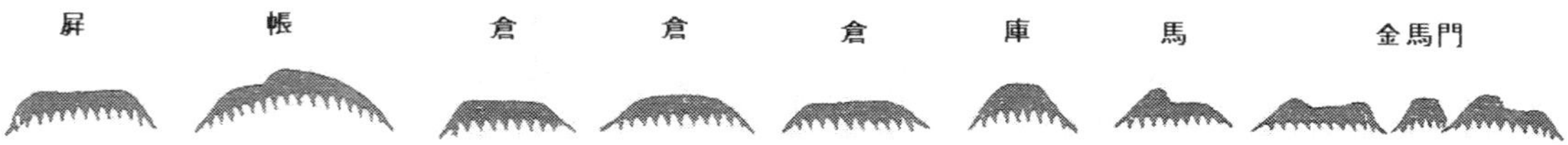

옥병(玉屛) 아래에는 반드시 귀인(貴人)이 특조(特朝)하여 있으면 합격(合格)이다. 귀인(貴人)이 없이 단정하게 병(屛)이 있는 것도 특설(特設)이다. 이와 같이 되어 있어도 용(龍)이 참되게 내려오면 대배(大拜) 대봉(大封)이 난다. 귀인(貴人)이 옆에 붙어 있어도 모두가 함께 반복하여 모두 쓰인다. 귀인(貴人)의 유무(有無)를 불구하고 흉(凶)이 없다. 병(屛)으로부터 용(龍)을 이루면 다른 곳에서 구태여 빌렸어도 이로움이 없다. 옥병(玉屛)이 정안(正案)이 되면 대현(大賢)이 난다.

장하(帳下)에 반드시 물체가 있고, 병(屛), 귀인(貴人), 문안(文案)이 있으면 모두 귀(貴)하다. 다른 격물(格物)이 없이 일장(一帳)만 있어도 사(砂)가 온전하므로 격(格)을 이루지 못할까 걱정하지 않아도 된다. 용(龍)이 진혈(眞穴)을 이루면 조산(朝山) 앞에 물체가 없고 한 장(帳)

만 보이는데 그쳐도 기상이 화평(和平)하면 귀(貴)가 된다. 다만 두려운 것은 장하(帳下)에 어지럽게 가지가 많이 나오면 수습하기 어려우므로 귀(貴) 가운데 흉(凶)이 된다.

창(倉)은 토성(土星)이 정방(正方)과 병(屛)으로 되지 않는 것이 창(倉)이다. 우전(牛田)에 탁부(濁富)가 되고 의식(衣食)이 풍족하다. 창산(倉山)이 특이하게 빼어나 횡(橫)으로 늘어 서 있으면 극귀(極貴)와 부(富) 및 장수하고 즐거운 일이 무한하다.

고(庫)는 다른 금성(金星)을 의지하지 않고 혼자 있고, 부사(富砂)로 응(應)한다.

마(馬)는 금성(金星)이 두(頭)가 되고 허리와 꼬리를 길게 열려 있는 것을 마산(馬山)이라 한다.

금마문(金馬門)은 천하에 옥병(玉屛)과 소창산(少倉山)은 많이 있다. 전고(展誥)와 소마산(少馬山)도 많이 있다. 성곽(城郭) 상(上)이나 전호(纏護) 상(上)에서 절(節)이 일어나기도 하고, 대장(大帳)에서 맺기도 한다. 용(龍), 조산(朝山), 외양(外陽), 비어 있는 곳을 편안하게 막아주는 것이 있으므로 의장(儀仗)과 귀인(貴人)이 있다. 분별해서 말하면 빼어난 기(氣)가 항상 용(龍)에 있다.

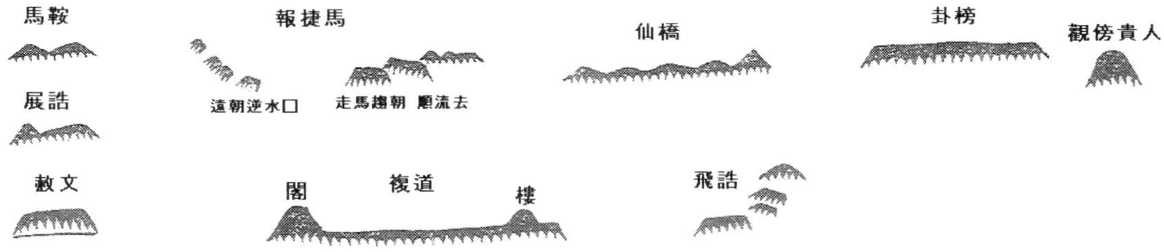

마안(馬鞍), 전고(展誥), 사문(赦文), 비고(飛誥), 선교(仙橋), 보첩마(報捷馬), 괘방(掛傍), 복도(複道)에서 마안이 있으면 가운데를 취(取)한다. 전고가 있으면 반드시 군(君)을 봉(封)한다. 사문이 있으면 영원히 흉(凶)이 없다. 비고가 있으면 선옹(仙翁)이 나온다. 선교가 있으면 벼슬길에 오른다. 괘방이 있으면 특지(特地)를 얻어 벼슬길에 오른다. 보첩마가 총총히 달려오면 높은 벼슬길에 오르고 경사스러운 일이 많이 있다. 복도가 양궁(兩宮)에 누각(樓閣)을 지으면 대배(大拜)에 오른다. 조(朝)에 어진 말이 저벅저벅 걸어오면 吉氣가 가고 오는 것을 얻으므로 명상(名相)에 오른다. 달려오는 형상을 살펴보면 반드시 뾰쪽한 것도 아니고 반드시 둥근 것도 아니므로 평평하게 지나가는 그 길사(吉砂)는 평평한 곳에 있다.

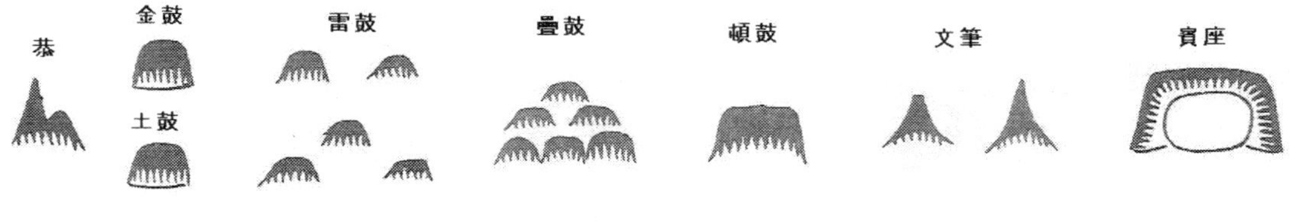

금고(金鼓), 토고(土鼓), 뢰고(雷鼓), 첩고(疊鼓), 돈고(頓鼓)에서 고(鼓)는 반드시 기(旗)를 짝하는 것이다. 혹 좌기우고(佐旗右鼓)나 혹 좌우에 기(旗)가 열려 있으면 그 가운데는 장군의 고(鼓)가 있다. 혹 기(旗)가 있으면 창(槍)이 짝지어 있고 금창(金槍)이 있으면 고(鼓)가 짝지어 있다. 금창(金槍)과 고(鼓)가 높이어 있으면 모두 고(鼓)라 하는 것이다. 이는 모두 무용(武用)으로서 둥근 것이다. 도끼에 절(節)이 있으면 문신(文臣)도 응용하는 것이다. 또한 기(旗)와 고(鼓)를 세워 둔 것도 있고 거듭 싸둔 고(鼓)도 있고 전고(戰鼓)도 있다. 멀리 구름 속에 가리어 있는 돈고(頓鼓)도 있다. 또 반드시 고(鼓)는 개천기(蓋天旗)와 짝을 한 것도 있고 뇌고(雷鼓)는 다섯으로 된 것도 있다. 반드시 고(鼓)를 빨리 끌어당기는 힘은 水星의 氣가 응(應)해야 되는 것이다. 혈(穴)은 반드시 용형(龍形)이냐? 창형(槍形)이냐? 금형(金形)이냐? 하는 것을 자세히 살펴본다.

문필(文筆)의 대자(大者)는 문봉(文峰)이고 소자(小者)는 문필(文筆)이다. 가까운 곳에 있는 것은 문봉(文峰)이고 멀리 있는 것은 문필(文筆)이다. 木星은 진실로 문(文)인 것이다. 두(頭)가 둥근 것은 홀(笏)이며 필(筆)이 아니다. 그러므로 火星은 뾰쪽한 것이다. 또 두려운 것은 머리가 깨여진 것은 문(文)도 필(筆)도 아니다. 문필(文筆)이 있으면 반드시 바른 길에 공명(功名)을 얻는다. 법왈(法曰) 장원필(狀元筆)은 구름을 뚫고 솟아나고 재상필(宰相筆)은 안산(案山)의 머리 위에 솟아난다. 교사필(教唆筆)은 양(羊)의 머리 위에 나고 화사필(畵師筆)은 마상(馬上)에 난다. 화부필(畵符筆)은 낙타 등에 나고 조청필(雕靑筆)은 섬세하게 난다고 한다. 대략 빼어난 것, 멀리 있는 것, 특이(特異)하게 솟아있는 것도 모두 마땅하다.

글을 쓰려고 종이를 펴면 보이는 것은 벼루와 먹물이다. 사법(砂法)에 묵이 없으면 글을 쓸 수 없다. 벼루, 묵, 물이 있어도 필(筆)이 있어야 글을 쓴다. 필(筆)이 있으면 귀인(貴人)이 있어야 글을 쓴다. 그러므로 필가(筆架), 삼태(三台), 오뇌(五腦)가 있다.

빈좌(賓座)는 귀인(貴人)을 편하게 하는 것이다. 또 가운데가 비어있는 것도 있다. 모름지기 열어서 편 것이 둥글고 가득 차 있는 것이 좋은 것이다. 욕(褥)가 거듭된 것이 너그럽고 평평해야 아름다운 것이다. 또 두려운 것은 빈좌를 알지 못한 자는 그 허실을 정확히 판단해야 되는 것이다. 그 가운데 穴을 지으면 또한 목전(目前)에 화(禍)가 닥쳐오는 것이다. 혹 양택(陽宅)을 지으면 연화(烟火)가 문호(門戶)를 어둡게 가리므로 좋지 않다. 이와 같으므로 삼가하고 꺼리는 것이다. 만약 혈구(穴口) 중에 새는 氣를 거두어 막으면 양살(陽殺)이 있어 혈(穴)을 향(向)하면 불길(不吉)하다. 빈좌는 혈처(穴處)가 아니고 사(砂)와 안(案)이다.

5) 시위(侍衛)

시위는 모두 인형(人形)이다. 앞에 있으면 조산(朝山), 곁에 있으면 시(侍), 중당(中堂)에 모여 있으면 위(衛)가 된다. 맑은 자는 문(文)이고 탁한 것은 무(武)가 된다. 노자(老者)는 밖에서 모시고 유자(幼者)는 가운데서 모신다. 금성(金星)과 목성(木星)에서 시(侍)가 많이 있고, 화성(火星) 수성(水星)의 사이에도 있다. 토성(土星) 같으면 미련하고 느려서 부려 쓰지 않는다. 놓아두면 흩어지고 던지면 느리고 동남동녀(童男童女)로 나누어 나는 것이 있다. 또 음(陰)이 있어 양(陽)을 만나는 뜻은 사람에 있다. 이와 같으므로 대략 가까운 것은 연(軟)하고 빼어나고 순미하여 멀리 당문(堂門)과 원문(垣門)과 성문(城門)을 지키는 자와 곧 그 상(相)이 밉고 싫지 않고 모두가 정졸(精卒)을 믿는 것 같다. 좌우로 병졸(兵卒)을 늘려 세운 것 같은 것은 누가 어찌 그 주인의 존엄한 것을 가히 알겠는가? 만약 악상(惡相)이 혈(穴)을 엿보는 것은 쓰지 않는다. 빨리 나서 잘 자란 것이 주인을 향해 개면(開面)이 되면 이것이 주성(主星)을 향해 웃는 얼굴이 주성(主星)을 향해 공경한다. 위엄 있고 엄숙한 자는 시(侍)가 아니다. 악상(惡相)이 나타나면 주인이 겁내어 놀란다. 악상(惡相)은 고치지 못하므로 모두 차라리 혈중(穴中)만 엿보지 않고 혈(穴)에서 보이지 않으면 좋다. 곧 겁산(劫山)이 보이는 곳은 혈장이 아니며 시위(侍衛)가 아니다. 시위(侍衛)는 반드시 명리(明離)를 벗어나고 나아감에 당장 기대지 아니하고 벽을 등지고 반드시 대출(對出)이 있어야 주인을 높임이 되는 것이다. 만약 안두(案頭)에 필봉(筆峰)이 솟아오르면 빈(賓)과 객(客)이 따르는 형상이 되므로 이에 하나를 얻는 것이 옳은 것이다. 만약 위의(威儀)를 잡고서면 쌍으로 이루는 것이 주객정종(主客正從)이 된다. 만약 수문(守門)과 수성(守城)이 쌍으로 되면 협(夾)에서 흘러내리는 물이 입체(立體)같이 보이고 단자(單者)는 고(靠) 아래로 물이 흘러내리는 것이다.

또한 시위(侍衛)가 많은 자는 좌우로 문리(文吏)가 늘어서 있는 것과 같다. 또 무사(武士)가 열을 지어 늘어선 것 같고 혹은 문무(文武)가 좌우로 시립(侍立)하여 나누어 선 것도 있다. 이와 같은 것은 반드시 중당(中堂)에서 양방(兩傍)으로 늘어 서 있는 것이다. 이것이 당(堂)을 여는 길이다. 너무 가리고 옹색하면 시끄럽고 또 혹 중당(中堂) 밖에 유성(流星)이 많이 있어 다투는 것 같고 오고 가는 것같이 서로 사귀는 것 같으면 곧 이것을 위(衛)라 하는 것이다. 이것이 主星을 더욱 높음이 되는 것이다. 스스로 왕후(王后)가 아니더라도 수구(水口) 밖에 위졸(衛卒)이 많이 있고 또 수레와 병졸(兵卒)과 같은 것이 있고 무수한 졸병(卒兵)들이 많이 있으면 빈곳을 메우고 도와주고 지켜주는 것이다. 혹 천문(天門) 지호(地戶)에 각기 위(衛)가 많이 모여 있으면 이는 반드시 한 부(府)를 열어주는데 크게 도움이 되는 것이다. 대지(大地)의 명당(明堂)은 하늘의 보배이고 땅이 감추어 둔 것이므로 사람의 눈에 보이기 드문 것이다. 만약 금상(金箱), 옥인(玉印), 천창(天倉), 지고(地庫), 행주(行廚), 행조(行竈), 퇴보(堆寶), 퇴전(堆錢) 같은 것이 머물러 있는 것이 좋은 것이다. 일월성신(日月星辰)이 머물러 主星에 곱게 비쳐준다고 하지만 부득이 시위(侍衛)가 없이 天乙, 太乙이 이른다. 이미 존성(尊星)에 속한 북신(北辰)은 중천(中天)에 주인(主人)이다.

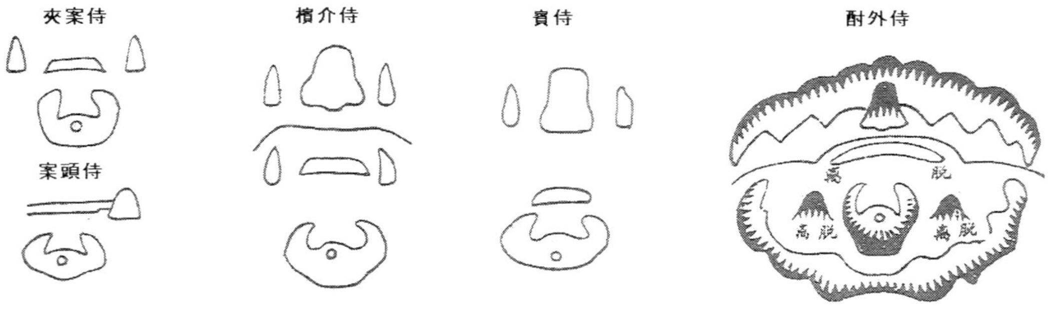

협안시(夾案侍)는 이 밖에 다시 조산(朝山)이 있다.

안두시(案頭侍)는 협안시와 같은 것이다. 두루 비친 것을 안두시라 한다. 이것을 소리 나는 종(鐘)과 같은 것이다. 대귀(大貴)이다.

빈개시(擯介侍)는 主星이 앞에 빈(擯)을 모아둔 것 같다. 또 빈(檳)이 크게 모여 있는 것 같다. 마땅히 서로 따르므로 왕후(王侯)의 귀(貴)이다.

빈시(賓侍)는 개(介)는 있고 빈(擯)이 없으니 높이는 것은 예(禮)로서 물리치지 아니하며 따르는 것이 스스로 많으므로 귀(貴)는 비할 바 없다.

주외시(肘外侍)는 양 팔꿈치 밖에 시립(侍立)은 중당(中堂)이 반드시 열리는 것이다. 높고 높은 부귀(富貴)와 품위(品位)가 활달한 것이다. 이와 같은 땅에 진룡(眞龍)이 대결(大結)하는 것이다. 당당하고 정정(正正)한 국(局)이 이루어지는 것이다. 이와 같이 이루어지면 비로소 시(侍)가 따름이 분명한 것이다. 만약 龍이 내리는 것을 찾음에 다만 보이는데 국(局), 穴, 안(案), 조산(朝山), 시(侍), 위(衛)가 있는 곳에 穴이 가히 맺을 것이다. 그 수 백리나 되는 진룡(眞龍)이 특별히 맺힌 곳이다. 그러나 또한 반드시 조종(祖宗)에서 전보(轉步)하여 특별히 결작(結作)된 곳이다. 이에 창고(倉庫)와 기창(旗槍)의 사이에 환국(幻局)이 되면 사람으로서 그릇되게 판단할까 두려운 것이다.

(3) 원무사(元武砂)

원무(元武)는 본신(本身) 상(上)의 정맥(正脉)이므로 화복(禍福)에 관하여 신속하다. 원무(元武)는 혈후(穴後)의 주봉(主峰)이다. 삼태(三台) 화개(華蓋)같은 성봉(星峰)이 고기(高起)하면 청운(靑雲) 급제(及第)를 주장한다. 창고가 중중(重重)하면 난전퇴곡(爛錢堆穀)을 주장한다. 비원단정(肥員端正)이면 충신 효자를 산출한다. 광채(光彩)가 핍혈(逼穴)을 하게 되면 문무쌍재(文武雙才)를 주장한다. 원무(元武)의 파두(擺頭)는 마땅치 않다. 파(罷)는 주성(主星)의 왜사(歪斜)이다. 반드시 부자(父子)의 동서(東西) 분리를 주장한다. 원무(元武)는 대체로 소기(筲箕)와 같으면 처(妻)의 오역(忤逆)을 주장한다. 원무(元武)가 만약 반배(反背)면 가재(家財)가 연년퇴산(年年退散)한다. 원무(元武)가 높고 주작(朱雀)이 낮으면 필연적으로 억울한 죄로 죽거나 지금 사람을 속인다. 산이 배역(背逆)하거나 산이 비스듬히 보이면 사람은 도둑이 되어 득실거린다.

(4) 관귀요사(官鬼曜砂)

관(官), 귀(鬼), 요(曜) 3성(星)은 절단되거나 과소는 불가하다. 장원과 급제로 발전할 조영(祖營)으로 보는데 관요(官曜)가 없으면 진사(進士)에 적합하나 출사(出仕)는 불능이다. 그러므로 귀룡(貴龍)이 오면 관(官), 요(曜)를 휴대한다. 비유하면 1관(官)이 출임(出任)을 할 때 종복을 거느리는 것과 같다. 그러므로 용래(龍來)가 대체로 고단(孤單)하면 성체(星體)를 이루지 못하므로 진룡(眞龍)이 아니다.

1) 관사(官砂)

관(官)은 안(案) 밖에 있다. 안산(案山)의 여기(餘氣)를 막아둔 내기(內氣)를 말한다. 안산(案山)의 여기(餘氣)가 붙어있는 것을 관(官)이라 한다. 안산(案山)과 같이 앞에 조산(朝山)과 외양(外陽)이 있고 귀인배조(貴人拜朝)와 단봉래의(丹鳳來儀)가 있으므로 이가 나타나면 관(官)은 밝아지므로 관(官)은 말할 필요가 없다. 안(案)을 좇아 조산(朝山)이 나오면 관(官)을 말할 필요가 없다. 만약 한 개의 안산(案山)만 있고 조산(朝山)은 없고 안산(案山) 밖이 넓고 넓은 들이 펼쳐 수(水)와 산(山)이 멀리 있으면 혈(穴)이 있어도 쓰지 않는다. 이와 같으면 반드시 안산(案山) 밖에 관(官)을 구한다. 속담에 한 겹의 안산(案山) 밖에 푸른 하늘이 보이면 후대(後代)에 자손이 끊어진다고 한다. 약간 발(發)해도 오래가지 않는다.

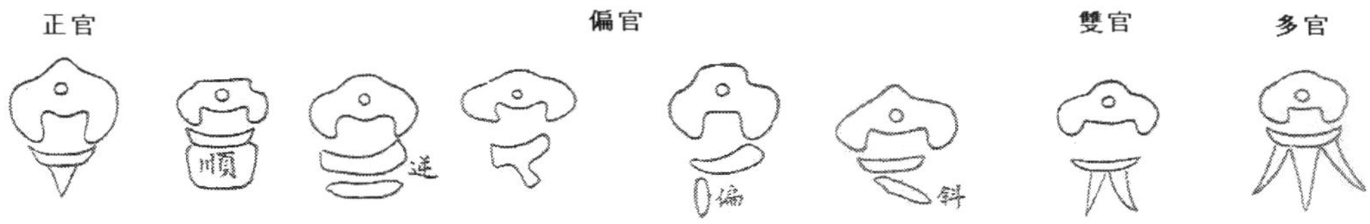

정관(正官)은 반드시 안산(案山) 앞에 정관(正官)이 나타나면 작은 시(市)와 도(道)와 군(郡)이 형성(形成)된다.

편관(偏官)은 관(官)이 좌(左)로 치우치면 장손(長孫)이 귀(貴)를 얻고 관(官)이 우(右)로 치우치면 소년등과하고 관(官)이 순(順)으로 치우치면 가난하지 않고 관(官)이 역(逆)으로 치우치면 길(吉)이다. 관(官)이 옆으로 기울어져 치우침이 있으면 패가망신(敗家亡身)한다.

쌍관(雙官), 다관(多官)은 원장(垣墻)을 깊이 싸둔 것 같으므로 형제가 같이 벼슬길에 오르고 삼사오육(三四五六)의 형제가 있으면 모두 벼슬길에 오른다.

2) 귀사(鬼砂)

횡룡(橫龍)에는 모름지기 귀사(鬼砂)를 쓰고 귀성(鬼星)은 용(龍)의 꼬리이며 혈(穴)의 베개와 같다. 귀(鬼)는 후장(後帳)에서 사(邪)를 막아주고 응기(應氣)를 도와주는 역할을 한다. 횡룡(橫龍)에는 귀성(鬼星)이 반드시 붙어있어야 발복이 된다. 귀성(鬼星)은 단귀(單鬼)가 있고 쌍귀(雙鬼)가 있고 혹은 다귀(多鬼)가 여러 곳에 붙어있는 것도 있다. 요긴한 것은 멀리 떠나지 않고 항상 혈(穴)에 붙어있는 것이다. 혈(穴)은 귀기(鬼氣)를 걷어드리는 것을 요긴히 한다. 또 혈(穴)이 귀성(鬼星)의 기(氣)를 걷어드리면 힘이 있고 혈(穴)이 귀기(鬼氣)를 걷어드리면 세(勢)가 형성되고 혈(穴)이 귀기(鬼氣)를 걷어드리면 귀성(鬼星)은 혈(穴)에 순응(順應)한다. 만약 귀성(鬼星)의 꼬리에 부사(浮砂)가 터져있고 냉천(冷泉)이나 굴이 파여 있다. 구릉이 스스로 무너져 있다. 사람이 흙을 파고 석(石)을 깨었다. 교룡(蛟龍)이 살고 있고 뱀의 집이 있고 여우굴이 있다. 이들은 모두 악귀(惡鬼)이다. 이와 같으면 반드시 패가(敗家)한다.

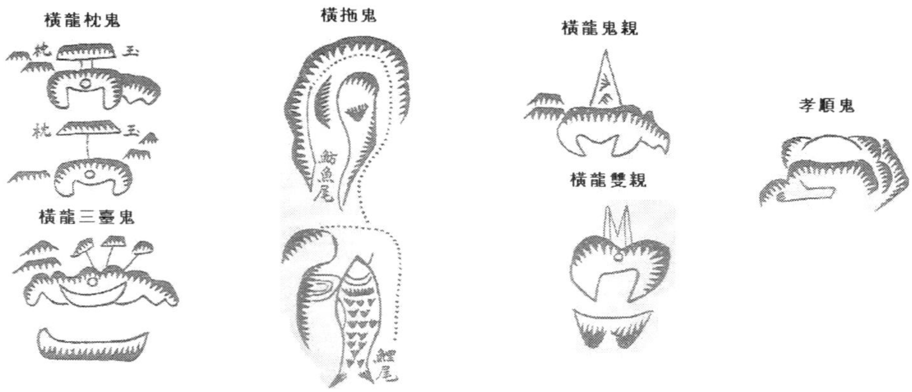

횡룡침귀(橫龍枕鬼)는 옥침(玉枕)과 옥척(玉尺)이 있으면 귀성(鬼星) 중에 제일이다.

삼대(三臺)가 분명하면 귀(鬼)와 대(臺)가 평형을 이룬다.

횡타귀(橫拖鬼)는 어미(魚尾)가 비록 길게 되어 있어도 역수(逆水)로 들어오면 좋다.

횡룡귀츤(橫龍鬼櫬)은 홀로 츤(櫬)이 곧고 바르게 되면 혈(穴)이 귀기(鬼氣)를 걷어드린다.

횡룡쌍츤(橫龍雙櫬)의 쌍츤(雙櫬)은 양각(兩角)과 같다. 안(案)도 이와 같다. 이와 같으면 모두 좋다.

효순귀(孝順鬼)는 진(眞)이 극히 드물고 거짓으로 된 것이 많이 있다. 용(龍)에 올라 도두(到頭)가 비어있으면 효순귀라 한다. 과연 진룡(眞龍)이 횡결(橫結)하고 앞에는 반드시 양명(陽明)하고 혈장(穴場) 후편은 어두운 구릉으로 되어 있다. 혈(穴)은 와(窩)나 유(乳)로 된다. 혈장(穴場)의 안이 두터운 것이다. 자세히 살펴보면 등을 반대로 돌려있어 혈(穴)이 없는 것을 안다. 또 덮어있는 기(氣)가 앞으로 흘러가는 것이 완연하다. 이는 진(眞)이 없으므로 곧 비어있는 새의 집을 면치 못한다. 이것을 효순귀라 한다. 절사(絶祀)가 되는 귀성(鬼星)이다.

단핍귀(單偪鬼)의 단귀(單鬼)는 역류(逆流)가 되면 흠이 없는 금사발이다. 단귀(單鬼)가 순(順)하게 기울어지면 비록 귀(貴)가 있으나 가난을 면치 못하는 것도 있다. 귀(鬼)가 돌아와서 穴을 힘 있게 만들고 귀(鬼)가 도와서 穴을 대세(大勢)로 뭉쳐준다. 그러나 만약 용(龍)이 횡(橫)으로 작혈(作穴)이 되어 있으면 앞의 안(案)이 순(順)하다. 뒤의 귀성(鬼星)도 순(順)하게 되어 있으면 이것을 일러 만장귀(漫藏鬼)라 하며 반드시 가난하다.

3) 요사(曜砂)

요(曜)는 성(星)의 빛이 펴서 모여 있는 것을 말한다. 요성(曜星)의 기(氣)가 왕성하면 빛을 방출(放出)하므로 사람이 가까이 하면 사람을 찌르는 기(氣)가 있다. 바로 보는 것을 용납하지 않는데 요성(曜星)이라 한다. 천상(天象)을 보면 태양의 빛이 가장 성(盛)하고 월(月)의 빛은 다음이고 경성(經星)의 빛은 이와 같이 밝지 않다. 오성(五星)은 궤도에 순환(順還)하고 기(氣)가 왕성할 때는 빛이 있고 머물고 거슬려 가릴 때는 빛이 없다. 빛이 있는 자는 화목금(火木金) 삼성(三星)이고 토수(土水) 이성(二星)의 빛은 희미하게 보인다. 지리(地理)에서 하늘의 상(象)을 살펴보는데 빛이 있으므로 땅에는 요성(曜星)의 빛이 있다. 화성(火星)의 요(曜)는 뾰족하기가 필(筆), 침(針), 창(槍)같고 금성(金星)의 요(曜)는 예리하기가 도(刀)같고 목성(木星)의 요(曜)는 곧은 것이 홀(笏)같다. 요성(曜星)은 입에 어금니, 손에 손톱, 중당(中堂)에서는 양방(兩傍)의 교아(交牙), 대당(大堂)에서는 교장(交仗), 순하(脣下)에서는 책(策), 전하(氈下)에는 침(針)이 된다. 성두(星頭)에서는 용각(龍角), 배척(背脊)에서는 용염(龍焰), 두 날개에서는 봉의 깃이나 학의 깃, 원문(垣門)에서는 교뉴(交紐), 성문(城門)에서는 교쇄(交鎖), 수중(水中)에서 아름답게 빛나는 기이한 불빛이 되고 물 가운데 엎드려 잠자는 것 같은 것은 금승(金蠅)으로서 땅을 경계하고 쇠사슬로 강(江)을 잠가 놓은 것과 같다.

입요(立曜), 면요(眠曜), 암요(暗曜), 명요(明曜)가 있다. 요(曜)는 반드시 뾰족하게 빼어난 것이 사랑스럽다. 꺼지기도 들리기도 하여 주성(主星)을 따라 임의로 쓰임이 있다. 요(曜)가 성(盛)해도 주성(主星)보다 크지 않고, 크면 살기(殺氣)를 받는다. 요성(曜星)이 아닌 것은 모두 악사(惡砂)이다. 반드시 요성(曜星)을 얻어야 하고 요성(曜星)을 얻지 못하면 이로 인해 근심이 끝이 없다. 혈(穴)이 아니면 요성(曜星)이 따르지 않는다. 요성(曜星)은 서로 더불어 살(煞)이 있으며 정(情)을 보내는 것은 거의 드물다. 요성(曜星)은 항상 대(帶)를 살(煞)하며 거두어 쓰지 못하면 요(曜)가 변하여 살(殺)이 된다. 거두어 쓰는데 도(道)를 잃으면 요(曜)는 살(殺)이 된다. 그러므로 요성(曜星)의 빛이 흉(凶)함이 있어도 뒤에 길(吉)함이 있다. 혹은 복(福)이 지나치면 재(災)가 일어남이 있다. 그러므로 혈(穴)이 요(曜)를 냄에 대물(大物)이 되므로 요성(曜

星)을 쓰는 것이 대사(大事)가 된다.

요성(曜星)은 반드시 석(石)으로 되어 있다. 돌로 된 언덕이나 흙 같은데 돌무더기이다. 바른 흙이 석(石)이 되기도 하며 흙이 무너진 것을 끌어다 놓은 것 같은 것의 여기(餘氣)가 머문 것이라 말한다. 산향(山鄕) 석(石)은 반드시 위엄이 있어 이에 요성(曜星)의 이름을 얻게 한다. 그렇지 않으면 잡석(雜石)과 난석(亂石) 같으면 요성(曜星)이라 말할 수 없다.

요성(曜星)이 있으므로 혈(穴)을 증빙한다. 혈(穴)에 요(曜)가 아니면 요(曜)가운데 작혈(作穴)하는 자는 일하(一下)에 끊어지고 만다. 천광(穿壙)을 하는데 요기(曜氣)를 상(傷)하면 손톱에 순(脣)을 잃는 것이 되므로 깨어진 것은 고치지 못한다. 대지(大地)는 대요(大曜)를 더욱 멀리하는 것이 있다. 심한 것은 요성(曜星)의 편 날개가 백 십리로 둘러싼 것이 있다. 불꽃같은 빛이 서로 비추며 기세(氣勢)는 서로 통(通)하므로 선안(仙案)이 아니면 깨달을 수 없다.

日星光芒

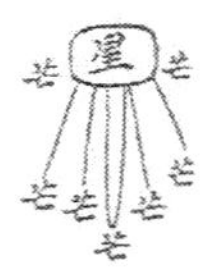

尖曜

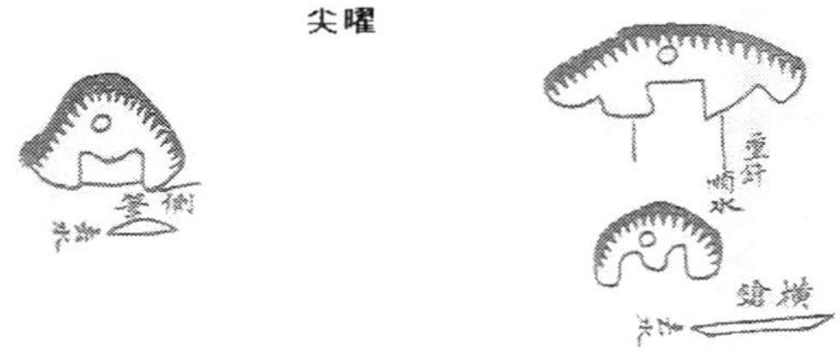

일성광망(日星光芒)은 천상(天上)에 일성(日星)의 빛이 여러 갈래로 비쳐 내린다. 즉 이를 보면 가히 요성(曜星)의 이치를 생각할 것이다.

첨요(尖曜)는 필(筆), 침(針), 창(槍)같으므로 모두 빼어난 요기(曜氣)이다. 혈(穴)을 구해서 머물면 순수(順水)를 막지 않고 담을 쌓지 않으면 혈(穴)을 지나는 요기(曜氣)를 혈(穴)이 싫어한다. 또 혈(穴)은 좌우에 있는 요성(曜星)이 서로 다투는 것을 미워한다. 둥근 것이 있고 뾰족한 것이 서로 바라보면 반드시 대흉(大凶)이 된다.

(5) 인사(印砂)

인사(印砂)는 진위(震位)에 있으면 잡직(雜織)에 지나지 않는다. 인사는 방상(方象)으로 토(土)에 속하며 동방(東方)은 그것을 극(剋)한다. 인(印)이 수면(水面)에 뜬것이면 환하게 빛나니 그것은 문장(文章)이 있는 석(石)이다. 인(印)이 강과 호(湖)의 수면(水面)에 뜬것은 대대로 관료(官僚)를 배출한다. 책 같은 것과 벼루 같은 것은 변두리에 있듯이 혈전(穴前)에 인(印)은 서방(西方)에 있어야 좋다. 만약 남방(南方)에 있으면 안질(眼疾)이 많고, 진룡(眞龍)에 진인석(眞印石)은 역시 무방하다. 인산(印山)은 도리어 신생월(新生月)과 흡사하다. 들 가운데로 흐르는 물은 안에서 결정된다. 인(印)이 분전(坟前)에 있으면 반드시 벼슬 난다. 재령(在嶺)이면 도관(逃關)을 주장한다.

간손병정(艮巽丙丁)에 규인(圭印)이 보이면 공경재자(公卿才子)가 난다. 인(印)이 인갑(寅甲)에 있으면 사무(師巫)나고, 자오(子午)에 있으면 타태망(墮胎亡)한다. 사(巳)는 적사(赤蛇)로 되어 인(印)이 있으면 적사요인(赤蛇繞印)이다. 금인(金印)은 부서(浮西)이며 경유신건(庚酉辛乾)이 인(印)을 가진 것이며 귀(貴)를 주장한다.

인산(印山)이 수직(瘦直)한 것이 방채(篣瘵)인데 수목(樹木)이 겨우 가리면 검시(撿屍)라 한다. 원정(員淨)하여 구(龜)와 같으면 상길(上吉)이다. 수직(瘦直), 사(蛇), 호(虎), 교(蛟)는 불길(不吉)의 의문이 없다.

(6) 금수사(禽獸砂)

금수사(禽獸砂)의 금(禽)은 결국 비조(飛鳥) 구어(龜魚)의 명칭이다. 수(獸)는 결국 주수(走獸)의 호칭이다. 지(地)에서 수구(水口)를 지키는 손잡이를 취하여야 하는데, 산(山)이 수구변(水口邊)의 양방(兩旁)에 있으면 대체로 문호(門戶)이다. 1변(邊)은 둥근 산이며 1변(邊)은 대략 길면 일월(日月)이다. 좌변은 원(員), 우변도 원(員)이며 낙하사(落下砂)가 뾰족한 부리 같으면 사상(獅象)이다. 좌변은 조금 높고 길며 대원(帶員)이고 우변의 산저(山低)에 부리가 있고 유하굴곡(溜下屈曲)이면 구사(龜蛇)이다. 1산(山)이 석차아(石嵯峨)같은 것이 수중(水中)에 있으면 북신(北辰)이다. 양산(兩山)의 원봉(員峰)이 대치(對峙)하고 성문(城門)이 있고 좌우 2산(山)이 개면(開面) 상대(相對)하면 한문(捍門)이다. 고저(高低)가 같지 않고 좌우의 기고(起高), 첨봉(尖峰)의 만(巒)이 대치(對峙)하면 화표(華表)이다. 산고(山高)에 의사(欹斜)를 띠고 높고 낮은 것이 몇 개로 나뉘고 우산이 높고 둥글면 기고(旗鼓)이다. 1산(山)이 조금 높고 둥글며 수중(水中) 요새이면 나성(羅星)이라 한다. 둥글고 길며 배공(背拱)이면 구형(龜形), 길고 곧은 것은 유어(遊魚), 길며 굴곡인 것은 사형(蛇形)이다. 수(水)의 양방(兩旁)에 있는 1산(山)이 유장유두(有帳有頭)면 비아(飛鵝)라 한다.

금수(禽獸)를 관찰할 때 먼저 시초를 분명히 하기 위해 조사할 것을 모아서 관찰하고, 종점을 관찰하기 위해 금수(禽獸)를 뒤에 고찰한다. 금(禽)은 청수(淸秀)하며 회두(回頭)하는 것이 필요하고, 수(獸)는 특용(特聳)하며 신고(身顧)하는 것이 필요하다. 형류(形類)는 다단(多端)하며 대략 몇 종을 표출하여 증거로 들 수 있다. 매일 성체(星體)를 상세히 관찰하면 대부분 수곤반월(水滾半月)에 기인함을 알 수 있다. 형류(形類)은 흡사 태음(太陰)의 복하(伏蝦)며 천재(天財)라 부른다. 유해(游蟹)는 도목(倒木)이라 호명(呼名)한다. 경사(驚蛇)는 소탕소출(掃蕩所出)이며, 비아(飛鵝)는 조화소생(燥火所生)이며, 유구(游龜)는 종시금수(終是金水)이며, 옥궤(玉几)는 토숙생성(土宿生成)이며, 돈홀(頓笏)은 결국 고요(孤曜)라 부른다. 복종(覆鍾)은 도리어 대체로 태양(太陽)이며, 복구(伏龜)는 도탐입회(倒貪入懷)하며 배무(拜舞)를 생각한다. 모두 천강(天罡)의 변체(變體)며, 명당(明堂)의 좌우에서 다 볼 수 있다. 수구(水口)의 東西에 있으면 실제 마땅하다. 금수(禽獸) 12砂는 대부분 수구(水口)에 난다. 형류(形類)는 한결같지 않다. 횡(橫)은 안변(岸邊)에 의지하고 쌍동금두(雙童金斗)에 아울러 기린(麒麟)이며, 석달금어(石獺金魚)는 모두 신합(蜃蛤)이며, 취병(翠屛)과 석관(石棺)은 서로 유사하다. 와호(臥虎)와 면견(眠犬)은 동일로 유추한다. 유아(游鵝)는 앙두(昂頭)며, 무계(舞雞)는 전시(展翅)다. 이것들이 돌아보고 보호하면 대부분 부귀(富貴)한다. 응당 알아야 할 것은 간맥(幹脈)은 중출(中出)한다.

금(禽)과 수(獸)에서 구어(龜魚)가 사는 데는 수(水)의 중심이고 수(獸)가 제산(諸山)에 있으면 영수(領袖)로 된다. 금(禽)에는 이(耳)가 나고, 수에는 각(角)이 난다. 금(禽)과 수(獸)를 알고 포착하면 수구(水口)를 재탁하는 방법이다. 10관사(關砂)는 1금(禽)에 미치지 못하고, 10금사(禽砂)는 1수(獸)에 미치지 못하고, 10수(獸)는 1북신(北辰)에 미치지 못한다. 북신(北辰) 내에는 대결작(大結作)이 있으며, 관사(關砂) 내에는 근소한 결(結)만이 가능하다.

금(禽)은 수중(水中)의 물(物)이다. 당문(堂門)이나 원문(垣門) 및 성문(城門)을 지키는 물(物)이다. 금(禽)은 항상 한 돈(墩)에 지나지 않는다. 혹은 둥글고, 모나고, 옆게 길고, 흙더미가 이리저리 늘어서 있는 것에 불과하다. 그러나 석(石)으로 되어 있으면 귀(貴)하고 사(沙)는 다음이 되고 유성(流星)과 같은 것은 흙더미 아래가 된다. 이것을 술명(術名)으로 나성(羅星)이라 한다. 또한 두(頭)와 면(面)이 있으므로 마땅히 안으로 향(向)하고 산(山)을 벗어나고 오는 맥(脉)이 보이지 않고 일변(一邊)은 물에 다 다른 것 같고 일변(一邊)은 전(田)에 연(連)해 있는 것 같은 것은 문(門)을 지키고 있는 물(物)이다. 이 물(物)을 나후지(羅喉之)라 부른 것은 오성(五星)에 생한 금사(禽砂)의 모양을 비유하여 말한 것이다. 이는 화(火)의 여기(餘氣)이다. 그 실상은 오성(五星)의 여기(餘氣)이다. 이는 모두 돈대와 언덕에 붙어있다.

(7) 응락사(應樂砂)

대체로 결혈처(結穴處)는 뒤에 반드시 진정(眞情)한 낙탁(樂托)을 소유한다. 앞에 반드시 진정(眞情)한 응안(應案)이 응(應)한다. 낙산(樂山)의 앞에 있는 것은 낙산(樂山)과 더불어 표리를 가지게 마련인데, 원근(遠近)에 불구하고 상응(相應)하여, 정연(挺然), 헌수(獻秀), 유정(有情)하여야 한다. 낙(樂)은 주산의 뒤에 있는 것인데, 주인의 머리에 베개와 같이 대하는 것이 중요하다. 객산(客山)은 모두 1층(層)이 마땅하고, 1층(層)보다 높으면 첩신환포(貼身環抱)라야 가(佳)로 삼는다.

횡룡(橫龍) 결혈(結穴)에 침락(枕樂)이 필요하다. 몰골(沒骨), 요뇌(凹腦), 측뇌(側腦)같은 것이 제혈(諸穴)에 더욱 긴요하다. 무락(無樂)이면 혈(穴)은 불진(不眞)이다. 그러므로 낙산(樂山)이 좌(左)에 있으면 좌에 천(扦)하며, 우(右)에 있으면 우(右)에 천(扦)하며, 중앙에 있으면 중(中)에 천(扦)한다. 좌우(左右)에 모두 침락탁(枕樂托)이면 쌍혈(雙穴)이 결(結), 1혈(穴)에 결(結)이면 중(中)에 있게 마련이다. 낙(樂)이 정지하고 있으면 혈(穴)도 머무르며, 지나쳐버리면 풍요(風謠)한다. 만약 당배(撞背)면 특래자(特來者)가 역대(力大)하며 병(屛), 장(帳), 태(台), 개(蓋) 등의 형상과 같다면 이것들은 낙(樂)의 최귀자(最貴者)이다. 태고(太高), 웅치(雄峙)는 불가하다. 능력기압(輘轢欺壓)의 세(勢)가 있으면 옆의 성곽을 빌리는 것이라 주장한다. 횡룡(橫龍)에 무락유귀(無樂有鬼)는 가(佳)로 삼는다. 입혈지처(立穴之處)에 엄폐할 낙성(樂星)이 없으면 지기(地氣)를 흔들어 쓸어버리므로 천혈(扦穴)이 불가하다.

고산(靠山)이 붙으면 낙산(樂山)이다. 귀(鬼)가 없으면 고산(靠山)을 말한다. 측뇌(側腦)와 몰골(沒骨)은 일체가 횡(橫)으로 연(軟)하게 붙어있는 혈(穴)이다. 정고(正靠), 전고(轉靠), 고조(靠祖), 고종(靠宗), 고지(靠枝)가 있다. 특고(特靠)와 차고(借靠)는 다른 것이다. 고(靠)가 있으면 혈(穴)이 서고 없으면 혈(穴)이 폐(廢)한다. 혈(穴)에서 회두(回頭)가 되거나 소명당(小明堂)과 대명당(大明堂)에서 고산(靠山)이 보이는 것도 있다. 또 용(龍)에 올라 살펴보면 고산(靠山)에서 물이 흘러 혈전(穴前)으로 돌아가는 것도 있다.

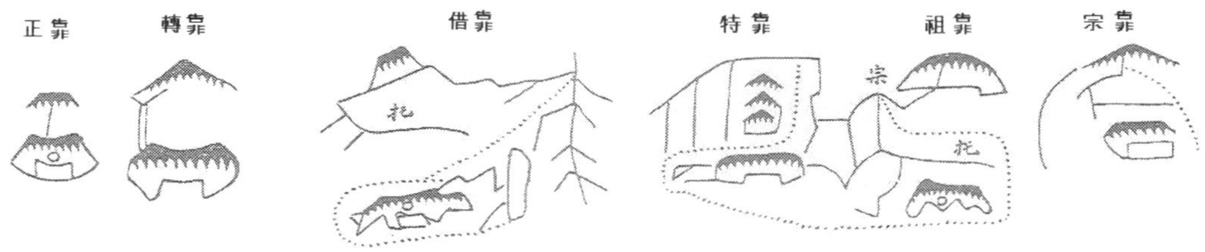

정고(正靠)는 주맥(主脈)이 중(中)을 뚫어 굴러오며 혈(穴)은 진고(眞靠)가 된다.

편고(偏靠)는 맥(脉)이 편(偏)으로 내려오지만 고(靠)는 바르게 혈(穴)에 서서 믿을 수 있다.

고조(靠祖)는 조산(祖山)이 고(靠)가 된다. 고조(靠祖)는 발복이 느리다. 고산(靠山)이 멀리 있으므로 속발(速發)이 아니다.

고종(靠宗)은 멀리 있는 것이 아니고 가까이 있다. 즉시 발복한다.

특고(特靠)는 고산(靠山)이 특래(特來)하여 혈적(穴的)이고 혈(穴)이 싫어하지 않는다.

차고(借靠)는 고산(靠山)을 빌린 것이 명백하면 진혈(眞穴)이 된다.

* 귀성(鬼星)은 안(案)과 일체(一體)가 된다. 귀성(鬼星)이 있으면 쓰고 없으면 낙성(樂星)을 쓴다. 귀성(鬼星)은 낙성(樂星)과 고산(靠山)의 미(尾)이다.

(8) 분방분법(分房分法)

나경(羅經) 전체에서 좌편 6수(數)에 장방(長房)이 임(臨)하는 곳이다. 3자(子)는 우편 6수(數), 2자(子)는 조좌(朝坐)에서 12수(數)이다. 6자(子)는 우(右)의 앞, 4자(子)는 좌(左)의 앞,

2자(子)는 조(朝)와 안(案), 5자(子)는 주성(主星)에 의지한다.

탁장로(託長老)의 6자(子)공위(公位)는 청룡이 뒤를 따라 멈추면 장방지사(長房之砂), 안산(案山)을 따라 나오면 4방지사(四房之砂)이다. 백호가 뒤를 따라 멈추면 3방지사(三房之砂), 안산(案山)을 따라 나오면 6방지사(六房之砂)이다. 반드시 사세(砂勢)와 어느 공위(公位)에 친(親)하여 당겨 들어오는지 관찰해야한다. 만일 공위(公位)에 해당되는 곳이 무사(無砂)면 절(絶)이다.

자좌오향(子坐午向)의 지(地)에 간인갑(艮寅甲)은 내청룡이며 장방(長房) 관할이고, 묘을진(卯乙辰)은 외청룡이며 4방(房) 관할이다. 건술신(乾戌辛)은 내백호이며 3방(房) 관할이다. 유경신(酉庚申)은 외백호이며 6방(房) 관할이다. 좌공(左空)에는 좌(左)가 선절(先絶)하며, 우공(右空)에 우(右)가 영정(零丁)이며, 조좌(朝坐)가 공광(空曠)이면 2방(房)과 5방(房)이 곤란하며, 3방(房)과 장방(長房)은 표령(飄零)한다. 또 청룡이 평이직(平而直)하고 조산(朝山)이 좌로 밀려 가장 외롭게 정지해 있으면 장방(長房)은 적막하게 점점 소멸하고 4자(子)는 날로 발전해 만리(萬里)나 나아간다.

(9) 이기(理氣)

1) 사유사(四維砂) 통론(統論)

催官之砂維四方 雲雷站立官爵强 四維低峯疊疊起 千倉萬箱耀州里 四神爲石生點駁 家道終須見籬索 奇峰列秀有三角
최관지사유사방 운뢰참립관작강 사유저봉첩첩기 천창만상요주리 사신위석생점박 가도종수견소삭 기봉열수유삼각
黃金白玉尙奢靡 若還有路破峰巒 官事相連敗田地
황금백옥상사미 약환유로파봉만 관사상련패전지

건곤간손(乾坤艮巽)의 사유(四維)를 말하며 사(砂)가 고대(高大), 정준(精俊), 흘립(屹立), 운소(雲宵)이다. 고대(高大)사(砂)는 관(官) 역시 고대(高大)하다. 만약 사유(四維)가 저소(低少)봉만(峰巒)이 첩첩(疊疊)히 일어나면 천창(千倉)만상(萬箱)의 부(富)가 주리(州里)에 빛난다. 관(官)에 능하지 않으며 관(官)이 있어도 저소(低小)하다. 기봉(奇峰)삼각(三角)과 황금(黃金)백옥(白玉)은 건(乾)의 삼각(三角) 혹은 손(巽)의 삼각(三角)이 결(缺)하고 간(艮)은 화패(貨貝)를 주장하므로 백옥(白玉)을 칭(稱)하고 곤(坤)은 지모(地母)이며 황금(黃金)을 칭(稱)한다. 만약 건(乾)의 삼각(三角) 혹은 손(巽)의 삼각(三角)이 결(缺)하지 않으면 건손(乾巽)을 따르는 단험(斷驗)이 당연하다. 도로나 봉만(峰巒)의 파(破)는 점박(點駁)한 힘의 탄식이며 어떠한 사(砂)를 불론(不論)하고 함께 꺼린다. 별도로 삼각(三角)의 말은 간곤건(艮坤乾)이다. 손(巽)은 지호(地戶)이므로 마땅히 열려야 하고 간(艮)은 성시성종(成始成終)의 뜻이 있고 건(乾)은 천문(天門)이고 곤(坤)은 지정(地正)이다. 모두 결함(缺陷)이 불가(不可)하다.

2) 사총삼등분(砂總三等分)

一璣統天秀入雲 龍頭獨步黃金門 若見低圓正而麗 定主科甲爭魁名 亂峯低小富毫翁 世登要路誇璣峯 陽璇雙峙美無度
일기통천수입운 용두독보황금문 약견저원정이려 정주과갑쟁괴명 난봉저소부호옹 세등요로과기봉 양선쌍치미무도
同璣入雲生宰輔 龍眞局備造化工 定登台省位三公
동기입운생재보 용진국비조화공 정등태성위삼공

뢰공(賴公)은 사(砂)를 말할 때 총괄하여 3등으로 나누며 비평하는 판단도 3등으로 나눈다. 이와 같이 평가의 구분은 건갑사(乾甲砂)가 머리말의 통천입운(通天入雲)이 제일(第一) 높은 등급이고, 낮은 원정(圓正)의 우아함이 중급의 등급이고, 난봉저소(亂峯低小)가 하급이다. 용두독보(龍頭獨步), 과제(科第)전열(前列), 세등요로(世登要路), 생재보(生宰輔)의 말과 등태성위삼공(登台省位三公)은 건(乾)에서 천(天)이며 팔괘(八卦)의 수(首)이고 갑(甲)이 천간(天干)의 수(首)이며 건갑(乾甲)의 기(氣)는 전체적으로 짓지 않아 제이(第二)의 사람이다. 건(乾)의 순중(旬中)에서 귀(貴)의 발(撥)은 과제(科第)전열(前列)과 요로(要路)에 오르는 벼슬이고 건갑(乾甲)에서 부(富)의 발(撥)은 더하여 향(鄕)에서 관직 없는 큰 부자이고 건갑(乾甲)의 천(賤)한 발(撥)은 강도(强盜)의 두목(頭目)이고 건갑(乾甲)에서 빈(貧)한 발(撥)은 주머니에 한 냥도 없다. 온전히 있는 수입운원정려(秀入雲圓正麗)의 6자(字)를 통하여 얻어 보면 응험(應驗)을 발(撥)할 수 있어 명백히 터럭만큼도 틀림이 없다. 만약 난봉저소(亂峯低小)는 건갑(乾甲)의 기(氣)를 갖추어야 한다. 건갑(乾甲)의 체(體)가 핍박이면 관(官) 역시 들지 않고 부(富) 역시 풍후하지 않아 반드시 형체(形體)의 합(合)과 이기(理氣)의 총원(總員)을 뚫는 말이다. 진실로 필요한 취(取)는 반드시 용진국비(龍眞局備)에서 조화(造化)의 공(工)이다.

3) 손신사(巽辛砂)

獨有璇峯驀然起 經略之士斷可擬 參軍司戶小峯巒 低圓方正富而已 一峯秀出一登科 雙峰兄弟應雙擧 遠峯列笋天涯靑
독유선봉기연기 경략지사단가의 참군사호소봉만 저원방정부이이 일봉수출일등과 쌍봉형제응쌍거 원봉열순천애청
文與韓柳爭齊名 砂朝水揖外孫貴 半子廊廟爲官淸 更有如花女人好 夫勳子祿承恩榮 陽璇低伏陰璇聳 亦主亞榜稱名經
문여한앙쟁제명 사조수읍외손귀 반자랑묘위관청 경유여화여인호 부훈자록승은영 양선저복음선용 역주아방칭명경

손신(巽辛)은 문장(文章)을 맡으며 장녀(長女)이므로 남녀(男女)의 미모(美貌)를 주장하는 말이다. 용진(龍眞)국비(局備)에 손수(巽水)를 얻고 봉(峯)이 변(變)하여 특기(特起)하면 경략지사(經略之士)가 출(出)한다. 만약 작은 봉만(峰巒)에 불과(不過)하면 참군사(參軍司)의 업무이고 저원(低圓)방정(方正)은 최관(催官)이 불능(不能)하고 다만 부(富)일 뿐이다. 그래서 결과

는 합(合)이며 평원방(平員方) 3자(字)는 많이 미모(美貌)를 주장한다. 아내는 청결(淸潔)하며 부녀(婦女)는 부(富)와 예(禮)를 좋아한다. 또 일봉(一峯)이 빼어나게 나타나면 일인(一人)등과(登科)를 주장하고 쌍봉(雙峰)이 빼어나게 나타나면 형제 동과(同科)이다. 봉(峯)이 열순(列笋)과 같고 천애(天涯)는 문장(文章)과 나라의 제명(齊名)을 나타낸다. 외조(外朝)의 사수(砂水)는 외손(外孫)이 귀(貴)하다. 천기(天機)가 편안히 밖에 있으면 여가(女嫁)가 호문(豪門)이며 혹은 여자가 궁비(宮妃)이다. 만약 천기(天機)가 안에 있으면 남자가 오히려 궁(宮)의 문장(文章)을 주장한다.

4) 곤사(坤砂)

玄峯卓拔旌旗樣 定出將軍女爲將 如旗斜反不端嚴 巡警小官亦英銳 亂峯低小都衙職 山名地母無虧失 如或缺陷水來去 定以龍穴明去取 龍神帶得四金行 必主寡夭幷尼僧

현봉탁발정기양 정출장군여위장 여기사반불단엄 순경소관역영예 난봉저소도아직 산명지모무휴실 여혹결함수래거 정이용혈명거취 용신대득사금행 필주과요병니승

곤(坤)은 원과(元戈)와 노음(老陰)이며 족기(族旗)와 같은 사(砂)가 있으면 장군(將軍)의 출(出)을 주장한다. 건계(乾癸) 이룡(二龍)이 와서 곤사(坤砂)를 만나 기(旗)와 같으면 여자의 장군(將軍)이 생(生)한다. 곤(坤)에서 납갑(納甲)이 을(乙)이며 노모(老母)이고 이(離)중녀(中女)의 배(配)는 선천(先天)의 곤(坤)이 천지정위(天地定位)이므로 여장(女將)을 주장한다. 건계(乾癸) 이룡(二龍)이 와서 곤사(坤砂)를 만나 기(旗)와 같으면 남자는 장군(將軍)을 주장한다. 건(乾)에서 배(配)는 곤(坤)이며 노부(老父)이고 계(癸)는 선천(先天) 곤위(坤位)에 있으며 감(坎)에서 납갑(納甲)과 중남(中男)이므로 남장(男將)을 주장한다. 일봉(一峯)의 단공(端拱)은 삼갑(三甲)급제(及第)이다. 지도(地道)에서 이루지 못하면 대(代)가 끊어진다. 그래서 역(易)에서 말한 지재곤원만물자생(至哉坤元萬物資生)은 곤(坤)을 일찍이 원(元)의 칭(稱)을 사람이 방미(傍尾)를 만들었다. 그러므로 단공여규(端拱如圭)는 급제(及第)와 원(元)의 응(應)이 있다. 다만 노년(老年)에서 발달은 합(合)이고 유종(有終)의 기(氣)는 봉(峰)의 아래에 단엄(端嚴)의 영향인지 알지 못한다. 난산(亂山)저소(低小)는 순경(巡警)이 출(出)하여 도아(都衙)의 소직(小職)이 당연하다. 지(地)의 방위는 전체적으로 결함(缺陷)이 마땅하지 않으며 곤(坤)에서 풍후하게 능히 물건이 실린다. 방위의 결함(缺陷)은 용혈(龍穴)에서 거(去)의 취(取)가 명확해야 한다. 혹은 감룡(坎龍), 건룡(乾龍), 진룡(震龍), 이룡(離龍)들의 방위에 파군(破軍), 녹존(祿存), 염정(廉貞), 문곡(文曲)이 흉(凶)이다. 혹은 신혈(辛穴)과 정혈(丁穴)은 이 방위를 극(剋)하면 흉(凶)이 명확하다. 신혈(辛穴)과 정혈(丁穴)을 얻어 향(向)이 감리(坎離)건진(乾震) 동룡(東龍)은 곤방(坤方)의 기(起), 함(陷), 거(去)의 취(取)를 알아야 한다. 그래서 곤(坤)의 결함(缺陷), 저(低), 평(平), 곡(曲), 직(直), 수(水), 풍(風)을 함께 마땅히 취(取)한다. 거(去)의 취(取)는 화복(禍福)이 서는 응(應)이며 거취(去取) 2자(字)는 용(龍)이 사(砂)의 결(缺)에 수(水)를 총괄

하는 결(訣)이다. 용(龍)이 사금(四金) 대(帶)의 말에서 미(未)의 대(帶)는 과부(寡婦)와 니승(尼僧)의 출(出)을 주장한다.

5) 간병사(艮丙砂)

陽樞如筆列三台 三台齊秀催官嵬 與國爲姻食天祿 一峯獨秀黃甲魁 若然小峯積金帛 被石玷破催官頹 陽樞低伏陰樞聳
양추여필열삼태 삼태제수최관외 여국위인식천록 일봉독수황갑괴 약연소봉적금백 피석점파최관퇴 양추저복음추용
亦主食祿休疑猜 四神八將應位起 龍眞穴的齊盧崔
역주식록휴의시 사신팔장응위기 용진혈적제노최

간(艮)은 천시(天市)와 소남(少男)이며 사(砂)가 필(筆)같이 펼쳐진 삼태(三台)의 제수(齊秀)이다. 혹은 단봉(單峰)독수(獨秀)는 황금괴수(黃甲魁首)를 주장하며 왕실과 혼인한다. 만약 소봉(小峰)이 있으면 금백(金帛)만 쌓일 뿐이다. 대개 좋은 사(砂)의 피석(被石)이 점파(玷破)는 윤택(潤澤)하지 않고 절대 발복(發福)하지 않는다. 대개 지(地)에 용진혈적(龍眞穴的)과 사신(四神)팔장(八將)의 위(位)에 길방(吉方)이 응(應)하면 식(食)의 천록(天祿)을 주장인데 간병(艮丙)만으로 되지 않는다.

6) 병오정사(丙午丁砂)

太陽正火當星馬 丁柳丙張更無價
태양정화당성마 정유병장경무가

오(午)는 태양(太陽)이며 성일마(星日馬)를 주장한다. 또 유토장(柳土獐)과 장월록(張月鹿)이 나란히 일어나 거짓 없는 무가(無價)의 지(地)이다.

7) 화성(火星)

火星宜起應天宿 仍觀造化陰陽配 離星高起乾壬明 洩制火氣英賢生
화성의기응천수 잉관조화음양배 이성고기건임명 설제화기영현생

위의 말을 받들면 묘유(卯酉) 2산(山)이 방일(房日)과 필월(畢月)을 주장한다. 이 화성(火星)이 고기(高起)하면 천수(天宿)의 응(應)이다. 혈상(穴上)에서 만국(滿局)과 음양(陰陽)의 조화(造化)로 인하여 보는 것이 필요하다. 꺼리는 뜻은 오(午)와 같이 성일마(星日馬)의 수(宿)가 당연히 사용된다. 만약 사고수수(砂高水秀)는 두려움이 모이고 술(戌)은 화렴(火炎)이 입지(立至)하며 건임(乾壬)방(方)의 사명수정(砂明水淨)을 얻어야 화성(火星)을 설제(泄制)할 뿐만 아니라 화재(火災)를 면(免)한다. 또 영현(英賢)을 생(生)하는 고선(古仙)의 제화(制化)묘용(妙月)이다. 오경난(吳景鸞)은 주성(州城)의 천미(扦薇)에 당(塘)을 정자(丁字)로 여는데 손(巽)에서 제지(制之)가 서로 맞게 사용하는 묘공(妙功)이다. 손(巽)이 계(雞)를 두려워하며 정(丁) 역

시 살(煞)의 무리이므로 손(巽)에서 제지(制之)한다. 이 말은 건임(乾壬)이 오화(午火)의 설제(洩制)가 아니고 건임(乾壬)이 오(午)를 제지(制之)한다. 건임(乾壬)에서의 사이에 해자(亥字)는 오(午)가 두려워한다. 만약 해방(亥方)의 기(起)는 살육(殺戮)을 주장하는 흉참(凶慘)이므로 해(亥)의 정위(正位)는 피(避)한다. 해(亥)를 따라 좌우(左右)양방(兩傍), 축사(築砂), 루수(婁宿)의 기(起), 착지(鑿池), 인수(引水)는 건(乾)에 오(午)가 합(合)하여 선천(先天)이 모인다. 탐랑(貪狼)의 길(吉)은 오(午)의 납갑(納甲)인 임(壬)이 음양(陰陽)을 합하여 비화(比和)의 아름다움이 화성(火星)을 제지(制之)하여 영현(英賢)을 산출하는 이로움을 얻는다. 이런 부류의 작법(作法)은 전래(傳來)를 따르는 경(經)의 가리킴이 아니고 진(眞)을 파(破)하는 회천개명(回天改命)의 신공(神功)이 있다.

火星不起官不顯 不握重權或閒散
화성불기관불현 불악중권혹한산

화성(火星)과 일월(日月)이 같은 무리이다. 일(日)이 군상(君象)이며 화성(火星)이 나타나 관(官)에 오름을 주장한다. 순역(順逆)의 분별은 용상(龍上)에서 변별한다.

火星水起日月明 亦主其家生子貴 日月不峙太陽高 太陽得水貴還豪
화성수기일월명 역주기가생자귀 일월불치태양고 태양득수귀환호

감리(坎離)는 선천(先天)에서 일월(日月)이며 묘유(卯酉)는 후천(後天)에서 일월(日月)이다. 괘(卦)에 납간지(納干支)는 어떻게 머무르고 화성(火星)의 불기(不起)는 일월(日月)이사(二砂)의 명(明)을 얻어야 귀자(貴子)의 생(生)을 주장한다. 일월(日月)이사(二砂)의 불기(不起)는 본룡(本龍)의 오사(午砂)가 고(高)하며 자성(子星)의 득수(得水)는 부(富)가 돌아 호걸이다.

8) 사사(巳砂)

赤蛇遶印如圓平 腰懸斗印才縱橫
적사요인여원평 요현두인재종횡

사(巳)가 적사(赤蛇)이며 묘(卯)에 원평(圓平)이 있어 귀(貴)를 주장한다. 이 말은 묘(卯)를 두르고 득수(得水)의 전요(纏繞)를 주장하고 뛰어난 종횡(縱橫)의 살(煞)은 사(巳)가 지호(地戶)이며 폐새(閉塞)가 마땅하지 않음을 주장한다. 또 장생(長生)의 지(地)에서 음룡(陰龍)은 이 방위에 사(砂)가 있어 폐새(閉塞)는 여인(女人)이 생육(生育)하지 않음을 주장한다. 양룡(陽龍)은 이 방위에 원돈(圓墩)이 있으면 타태(墮胎)를 주장한다.

印笏居西最爲貴 樞璇丙丁生公卿
인홀거서최위귀 추선병정생공경

인(印)과 홀(笏)이 건(乾)에 거주하면 금(金)의 이름으로 금인(金印)이다. 간병정(艮丙丁)의 사조수용(砂朝水湧)은 공경(公卿)의 생(生)이 바로 필연(必然)이다.

9) 인갑사(寅甲砂)

印居寅甲出師巫 里巷厭聽樗蒲聲
인거인갑출사무 리항염청저포성

인거인갑(印居寅甲)은 책력에서 보는 고래(古來)의 이름이며 묘(墓)에 있어서 출사무(出師巫)는 금인(金印)이 허리에 매달려 있다. 소년(少年)이 꽃을 찾는 곤충과 같이 과제(科第)는 반드시 외래(外來)의 인갑(寅甲)이다. 이는 인(寅)을 사용하며 갑(甲)의 사용은 두풍이 머물러 마(魔)의 질병이며 사무(師巫)가 출(出)한다.

10) 자계축사(子癸丑砂)

陽光癸丑主墮胎 離印中子全家盲
양광계축주타태 이인중자전가맹

자계축(子癸丑)에 원퇴(圓堆)가 있으면 타태(墮胎)를 주장한다. 또 모(母)의 개가(改嫁)를 따라가며 이방(離方)의 원돈(員墩)은 맹목(盲目)을 주장한다. 대개 오(午)는 목(目)과 중녀(中女)이며 이향(離鄕)을 주장한다.

11) 어대사(魚袋砂)

魚袋居西官易期 坎癸四墓爲橫屍
어대거서관이기 감계사묘위횡시

어대사(魚袋砂)는 횡시(橫尸)와 같다. 서쪽에 있으면 금어대(金魚袋)이고 자계축미진술(子癸丑未辰戌)에 있으면 횡시(橫尸)이다.

12) 경유사(庚酉砂)

兜矛劍戟庚兌出 將軍威武鎭邊夷
두모검극경태출 장군위무진변이

묘경유(卯庚酉)는 무(武)를 주장하며 투구를 뚫는 검극(劍戟) 종류의 응(應)이다.

牙刀四金屠劊兒 判筆庚兌辛爲奇
아도사금도회아 판필경태신위기

아도(牙刀)의 위치가 사금(四金)에 있으면 집을 불태우고 자식을 죽인다. 판필(判筆)의 위치가 경유신(庚酉辛)이면 대안(大案)의 판단을 주장한다.

13) 손사(巽砂)

東南更點齊雲宵 陰陽和合如友僚 更兼陽關山拱衛 君王啓沃官班高
동남경점제운소 음양화합여우료 경겸양관산공위 군왕계옥관반고

손(巽)은 동남(東南)에 거주하며 위로 높이 받쳐 운소(雲宵)가 출(出)한다. 음양(陰陽)이

합(合)하고 유(酉)를 얻어 신(辛)과 합하여 사공(砂拱)이 비추면 제(帝)와 가까운 관(官)을 주장한다. 유(酉)에서 태양(太陽)사(砂)와 태음(太陰)수(水)이다.

14) 묘유사(卯酉砂)

陽衡厭塚初年滯 陽關山焰因陣亡
양형염총초년체 양관산염인진망

묘경계미(卯庚癸未)의 사수(砂水)는 온전히 대장(大將)이 출(出)한다. 유방(酉方)의 응(應)과 위치의 기(起)가 필요하며 이 방위가 불기(不起)하고 저함(低陷)은 진망(陣亡)을 주장한다. 묘(卯)는 일출(日出)의 장소이며 산(山)이 높으면 양광(陽光)을 엄폐(掩蔽)하여 공명(功名)이 흔들리지만 건손곤(乾巽坤)에 있는 지(地)가 아닌 것을 꺼린다. 만약 신정(辛丁) 산향(山向)은 묘년(卯年)등과(登科)를 주장하고 묘산(卯山)이 높으면 길(吉)이다.

15) 사금사(四金砂)

畵筆尖欹列寅甲 賊旗斜側位魁罡 魁罡高聳壓塚宅 出賊乞丐沿街坊
화필첨의열인갑 적기사측위괴강 괴강고용압총택 출적걸개연가방

인갑(寅甲)에 첨의(尖欹)가 화필(畵筆)과 화필(畵筆)이 아닌 것이 있다. 화필(畵筆)이 아닌 위치는 흉방(凶方)에 있고 여기(餘氣)는 화필(畵筆)이다. 적기(賊旗) 역시 그러한데 진술(辰戌)에 총택(塚宅)을 누르면 걸개(乞丐)의 출(出)과 불출(不出)이다. 걸개(乞丐)의 불출(不出) 위치는 흉방(凶方)에 있으며 여기(餘氣)는 걸개(乞丐)의 출(出)이다. 그러므로 인갑(寅甲)은 생기(生氣)의 문필(文筆)이고 진술(辰戌)은 주패(珠貝)의 고장(庫藏)이다. 만약 진술(辰戌)을 바르게 소납(消納)하면 거부(巨富)를 주장한다. 인갑(寅甲)이 택(宅)을 안으면 대귀(大貴)를 주장한다. 다만 의사(欹斜)와 고압(高壓)은 대략 복력(福力)을 감(減)한다는 소리이다.

四金砂焰風一入 翻棺覆槨人遭殃
사금사염풍일입 번관복곽인조앙

진술축미(辰戌丑未)에 요풍(凹風)이 혈(穴)에 들지 않아야 한다. 축미(丑未)에 풍(風)이 들어 보이면 음향(陰向)을 세우고, 8간(艮) 2흑(黑) 영운(營運)의 년(年)과 진술(辰戌)에 풍(風)이 오면 양향(陽向)을 세우고, 4손(巽)6건(乾) 관운(官運)의 년(年)은 수(水)와 향(向)을 꺼리지 않는다.

16) 24산총평(24山總評)

權樞陽璣山若陷 祿馬不起金階平 祿神缺陷馬空依 催官貴祿山低傾 雖有文章不顯達 官不食祿名虛稱
권추양기산약함 녹마불기금계평 녹신결함마공의 최관귀녹산저경 수유문장불현달 관불식록명허칭

이임(離壬), 간병(艮丙), 손(巽)의 산(山)이 함(陷)하고 녹마(祿馬)의 불기(不起)와 건(乾)이 평(平)하다. 녹신(祿神)의 결함(缺陷)과 마(馬)의 공(空)에 의지하고 최관(催官)의 귀(貴)와 녹

산(祿山)의 저경(低傾)이다. 비록 문장(文章)이 있어도 현달(顯達)하지 않고 관(官)의 식록(食祿)이 아니며 공허한 이름을 칭(稱)한다.

龍穴局勢無虧失 吉星到位官可必 吉星或見有高低 便以高下爲消息
용혈국세무휴실 길성도위관가필 길성혹견유고저 편이고하위소식

감여(堪輿)는 머리에서 용혈(龍穴)과 국세(局勢)가 중(重)하다. 만약 건건(件件)이 합법(合法)이면 휴실(虧失)이 없다. 길(吉)을 얻고 흉(凶)을 펼치면 관(官)은 반드시 가능하다. 그래서 길흉(吉凶)의 가운데 고저중(高低中)이 있어 3등(等)으로 분별(分別)한다. 고사(高砂)는 복(福)이 후(厚)하고 저사(低砂)는 복(福)이 박(薄)하고 중사(中砂)는 발복(發福)이 쉬우며 힘이 역시 중평(中平)이라는 결(訣)이다. 고하처(高下處)가 있으며 소식(消息)을 헤아린다. 일등(一等)의 산형(山形)이 있으면 극(極)히 미려(美麗)는 어떠한 위치와 무관하다. 흉방(凶方)에서도 3등(等)으로 분별하고 증험에서 대소(大小)의 화(禍)를 받는다. 세월이 오래 걸리지 않는 초년(初年)의 말이다. 국세(局勢)의 당기(堂氣)를 유용하거나 길(吉)에 이른 연(年)이 오래되는 사(砂)의 힘이 화(禍)를 주장한다.

天乙太乙眞文筆 耀氣交騰狀元出 山形雖美位凶方 亦恐歲久非忠赤
천을태을진문필 요기교등장원출 산형수미위흉방 역공세구비충적

손신(巽辛) 양봉(兩峯)의 불기(不起)는 귀(貴)의 부지(扶持)가 없는 것을 안다. 대개 손신(巽辛)은 최관(催官)의 천원(薦元)이다. 양사(兩砂)의 첨봉(尖峰)수기(秀氣)는 요기(曜氣)를 얻고 사(砂)좌우(左右)에 교등(交騰)은 소년(少年)과제(科第)와 금마(金馬)옥당(玉堂) 및 한원(翰苑)치예(馳譽)이다.

得位失位孰去取 總把龍神變規矩
득위실위숙거취 총파용신변규구

사(砂)의 길흉(吉凶)은 전체적으로 득위(得位)와 실위(失位)가 있으며 아울러 용(龍)의 기(氣)와 혈(穴)의 국(局)을 구분한다.

詳龍審穴辨砂水 此是曾楊徹骨語
상룡심혈변사수 차시증양철골어

간지지법(看地之法)은 상룡심혈변사변수(詳龍審穴辨砂辨水)의 사자(四者) 외(外)에 다시 어떻게 할 수 없고 중요한 것이 없다. 최관4편(催官四篇)은 필히 양공(楊公)과 증공(曾公)으로 통하는 골격의 말이다.

世降風移民不淳 大地相逢莫輕許
세강풍이민불순 대지상봉막경허

세상에 내려오는 풍속이 바뀌어 사람은 적덕(積德)하지 않으면 대지(大地)의 상봉(相逢)을 가볍게 허락하지 않는 조물(造物)의 꾸짖음이 두렵다.

4. 수(水)

탁장로(託長老)는 수법(水法)이 백학선사(白鶴仙師)의 유문이고, 선사(仙師)를 구공(邱公)의 문인들이 신뢰하였으며 전수한 형상(形象), 방위(方位), 납갑(納甲), 선천후천(先天後天), 정음정양(淨陰淨陽), 이기길흉(理氣吉凶)이다.

수(水)는 천(天)을 따르며 성질은 동(動), 건양(乾陽)이다. 화복(禍福)의 감응이 신속하므로 용(龍)과 수(水)를 같이 중시한다. 지맥(地脈)보다 천기(天氣)를 취(取)하는 것은 발재(發財)의 응험(應驗)이 쉽기 때문이다. 초운(初運)이 빈한(貧寒)한 사람의 구제는 사지발(砂遲發)이며 수속행(水速行)이다.

용(龍)이 근본인데 유독 사(砂)와 수(水)를 말하는 까닭은 수(水)가 심용(尋龍)의 요법(要法)이라고 고인(古人)들이 말했다. 기(氣)는 수(水)의 모(母), 수(水)는 기(氣)의 자(子)이다. 래수(來水)의 장소로써 용행(龍行)을 인도한다. 수(水)의 경계되는 장소로써 용(龍)이 머물러 있다. 수원(水源)에는 장단(長短)이 있는데, 용(龍)의 원근(遠近)을 결정할 수 있다. 수세(水勢)에는 대소(大小)가 있는데, 용(龍)의 지간(枝幹)으로 분별할 수 있다. 수세(水勢)의 빙 돌아옴을 관찰하면 조(朝)와 혈(穴)의 빈주(賓主)가 판연(判然)하다. 수류(水流)의 래거(來去)를 관찰하면 용(龍)과 사(砂)의 순역(順逆)을 변별할 수 있다. 먼저 산을 관찰하지 말고 수(水)를 관찰하면 진룡락처(眞龍落處)에 수취(水聚)이며, 진혈결처(眞穴結處)에 수전(水纏)이다. 곡류지수(曲流之水)는 반드시 굽어 도는 사(砂)가 있다. 수(水)의 변별은 분합(分合)으로 논(論)한다. 분(分)이 있으면 합(合)이 있어 혈(穴)의 착오가 없다. 합전합후(合前合後)의 양쪽은 기지(氣止)이고, 수교방(水交方)에 작혈이다. 수세(水勢)의 논(論)은 결국(結局)이다. 역조횡포(逆朝橫抱)면 금옥(金玉)이 쌓인다. 다음으로 취할 것은 합금(合襟)과 순류(順流)이다.

계곡(溪澗), 강호(江湖)는 본래 수(水)이며, 전원(田源), 당(塘), 소(沼) 역시 같다. 당연히 평(平)에 사저(砂低)면 바로 응(應)하며 미약한 곡절수(曲折水)가 있으면 선륜(先輪)한다. 자세히 하는 것은 용신(龍身)의 정준(精峻), 강만(岡巒)의 수발(秀拔), 기응(氣凝)이다.

형상(形象)을 제일로 삼는다. 사비직충(斜飛直冲)의 수(水)이면 이기(理氣)에 합당하고 길방(吉方)에 있어도 화(禍)를 면하지 못한다. 굴곡(屈曲)이 원조임을 알고 상격(上格)으로 삼는다. 수(水)와 사(砂)는 서로 분리될 수 없다. 수곡(水曲)이면 사포(砂抱)이고, 수직(水直)이면 사경(砂硬)이고, 수사(水斜)면 사비(砂飛)한다. 수(水)가 혈(穴)의 전후좌우에서 충(冲)하면 화(禍)를 입는다. 형상(形象)이 선(善)한 것을 먼저 선택하며 악(惡)한 것은 피(避)한다.

평전수(平田水)는 수(水)가 전중(田中)에 흩어지는 것으로 평과유완(平夸悠緩)이며 불충불사(不冲不射)며 불할불충(不割不冲)이며 불대흉살(不帶凶煞)이다. 정답게 당(到)에 도달해야 좋으며 당(堂)에 도달하지 않으면 무용(無用)하다.

지당수(池塘水)는 생성(生成)을 하는 것이므로 재록(財祿)이 쌓인다. 혈전(穴前)에서 얻는 것이 가장 길(吉)하다. 지당(池塘)을 파서 만들면 용기(龍氣)의 상잔(傷殘)과 발설(發洩)로 흉화(凶禍)를 부른다. 분택(墳宅)에 청천백수(淸泉白水)가 래거(來去)면 역시 적절하고 추가할 것 없이 묘(妙)하다. 호사자(好事者)의 말에 흔들려 어지(魚池)를 만들면 분문(分門), 난행(亂行), 언색(堰塞)하며 심지어 파패(破敗)하므로 경계한다.

수심처(水深處)에 부(富)가 많고 수천처(水淺處)에 가난하다. 수취처(水聚處)에 다조(多稠)하며 수산처(水散處)에 다리(多離)이다. 이것이 양기지법(陽基之法)이다.

이기지법(理氣之法)에서 방위를 분별하여 소납(消納)으로 입향(立向)하면 길(吉)하며 화(禍)는 침범하지 못한다. 소사납수법(消砂納水法)은 감여(堪輿)에서 제일 중시한다. 수성(水性)은 동양(動陽)이며 일의 주관이 신속하므로 조빈모부(朝貧暮富)라 한다. 취(取)하면 쾌속하므로 향(向)을 수래(水來)에 배합시키는 까닭이다. 수(水)가 오는 것은 24방위이며 양수래(陽水來)면 입양향(立陽向)이 길(吉), 음수래(陰水來)면 입음향(立陰向)이 길(吉)이다. 음수래(陰水來)에 입양향(立陽向)이면 흉(凶)이다. 3법은 사법(砂法), 수법(水法), 향법(向法)이며 소사납수(消砂納水)이다. 수산출살(收山出煞)은 감여가(堪輿家)의 대작용(大作用)이다. 화복(禍福)의 추기(樞機)는 전적으로 점혈(點穴), 소사(消砂), 납수(納水), 승룡기(乘龍氣), 정향(定向) 등 5개가 합법(合法)이다.

수(水)의 래세(來勢)는 알아야 한다. 양수(兩水)의 합류(合流)는 **교(交)**, 관란긴밀(關攔緊密)은 **쇄(鎖)**, 지원굴곡(屈曲之元)은 **직(織)**, 중수회취(衆水會聚)는 **결(結)**이라 한다. 용호(龍虎)와 명당(明堂)을 천파(穿破)하는 것은 **천(穿)**, 용호(龍虎)의 다리를 끊어 없게 하는 것은 **할(割)**, 직거(直去)는 **전(箭)**, 직충(直冲)은 **사(射)**로 된다. 산을 보기 전에 먼저 물을 본다. 유산구수(有山無水)에 심지(尋地)를 하지 말고, 유수무산(有水無山)에 재혈(裁穴)이 가능하다. 진룡(眞龍)은 흉수(凶水)를 짝하지 않고, 길수(吉水)는 흉룡(凶龍)을 향하지 않는다. 수(水)가 겨우 과혈(過穴)하거나 반도(反挑)하면 한푼의 가치도 없고, 입회(入懷)하며 반포(反抱)면 1발(發)하고 쇠(衰)한다.

(1) 수국(水局)

조수국(朝水局, 逆水局)은 번신역세(翻身逆勢)로 결혈(結穴)된다. 흘러드는 수(水)를 역(逆)으로 마주보고 받기 때문에 혈성(穴星)이 높은 것이 요건이다. 크고 여유를 가지지만 저사(低砂)가 아래에서 횡란(橫攔)하는 것도 있다. 수(水)가 성(城)을 충(冲)하여 할각(割脚)하지 않으면 길(吉)로 된다. 순수(順水)든 역수(逆水)든 수류(水流)의 원조는 굴곡(屈曲)이다. 탁장로는 역수국(逆水局)이 전부 길(吉)로 된다고 말할 수 없다고 하였다. 면전(面前)의 창판수(倉板水)가 조래(朝來)하면 적실할 수도 적실하지 않을 수도 있기 때문이다. 을묘(乙卯)가 함께 오면 중처극자(重妻剋子)한다. 병오(丙午)가 같이 오면 폐병과 화재(火災)가 된다. 혈장(穴場)이 장취(藏聚)되고 혈(穴)이 바람을 받지 않아야 진(眞)으로 된다. 번신(翻身)으로 꾸미고 역세(逆勢)로 퍼져 흘러 들어가면 8풍(八風)이 흔들어도 두려워하지 않는다. 대개 번신(翻身)으로써 퍼져 들어오면 힘이 크다. 즉 음양교회하며 융결(融結)이기 때문이다. 천리(天理)는 마땅히 순(順)이며, 지리(地理)는 마땅히 역(逆)이므로 역조수(逆朝水)는 길(吉)로 된다.

횡수국(橫水局, 左到右 右到左 亦同)에서 용(龍)의 결혈(結穴)은 수(水)가 좌래우거(左來右去)나 우래좌거(右來左去)한다. 하관(下關)에 산(山)이 있어 역수(逆收)하는 것이 필요하다. 수구(水口)가 긴밀(緊密)하도록 막고 머물게 하면 길(吉)로 삼는다. 이 국(局)은 지극히 평온(平穩)하다. 수래(水來)에 명당(明堂)에 있게 마련인데 도리어 면전(面前)에 깃들이면 발복한다. 1경직거(一徑直去)면 감력(減力)한다.

거수국(據水局, 聚水局)에서 용(龍)의 결혈(結穴)은 앞에 대호(大湖)나 심담(深潭)에 임하여 맺으며 혈전(穴前)에서 깊게 흐른다. 첩신(貼身)한 하사(下砂)가 관폐심긴(關閉甚緊)한 것이 필요하다. 1방(一方)을 웅장한 세(勢)이다. 지(地)가 수(水)를 얻음으로써 상(上)으로 된다. 수(水)가 응취(凝聚)함으로써 가(佳)로 된다. 이 국(局)은 부귀면원(富貴綿遠)을 주장한다.

순수국(順水局, 去水局)에서 래룡(來龍)의 장원(長遠)이 중요한데 역량(力量)이 강대하다. 4세주밀(四勢周密)하고 수구관고(水口關固)하며 수(水)는 가도 산(山)은 교회(交廻)하면 좋다. 산이 확고히 교회하지 않으면 혈장(穴場)에서 수(水)는 쏘는 듯이 직거(直去)하는 것이 보인다. 결코 융결(融結)치 않으므로 착안(着眼)하지 말아야 한다. 융결(融結)된 것을 좇으면 발재(發財)하지 않고 초년(初年)에 불리(不利)하여 쇠퇴하여 오두막까지 죄다 없어진 후에 비로소 출관(出官)한다. 혹은 이향발귀(離鄕發貴)한다. 혈(穴)이 미약하면 불길(不吉)한데 퇴패(退敗), 절멸무구(絶滅無救)를 주장한다. 해빈지지(海濱之地)에 있으면 순국(順局)을 가지고 혐오하지 않는다. 대개 해수(海水)는 용입(湧入)하거나 래(來)이기 때문이다.

무수국(無水局, 旱龍局)에서 결혈(結穴)은 산파(山坡)에 맺는다. 산세(山勢)가 반취(盤聚)니 명당(明堂)에서 유수(流水)가 보이지 않는다. 穴이 고산(高山)에 있으면 선귀후부(先貴後富)한다. 청귀불부(淸貴不富)하나 거부(巨富)는 용신(龍神)에 창고(倉庫)를 대(帶)하고 있을 경우 만이다. 청귀(淸貴)는 다분히 산형(山形)의 수삭(瘦削)에 기인한다. 혈전(穴前)에 장심명당(掌心明堂)이 없거나 창고(倉庫)가 만약 용신(龍神)에 있으면 유인무재(有人無財)이다. 창고지룡(倉庫之龍) 혹은 역수지지(逆水之地)에 천(扦)하면 유재무인(有財無人)이므로 고한지혈(孤寒之穴)에 천(扦)하지 않는다.

(2) 수구(水口)

탁장로는 입산(入山)에 수구(水口)를 찾고 등혈(登穴)에 명당(明堂)을 보라고 한다. 무릇 수래처(水來處)는 천문(天門)이라 한다. 만약 오는 것이 보이지 않을 만큼 원류(遠流)면 천문개(天門開)라 하고, 수거처(水去處)는 지호(地戶)라 하는데, 수거(水去)가 보이지 않는 것을 지호폐((地戶閉)라 한다. 수(水)는 재(財)를 주장하며 문개즉재래(門開則財來)며 호폐즉용불갈(戶閉則用不竭)이다. 수(水)가 깊으면 재대(財大)며 얕으면 재소(財小)이다. 수구(水口)는 인가의 문호(門戶)이다. 수출처(水出處)에 양산(兩山)이 고용탁발자(高聳卓拔者)가 있으면 귀지(貴地)이다. 또 저산관포자(低山關抱者)는 과거(科擧)할 지(地)이다. 만약 하사관란(下砂關攔)이 없으면 하지(下地)이다. 또 관란(關攔)이 3, 5중(重)이면 더욱 크고, 더욱 유구하다.

탁장로(託長老)는 풍수지법(風水之法)은 득수위상(得水爲上)이며 장풍긴요(藏風緊要)라고 말한다. 외기(外氣)는 내기(內氣)를 정지하는 원인이며 계수(界水)는 내룡(來龍)정지의 원인이다. 소조(少祖)로부터 하계(下界)로 용세(龍勢)를 송부하는 것이 **제1분수(第一分水)**인데 장단(長短)이 있다. 입수성(入首星)으로부터 하계(下界)의 용호(龍虎)를 나누는 것이 **제2분수(第二分水)**인데 천심(淺深)이 있다. 혈장(穴場)에 있는 하수(蝦鬚와) 금어수(金魚水)가 **제3분수(第三分水)**인데 고명고암(股明股暗)이 있다. 용(龍)은 모두 2수협출(二水夾出)을 가진다. 1변(邊)이 대강(大江) 1변(邊)이 소계(小溪), 1변(邊)은 계간(溪澗) 1변(邊)은 전롱(田壟), 역시 고명고암(股明股暗)이 있다. 명암(明暗)이 교회면 기종(氣鍾)이며, 천심(淺深)이 회류면 기지(氣止)이며, 장단(長短)이 회집하면 용세(龍勢)는 정지한다. 그러므로 수(水)가 원근(遠近)이 없으면 조맥(助脈)이 위주이며 혈(穴)이 소정(所定)함이 없으면 기(氣)를 얻는 것이 증거로 된다.

인신(人身)에 비유하면 혈(血)이 기(氣)로써 행(行)하는 것과 같이 산수(山水)의 기(氣)도 수(水)로써 운반한다. 수(水)가 산내(山內)에 저장되면 기(氣)는 수중(水中)에서 나온다. 래처래(來處來)며 거처거(去處去)이며 사람의 호흡과 같다. 수(水)는 용신(龍身)의 혈(血), 석(石)은 용신(龍身)의 뼈, 토(土)는 용신(龍身)의 육(肉), 초(草)는 용신(龍身)의 모(毛)이다. 혈행(血行)은 육(肉)에서 하며 뼈에서는 하지 않는다. 구지(救地)를 잘하려면 용(龍)의 맥기(脈氣)를 보고 용호(龍虎) 외의 계수(界水) 상(上)에서 관찰한다. 혈의 맥기(脈氣)를 보고 용호(龍虎) 내의 계수(界水) 상(上)에서 관찰하여 외현적(外顯迹)을 관찰한다. 내계수(內界水)의 미망(微茫)이 이것이다. 역시 용호(龍虎)가 없으면 반드시 용(龍)에 구애되지 않으니 당연히 그 분합(分合)을 탐구해야 하는데 분합은 그의 출몰(出沒)을 말한다. 대저 맥(脈)이 가서 맥(脈)이 되니 돌연히 나오지 않을 수도 홀연히 그것이 나올 수도 있다. 반드시 자연지래(自然之來)는 분수(分水)로써 인도하고 몰(沒)이다. 반드시 정지하는 곳이 있으며 합수(合水)로써 경계로 삼는다.

유정지수(有情之水)는 굴곡취당(屈曲聚堂)을 가장 기뻐하고, 무정지수(無情之水)는 직충(直冲)이므로 관단(關斷)에 사용된다. 평양지(平洋地)는 수(水)로써 용(龍)을 삼는다. 만약 입수처(入首處)에 수곡(水曲)이면 용생(龍生)하며 수직(水直)이면 용사(龍死)며 수취(水聚)이면 용주(龍住)며 수산(水散)이면 용행(龍行)이다. 그러므로 향의수립(向依水立)한다.

평양(平洋)의 종적은 수요(水繞)를 보면 진룡(眞龍)이며 수(水)에 가까운 누대(樓臺)는 달빛은 먼저 얻고 남쪽을 향한 꽃나무는 일찍이 봄을 맞이한다. 양수(兩水)가 협출(夾出)이면 진룡(眞龍)이므로 혈(穴)이 득수(得水)를 한때에는 바람을 두려워 않고 평양혈(平洋穴)이 천봉(千峰)을 능가한다. 수구(水口)의 암석이 인(人)과 물(物) 같으면 하늘을 떠받들고 중요한 일을 조절하는 인물이 난다. 평양지(平洋地)는 사(砂)와 용(龍)을 변별하기 가장 어렵다. 수(水)와 국(局)을 구하여 입향(立向)에 오차가 없으면 자연부수(自然富秀)한다.

(3) 혈처수(穴處水)

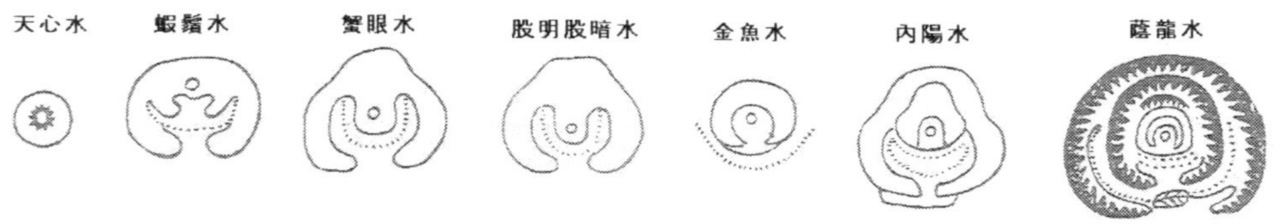

천심수(天心水)는 태극(太極) 운중(暈中)에 가늘게 낮은 곳이 있는데 이것을 천심(天心)이라 한다. 본래 머물러 있는 것이 없다. 이제 운심(暈心)이 나는 것을 가리켜 구태여 수(水)라고 한다. 도(圖)에 지은 것을 살펴보면 술가(術家)는 좀 벌레의 껍질을 걷어내는 이치를 깨달아야한다. 구전(口傳)에 비가 온 뒤에 물방울의 껍질이 모인 곳을 바라보면 모인 곳이 혈심(穴心)이다.

하수수(蝦鬚水)는 성두(星頭)가 흐리고 흐리므로 본래는 본 것이 없다. 운하(暈下)에 문득 엷은 砂가 좌우로 안아 오는 이것을 말하여 선익(蟬翼)이라 한다. 미미(微微)한 수(水)가 양쪽 변(邊)에서 흘러오는 것을 말하여 하수수(蝦鬚水)라 한다. 이는 이미 水가 나타나 보이는 것이다. 혈(穴)은 그 가운데 머물러 있고 천심(天心)이라 한다.

해안수(蟹眼水)는 유돌(乳突)에 밝게 나와 있다. 양변(兩邊)에 수(水)가 일어난 곳이 있다. 그곳에 작은 와(窩)를 이루고 있다. 사마귀 같은 염(黶)을 지은 것이 해안수이다. 좌우로 상대하여 이와 같이 나와 있으므로 가운데는 유(乳)가 분명하다.

고명고암수(股明股暗水)는 일변(一邊)은 염(黶)을 이룬 해안(蟹眼) 같은 것을 물리침이 있고 일변(一邊)은 수영(水影)이 분명하다. 있는 것이 가운데에 없다. 진실로 하수(蝦鬚) 같이 가늘고 아득한 것 같은 것을 고명고암수라 한다. 진혈(眞穴)은 도리어 이런 곳에 많이 나는 것이다. 대개 이와 같은 조화(造化)의 원기(元機)가 된다. 고로 유돌(乳突)에 밝게 나타나는 것이다.

유돌(乳突)은 흙으로 만든 물건이나 나무로 다듬어 만든 것 같다. 항상 빌린 것이 혼혼(渾渾)하고 놀란다.

금어수(金魚水)는 혈(穴)에 개구(開口)가 되어 있다. 합구(合口)가 된 곳에 순(脣)이 나와 있다. 순하(脣下)에 수영(水影)이 있어 좌우로 둥글게 사이를 하고 있다. 이것을 이름 하여 금어수라 한다. 순(脣)이 있으므로 혈운(穴暈)이 있는 곳은 스스로 두텁고 단단하다. 혈(穴)의 기(氣)가 스스로 화합(和合)하므로 금어수가 있다. 순(脣)과 금어수의 사이가 분명하다. 두터운 氣는 쓰이지 않으므로 개수(開手)의 사이가 분명해야 穴이 되는 것이다. 작혈(作穴)의 진가(眞假)를 정(定)하는데 금어수와 순(脣)의 사이에 기(氣)가 없어야 반드시 진혈(眞穴)이 된다.

내양수(內陽水)는 개구(開口) 내에 혈(穴)이 있다. 비록 면(面)에 사(砂)가 있으나 이는 좌우 개수(開手)의 날개를 도와주는 사(砂)이다. 그 밖에 양어깨를 열어 혈(穴)을 안아 주므로 비로소 청룡 백호가 가운데 혈(穴)을 안고 있다. 이것을 용호포중(龍虎抱中)이라 한다. 작은 청룡 백호 안이 내당(內堂)과 같이 된 곳에 그 평평한 땅에 수(水)가 있다. 이는 청룡 백호 사이의 소당(小堂)에 물이 있는 것은 생기(生氣)를 도와주는 것이 내양수라 한다.

음룡수(蔭龍水)는 혈운(穴暈)이 개구(開口)가 되어 있다. 또 혈장(穴場) 밖에 청룡 백호가 개수(開手)를 지어 있다. 그 청룡 백호 밖에 다시 청룡 백호를 지은 것을 개각(開脚)이라 한다. 이 안에 있는 수(水)는 다 흘러가는 것이 있어도 오는 것이 없다. 다만 요긴한 것은 물이 가는 것을 얻어야 좋다.

청룡 백호 밖에 있는 안산(案山) 안은 중당(中堂)이라 말한다. 안산(案山) 밖을 대당(大堂)이라 한다. 대횡수(大橫水)를 격(隔)하고 다시 외양(外陽)이 있다. 이 삼당(三堂) 삼양(三陽)은 완전히 갖추기도 하고 한 둘에 머물기도 한다. 그 안에는 수(水)가 거(去), 래(來), 횡(橫), 직(直), 유(流), 정(停)이 있다.

來水之玄

去水之玄

九曲水

十二曲水

래수지현(來水之玄)은 오는 물이 현(玄)으로 흘러오면 전(田)의 언덕에 골이 된 것같이 연(連)해오는 모양을 하고 있는 길수(吉水)이다.

거수지현(去水之玄)은 가는 물이 지현(之玄)으로 흘러간다. 던져버린 미역에 돈이 달려있는 모양을 하며 불길(不吉)한 수(水)이다.

구곡수(九曲水)가 조래(朝來)는 금(金)으로 된 섬돌에서 대배(大拜)하여 재상(宰相)에 오른다. 구곡수가 흘러가도 복성(福星)이 한결같다. 구곡수는 당대(當代)에 정승의 반열에 오른다. 구곡수는 말로 다하기 어려우며 조정(朝廷)에 들어가서 재상(宰相)으로 배(拜)하는 것은 의심할 것이 없다. 구곡수가 흘러가는 것도 봉배(封拜)하며 도끼 같은 절개를 지니고 있다.

십이곡수(十二曲水)는 수(水)가 흘러 들어오는 것이 명백하면 천하를 통일(統一)하는 제왕(帝王)이 난다. 사람들에게 입을 다물게 하며 말실수를 용납해 주지 않는다.

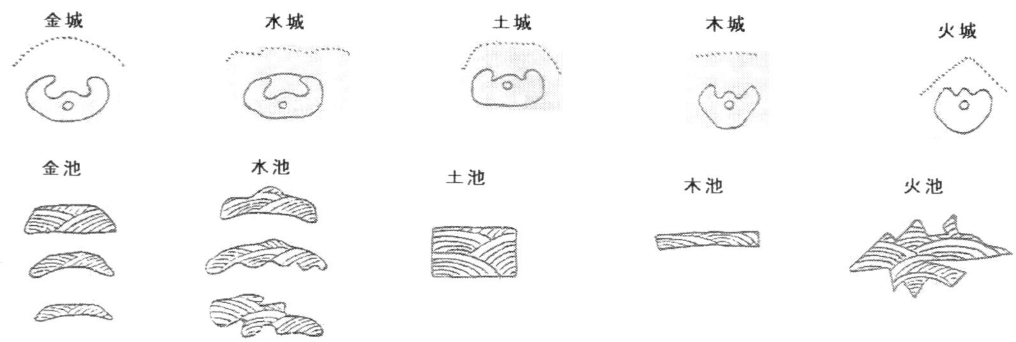

오성(五城)에서 금성(金城)과 수성(水城)은 부귀수(富貴水)이다. 토성(土城)은 풍후(豊厚)하다. 목성(木城)은 빈궁하다. 화성(火城)은 재앙이 온다. 이들은 모두가 유신(流神)의 기(氣)를 말한다. 금성(金城)이 혈(穴)을 버리고 반대로 되어 있으면 염병 같은 열병을 만난다. 수성(水城)이 가운데가 둥근 것이 있으면 패절(敗絶)한다. 토성(土城)이 만약 한쪽 모퉁이로 치우침이 있으면 사람이 지극히 가난하다. 목성(木城)은 드물지만 가난을 면하기 어렵다. 화성(火城)은 혈전(穴前)에서 뾰족하게 향하면 궁핍이 가련한 것이다.

오지(五池)에서 금지(金池)는 패옥 같으므로 수재(秀材)와 문장(文章)이 난다. 금지(金池)가 활같이 약간 굽고 초승달같이 밝으면 등과한다. 눈썹같이 빼어나면 귀(貴)한 여자나 어진 아내를 맞이한다. 이는 자연으로 이루어진 천지(泉池)가 있어 혈(穴)에 응(應)해 오는 수(水)의 기(氣)가 있어서 이와 같이 된다. 만약 인작(人作)으로 파서 이루면 그러하지 않다. 수지(水池)가 굽은 것이 그림 같으면 고과(高科)에 소리가 높이 난다. 만약 굽은 것이 끊어져 있으면 잃은 것은 있어도 얻은 것은 없다. 토지(土池)가 되면 부(富)는 의심할 바가 없다. 목지(木池)가 일자(一字)로 되어 있으면 또한 벼슬길에 오른다. 그러나 일자(一字) 지(池)가 수성(水城)으로 보이면 관(官)은 재상(宰相)까지 오른다. 목지(木池)가 일자(一字)로 되어 있으면 진사(進士)가 되어 참의(參議)까지 오른다. 다만 부(富)는 없고 자손은 실제로 가난하다. 기이(奇異)한 화(禍)로 기이하게 궁지에 빠져드는 것이다. 화지(火池)는 흉(凶)이 많이 있다. 화지(火池)는 화요(火曜)가 된다. 화(禍)도 되고 복(福)도 된다. 만약 목성(木星)에서 용(龍)이 귀(貴)하게 맥(脉)이 내리어 혈(穴)을 지어 화지(火池)의 화요(火曜)를 얻으면 관(官)은 없어도 작(爵)이나 봉후(封侯)에 오른다.

(4) 수법분방분도(水法分房分圖)

혈전(穴前)에서 장자(長子)는 우수(右手), 2자(子)는 좌수(左手), 3자(子)는 향전(向前), 4자(子)는 안우(案右), 5자(子)는 안좌(案左), 6자(子)는 안중(案中)에 있다. 1 · 4가 동궁(同宮), 2 · 5가 동궁(同宮), 3 · 6이 동궁(同宮)이다.

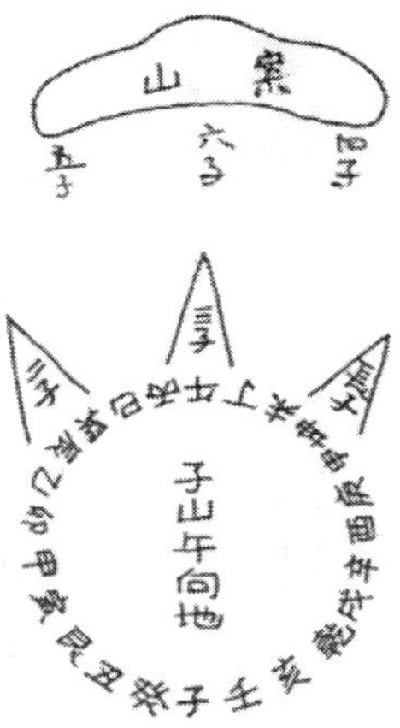

자좌오향(子坐午向)에서 곤신(坤申)으로 수래(水來)하면 1 · 4자(子)에 선발(先發), 을진(乙辰)으로 수거(水去)하면 2 · 5자(子)가 후발(後發), 오수(午水)가 당면조래(當面朝來)하면 3 · 6 양방(先發)이 선발(先發)한다. 다만, 입향(立向)에 겸좌겸우(兼左兼右)가 확실히 함께 할 수 있그 없는 것이 있다. 3방(房) 수해(受害)는 입향(立向)이 주로 3방(房)을 극(剋)하는 향(向)이고 스극향(水剋向)이면 3방(房)이 절(絶)한다.

자좌오향(子坐午向)에서 오수(午水) 조래(朝來)면 오방(午方)의 좌측은 병(丙), 우측은 정(丁)으로 3수(水) 혼류(混流)이므로 주로 애꾸눈(瞎眼), 토혈(吐血), 화소(火燒)한다. 반드시 오수(午水)는 건정(乾淨)해야 하며 비로소 옳다고 할 수 있다. 만약 병오정(丙午丁) 방(方)의 3수(水)가 제래(齊來)하고 입병향(立丙向)으로써 그것을 거두면 3방(房)은 대발(大發)하여 정재(丁財) 또한 우수하나 끝내 음란(淫亂) 토혈(吐血)의 사건은 불면(不免)한다. 이 수(水)가 병오(丙

午)에서 병래(幷來)하면 3방(房)은 절손(絶孫)하고 2방(房)이 계승하고, 3방(房)이 없으면 2방(房)이 절손(絶孫)하고 장방(長房)이 계승한다. 그 땅이 과연 용진혈적(龍眞穴的)하면 당면(當面)에 많은 수목(樹木)을 심어 그것을 엄폐하고 혹시 수(水)가 가는 길이 바뀌어 곤신(坤申)을 진(乙辰)으로 거(去)하거나 면전(面前)에 높은 둑을 쌓아 그것으로써 수(水)의 악살(惡煞)을 피하면 정재(丁財) 양쪽은 왕성하고, 부귀(富貴)가 면원(綿遠)할 것이다. 그러므로 천지(天地)는 완전하게 된 것은 없고 인력(人力)이 그렇게 만든다.

(5) 향의수립(向依水立)

부귀빈천(富貴貧賤)은 수신(水神)에 있고, 산정수동(山精水動)은 주야로 일정하며 수(水)는 재록(財祿)이며 산(山)은 인물이다. 사(砂)가 가지는 길흉(吉凶)은 전적으로 사(砂)를 쓰기 위한 좌도(坐度)에 달렸으며, 수(水)가 가지는 길흉(吉凶)은 전적으로 수(水)를 거두기 위한 입향(立向)에 있다. 지(地)는 절인(絶人)을 하지 않으나 수(水)가 절인(絶人)한다. 수(水)는 절인(絶人)을 하지 않으나 향(向)이 절인(絶人)한다. 이 도리를 행하는 것이 소사납수(消砂納水)의 공(功)이 크게 작용(作用)하게 한다. 입향(立向)을 수(水)의 래거(來去)로 할 줄 알면 길흉화복(吉凶禍福)은 수중(手中)에 있다. 음수래(陰水來)에 입음향(立陰向) 양수래(陽水來)에 입양향(立陽向)이다.

혈(穴)은 내기(內氣)를 타기 위하여 용(龍)에 의존하고, 향(向)은 외기(外氣)를 타기 위하여 수(水)에 의존한다. 외향(外向)의 입(立)은 반드시 수(受)에 의거하여 세우므로 탐봉실향(貪峰失向)을 하지 않는다.

사좌해향(巳坐亥向)이면 면전(面前)의 술건(戌乾)과 임자계(壬子癸)는 창판수(倉板水)의 래(來)인데 오귀료판(五鬼閙判)이라 부른다. 그것을 범(犯)하면 전가주륙(全家誅戮)이다. 자좌오향(子坐午向)이면 면전(面前)의 손사병(巽巳丙)과 정미(丁未)가 창판수(倉板水)의 래(來)인데 오귀관판(五鬼關判)이라 부른다. 비록 해향(亥向)에 비하여 화(禍)가 약경(略輕)하더라도 해거서북(亥居西北)은 속음(屬陰)인데 오거정남(午居正南)은 속양(屬陽)으로 조금은 분별이 있다. 그러나 종내는 토혈(吐血), 할안(瞎眼), 주적(做賊), 회록지재(回祿之災) 등을 주장하므로 화(禍)가 가볍지 않다. 또 황천수(黃泉水)는 부귀(富貴)가 침소(侵消)하여 가패인망(家敗人亡)한다.

(6) 이기(理氣)

1) 삼양수(三陽水 : 巽丙丁)

催官之水唯三陽 水朝砂秀官爵强
최관지수유삼양 수조사수관작강

손병정(巽丙丁)이 삼양수(三陽水)이고 수조수사(水朝秀砂)를 득위(得位)하면 관작(官爵)이 강(强)하다.

陽璇水朝文筆起 少年科甲誇文章
양선수조문필기 소년과갑과문장

손(巽)수래(水來)에 손(巽)봉수(峰秀)는 소년과갑(少年科甲)을 주장한다.

若見雙峰列雲漢 兄弟聯名親御翰
약견쌍봉열운한 형제연명친어한

상세한 해설은 사편(砂篇)에 있다.

有砂無水亦尊榮 砂水並朝更爲魁
유사무수역존영 사수병조경위괴

지법(地法)은 사(砂)에서 수(水)가 중요하고, 다음은 사(砂)가 있고 수(水)가 없어도 최관(催官)이 가능하다. 만약 사수(砂水)의 병조(並朝)는 제일 아름다운 국(局)이다.

男爲駙馬女爲妃 中男季子誇門楣
남위부마여위비 중남계자과문미

풀이는 전편(前篇)을 본다.

三陽無砂水不貴 只主姻親發財利
삼양무사수불귀 지주인친발재리

지(地)는 사(砂)가 없으면 전체적으로 귀(貴)의 발(發)은 불능(不能)이다. 이 말은 인친(姻親)의 재(財)가 발(發)하는 것은 손(巽)이 장녀(長女)로서 이롭다.

穴乘兌亥陽璇朝 玉堂金馬多名譽
혈승태해양선조 옥당금마다명예

혈(穴)이 유(酉)나 해기(亥氣)를 타는 위(位)의 유좌묘향(酉坐卯向), 해좌사향(亥坐巳向)은 옥당(玉堂)금마(金馬)의 명예가 있다. 다만 사(巳)는 손(巽)이 극제(剋制)하여 불급(不及)하고 유좌묘향(酉坐卯向)은 아름답다.

艮龍璇水爲福輕 最喜庚辛丙丁注
간룡선수위복경 최희경신병정주

간(艮)은 소남(少男)이며 손(巽)을 보면 마땅하지 않고 미모(美貌)의 여자이다. 역(易)에서 산(山)과 풍(風)이 겹쳐있기 때문에 성취(成就)가 있어도 복(福)이 경미하다. 만약 간룡(艮龍)이 경신병정(庚辛丙丁)수(水)를 얻어 모이면 발복(發福)이 크다.

陰樞南極水洋洋 四神八將砂蒼蒼 策射金門期第一 定主微垣作良弼
음추남극수양양 사신팔장사창창 책사금문기제일 정주미원작량필

병정(丙丁)수(水)가 양양(洋洋)하고 사신(四神)팔장(八將)의 사(砂)가 창창(蒼蒼)하면 금문(金門)을 지키는 제일(第一)이며 미원(微垣)의 훌륭한 신하가 된다.

二宮有水名赦文 永無凶禍臨家門 蠶姑繅絲白如雪 班衣戱綵娛晨昏
이궁유수명사문 영무흉화림가문 잠고소사백여설 반의희채오신혼

사문수(赦文水)의 조래(朝來)는 가문에 흉화(凶禍)가 없다.

三陽水朝歸鬼鄕 義門壽考同休光
삼양수조귀귀향 의문수고동휴광

귀향(鬼鄕)은 묘경(卯庚) 이위(二位)와 손병정(巽丙丁) 삼양수(三陽水)의 말이다. 동거(東去)는 묘(卯)에 있어야 기쁘고 서거(西去)는 경(庚)에 출(出)해야 기쁘다.

2) 신병수(辛丙水)

陰璇水朝進金寶 亦主如花女人好
음선수조진금보 역주여화여인호

신(辛)이 손(巽)에서 납갑(納甲)하며 꽃 같은 여인(女人)을 주장한다.

穴乘太乙東南龍 水朝砂秀登科早
혈승태을동남룡 수조사수등과조

손룡(巽龍)의 신수(辛水) 조래(朝來)와 신사(辛砂)의 기(起)는 소년(少年)등과(登科)의 최관(催官)을 주장한다.

若還水自太微朝 亦主出人長壽考
약환수자태미조 역주출인장수고

남극(南極)노인성(老人星)은 춘분(春分)에 병(丙), 추분(秋分)에 정(丁)에서 보인다. 병(丙)이 간(艮), 정(丁)이 태(兌)에 납갑(納甲)이므로 태정(兌丁)간병(艮丙)의 사위(四位)는 수고(壽考)의 사수(砂水)이다.

但嫌砂碎似鵝頭 風流女人多顚倒
단혐사쇄사아두 풍류여인다전도

사(砂)는 거위의 조아림과 같은 것을 꺼리며 사람은 풍류(風流)를 주장한다. 손신묘유자오(巽辛卯酉子午)의 방위에서 증험한다.

3) 유수(酉水)

兌龍切忌陽璇龍 必主徒刑沒荒草
태룡절기양선룡 필주도형몰황초

손(巽)은 유(酉)를 두려워하며 유(酉) 역시 손(巽)을 두려워한다. 살수(煞水)와 살사(煞砂)를 함께 보면 도형(徒刑)의 참교(斬絞)를 주장한다. 득법(得法)을 수용(收用)하면 권력(權力)을 주장한다. 1개의 논리로는 불가(不可)하다.

4) 묘경수(卯庚水)

天漢天命水朝墳 敵國豪富眞無倫
천한천명수조분 적국호부진무륜

무사유수(無砂有水)는 부(富)가 왕(旺)하다.

震庚有峯入雲漢 英雄將帥摩三軍
진경유봉입운한 영웅장수마삼군

유사무수(有砂無水)는 등과(登科)이다.

天漢天關水流入 難免刑戮災紛紛
천한천관수류입 난면형륙재분분

신경(申庚)의 병류(竝流)는 형륙(刑戮)을 면(免)하기 어렵다.

陽衡水朝主驟富 龍輕砂碎招淫奔
양형수조주취부 룡경사쇄초음분

묘유(卯酉)는 본래 사음(邪淫)을 범(犯)하여 유양(悠揚)하고 맑은 여자가 도리어 현정(賢貞)이 이곳에서 망가지는 경쇄(輕碎)가 있다.

切忌剝龍入坤度 定主刑戮罹災迍
절기박룡입곤도 정주형륙리재둔

묘룡(卯龍)곤도(坤度)에 미사(未砂)의 기(起)와 미수(未水)가 보이는 혈(穴)은 화(禍)의 천형(天刑)을 만나는 혈(穴)이다.

5) 간수(艮水)

陽樞有水入明堂 栗陳貫朽珠稱光
양추유수입명당 율진관후주칭광

간(艮)은 은보(銀寶)의 지(地)이다.

6) 사해수(巳亥水)

天屛天皇水來去 財祿人家有優裕 天屛水入少微龍 離龍亥水刑相同
천병천황수래거 재록인가유우유 천병수입소미룡 이룡해수형상동

태(兌)는 사(巳)를 두려워하며 오(午)는 해(亥)를 두려워한다. 나머지 곤미(坤未), 손유(巽酉), 건오(乾午)의 이치가 같아 형륙(刑戮)을 주장한다.

7) 축미수(丑未水)

鬼牛來去非爲吉 念經寡妖常逢凶 鬼流來去龍入震 霹靂白晝驚西東 來主家豪去卽敗 人家定少耆頤翁
귀우래거비위길 염경과요상봉흉 귀류래거룡입진 벽력백화경서동 래주가호거즉패 인가정소기이옹

축미(丑未)는 오계(午癸)의 기(氣)에서 좌측의 도(道)를 주장한다. 이 말은 묘룡(卯龍)이 미수(未水)의 래거(來去)는 뢰경(雷驚)의 주장이 당연하다. 미룡(未龍)에 묘수(卯水)의 래거(來去)가 들어 신좌을향(辛坐乙向)을 지어 뢰(雷)의 상(傷)을 주장한다. 나머지 미곤묘(未坤卯)국(局)이 같다. 진(震)은 뢰(雷)이며 미(未)도 뢰문(雷門)이다. 건금(乾金)과 예마(隷馬)의 합(合)은 영웅(英雄)과 장상(將相)이고 파(破)는 동서(東西)가 뢰경(雷驚)이다. 이 수래(水來)는 뢰경(雷驚)을 주장하며 거(去)가 되면 뢰격(雷擊)을 주장하여 패(敗)한다.

8) 곤수(坤水)

玄戈洋洋入塚宅 高堂紅粉悲無窮 掀裙獻花砂拱位 婦女不潔招淫風 若有圓峯盂鉢樣 定出尼姑與和尙
현과양양입총택 고당홍분비무궁 흔군헌화사공위 부녀불결초음풍 약유원봉우새양 정출니고여화상

고당(高堂)의 홍분(紅粉)은 곤(坤)에서 노음(老陰)이다. 어깨를 껴않는 흔군사(掀裙砂)를 보면 풍성(風聲)을 주장한다. 만약 미수(未水)가 곤(坤)의 경계와 혼잡하면 승도(僧道)로 통(通)하는 주장이다. 원산(圓山)은 발우(鉢盂)와 같아 니고(尼姑)와 화상(和尙)의 출(出)을 주장한다.

9) 오임수(午壬水)

陽權陰權互相向 有水特朝乃爲上
양권음권호상향 유수특조내위상

오(午)에 임(壬)이 납갑(納甲)이며 서로의 향(向)에 사(砂)가 있고 특조(特朝)의 수(水)를 얻으면 상격(上格)이다.

陰陽砂秀入靑雲 及第爲官至卿相 有砂無水亦登科 有水無砂惟富旺
음양사수입청운 급제위관지경상 유사무수역등과 유수무사유부왕

사(砂)의 고대(高大)로 청운(靑雲)에 들면 관(官)이 고대(高大)하다. 지(地)에 사방(砂方)이 있으면 귀(貴)의 발(發)이 가능하다. 수(水)가 머무르면 부(富)만 발(發)하는 수(水)의 힘이 가볍다.

陽權陰光互相向 砂水並朝總宜墓
양권음광호상향 사수병조총의묘

오임(午壬)이 서로 사(砂)가 기(起)하여 있다. 사방(砂方)의 기(起)에 수(水)가 아울러 조래(朝來)하고 있으면 부(富)의 발(發)에 의심이 없다.

10) 자수(子水)

離龍坎水近君門 陽局易發亦易傾
이룡감수근군문 양국이발역이경

오룡(午龍)에 감수(坎水)는 격(格)이 수화불상사(水火不相射)에 합(合)한다. 선(善)이 승(乘)하며 복력(福力)을 받아 면원(綿遠)이다.

11) 진술수(辰戌水)

亢婁流注非吉地 少亡悖逆非忠貞
항루류주비길지 소망패역비충정

진술(辰戌) 수래(水來)는 충(冲)이며 개기(開基)의 창고이며 부(富)를 주장한다. 또 태양(太陽)에 속(屬)하며 사수(砂水)는 귀(貴)를 주장한다. 항수(亢宿)와 루수(婁宿)의 유주(流注)는 흉지(凶地)과 같은 것은 소망(少亡), 패역(悖逆)을 주장하고 길지(吉地)와 같은 것은 부귀쌍전(富貴雙全)이다.

12) 사금수(四金水 : 辰戌丑未)

陽闔懶緩亢水入 缺脣露齒含糊聲
양개나완항수입 결순로치함호성

유룡(酉龍)의 진수(辰水)는 결순노치(缺脣露齒)를 주장한다.

坎龍亢水忌來去 全家受戮無餘丁
감룡항수기래거 전가수륙무여정

자(子)는 진(辰)이 두려워 당연히 살육(殺戮)을 주장한다. 삼합(三合)이므로 입향(立向)에서 전이(轉移)되어 형륙(刑戮)을 면(免)한다.

四金朝流幷坐向 痼疾横逆家伶仃 四金對射風入局 翻棺覆槨災非輕
사금조류병좌향 고질횡역가령정 사금대사풍입국 번관복곽재비경

진술축미(辰戌丑未) 용혈사수(龍穴砂水)에 요풍(坳風)의 대사(對射)는 소상(消詳)히 구하여야 복(福)이 고중(固重)하고 화(禍)는 가볍지 않다.

13) 인신갑수(寅申甲水)

功曹傳送水來去 陽局山水吉無慮
공조전송수래거 양국산수길무려

인신(寅申)수(水)는 양국(陽局)으로 길(吉)이다.

行龍博換入正東 切忌水流傳送宮
행룡박환입정동 절기수류전송궁

유좌묘향(酉坐卯向)과 묘룡(卯龍)은 신위(申位)의 수류(水流)를 꺼린다.

離壬來去離鄕邑 陰璣天棓生盲風
이임래거이향읍 음기천부생맹풍

오임인술(午壬寅戌)의 수거(水去)는 이향(離鄕)을 주장하고 가지런히 별도로 인갑(寅甲)수(水)는 맹풍(盲風)을 주장한다.

14) 을자계수(乙子癸水)

天官來去招繼贅 坎癸病腫憂沖沖 雙生子女家漸退 縊亡水厄災危重
천관래거초계췌 감계병종우충충 쌍생자녀가점퇴 액망수액재위중

을수(乙水)의 합국(合局)이 아니면 명령(螟蛉)을 주장하며 췌자(贅子)를 부른다. 자계수(子癸水)는 병종(病腫) 액망(縊亡) 낙수(落水)를 주장한다. 또 쌍생(雙生)이나 육지아(六指兒)를 주장한다.

15) 건수(乾水)

水流北極肅殺位 襟懷鄙瑣無寬洪
수류북극숙살위 금회비쇄무관홍

건(乾)은 노양(老陽) 퇴처(退處)이며 서북(西北)이므로 금회(襟懷)의 비쇄(鄙瑣)이다.

若還來去跛能履 鰥寡繼贅人無蹤
약환래거파능리 환과계췌인무종

건(乾)의 수래(水來)는 파(跛)를 주장하여 신발을 신고 가는 것이 불능(不能)이라 주장한다. 신발을 면(免)하지 못하며 건(乾)은 늙어 생의(生意)가 없으므로 환과(鰥寡)와 계췌(繼贅)의

응(應)이 있다

乾亥雙行因瘵夭 戌乾暗啞幷盲聾
건해쌍행인채요 술건암아병맹농

건해수(乾亥水)의 쌍행(雙行)이 불가(不可)하며 쌍행(雙行)은 해오(咳嗷), 토홍(吐紅), 채요(瘵夭)의 증(症)을 주장한다. 술건(戌乾) 파국(破局)은 암아(暗啞) 맹롱(盲聾)을 주장하며 전이(轉移)가 가능하다.

16) 기타(其他)

坎龍離水入西兌 淫奔必主期桑中
감룡이수입서태 음분필주기상중

자오묘유(子午卯酉)는 사패(四敗)의 지(地)이며 도화수(桃花水)에 속(屬)한다.

坎離陽朝破陰局 咸池水映桃花紅
감리양조파음국 함지수영도화홍

자오(子午)에 음국(陰局)의 파(破)는 목욕(沐浴) 패지(敗地)이며 음분(淫奔)을 주장한다.

巽巳兼朝破陽局 那堪太乙起雌峯 香閨有女顔如玉 墮胎玷汚春風容
손사겸조파양국 나감태을기자봉 향규유녀안여옥 타태점오춘풍용

손사수(巽巳水)는 양국(陽局)이 파(破)하면 처녀가 임신을 한다.

遊魂陰樞水兼入 兼入寅午戌歲燒 天紅葬注多注氣 回祿殺制應潛踪
유혼음추수겸입 겸입인오술세소 천홍장주다주기 회록살제응잠종

병오수(丙午水)의 동류(同流)는 인오술(寅午戌)년(年) 화(火)에 장(葬)을 주장한다. 장법(葬法)은 경정곤상시황천(庚丁坤上是黃泉), 을병수방손수선(乙丙須防巽水先), 갑계향중우견간(甲癸向中憂見艮), 신임로상파당건(辛壬路上怕當乾) 이것이 살인(殺人)황천(黃泉)이다. 용가(龍家)의 입장에서 신입건궁백만생(辛入乾宮百萬生), 계귀간위환문장(癸歸艮位煥文章), 을향손류청부귀(乙向巽流淸富貴), 정곤종시만사상(丁坤終是萬斯箱)[36] 이것은 구인(求人)황천(黃泉)이다. 입향(立向)의 입장에서 세인(世人)은 진전(眞傳)을 얻지 못해 하나의 황천(黃泉)에 변별(辨別)이 불능이다. 이론들을 거의 크게 보면 장대오(蔣大鴻)는 황천(黃泉)팔요(八曜)를 두려워하지 않는다고 말하고, 장구의(張九儀)는 황천(黃泉)에 팔살(八煞)을 말할 필요가 없다고 하였다. 이들 중에 장(張)의 진짜 뜻은 정음정양(淨陰淨陽)에 있고 황천(黃泉)에 양방(陽方)입향

36) '입지안'에서는 을병교이추술(乙丙交而趨戌), 신임회이취진(辛壬會而聚辰), 두우납경정지기(斗牛納庚丁之氣), 금양수계갑지령(金羊收癸甲之靈)이다.

(立向)은 양향(陽向)에 있고 음방(陰方)입향(立向)은 음향(陰向)에 있어 화(禍)가 경(輕)하다. 가벼운 화(禍)는 가리켜 말할 필요가 없다. 장(蔣)의 뜻은 원운(元運)의 생왕(生旺)에 있어 황천(黃泉)이 왕기(旺氣)방(方)에 있어 래(來)하면 도리어 발복(發福)을 주장한다. 왕기(旺氣)를 따라 팔요(八曜)에 이르면 역시 발복(發福)을 주장한다. 당연히 원운(元運)을 지나 황천(黃泉) 팔요(八曜)를 보면 총택(塚宅)에서 일호(一毫)라도 정확히 높게 보아야 한다. 냉정하게 논(論)하면 뢰(賴)의 법(法)이 옳고 장(蔣)의 설(說)은 마땅히 잠령(暫令)이다. 태(兌)에서 해기(亥氣)를 얻으면 화재(火災)를 면(免)할 수 있다.

陰光牽牛入塚宅 隨母改嫁亡姻宗 少亡毒藥因女禍 兄弟屠戮交相攻
음광견우입총택 수모개가망인종 소망독약인여화 형제도륙교상공
계축수(癸丑水)의 혼입(混入)은 모(母)를 따라 개종(改宗)을 주장한다.

黃泉曜氣最凶惡 陰陽混雜家零落 行龍關節帶微淆 受穴朝流亦差錯
황천요기최흉악 음양혼잡가영락 행룡관절대미효 수혈조류역차착
황천팔요수(黃泉八曜水)를 가장 꺼리며 음양(陰陽)혼잡(混雜)한 중룡(重龍)의 행(行)에 혈기(穴氣)는 조산향수(朝山向水)에서 크게 꺼린다.

龍眞局備砂水環 攀龍附鳳良非難
룡진국비사수환 반룡부봉양비난
용진국비사수환(龍眞局備砂水環)의 7자(字)는 간지(看地) 대법(大法)의 도(道)이다.

眞龍迢迢穴奇巧 到頭僞氣非純完
진룡초초혈기교 도두위기비순완
용진(龍眞)과 혈(穴)의 기교(奇巧)는 하기(下氣)가 가능하고 순완(純完)이 아니며 아래는 불가(不可)하다.

三陽六秀砂水助 博龍合矩方爲官
삼양육수사수조 박룡합구방위관
대개 지(地)는 사수(砂水)를 얻어야 도우고 곧 용기(龍氣)를 요(要)하며 합구(合矩)방(方)의 사용이 있다고 한다.

正面特朝固爲美 傍朝叶吉梯雲端
정면특조고위미 방조협길제운단
사수(砂水)를 따라 대면(對面)한 특래(特來)는 정조(正朝)이고 좌우(左右)를 따른 래(來)는 방조(傍朝)이며 길위(吉位)와 합(合)을 요(要)한다

抱城遶穴須爲吉 直流合矩朝天關
포성요혈수위길 직류합구조천관

곡류(曲流)와 요포(遶抱)는 길(吉)이고, 직류(直流)합구(合矩)도 길(吉)이다.

來似之玄抱如帶 流非吉位家貧寒 反似彎弓直如馮 庚震六秀多官班
래사지현포여대 류비길위가빈한 반사만궁직여마 경진육수다관반

번궁(翻弓)과 같고 직(直)과 같은 전사(箭射)류(流)는 길위(吉位)가 아니면 재산불취(財散不聚)을 주장한다.

穴高朝流要長遠 富貴易致人安康
혈고조류요장원 부귀이치인안강

혈(穴)에 높은 수래(水來)의 장원(長遠)을 요(要)하며 낮으면 숨어서 사용이 어렵다.

朝流高低與穴等 驟發官貴非爲難
조류고저여혈등 취발관귀비위난

혈(穴)과 수(水) 등(等)은 부(富)의 발(發)이 상쾌하다.

催官秘訣止于斯 愼勿浪與時人傳
최관비결지우사 신물낭여시인전

삼가 떠돌지 말고 뢰공(賴公)이 사람에게 전(傳)한다. 최관(催官) 연구의 비결(秘訣)은 문자(文字) 외(外)에서 나타나지 않는다.

최관(催官)은 용혈사수(龍穴砂水)의 품평(品評)이며 가장 중요한 정음정양(淨陰淨陽), 선천(先天)후천(後天)의 상견(相見), 납갑(納甲), 팔살지의(八煞之義) 중에서 평룡(評龍)은 구궁지법(九宮之法), 용사(用砂)는 양산지비(量山之秘), 용수(用水)는 보수지오(步水之奧), 수혈(受穴)은 수기지결(受氣之訣)이 있다. 이것은 감여가(堪輿家)에서 천고불역(千古不易)이며 최상(最上)으로 일승(一乘)을 가리키며 도달한다. 이 사결(四訣)의 처처(處處)에 비밀이 흘러나와 드러나므로 열독(熱讀)하여 심사(深思)하고 반복(反復)하면 스스로 얻는다.

5. 양택(陽宅)

(1) 양택총론(陽宅總論)

8택(八宅)은 기록이 많으며 유래가 오래되었다. 건감간진손이곤태(乾坎艮震巽離坤兌)이며 1괘(卦)는 3산(山)을 관장한다. 술건해(戌乾亥)는 건택(乾宅), 임자계(壬子癸)는 감택(坎宅), 축간인(丑艮寅)은 간택(艮宅), 갑묘을(甲卯乙)은 진택(震宅), 진손사(辰巽巳)는 손택(巽宅), 병오정(丙午丁)은 이택(離宅), 미곤신(未坤申)은 곤택(坤宅), 경유신(庚酉辛)은 태택(兌宅)이고 연산괘(連山卦)라 부른다.

음양대대(陰陽對待)하는 이치이며, 소멸하고 휴식하며 차고 비워지는 운행 기운의 조화(造化)이다. 괘(卦)는 건곤간태(乾坤艮兌)로써 서사택(西四宅)으로 삼고, 문(門=대문) 조(灶=부엌) 로(路=도로)의 셋이 우편(右便)에 있어야 길(吉)하다. 이 중에서 문로조(門路灶)는 절대로 동사택(東四宅)을 범(犯)해서는 아니 된다. 감리진손(坎離震巽)은 동사택(東四宅)으로 되는데, 셋이 모두 좌편(左便)에 있어야 길(吉)하다. 이 중에서 문로조(門路灶)는 절대로 서사택(西四宅)을 범(犯)하지 말아야 한다.

대문(大門)에 이르기까지 반드시 3길(吉)에 들어야 한다. 음양배합(陰陽配合)을 선택한 뒤는 생활이 편안하고 번창한다. 그러므로 선천(先天)의 건곤(乾坤) 정위(定位)의 이치는 후천(後天) 감리(坎離) 기제(旣濟)의 기운이다. 이것은 만고(萬古)에 바뀌지 않는 하도(河圖) 낙서(洛書)에서 상고할 수 있다. 유성(遊星)은 7정(政)과 2성(星)을 추가함으로써 9요(曜)가 된다. 탐랑, 거문, 녹존, 문곡, 염정, 무곡, 파군이 7정(政)이며 좌보, 우필을 추가하여 모두 9요(曜)로 된다. 즉 생기(生氣, 貪狼=木), 천의(天醫, 巨門=土), 연년(延年, 武曲=金), 절명(絶命, 破軍=金), 오귀(五鬼, 廉貞=火), 화해(禍害, 祿存=土), 육살(六煞, 文曲=水), 복위(伏位, 輔弼=金, 土火)이다.

(2) 유성(游星)

方位	乾方	坎方	艮方	震方	巽方	離方	坤方	兌方
乾	伏位	六煞	天醫	五鬼	禍害	絶命	延年	生氣
坎	六煞	伏位	五鬼	天醫	生氣	延年	絶命	禍害
艮	天醫	五鬼	伏位	六煞	絶命	禍害	生氣	延年
震	五鬼	天醫	六煞	伏位	延年	生氣	禍害	絶命
巽	禍害	生氣	絶命	延年	伏位	天醫	五鬼	六煞
離	絶命	延年	禍害	生氣	天醫	伏位	六煞	五鬼
坤	延年	絶命	生氣	禍害	五鬼	六煞	伏位	天醫
兌	生氣	禍害	延年	絶命	六煞	五鬼	天醫	伏位

乾六天五禍絶延生　坎五天生延絶禍六　艮六絶禍生延天五　震延生禍絶五天六
巽天五六禍生絶延　離六五絶延禍生天　坤天延絶生禍五六　兌生禍延絶六五天

위의 좌(左)1자(字)는 본택(本宅)의 복위(伏位)이며, 우측 7자(字)는 7정(政)이다. 7정(政)은 생기, 천의, 연년을 가지고 3길(吉)로 삼는다. 3길(吉)의 방위(方位)에서는 대문(大門)을 내고, 부엌을 설치하거나 방(房)의 침상(沈床)을 선택한다. 그리고 대문(大門)이 매우 중요하다. 절명은 가장 흉(凶), 오귀, 화해, 육살의 순서이다. 이것을 4흉(凶)이라 한다. 4흉방(凶方)은 괘(卦)로써 땅을 참고하여 경중(輕重)을 변별하는데 절명이 최흉(最凶)과 같은 것이다. 그러나 택(宅)을 극(剋)하는 것이 진정한 흉(凶)인데 생(生)하는 택(宅)과 비화(比和)하는 택(宅)이 집을 극(剋)하면 흉(凶)하지만 매우 악(惡)한 것은 아니다.

(3) 죽절관정법(竹節管井法)

대문(大門)을 따라 유성(游星)을 일으킨다. 수(數)가 향상(向上) 제1동(第一棟)에 이르면 거꾸로 생(生)해 들어간다. 어느 채가 3길(吉)이 되는지 변별하여 높게, 어느 채는 4흉(凶)으로 되어 낮게 한다. 정중(正中)에서 대문(大門)을 내는 것과 같다. 대문(大門)은 제일 앞이며 필요하고 대문(大門)이 여러 채일 때는 큰 대문채가 필요하다. 그리고 거꾸로 생(生)해 들어간다. 정택(靜宅)은 죽절관정법(竹節貫井法)을 하지 않는다. 동택(動宅), 변택(變宅), 화택(化宅)에 사용한다. 취(取)하는 것은 금생수(金生水), 수생목(水生木), 목생화(木生火), 화생토(火生土), 토생금(土生金)이 동(棟)을 따라 생입(生入)한다. 각기 1국(局)을 들어 예를 든다.

3동(三棟)에서 5동(五棟)이 담장 없이 분리된 것이 동택(動宅)이다. 감택(坎宅) 이문(離門)과 같이 1동(棟)은 문(門)이 연년 금(金)이 되며, 2동(二棟)은 육살 수(水)로 흉(凶)이며, 3동(三棟)은 생기(生氣) 목(木)으로 길(吉)이다. 혹시 모서리에 개문(開門)하여 감택손문(坎宅巽門)과 같은 경우는 손(巽) 천오육지법(天五六之法)을 사용한다. 손(巽)에서 향(向)에 이르는 이(離)는 천의 토(土)가 제1동(弟一棟), 토생금(土生金)인 제2동(第二棟)이 연년 금(金) 길(吉)이고, 제3동(第三棟)은 육살 수(水) 흉(凶)이 동택(動宅)으로 되며 오행상생지법(五行相生之法)이다.

6동(六棟), 7동(七棟)은 변택(變宅)이라 부른다. 오행(五行)상생(相生)이 다하여 변(變)이라 한다. 오귀 화(火)는 화해 토(土)를 생(生)하지만 천의 토(土)를 생(生)하지 않는다. 천의 토(土)는 연년 금(金)을 생(生)하고 절명 금(金)을 생(生)하지 않는다. 화해 토(土)는 절명 금(金)을 생(生)하고 연년 금(金)을 생(生)하지 않는다. 길(吉)은 길(吉)을 생(生)하고, 흉(凶)은 흉(凶)을 생(生)하는 것이 상법(常法)의 이치이다. 오직 육살 수(水)는 생기 목(木)을 생(生)한다. 생기 목(木)은 오귀 화(火)를 생(生)하는 역시 상리(常理)이다. 변택(變宅)은 5동(五棟) 앞의 내는 생입(生入)이 상법(常法)과 같고 6, 7동(棟)에 이르면 오귀 화(火)는 천의 토(土)를 생(生)하고,

천의 토(土)는 절명 금(金)을 생(生)한다. 화해 토(土)는 도리어 연년 금(金)을 생(生)한다. 그러므로 변(變)이다. 감택손문(坎宅巽門)이 손(巽) 천오육지법(天五六之法)을 사용하면 향상(向上)의 제1동(第一棟)은 천의 토(土)가 길(吉)이다. 제2동(第二棟)은 연년 금(金)이 길(吉)이며, 제3동(第三棟)은 육살 수(水)가 흉(凶)이며, 제4동(第四棟)은 생기 목(木)이 대길(大吉)이다. 제5동(第五棟)은 오귀 화(火)가 흉(凶)이며, 제6동(第六棟)은 천의 토(土)가 길(吉)이다. 이것이 흉화(凶火)가 길토(吉土)를 생(生)한다. 제7동(第七棟)은 절명 금(金)이 흉(凶)이며 길토(吉土)가 도리어 흉금(凶金)을 생(生)한다. 5동(五棟) 이후는 길(吉)이 흉(凶)으로 변(變)하고, 흉(凶)이 길(吉)로 변(變)한다. 이것이 변택상생법(變宅相生之法)이다.

8동(八棟), 9동(九棟)은 화택(化宅)이라 부른다. 최후 9동(九棟)이 보필성(輔弼星)으로 된다. 문(門)을 따라 변화한다. 법은 쌍목(雙木), 쌍금(雙金), 쌍토(雙土)가 같이 나아간다. 전적으로 탐랑, 거문, 녹존, 문곡, 염정, 무곡, 파군, 좌보, 우필의 구성(九星)으로써 사용한다. 대개 정동변택(靜動變宅)에는 보필성(輔弼星)은 없고 단지 이름은 7정(政)이나 화택(化宅)과는 다르다. 감택손문(坎宅巽門)과 같이 9동(九棟) 역시 손(巽) 천오육지법(天五六之法)을 사용한다. 대문(大門)의 수(數)는 향상(向上)에 이르러 제일 중요한데 천의 토(土)가 차길(次吉)로 된다. 2동(二棟)은 화해 토(土)는 쌍토(雙土)인데 흉(凶)하다. 3동(三棟)은 절명으로 흉(凶)하다. 4동(四棟)은 연년인데 쌍금(雙金)으로 길(吉)이다. 5동(五棟)은 육살 수(水)로 불길이다. 6동(六棟)은 생기 목(木)으로 대길(大吉)이다. 7동(七棟)은 좌보 목(木)이며 쌍목(雙木)으로 차길(次吉)이다. 8동(八棟)은 오귀 화(火) 흉(凶)이며, 9동(九棟)은 우필인데 원래 손문(巽門)에 생기 목(木)이다. 우필 역시 생기 목(木)인데 대길(大吉)이다. 만약 8중(重) 우필의 생기 목(木)은 대길(大吉)이며 화택상생지법(化宅相生之法)이다.

(4) 궁성생극(宮星生剋)과 편기치응(編氣致應)

궁(宮)이란 문(門), 택(宅), 방(房)이며, 모두 궁(宮)이 된다. 星이란 생기, 천의, 연년의 3길(吉)과 절명, 오귀, 화해, 육살의 4흉(凶)이 있다. 성(星)은 날아서 궁(宮)에 이르며 궁(宮)과 더불어 상생(相生) 혹은 비화(比和)가 길성(吉星)은 더욱 길(吉)하고, 흉성(凶星)은 심하게 흉(凶)하지는 않다. 만약 궁(宮)과 星이 상극(相剋)이면 길(吉)은 불길(不吉)하고 흉(凶)은 더욱 흉(凶)하게 된다. 성(星)이 궁(宮)을 극(剋)하는 것과 궁(宮)이 성(星)을 극(剋)하지 않으면 궁(宮)이 주(主)가 되고 성(星)이 용(用)으로 된다. 주(主)는 객(客)을 이길 수 있으나 객(客)은 주(主)를 속일 수 없다.

곤리(坤離) 교괘(交卦)는 양(陽)으로 패(敗)한다. 손태(巽兌) 상교(相交)는 역시 이와 같다. 감건(乾) 합괘(合卦)는 음(陰)으로 해(害)한다. 진간(震艮)은 동원(同原)으로 함께 추리한다.

이것이 편기상위박(偏氣相爲駁)이며 변역음양(變易陰陽)의 묘리(妙理)로서 사용할 만하다.

(5) 방위요결(方位要訣)

좌상(坐上)을 따라 성(星)을 일으키고 특별히 문상(門上)에 도달하면 문상(門上)을 따라 모성(某星)을 시작한다. 본좌(本坐)에 도달하면 길문(吉門)의 길성(吉星)이 본좌(本坐)에 이르게 되면 길(吉)하다. 창호(窓戶)를 뒤에 내는 것을 꺼린다. 그것은 설(泄)하기 때문이다. 흉문(凶門)은 흉성(凶星)이 본좌(本坐)에 이르게 되면 흉(凶)하여 후창(後窓)이나 후문(後門)을 내야 설(泄)하기 때문이다. 그러므로 대문(大門)은 흉방(凶方)에 있기 때문에 유성(遊星)은 문상(門上)을 따라 집에 둘러진다. 1수(數)와 본택(本宅)이 3길(吉)이 변화를 다하면 4흉(凶)으로 되어 봉은불발(逢恩不發)이다. 은혜의 인연이 구궁(仇宮)에 떨어진다는 것이 이것을 말한다.

택외(宅外)의 3길(吉) 방위(方位)에 있는 고용(高聳), 고사(高砂)는 마땅하며 수목(樹木)도 오묘하다. 부귀(富貴)를 잡고 모든 흉(凶)을 항복 받는다. 만약 모든 것이 꺼져있으면 주인은 감복(減福)하며 굴을 파서 측간(厠干)을 만들고 외양간 등을 여는 것이 길성(吉星)을 타파하는 것으로 불길(不吉)하다. 택외(宅外) 4흉(凶)은 완전히 낮은 것이 마땅하다. 고앙(高昻)하견 흉성(凶星)이 득세하고 빠지고 꺼졌으면 지풍(地風)이 혈(穴)을 쓸어버림으로 모두 흉(凶)하다.

(6) 7정9요지설(七政九曜之說)

생기(生氣)는 탐랑 목(木)에 속(屬)한다. 진손감리(震巽坎離) 궁(宮)에 있으면 득지(得地)로 된다. 뛰어난 제자와 청귀 및 문장(文章)을 주장하고 5, 6자(子)를 생산한다. 판단컨대 탐랑 생기는 복을 다시 연장하고 총명, 효도, 우애, 지기(志氣)를 높이고 공무로 인하여 전답을 늘리고 재백(財帛)이 왕성하다. 인재(人財)가 대발(大發)하고 화앙(禍殃)은 없다.

천의(天醫)는 거문 토(土)에 속(屬)한다. 곤간건태(坤艮乾兌)에 있으면 득지(得地)로 된다. 복록(福祿), 부귀(富貴), 자선(慈善)을 주장하고 4자(子)를 낳는다. 판단컨대 거문, 천의는 천재(天財), 부귀(富貴), 장수(長壽), 복(福)이 온다. 의복이 풍부하고 식록이 충분하고 전재(錢財)가 있다. 창고(倉庫)가 가득 차고 시기는 없다.

연년(延年은 무곡 금(金)에 속(屬)한다. 건곤간태(乾坤艮兌) 궁(宮)에 있으면 득지(得地)로 된다. 풍헌(風憲), 병권(兵權), 호협(豪俠)을 주장하고 3자(子)를 낳는다. 판단컨대 무곡이 복위에 있으면 일마다 융창한다. 인재(人財)가 흥왕하다고 주장한다. 부귀(富貴), 인정(人丁), 과제(科第)한다. 흉화(凶禍)는 없고 수명은 면면(綿綿)하다.

절명(絶命)은 파군 금(金)에 속(屬)한다. 문조(門灶)는 절대 꺼린다. 악질(惡疾), 단명(短命), 절사(絶嗣)를 주장한다. 판단컨대 파군은 흉포(凶暴)가 문전(門前)에 있다. 약탈, 투군(投軍)을 능히 말할 수 있다. 도박(賭博)과 소송을 좋아하고 벙어리를 낳는다. 패절(敗絶)하고 가정은 망(亡)하고 소년을 손상한다.

오귀(五鬼)는 염정 화(火)에 속(屬)한다. 사악의 숭배, 화재, 소송사건을 주장하고 1자(子)를 낳는다. 판단컨대 염정 오귀는 과장(誇張)할 수 없다. 독화(燭火), 조화(燥火)가 원래 이것과 다르다. 간사와 무예(無禮)에 집요하다. 인호(寅虎)의 뇌성(雷傷)같은 소리는 묘미(卯未)를 다치게 하고, 추가하여 회수로도 부족할 만큼 토혈(吐血)하여 기운을 잃는다. 4금(金) 재퇴(財退)는 마(痲)같이 염병이다. 염정, 무곡, 거문이 도달하면 부귀, 인정, 재화가 늘어 금화(金花)가 된다. 염정, 문곡이 와서 서로 모이면 여우가 인정을 손상하여 가정은 패망해 버린다.

화해(禍害)는 녹존 토(土)에 속(屬)한다. 막힘{壅滯}를 주장한다. 판단컨대 녹존은 절체(絶體), 고요(孤曜)를 낳는다. 성격은 완고하고 양자(養子)을 한다. 도박 퇴패 음란을 만나며 사산, 목매죽고, 승도(道僧)가 된다.

육살(六煞)은 문곡 수(水)에 속(屬)한다. 호음(好淫), 유탕(遊蕩)을 주장한다. 판단컨대 문곡은 유혼(遊魂) 소탕성(掃蕩星)이다. 도박(賭博) 호주(好酒), 사기꾼으로 전락한다. 실화(失火), 수액(水厄), 이향(離鄕), 패가(敗家)한다. 폐결핵 종풍(두통) 나력(연주창)이 침입한다.

복위(伏位)는 보필이다. 문금(門金)은 금(金)으로 변화하고 문토(門土)는 토(土)로 변화하고 문화(門火)는 화(火)로 변화한다. 모두 본궁(本宮)이다. 판단컨대 보필은 인자, 효도, 우애가 앞선다. 부귀, 인정, 관귀가 앞으로 나아간다. 남부여비(男駙女妃) 봉호를 받은 부인이 나온다. 태양(太陽) 생인(生人)은 복과 수명이 완전하다.

위 3길(吉) 문로(門路)는 옥운(屋運)을 재촉하고 복(福)을 두텁게 한다. 4흉(凶)은 마땅히 문로(門路), 상조(床灶)를 아니해야 한다. 만약 문(門)의 괘(卦)가 극택지괘(剋宅之卦)이면 흉(凶)이다. 또 택(宅)이 도리어 택(宅)과 더불어 생(生)하면 비화(比和)가 되어 그 다음이다. 택(宅)이 극하는 것이 되면 또 그 다음이다.

(7) 3원명결(三元命訣)

上元甲子一宮看 中元起巽下兌間 上五中二下八女 男逆女順是根元
상원갑자일궁간 중원기손하태간 상오중이하팔여 남역여순시근원

위의 시(詩)는 상원(上元) 갑자(甲子)는 1궁(宮)에서 보고, 중원(中元) 갑자(甲子)는 손궁(巽宮)에서 시작하고, 하원(下元) 갑자(甲子)는 태궁(兌宮)에서 시작한다. 상원(上元)이 5궁(宮), 중원(中元)이 2궁(宮), 하원(下元)이 8궁(宮)은 여자이다. 남자는 역순(逆順) 여자는 순순(順

順)이 근원(根元)이다.

첩결(捷訣)은 1, 4, 7궁(宮)은 남자로서 역포(逆佈)하며, 5, 2, 8궁(宮)은 여자로서 순추(順推)한다. 5궁(宮)은 남자가 곤(坤), 여자는 간(艮)으로 한다. 갑자(甲子)가 돌면서 본명(本命)을 찾는다. 가옥은 유좌유향(有坐有向), 명(命)은 유동유서(有東有西)이다. 그리고 산향(山向)을 말하면서 명(命)을 말하지 않는 것은 대흉(大凶), 명(命)을 말하면서 산향(山向)을 말하지 않는 것은 소흉(小凶)이다. 명(命)이 합(合)이 되고 좌향(坐向)과 합(合)이 되면 획복(獲福) 무궁(無窮)하다.

1) 삼원(三元)

① 상원(上元) : 1864년(甲子) ~ 1923년(癸亥) 사이의 출생자(出生者).
② 중원(中元) : 1924년(甲子) ~ 1984년(癸亥) 사이의 출생자(出生者).
③ 하원(下元) : 1984년(甲子) ~ 2043년(癸亥) 사이의 출생자(出生者).

2) 원명궁(元命宮)을 찾는 간략 법(法)

① 남자(男子)

출생서기를 단위수로 합한 값에서 다시 단위수로 합한 수를 11에서 빼면 자기 본궁(本宮)의 수가 나온다.

출생년도	출생년도 단위數 合	합계의 단위數 合	宮數	宮命
1924年生	1+9+2+4=16	1+6=7	11−7=4	4손명(巽命)
1931年生	1+9+3+1=14	1+4=5	11−5=6	6건명(乾命)

② 여자(女子)

㉮ 중원 : 출생서기를 단위수로 합한 값에서 다시 단위수로 합한 수가 2, 3, 4, 5는 4를 더하고 6, 7, 8, 9, 10은 5를 뺀다.

출생년도	출생년도 단위數 合	합계의 단위數 合	宮數	宮命
1924年生	1+9+2+4=16	1+6=7	7−5=2	2곤명(坤命)
1931年生	1+9+3+1=14	1+4=5	5+4=9	9이명(離命)

㉯ 상원 중원은 유추한다.

3) 조견표(早見表)

上元命 早見表									
男	1坎	2坤	3震	4巽	5中2坤	6乾	7兌	8艮	9離
女	5中8艮	4巽	3震	2坤	1坎	9離	8艮	7兌	6乾
出生年	1864(甲子) 1873(癸酉) 1882(壬午) 1891(辛卯) 1900(庚子) 1909(己酉) 1918(戊午)	1872(壬申) 1881(辛巳) 1890(庚寅) 1899(己亥) 1908(戊申) 1917(丁巳)	1871(辛未) 1880(庚辰) 1889(己丑) 1898(戊戌) 1907(丁未) 1916(丙辰)	1870(庚午) 1879(己卯) 1888(戊子) 1897(丁酉) 1906(丙午) 1915(乙卯)	1869(己巳) 1878(戊寅) 1887(丁亥) 1896(丙申) 1905(乙巳) 1914(甲寅) 1923(癸亥)	1868(戊辰) 1877(丁丑) 1886(丙戌) 1895(乙未) 1904(甲辰) 1913(癸丑) 1922(壬戌)	1867(丁卯) 1876(丙子) 1885(乙酉) 1894(甲午) 1903(癸卯) 1912(壬子) 1921(辛酉)	1866(丙寅) 1875(乙亥) 1884(甲申) 1893(癸巳) 1902(壬寅) 1911(辛亥) 1920(庚申)	1865(乙丑) 1874(甲戌) 1883(癸未) 1892(壬辰) 1901(辛丑) 1910(庚戌) 1919(己未)

中元命 早見表									
男	1坎	2坤	3震	4巽	5中2坤	6乾	7兌	8艮	9離
女	5中8艮	4巽	3震	2坤	1坎	9離	8艮	7兌	6乾
出生年	1927(丁卯) 1936(丙子) 1945(乙酉) 1954(甲午) 1963(癸卯) 1972(壬子) 1981(辛酉)	1926(丙寅) 1935(乙亥) 1944(甲申) 1953(癸巳) 1962(壬寅) 1971(辛亥) 1980(庚申)	1925(乙丑) 1934(甲戌) 1943(癸未) 1952(壬辰) 1961(辛丑) 1970(庚戌) 1979(己未)	1924(甲子) 1933(癸酉) 1942(壬午) 1951(辛卯) 1960(庚子) 1969(己酉) 1978(戊午)	1932(壬申) 1941(辛巳) 1950(庚寅) 1959(己亥) 1968(戊申) 1977(丁巳)	1931(辛未) 1940(庚辰) 1949(己丑) 1958(戊戌) 1967(丁未) 1976(丙辰)	1930(庚午) 1939(己卯) 1948(戊子) 1957(丁酉) 1966(丙午) 1975(乙卯)	1929(己巳) 1938(戊寅) 1947(丁亥) 1956(丙申) 1965(乙巳) 1974(甲寅) 1983(癸亥)	1928(戊辰) 1937(丁丑) 1946(丙戌) 1955(乙未) 1964(甲辰) 1973(癸丑) 1982(壬戌)

下元命 早見表									
男	1坎	2坤	3震	4巽	5中2坤	6乾	7兌	8艮	9離
女	2坤	3震	4巽	5中8艮	6乾	7兌	8艮	9離	1坎
出生年	1990(庚午) 1999(己卯) 2008(戊子) 2017(丁酉) 2026(丙午) 2035(乙卯)	1989(己巳) 1998(戊寅) 2007(丁亥) 2016(丙申) 2025(乙巳) 2034(甲寅) 2043(癸亥)	1988(戊辰) 1997(丁丑) 2006(丙戌) 2015(乙未) 2024(甲辰) 2033(癸丑) 2042(壬戌)	1987(丁卯) 1996(丙子) 2005(乙酉) 2014(甲午) 2023(癸卯) 2032(壬子) 2041(辛酉)	1986(丙寅) 1995(乙亥) 2004(甲申) 2013(癸巳) 2022(壬寅) 2031(辛亥) 2040(庚申)	1985(乙丑) 1994(甲戌) 2003(癸未) 2012(壬辰) 2021(辛丑) 2030(庚戌) 2039(己未)	1984(甲子) 1993(癸酉) 2002(壬午) 2011(辛卯) 2020(庚子) 2029(己酉) 2038(戊午)	1992(壬申) 2001(辛巳) 2010(庚寅) 2019(己亥) 2028(戊申) 2037(丁巳)	1991(辛未) 2000(庚辰) 2009(己丑) 2018(戊戌) 2027(丁未) 2036(丙辰)

(8) 동 · 서 4택도(東 · 西 4宅圖)

艮 宮 [八 宮]

西四宅　西四命

乾 宮 [六 宮]

西四宅　西四命

震 宮 [三 宮]

東四宅　東四命

坎 宮 [一 宮]

東四宅　東四命

坤 宮 [二 宮]

西四宅　西四命

巽 宮 [四 宮]

東四宅　東四命

兌 宮 [七 宮]

西四宅　西四命

離 宮 [九 宮]

東四宅　東四命

(9) 조법(灶法)

조(灶)는 5사(五祀)의 하나로써 가옥의 주가 된다. 생명을 배양하는 근원이므로 마땅히 3길(吉) 방위를 택(擇)하여 설치해야 쉽게 생자(生子)한다. 그러므로 인정(人丁)이 왕성치 못한 자는 천의 조(灶), 명리(名利)가 불성(不成)한 자는 마땅히 생기 조(灶), 재왕(財旺) 장수를 바라는 자는 마땅히 연년 조(灶)를 설치해야 한다.

3조(灶)는 택(宅)과 명(命)의 상합(相合)을 구비하는 것이 필요하다. 만약 불합(不合)이면 침상(沈床)과 부엌문을 본명(本命)의 길방(吉方)을 향하여 설치하면 길(吉)하다. 문주조(門主灶)와 상(床)이 여의치 않으면 조구(灶口)와 더불어 5자(者)가 전부 본명(本命)과 합(合)이 되면 상길(上吉)이 된다. 만약 감명(坎命)의 남자가 손명(巽命)의 부인에 장가들어 손방(巽方) 로(路)와 조(灶)를 얻으면 생기(生氣)가 되며 자식을 얻고 부귀(富貴)한다. 만약 감명(坎命)의 남자가 태명(兌命) 부인에게 장가들면 사람이 화해 녹존을 범(犯)하여 무자(無子)이다. 조문(灶門)의 방향을 고치면 감명(坎命)의 남자는 생기(生氣)를 얻는다. 소조(小灶), 풍로(風爐)를 별도로 설치하고 그 입구가 건향(乾向)을 향하게 하여 처(妻)로 하여금 따로 식사하게 하면 처(妻)는 길향(吉向)에서 식사를 하는 것이 되어 생기(生氣)를 얻는다. 자연히 구원을 끌어당기는 단서가 된다.

(10) 천정방수(天井放水)

방수지법(放水之法)은 곡절(曲折)의 방식으로 3신(神)에 모아야 한다. 을신정계(乙辛丁癸)는 소신(小神), 갑경병임(甲庚丙壬)은 중신(中神), 건곤간손(乾坤艮巽)은 대신(大神)인데, 소(小)를 경유하여 중(中)에 들어가야 하며, 중(中)을 경유하여 대(大)에 들어가야 한다. 만약 거꾸로 어지럽히면 화(禍)를 입는다. 혹은 소(小)를 경유하나 중신(中神)이 없어 대(大)에서 끝나면 가능하다. 유중입대(由中入大)라도 소신(小神)이 없으면 가능하다. 유소입중(由小入中)이라도 대신(大神)이 없으면 가능하다. 지대(地帶)를 따라 행위를 실시한다. 소(小)는 마땅히 짧고, 중(中)은 마땅히 길고, 대(大)는 마땅히 더 길뿐이다.

구구(溝口)는 마땅히 음양(陰陽)을 구분한다. 12개의 음향(陰向)에는 음수(陰水)를 방류(放流)하고, 12개의 양향(陽向)에는 양수(陽水)를 방류(放流)한다. 문로(門路) 역시 그렇다. 황천(黃泉), 천방(穿房), 천량(穿梁), 천문(穿門)을 꺼리는 모두 방수요결(放水要訣)이다.

03 택일(擇日)

1. 총론(總論)

택일론(擇日論)은 건설현장에서 착공식, 상량식 등에 사용하며 대표적으로 천기대요(1995)와 흠정협기변방서(1684)가 있다. 이에 문헌고찰에서와 같이 흠정협기변방서(1684), 천기대요(1995), 선택정종(1877)을 기본서로 삼았다. 천기대요(1995)의 건설관련은 가장의 생년, 나이, 건설하는 연(年)을 보고 길흉년을 가리며 일반적으로 생기복덕법[37]에 의거 택일한다. 흠정협기변방서(1684)와 선택정종(1877)은 택일의 길흉신을 조사하고 사람과 건물을 보호하면서 택일한다. 양측을 비교하면 천기대요(1995)가 훨씬 간편한 방법이다.

흠정협기변방서(1684)와 선택정종(1877)에서 택일은 선택(選擇)으로 기입되어 있다. 그리고 체용(體用)이 있으며 건물에 들어오는 맥(脈)이나 좌향(坐向)과 같이 정한 것을 체(體)라 하고, 연월일시(年月日時)와 같이 정하지 않는 것을 용(用)이라 한다. 추길피흉(趨吉避凶)은 정한 것에 정하지 않는 것을 배합시키므로 체(體)에다 용(用)을 맞추는 것이다. 혼사와 같이 정하지 않는 것에 정하지 않는 것을 합(合)하는 것으로 용(用)에다 용(用)을 맞추는 것이다. 또한 택일은 일상생활에서 항상 행동을 삼가고 조심하라는 의미와 원리의 적용과 길흉의 산출과정에서 일관성을 유지해야 한다.

이에 따라 택일론에서 사용하는 용어, 택일의 사주법(四柱法), 부룡산(扶龍山)과 상주명(相主命), 개산(開山) · 입향(立向) · 수방(修方)의 길흉신(吉凶神)을 본다.

---

37) 생기복덕법은 사람의 연령을 기준하여 일진(日辰)에 생기, 천의, 절체, 유혼, 화해, 복덕, 절명, 귀혼을 붙여 생기, 천의, 복덕은 사용함. 화해, 절명은 대흉(大凶)으로 사용이 불가이며 절체, 유혼, 귀혼은 소흉(小凶)으로 일진(日辰)의 길함이 있으면 사용할 수도 있는 것임.

(1) 택일론에서 사용하는 용어

택일론의 용어가 어려워 건설현장관계자의 이해가 용이한 용어가 필요하다. 흠정협기변방서(1684), 선택정종(1877), 천기대요(1995)의 용어를 그대로 두어 간단히 설명하며 현대적 의미도 본다. 길신(吉神)과 흉신(凶神)의 용어 이외는 풀이를 원칙으로 하였으며 부득이 하면 주석처리를 하였다. 택일론에서 사용한 용어는 다음과 같다.

택일론 용어	설 명	비고(현대적 의미)
기조문(起造門)	천기대요에서 성조운(成造運)이라 말하기도 하고, 건물의 신축과 수선의 택일 방법을 말함.	건설택일
조장(造葬)	흠정협기변방서와 선택정종에서 양택과 음택의 조성을 말함. 양택은 산사람의 거주지를 말하는데 주거지를 말함. 음택은 죽은 자의 유택인 무덤을 말함.	신축과 매장
용(龍) 입수룡(入首龍)	흠정협기변방서와 선택정종에서 용(龍)이며 마지막 건물로 들어오는 맥(脈)이라 설명함. 풍수지리는 부모산에서 혈(穴)까지의 맥(脈)을 말함.	입수맥
부룡산(扶龍山) 보룡(補龍) 부산(扶山)	흠정협기변방서와 선택정종의 용어로서 입수룡과 좌향을 도운다는 의미를 말함. 보룡(補龍) 부산(扶山)의 준말.	입수룡보호 좌향보호
상주명(相主命) 상주(相主) 주명(主命)	흠정협기변방서와 선택정종의 용어로서 사람의 생년을 도운다는 의미를 말함. 상주(相主)는 사람을 말하며 명(命)은 생년이며 집을 지을 때는 가장을 말함.	사람생년보호 발주자생년 현장소장생년 입주자생년
동토(動土)	기본서 모두의 용어로서 선택정종에서 수조(修造)와 동토(動土)를 같이 보고, 흙을 이동하는 것을 말함.	토목공사
파토(破土)	흠정협기변방서와 선택정종의 용어로 흙을 파는 것을 말함.	토목공사
기지(基地) 개기(開基) 개산(開山)	기지는 천기대요, 개기는 승정원일기와 조선왕조실록, 개산은 선택정종과 흠정협기변방서의 용어로서 부지조성을 말함.	토목공사
입향(立向)	좌향(坐向)을 잡는 것을 말함.	건물방향설정
정초(定礎)	천기대요와 승정원일기의 용어로서 주춧돌 놓는 것을 말함.	기초 설치
수주(竪柱, 豎柱) 입주(立柱)	수주는 기본서, 입주는 승정원일기의 용어로서 기둥 세우는 것을 말함.	기둥 세움
상량(上樑)	기본서 모두의 용어로서 들보를 올리는 것을 말함.	상량
수조(豎造)	선택정종과 흠정협기변방서의 용어로서 수주(豎柱)와 상량(上樑)을 말함.	기둥과 보 설치
개옥(盖屋)	천기대요의 용어로서 지붕 덮는 것을 말함.	지붕 덮음

파옥훼원 (破屋毁垣)	천기대요의 용어로서 건물 철거를 말함.	건물 철거
수조동토 (修造動土) 수방(修方)	수조동토는 천기대요와 흠정협기변방서의 용어, 수방은 흠정협기변방서(1684)와 선택정종(1877)의 용어로서 건물의 수선을 말함.	건물 수선 건물 대수선
대사무의기 (大事無宜忌)	흠정협기변방서와 선택정종의 용어로서 모든 일을 할 수 있는 날을 말함. 즉 대길일(大吉日)을 말함.	길한 날
대사개기 (大事皆忌)	흠정협기변방서와 선택정종의 용어로서 대사(大事)에 피하는 날을 말함.	피하는 날
제사불의 (諸事不宜)	흠정협기변방서와 선택정종의 용어로서 모든 일에 마땅하지 않는 날을 말함. 즉 최흉일(最凶日)을 말함.	흉한 날
사주(四柱)	흠정협기변방서와 선택정종에서 연월일시의 간지(干支)를 말함.	연월일시
격국(格局)	흠정협기변방서와 선택정종에서 연월일시가 격(格)이나 국(局)을 갖추는 것을 말함.	격국

(2) 택일의 간지와 사주법

택일을 하려면 연월일시를 천간과 지지 및 8괘의 글자를 사용하여 길흉의 판단이 용이하게 간지(干支)로 정리하여야 한다. 그러므로 간지를 정하는 기준과 사주(四柱)에 격국[38]을 갖추는 방법을 고찰한다.

1) 연월의 간지

연월일시(年月日時)에서 연월(年月)의 간지(干支)는 24절기를 기준으로 한다. 일(日)은 달력이 있거나 만세력(1998)이 있어야 한다. 연(年)의 간지 결정에서 구년과 신년의 구별은 정월 초하루를 표준으로 하지 않고 입춘을 기준으로 한다. 같은 서기 2011년이라도 입춘전이면 2010년의 경인(庚寅)이다. 입춘은 양력으로 2월 2일이나 매년마다 전후일 양일의 차이는 있다. 또 같은 입춘 당일이라도 전년의 간지나 금년의 간지를 사용하는 것은 입춘 절입(節入)의 시각에 의해 결정된다. 절입의 시각은 만세력(1998)에 기입되어있다.

월의 지지(地支)는 년(年)의 간지(干支)를 정할 때 입춘이 기준인 것과 같이 절입(節入) 시기를 표준으로 삼는다. 즉 입춘은 년(年)과 1월 시작의 시점이 되고, 2월은 경칩, 3월은 청명, 4월은 입하, 5월은 망종, 6월은 소서, 7월은 입하, 8월은 백로, 9월은 한로, 10월은 입동, 11월은 대설, 12월은 소한 등이다. 각월의 절입 시기와 월지(月支)는 다음과 같다.

38) 격국(格局)은 일기생성격, 천간일기격, 지지일기격, 삼합국을 말함.

월(月)의 절입(節入)과 월지(月支)

절입과 지지 \ 월	1월	2월	3월	4월	5월	6월	7월	8월	9월	10월	11월	12월
월의 절입	입춘	경칩	청명	입하	망종	소서	입추	백로	한로	입동	대설	소한
월의 지지	寅	卯	辰	巳	午	未	申	酉	戌	亥	子	丑

월의 천간(天干)은 년(年)의 천간이 갑(甲)·기(己) 연(年)이면 1월이 병인(丙寅), 2월이 정묘(丁卯), 3월이 무진(戊辰), 4월이 기사(己巳), 5월이 경오(庚午), 6월이 신미(辛未), 7월이 임신(壬申), 8월이 계유(癸酉), 9월이 갑술(甲戌), 10월이 을해(乙亥), 11월이 병자(丙子), 12월이 정축(丁丑)이다. 나머지는 이와 같이 유추한다.

월(月)의 간지(干支)

천간 年 \ 월	1월	2월	3월	4월	5월	6월	7월	8월	9월	10월	11월	12월
甲·己年	丙寅	丁卯	戊辰	己巳	庚午	辛未	壬申	癸酉	甲戌	乙亥	丙子	丁丑
乙·庚年	戊寅	己卯	庚辰	辛巳	壬午	癸未	甲申	乙酉	丙戌	丁亥	戊子	己丑
丙·辛年	庚寅	辛卯	壬辰	癸巳	甲午	乙未	丙申	丁酉	戊戌	己亥	庚子	辛丑
丁·壬年	壬寅	癸卯	甲辰	乙巳	丙午	丁未	戊申	己酉	庚戌	辛亥	壬子	癸丑
戊·癸年	甲寅	乙卯	丙辰	丁巳	戊午	己未	庚申	辛酉	壬戌	癸亥	甲子	乙丑

2) 일시(日時)의 간지(干支)

일(日)의 간지(干支)는 달력이나 만세력(1998)에 기입되어 있다. 만세력(1998)을 보는 법은 2011년 신묘년(辛卯年) 1월의 만세력(1998)에 "正月 庚寅 大 己丑"이 기입되어있다. "月"은 1월이며, "庚寅"은 1월의 간지(干支)이며, "大"는 1월이 30일(小는 29일)이며, "己丑"은 1월 1일의 간지를 말한다. 일(日)의 경계는 자시(子時)를 기준으로 한다. 즉, 전일의 23시부터 당일의 01시까지가 그날의 간지를 쓴다.

시(時)의 간지는 월(月)의 간지와 같이 시지(時支)는 항상 일정하고 시간(時干)은 일간(日干)에 의해서 결정된다. 오늘날 사용하는 시간과는 차이가 있다.

시(時)의 지지(地支)

正時	0시	2시	4시	6시	8시	10시	12시	14시	16시	18시	20시	22시
시간 범위	23시 ↕ 1시	1시 ↕ 3시	3시 ↕ 5시	5시 ↕ 7시	7시 ↕ 9시	9시 ↕ 11시	11시 ↕ 13시	13시 ↕ 15시	15시 ↕ 17시	17시 ↕ 19시	19시 ↕ 21시	21시 ↕ 23시
시의 지지	子	丑	寅	卯	辰	巳	午	未	申	酉	戌	亥

시(時)의 간지는 "만세력"에 기록되어 있지 않다. 일(日)의 천간이 甲 · 己이면 23시~1시는 갑자(甲子), 1시~3시는 을축(乙丑), 3시~5시는 병인(丙寅), 5시~7시는 정묘(丁卯), 7시~9시는 무진(戊辰), 9시~11시는 기사(己巳), 11시~13시는 경오(庚午), 13시~15시는 신미(辛未), 15시~17시는 임신(壬申), 17시~19시는 계유(癸酉), 19시~21시는 갑술(甲戌), 21시~23시는 을해(乙亥)이다.

시(時)의 간지(干支)

천간일 \ 지지	子	丑	寅	卯	辰	巳	午	未	申	酉	戌	亥
甲 · 己日	甲子	乙丑	丙寅	丁卯	戊辰	己巳	庚午	辛未	壬申	癸酉	甲戌	乙亥
乙 · 庚日	丙子	丁丑	戊寅	己卯	庚辰	辛巳	壬午	癸未	甲申	乙酉	丙戌	丁亥
丙 · 辛日	戊子	己丑	庚寅	辛卯	壬辰	癸巳	甲午	乙未	丙申	丁酉	戊戌	己亥
丁 · 壬日	庚子	辛丑	壬寅	癸卯	甲辰	乙巳	丙午	丁未	戊申	己酉	庚戌	辛亥
戊 · 癸日	壬子	癸丑	甲寅	乙卯	丙辰	丁巳	戊午	己未	庚申	辛酉	壬戌	癸亥

3) 사주(四柱)의 간지(干支)

2011년 2월 3일(음력 1월 1일) 04시, 2011년 3월 5일(음력 2월 1일) 22시 연월일시의 간지를 정한 예시는 다음과 같다.

사주의 간지 예시

사주의 간지	설 명
時 日 月 年 丙 己 己 庚 寅 丑 丑 寅	서기 2011년 2월 3일(음력 1월 1일) 4시의 사주(四柱)의 간지(干支)이다. 서기 2011년은 辛卯이지만 입춘에 "2월 4일 庚寅 未初"로 기입되어 있으므로 연(年)과 월(月)의 간지는 辛卯, 庚寅이 아니고 庚寅, 己丑이 된다. "2월 4일 庚寅 未初"는 2월4일 미시(未時, 13시~15시)의 일(日) 간지(干支)가 경인(庚寅)이고, 1각(刻)은 지금의 15분과 같으며 초각(初刻)은 13시를 말함.
時 日 月 年 乙 己 庚 辛 亥 未 寅 卯	서기 2011년 3월 5일(음력 2월 1일) 22시의 사주(四柱)의 간지이다. 음력 2월생은 辛卯이지만 경칩에 "3월 6일 庚申 辰初"로 기입되어 있으므로 월(月)의 간지는 辛卯가 아니고 庚寅이 된다.

4) 사주법

사주(四柱)는 연월일시의 간지(干支)를 말하며 택일의 최종 귀착점이다. 즉 택일이 되면 연월일시가 결정되므로 사주의 천간(天干)과 지지(地支)를 알 수 있다. 사주의 천간은 사람과의 관계, 사주의 지지는 건물과의 관계, 택일된 날의 길흉신을 조사하여 길흉을 판단하게 된다.

사주에서 연(年)을 임금으로 하고, 월(月)을 정승으로 하고, 일(日)을 유사(有司)로 하고, 시

(時)를 서리(胥吏)로 한다. 간지(干支)가 순수한 격국(格局)을 귀(貴)하게 본다. 부룡산[39] 상주명[40]은 군신(君臣)이 덕(德)으로 합(合)하고, 관리(官吏)는 법을 만들면 백성은 그 복을 받게 된다.

연(年)은 충(衝)하지 않고, 월(月)은 왕성한 계절을 만나야 하고, 흉신이 휴수(休囚)되는 월(月)을 가려야 한다. 일(日)은 유사(有司)이므로 임금과 정승의 덕(德)에 힘입어 베풀어야 한다. 일간(日干)을 임금으로 하고, 일지(一支)를 신하로 비유된다.

일간(日干)이 월지(月支)에서 비견이면 왕(旺)이고, 상생을 받으면 상(相)으로 길이다. 상극을 받으면 사(死)이고, 일간(日干)이 월지(月支)를 상극하면 수(囚)이고, 상생하면 휴(休)이다. 따라서 일간(日干)은 왕상(旺相)하고, 휴수(休囚)되지 않아야 한다. 왕상휴수(旺相休囚)는 월지(月支)의 쇠왕(衰旺)으로 분별하고, 왕상(旺相)은 다음과 같다.

왕상(旺相)

월지(月支)	寅卯	巳午	申酉	亥子	辰戌丑未
왕(旺)	甲乙	丙丁	庚辛	壬癸	戊己
상(相)	丙丁	戊己	壬癸	甲乙	庚辛

인(寅) · 묘(卯)월에 갑(甲) · 을(乙) 일(日)은 비견으로 왕(旺), 병(丙) · 정(丁) 일(日)은 상생으로 상(相)이며 길(吉)하다. 경(庚) · 신(辛) 일(日)은 상극으로 사(死), 임(壬) · 계(癸) 일(日)은 설기로 휴(休), 무(戊) · 기(己) 일(日)은 상극을 받아 수(囚)로 흉(凶)하다.

4신묘(辛卯)를 사용하면 천간이 4사(死)이지만 4신(辛)이 상부(相扶)하므로 피하지 않는다. 인월(寅月)의 갑일(甲日), 묘월(卯月)의 을일(乙日), 사월(巳月)의 병일(丙日), 오월(午月)의 정일(丁日), 신월(申月)의 경일(庚日), 유월(酉月)의 신일(辛日), 해일(亥日)의 임일(壬日), 자월(子月)의 계일(癸日)은 득령(得令)이면서 녹(祿)이 되어 길중길(吉中吉)이다.

일간(日干)이 왕(旺)하지 못해도 녹시(祿時)를 사용하면 왕(旺)하다. 또 월지(月支) 함께 동기(同氣)가 되거나 삼합(三合), 상생(相生), 천덕(天德), 세덕(世德), 월덕(月德)이면 상길(上吉)이다.

양균송(楊筠松)은 일간(日干)의 건왕(健旺)이 최고이다. 조명서(造命書)에서 휴수(休囚)는 가난하지 않으면 요절한다는 것은 모두 명언이다. 일간(日干)이 휴수(休囚)가 아니어도 비견이나 인수가 없으면 입견퇴패(立見退敗)한다.

---

39) 보룡(補龍)은 먼저 풍수로서 길지를 가려 좌향을 정하고, 건물로 들어오는 맥을 보호하는 연월일시이고, 건물의 좌향을 보호하는 연월일시는 부산(扶山)이고, 보룡과 부산을 합해 부룡산(扶龍山)이라 함.

40) 주명(主命)은 가장(家長)의 생년(生年)을 말하고, 가장을 보호하면 상주(相主), 가장의 생년을 보호하면 상주명(相主命)이라 함.

시(時)를 사용하는 2가지 방법은 본일(本日)의 천간을 같게 하거나 일간(日干)의 녹마귀(祿馬貴) 시(時)가 되게 하면 길흉은 구애받지 않는다. 또 삼합, 육합(六合), 귀인(貴人)도 모두 길하다. 신(申) 연월(年月)에 갑일(甲日)의 녹(祿)을 사용하면 인신충(寅申衝)이므로 연월(年月)에 합(合)이 되는 자진(子辰)을 취용하는 것이 중요하다. 시(時)가 연월(年月)을 충(衝)하면 모두가 흉하여 대사(大事)는 꺼리고 소사(小事)에는 가능하다. 일지(日支)가 시지(時支)를 충(衝)하면 대흉(大凶)이다. 시(時)는 일간(日干)은 물론이고 연월일시 전체를 도울 수가 있어 진짜 길신(吉神)이다. 시(時)에도 삼기(三奇)와 자백(紫白)이 있는데 월(月)과 동일한 방법이다.

연월일시에서 지지(地支) 상충(相衝)이 대흉(大凶)이다. 용(龍), 좌향, 사람 생년의 충(衝)도 대흉(大凶)이다. 진술축미(辰戌丑未)는 자충(自衝)이나 좌향을 충(衝)해도 가능하지만 사람 생년의 충(衝)은 흉이다. 연월일시는 격국(格局)을 갖추어 반드시 부룡산(扶龍山)하고 상주명(相主命)되면 최상의 택일이다.

체용(體用)이 세워지면 삼기(三奇)와 자백(紫白)이 좌향에 조림하게 한다. 녹마귀[41]가 좌향과 사람 생년에 이르는 것도 사용한다. 체용(體用)이 겸전해야 좋고, 체(體)를 결정한 후에 용(用)을 구하고 용(用)에 집착하여 체(體)를 잃지 않아야 한다.

건축에서 변통(變通)의 방법이 있다. 대한 5일 후에 시작해서 입춘 전(前)까지 택일하여 건축하여서 완공하면 개산, 입향에 연월극산가를 피하지 않는다. 세월의 모든 흉신이 세관교승하기 때문이다. 방위의 흉신이 없으므로 수작(修作)에 방해를 받지 않는다. 그러나 입춘 후에는 연월(年月) 흉신(凶神)이 방위를 정하여 불가하다.

연월일시가 모두 길하고 격국을 갖추면 더할 것 없이 최선이다. 그러나 건설현장에서 공정을 완전 배제한다는 것은 사람에게 이롭게 하자는 것이 택일인데, 너무 과하게 구애되어 일을 그르치게 되어서는 안 된다. 난봉난우(難逢難遇)가 이것을 말한다. 그러므로 연월일시를 모두 갖추기 어려운 경우 월일시를 갖추는 차선(次善)이다. 또한 삼선(三選)으로 일시만 갖추는 것도 한 방편으로 본 연구는 사료된다. 그러나 기세(氣勢)가 있거나 최흉인 세파(歲破)는 피한다. 그리고 포태법의 생(生), 관(官), 왕(旺)의 글자로서 격국(格局)을 많이 갖춘다.

5) 격국

격국(格局)은 격(格)과 국(局)을 말하며 격(格)은 귀격(貴格), 부격(富格)이 있으며 국(局)은 삼합국(三合局)이 대표적이다. 귀격은 관직에 오르며 부격은 재물이 많아진다는 의미이다. 삼합국은 오행이 변하면서 건물 좌향과 사람의 생년이 보호 되어야 길(吉)이 된다. 모두가 좌향을

41) 녹마귀(祿馬貴)는 녹(祿), 역마(驛馬), 음귀인(陰貴人), 양귀인(陽貴人)을 말함.

위주로 하면서 입수룡을 보호하며 사람의 생년을 충(衝)하거나 상극되지 않아야 한다. 많은 격국이 있지만 대표적 격국은 일기생성격(一氣生成格), 천간일기격(天干一氣格), 지지일기격(地支一氣格), 삼합국(三合局) 등이 있다.

'일기생성격'에 건물 좌향과 사람의 생년을 보호하면 택일 중에 최고의 길(吉)이다. 60갑자 중에 임인(壬寅), 신묘(辛卯), 경진(庚辰), 기사(己巳), 무오(戊午), 정미(丁未), 병신(丙申), 을유(乙酉), 갑술(甲戌), 계해(癸亥)의 10개만 있다. 즉 임인(壬寅)년, 임인(壬寅)월, 임인(壬寅)일, 임인(壬寅)가 되는 연월일시를 일기생성격이라 한다. 이것은 10년이나 그 이상을 지나야 만날 수가 있다. 최근은 1994년 4갑술(甲戌)이후 없었으며 2022년 2월 18일이 4임인(壬寅)이 되므로 28년 만에 돌아올 것이다.

'천간일기격'은 천간의 4글자가 동일하거나 양간불잡(兩干不雜)인 갑을갑을(甲乙甲乙), 2갑(甲)2을(乙)이다. 또 삼태취집(三台聚集)은 3글자가 하나이다. 이것들의 글자는 수(水)의 좌향에 임계경신(壬癸庚辛) 글자, 토(土)의 좌향에 병정무기(丙丁戊己) 글자, 목(木)의 좌향에 갑을임계(甲乙壬癸) 글자, 화(火)의 좌향에 병정갑을(丙丁甲乙) 글자, 금(金)의 좌향에 경신무기(庚辛戊己) 글자이다. 즉 좌향에 비견이나 상생의 글자이다.

'지지일기격'은 삼태취집(三台聚集)으로 3글자가 하나가 되는 좌향의 오행에 포태법으로 4생(生) 글자, 4관(官) 글자, 4왕(旺) 글자이다. 본룡(本龍)에 포태법으로 4묘(墓) 글자는 삼합이 결국(結局)하지 않아 흉하여 쓰지 않는다.

'삼합국'은 가장 보편적 방법이다. 삼합 중에서 두 글자만을 쓰기도 한다. 또 삼합 겸 임관국으로 하는 것이 가장 좋다. 임관은 포태법의 관(官)을 말하며 관(官)이나 왕(旺)의 두 글자씩을 쓰기도 한다. 그리고 천간에는 너무 구애받지 않는다.

격국(格局)이 되어도 사람생년과 비견, 편재, 정재, 합(合), 관(官), 연월일시에 녹마귀(祿馬貴)와 만나야 한다. 사람 생년의 녹마귀가 좌향에 이른다면 가장 좋은 택일이 된다. 그리고 용(龍)에 길신(吉神)이 있어야 하며 흉신(凶神)은 없어야 한다.

(3) 부룡산과 상주명

1) 부룡산

부룡산(扶龍山)은 사주의 지지(地支)가 건물의 좌향을 보호하는 것을 말한다. 즉 지지가 좌향과 비견, 정재, 편재, 인수 등이 되며 합이나 자백 등이 조림하는 것을 말한다. 이것이 택일에서 가장 중요하다.

부룡산은 보룡부산(補龍扶山)의 준말이며 보룡(補龍)은 용(龍)을 보호는 것이고, 부산(扶山)은 좌(坐)를 보호한다. 먼저 풍수지리적으로 길지(吉地)를 가려놓고 길한 연월일시를 가린다.

이는 체용을 구비하는 것이다. 보룡은 원룡(遠龍)을 논하지 않고 단지 혈(穴)로 들어오는 작은 맥(脈)인 입수룡(入首龍)을 위주로 한다. 그러나 건물은 좌(坐)의 보호를 우선으로 한다.

연월일시가 좌(坐)를 부산(扶山), 좌(坐)에 합(合), 전부 비견, 녹마귀(祿馬貴)가 되면 길하다. 천간(天干)의 상극은 일절 피하고, 진술축미(辰戌丑未)의 충(衝)은 해롭기가 심하지 않으나 연충(年衝)은 흉하다. 연충을 세파(歲破)라고도 하며 월일시(月日時)에 1개 정도의 충(衝)은 무방하다. 정오행의 상생상극으로 따져 일시(日時)가 연월(年月)을 상생하면 길하며 상극이나 설기(洩氣)는 흉이다. 그러므로 비견(比肩)은 왕국(旺局), 아생(我生)은 설국(洩局), 생아(生我)는 인국(印局), 아극(我克)은 재국(財局), 극아(克我)는 살국(煞局)이 된다.

결혈처(結穴處)에는 반드시 일선의 소맥이 들어오고 있는 맥과 좌향을 세세히 살펴서 나경으로 측정하여 왕국(旺局)의 사용을 원칙으로 한다. 즉, 목(木)이면 해묘미(亥卯未) 삼합국, 수토(水土)가 되면 신자진(申子辰) 삼합국, 금(金)이면 사유축(巳酉丑) 삼합국, 화(火)이면 인오술(寅午戌) 삼합국을 사용한다. 상생의 인국(印局)도 사용이 가능하고, 용(龍)이 웅장하면 아극(我克)인 재국(財局)을 사용한다. 시가지에서는 용맥(龍脈)의 측량이 어려우며 부산(扶山)을 위주로 한다.

부산(扶山)에는 삼합 월(月)이나 포태법의 관월(官月), 묘월(墓月), 왕월(旺月)이 되게하며 쇠월(衰月), 병월(病月), 사월(死月)은 되지 않게 한다. 묘월(墓月)의 축(丑)에 신금(辛金), 미(未)에 을목(乙木), 진(辰)에 계수(癸水), 술(戌)에 정화(丁火)에 장간(藏干)되어 왕월(旺月)이 되므로 삼합 월(月)을 사용한다.

부산(扶山)은 연월일시의 천간은 가볍고, 지지의 힘은 무겁다. 지지일기(地支一氣)는 좋지만 10여년에 한번 만나기 어렵다. 지지일기(地支一氣)도 포태법의 4생(生)이나 4왕(旺)으로 하고, 4묘(墓)는 사용하지 않는다. 삼합 월(月)은 생월(生月), 왕월(旺月), 묘월(墓月)이므로 모두 가능하다. 삼합 월(月)에 흉신이 있으면 임관(臨官) 월(月)도 가능하며 삼합 겸 임관(臨官)이다. 삼합의 글자가 모두 들어가지 않고 두 글자만이라도 가능하다.

삼합의 수국(水局)이 수(水)를 부산(扶山), 목국(木局)이 목(木)를 부산(扶山)하는 것들이 비견(比肩)으로 상길(上吉)이다. 삼합의 금국(金局)이 수(水)를 부산(扶山), 수국(水局)이 목(木)을 부산(扶山)하는 것들이 생아(生我)로서 인국(印局) 또는 상국(相局)으로 차길(次吉)이다.

옛날사람들은 지지로서 부산(扶山)하며 천간으로 사람의 생년을 보호하였다. 사람의 생년과 같은 비견(比肩), 임관(臨官), 아극(我剋)의 재국(財局), 녹마귀(祿馬貴)가 되거나 천간이 합(合)하이 되게 하였다. 녹마귀(祿馬貴)로 좌향과 같게 하고 지지로서 부산(扶山)하는 연월일시는 최고의 국(局)이었다.

2) 부룡산 사례

부룡산(扶龍山) 사례는 흠정협기변방서(1684)와 선택정종(1877)에 수록된 것을 원문을 주석하며 풀이하였다. 이는 원래의 뜻을 본 연구가 견강부회(牽强附會)를 삼가기 위해서이다. 부룡산 사례는 24방위를 정오행으로 나누어 정리하여 용(龍)을 설명하지만 건물은 입수룡은 차후이고 좌향을 중시하며 용(龍)과 같은 방법으로 보기 때문에 소제목을 부산(扶山)으로 하였다.

24방위는 정오행으로 해임자계(亥壬子癸)가 수(水), 간곤진술축미(艮坤辰戌丑未)는 토(土), 사병오정(巳丙午丁)은 화(火), 인갑묘을손(寅甲卯乙巽)은 목(木), 신경유신건(申庚酉辛乾)은 금(金)이다. 연월일시가 삼합국이 되는 글자는 신자진(申子辰), 사유축(巳酉丑), 인오술(寅午戌), 해묘미(亥卯未)이므로 정오행으로 분류하여 약술되어있으며 다음과 같이 정리하여 설명한다.

① 수의 부산(扶山)

수(水)는 해임자계(亥壬子癸)이며 포태법에 신(申)이 생(生), 자(子)가 왕(旺), 진(辰)이 묘(墓)가 된다. 신자진(申子辰) 삼합은 왕국(旺局)으로 상길(上吉), 임관(臨官)의 해(亥), 사유축(巳酉丑)은 삼합은 인국(印局)으로 길(吉)하다. 인오술(寅午戌) 삼합은 재국(財局)으로 차길(次吉)이다. 해묘미(亥卯未) 삼합은 설국(洩局)으로 흉하다. 진술축미(辰戌丑未)는 살국(煞局)으로 더욱 흉하다. 임계경신(壬癸庚辛) 천간은 좋지만 이렇게 되기가 어려워 피하지 않는다. 수(水)의 부산(扶山) 사례는 다음과 같다.

수(水)의 부산(扶山) 사례

<table>
<tr><th>택일 사주</th><th>설 명</th></tr>
<tr><td><table><tr><td>時</td><td>日</td><td>月</td><td>年</td></tr><tr><td>壬
寅</td><td>壬
寅</td><td>壬
寅</td><td>壬
寅</td></tr></table></td><td>해룡(亥龍)에 건좌손향(乾坐巽向)이며 정해(丁亥) 명(命)을 증문천(曾文辿)[42]이 택일. 정임(丁壬)이 합(合)하여 정명(丁命)이 합관(合官)한다. 4점 임록(壬祿)이 해(亥)이다. 4인(寅)은 해(亥)의 명(命)과 합(合)하여 좋다. 4임수(壬水)는 해(亥)를 보호하여 아주 좋다.</td></tr>
<tr><td><table><tr><td>時</td><td>日</td><td>月</td><td>年</td></tr><tr><td>乙
亥</td><td>甲
申</td><td>甲
子</td><td>癸
亥</td></tr></table></td><td>해좌(亥坐)에 택일. 과거급제하여 귀(貴)하게 되었다. 신자(申子) 수국(水局)으로 해(亥)를 보호했다. 2해(亥)는 임관(臨官)이다.</td></tr>
</table>

42) 증문천(曾文遄) 혹은 증문천(曾文辿)이며 "만성통보"권57에는 증문천은 강서성 우도(雩都) 사람임. 양나라 정명(貞明) 연간(年間)에 강서성 원주부 만재현(袁州府 万載縣)의 서북산(北西山) 언덕의 매장지로서 유추하면 증문천은 양나라 사람으로 볼 수 있음. "청낭오어"의 "사고전서총목제요" 서문에 상전(相傳)되는 증문천은 강서성 공수(贛水)사람이며 그의 아버지가 증구기(曾求己)로 된 것은 오기로 보임.

時 日 月 年 丙 丙 庚 辛 申 申 子 亥	해좌(亥坐)에 임좌병향(壬坐丙向)을 양균송(楊筠松)[43]이 택일. 재상(宰相)이 나왔다. 신자해(申子亥) 수국(水局)으로 해(亥)를 보호했다. 삼합 겸 임관국(臨官局)이기 때문이다.
時 日 月 年 癸 癸 癸 癸 亥 亥 亥 亥	임룡(壬龍)에 자좌오향(子坐午向)을 양균송(楊筠松)이 택일. 귀현(貴顯)이 많았다. 4해(亥)는 임(壬)의 녹(祿)이며 계록(癸祿)은 자좌(子坐)에 이르니 이름하여 임관격(臨官格) 또 취록격(取祿格)이라 한다. 비견일기격(比肩一氣格)으로 무척 좋다. 주명(主命)이 무(戊)가 아니고 계(癸)나 자(子)는 좋다.
時 日 月 年 癸 癸 丁 癸 丑 酉 巳 巳	자룡(子龍)에 간좌곤향(艮坐坤向)을 증문천(曾文辿)이 택일. 귀(貴)가 많았다. 간좌곤향(艮坐坤向)이 토(土)에 속하여 자(子)의 수(水)를 능히 상극하므로 신자진국(申子辰局)을 쓰지 않고 사유축국(巳酉丑局)을 써서 토기(土氣)를 설(洩)하여 자(子)를 상생한다. 3점 계록(癸祿)이 자(子)에 이르니 용(龍)은 중(重)하고 좌향은 불중(不重)하다. 주명(主命)이 계(癸)가 아니고 무(戊)나 무자(戊子)는 함께 좋다.
時 日 月 年 戊 壬 戊 壬 申 申 申 申	임룡(壬龍)에 자좌오향(子坐午向)과 정사(丁巳) 명(命)을 양균송(楊筠松)이 택일. 대귀(大貴)하였다. 임(壬)의 4장생(長生)이 신(申)이다. 양간(兩干)이 불잡(不雜)하고 지지일기격(地支一氣格)이 되었다. 명(命)이 정임(丁壬)으로 합(合)하여 합관격(合官格)이고 사신(巳申)이 합(合)했다. 인(寅) 생인(生人)은 요절(夭折)이니 사신(四申)이 충(衝)하기 때문이다.

② 토의 부산(扶山)

토(土)는 간곤진술축미(艮坤辰戌丑未)이며 포태법에 신(申)에서 생(生), 자(子)에서 왕(旺), 진(辰)에서 묘(墓), 해(亥)는 임관(臨官)이다. 신자진(申子辰) 삼합은 왕국(旺局)이기도 하지만 토극수(土剋水)로 재국(財局)이며 상길(上吉)이다. 금국(金局)은 설(洩)하여 흉하다. 목국(木局)은 극(剋)하여 흉하다. 병정무기(丙丁戊己) 천간은 좋지만 이렇게 되기가 어려워 피하지 않는다. 토의 부산(扶山) 사례는 다음과 같다.

43) 양균송은 "당서(唐書)"에 없고, "서록해제"에 그 이름이 있음. 전하는 말로 양균송의 본명은 양익(楊益), 자는 숙무(叔茂)를 양균송이라 부름. 원래는 강서성 두주(竇州)에 살았으며 구빈선생이라 함. 그는 "의룡경", "감룡경", "입추부", "흑낭경", "삼십륙룡" 등을 저술하였다고 전함. 송사 · 예문지에 "양구빈 '정룡자경' 1권"이 양균송이 저술했다고 수록됨. 당 희종 때에 국사(國師)로서 금자광록대부(金紫光祿大夫)의 관직에서 지리(地理)일을 맡았으며, 당나라 멸망 후에 강서성 건주(虔州)에서 은거하다 죽었고, 건주(虔州) 우중약구(雩中藥口)에 매장되었음.

토(土)의 부산(扶山) 사례

택일 사주	설 명
時 日 月 年 丙 丙 庚 辛 申 申 子 亥	간(艮)에 임좌병향(壬坐丙向)을 양균송(楊筠松)이 택일. 대귀(大貴)하였다.
時 日 月 年 庚 庚 戊 庚 辰 申 子 申	료금정(廖金精)이 택일한 삼합국(三合局)이다.
時 日 月 年 丙 丙 丙 丙 申 申 申 辰	간(艮)에 갑좌경향(甲坐庚向)을 양균송(楊筠松)이 택일. 귀(貴)로 발(發)하여 오래 갔다. 신자진국(申子辰局) 뿐만이 아니고 4병화(丙火)가 간토(艮土)를 상생했다. 간궁(艮宮)의 납갑(納甲)은 병(丙)이므로 주명(主命)이 병(丙)이 아니면 반드시 신(辛)이나 신사(辛巳)이어야 하는데 4병(丙)의 녹(祿)은 사(巳)에 이르니 더욱 좋다.
時 日 月 年 丙 丙 丙 丙 申 申 申 申	간(艮)에 계산정향(癸山丁向)을 양균송(楊筠松)이 택일. 500일 만에 급제(及第)하였다. 비견일기격(比肩一氣格)으로 간토(艮土)가 신(申)를 상생했다. 4장생격(長生格)이다. 4점 병화(丙火)가 간토(艮土)를 상생했다. 간궁(艮宮)의 납갑(納甲)이 병(丙)으로 4노격(努格)으로 더욱 좋다.

③ 화의 부산(扶山)

화(火)는 사병오정(巳丙午丁)이며 포태법으로 인(寅)에서 생(生), 오(午)에서 왕(旺), 술(戌)에서 묘(墓), 사(巳)에서 임관(臨官)이 된다. 인오술(寅午戌) 삼합은 상길(上吉), 해묘미(亥卯未) 삼합은 인국(印局)으로 길, 사유축(巳酉丑) 삼합은 재국(財局)으로 차길(次吉), 신자진(申子辰) 삼합은 살국(煞局)이므로 흉, 진술축미(辰戌丑未) 토(土)는 설기(洩氣)하므로 역시 흉하다. 천간이 병정갑을(丙丁甲乙)은 좋지만 이렇게 되기가 어려워 피하지 않는다. 화의 부산(扶山) 사례는 다음과 같다.

화(火)의 부산(扶山) 사례

택일 사주	설 명
時 日 月 年 壬 壬 己 己 寅 午 巳 巳	병(丙)에 사좌해향(巳坐亥向)을 양균송(楊筠松)이 택일. 삼합(三合) 겸 임관국(臨官局)을 하였다. 병룡(丙龍)은 사(巳)에 록(祿)이 되어 아름답다.
時 日 月 年 戊 庚 丁 癸 寅 午 巳 巳	병룡(丙龍)에 곤좌간향(坤坐艮向)을 뢰포의(賴布衣)[44]가 택일.

④ 목의 부산(扶山)

목(木)은 인갑묘을손(寅甲卯乙巽)이며 포태법으로 해(亥에서 생(生)이며 묘(卯)에서 왕(旺)이며 미(未)에서 묘(墓)가 된다. 해묘미(亥卯未)는 왕국(旺局)이므로 상길(上吉)이며 임관국(臨官局)은 인(寅)이다. 신자진(申子辰)은 인국(印局)으로 역시 길이다. 사유축(巳酉丑)은 살국(煞局)이며 인오술(寅午戌)은 설국(洩局)으로 흉하다. 임계(壬癸) 천간은 좋지만 이렇게 되기가 어려워 꺼리지 않는다. 목의 부산(扶山) 사례는 다음과 같다.

목(木)의 부산(扶山) 사례

택일 사주	설 명
時 日 月 年 己 庚 己 乙 卯 寅 卯 卯	묘(卯)에 갑좌경향(甲山坐向)을 양균송(楊筠松)이 택일. 임관(臨官)과 제왕(帝旺) 2글자만을 사용해서 관왕국(官旺局)이라 한다.
時 日 月 年 辛 辛 辛 辛 卯 卯 卯 卯	묘(卯)에 해좌사향(亥坐巳向) 신사(辛巳) 명(命)을 고인(古人)이 택일. 5신(辛)이 서로 도우고 4묘(卯)는 묘룡(卯龍)을 보호하고 해좌(亥坐)와 합(合)한다. 신명(辛命)의 4록(祿)을 충동(衝動)한다. 묘룡(卯龍)을 신년(辛年)에서 오호(五虎)로 둔득(遁得)하면 신묘(辛卯)인데 목(木)이므로 납음(納陰)이 납음(納陰)을 보호한다.
時 日 月 年 辛 辛 丁 庚 卯 卯 亥 寅	묘룡(卯龍)에 을좌신향(乙坐辛向) 신사(辛巳) 명(命)을 증문천(曾文辿)이 택일. 삼합 겸 임관격(臨官格)이다.
時 日 月 年 巳 辛 丁 甲 亥 卯 卯 寅	뢰포의(賴布衣)의 택일. 삼합 겸 임관격(臨官格)이다.
時 日 月 年 甲 癸 戊 庚 寅 卯 寅 寅	손(巽)에 을좌신향(乙坐辛向) 신사(辛巳) 명(命)을 주자(朱子)가 택일. 임관제왕국(臨官帝旺局)이다.

⑤ 금의 부산(扶山)

금(金)은 신경유신건(申庚酉辛乾)이며 포태법으로 사(巳)에서 생(生), 유(酉)에서 왕(旺), 축(丑)에서 묘(墓), 신(申)에서 임관(臨官)이 된다. 사유축(巳酉丑) 삼합은 금국(金局)으로 상길

44) 뢰포의는 본명이 뢰문준(賴文俊)이며 송대(宋代)에 상지술(相地術)의 대사(大師)이고, 그의 생애에는 매우 혼란한 시기여서 고증(考證)이 매우 어려움. 전설(傳說)에는 자(字)가 태소(太素)이며 복건성 처주(處州) 사람이고, 일찍이 복건성 건양현(建陽縣)에서 상지술(相地術)을 좋아해서 당과관(當過官)에 있었으며 뒤에 강호(江湖)에 흔적이 있음. 자호(自號)가 포의자(布衣子)로서 세칭 뢰포의(賴布衣)라 함.

(上吉)이다. 진술축미(辰戌丑未)는 토(土)이므로 인국(印局)이나 충(衝)은 불길(不吉)하다. 해묘미(亥卯未) 삼합은 재국(財局)이며 차길(次吉)이다. 신자진(申子辰) 삼합은 설국(洩局)으로 흉하다. 인오술(寅午戌) 삼합은 살국(煞局)이니 더욱 흉하다. 경신무기(庚辛戊己) 천간은 좋지만 이렇게 되기가 어려워 피하지 않는다. 금의 부산(扶山) 사례는 다음과 같다.

금(金)의 부산(扶山) 사례

<table>
<tr><th>택일 사주</th><th>설 명</th></tr>
<tr><td><table><tr><td>時</td><td>日</td><td>月</td><td>年</td></tr><tr><td>己</td><td>丁</td><td>癸</td><td>甲</td></tr><tr><td>酉</td><td>酉</td><td>酉</td><td>申</td></tr></table></td><td>유(酉)에 유좌묘향(酉坐卯向)을 양균송(楊筠松)이 택일. 관왕국(官旺局)으로 하였다.</td></tr>
<tr><td><table><tr><td>時</td><td>日</td><td>月</td><td>年</td></tr><tr><td>癸</td><td>辛</td><td>辛</td><td>辛</td></tr><tr><td>巳</td><td>丑</td><td>丑</td><td>酉</td></tr></table></td><td>뢰포의(賴布衣)가 택일. 삼합국으로 하였다. 3점 신록(辛祿)이 유(酉)과 유좌(酉坐)에 이르렀다.</td></tr>
<tr><td><table><tr><td>時</td><td>日</td><td>月</td><td>年</td></tr><tr><td>己</td><td>甲</td><td>己</td><td>丁</td></tr><tr><td>巳</td><td>申</td><td>酉</td><td>酉</td></tr></table></td><td>신(辛)에 건좌손향(乾坐巽向)을 증문천(曾文辿)이 택일. 삼합 겸 임관국(臨官局)으로 길하다. 비록 음부(陰府) 금국(金局)이나 제화(制化)하면 무방하다.</td></tr>
<tr><td><table><tr><td>時</td><td>日</td><td>月</td><td>年</td></tr><tr><td>癸</td><td>辛</td><td>辛</td><td>辛</td></tr><tr><td>巳</td><td>酉</td><td>丑</td><td>酉</td></tr></table></td><td>신(辛)에 임좌병향(壬坐丙向)을 뢰포의(賴布衣)가 택일. 삼합국으로 하였다. 3개의 신(辛)이 신룡(辛龍)을 돕는다.</td></tr>
</table>

이상의 사례들은 모두 삼합 겸 임관국(臨官局)이나 지지일기격을 사용하였다. 또 삼합과 임관(臨官) 및 비견의 연월(年月)을 사용하였다.

3) 상주명(相主命)

상주명(相主命)은 연월일시로 사람의 생년을 보호하는 것이다. 즉 생년(生年)을 논하고 생일(生日)을 논하지 않는다. 생일을 논하는 것이 옛날의 법이 아니다. 그리고 과거에는 발주자가 사용자가 되는 경우가 많지만 현대에서는 사용자와 발주자가 다른 경우가 많으므로 고민이 많은 것이 사실이다. 그러나 본 연구는 건설현장의 범위이며 과거의 대가족제도의 많은 가족 중에 집을 지을 때 가장(家長)을 상주명하였다. 이에 현장소장을 상주명 대상으로 하는데 타당성이 있다고 사료된다.

상주명은 삼합이나 합(合)을 사용하고, 충(衝)과 상극은 피하는 것이 좋다. 태세(太歲)가 군(君)으로 크고, 월(月)은 사령(司令)으로 다음이다. 흠정협기변방서(1684)와 선택정종(1877)에 수록된 상주명의 사례는 다음과 같다.

상주명(相主命) 사례

택일 사주	설 명
時 日 月 年 庚 庚 庚 庚 辰 寅 辰 寅	양균송(楊筠松)이 유씨의 양택을 수(修)했다. 유씨는 을해생(乙亥生)인데 다음과 같이 사용하였다. 을(乙)이 4경(庚)과 합(合)하여 합관격(合官格)이다. 을록(乙祿)이 묘(卯)인데 인(寅)과 진(辰)이 공인(拱引)하므로 공록격(拱綠格)이며 천간일기격(天干一氣格)이다. 양지(兩支)가 혼잡하지 않아서 상상(上上) 길(吉)의 사례이다. 이것은 생년을 논하고 생일을 논하지 않는 증거이다.
時 日 月 年 ○ ○ ○ 丙 ○ ○ ○ 子	무오(戊午) 생년인데 병자(丙)子에 조장(造葬)하여 시비가 그치지 않았다. 이는 생년을 충(衝)하였기 때문이다. 이것도 생년이 중요하다는 증거이다.
時 日 月 年 丁 丁 丁 丁 未 未 未 未	증문천(曾文辿)이 임오(壬午) 생년(生年)의 수(修)와 양균송(楊筠松)이 임오(壬午) 생년에 다음과 같이 사용하였다. 정임(丁壬)과 오미(午未)가 합(合)하여 천지합격(天地合格)이고, 4점 정록(丁祿)이 오명(午命)에 녹(祿)으로 합재합록격(合財合祿格)이다.
時 日 月 年 庚 庚 庚 丁 辰 申 戌 丑	양균송(楊筠松)이 을사(乙巳) 생년에 간좌곤향(艮坐坤向)인데 다음과 같이 사용하였다. 을경(乙庚)이 합(合)하여 합관격(合官格)이다. 경(庚)의 녹(祿)이 신(申)이고 곤향(坤向)의 역마(驛馬)가 간좌(艮坐)이다.
時 日 月 年 癸 癸 癸 癸 ○ ○ ○ ○	인수격(印綬格)은 정인(正印)을 사용하고 편인(偏印)은 꺼린다. 갑명(甲命)은 4계(癸), 을명(乙命)은 4임(壬)이다. 편인(偏印)도 나를 상생하지만 많으면 해롭고 1~2개는 쓸 수 있다. 식신(食神)이나 상관(傷官)도 설기(洩氣)하여 많으면 꺼린다.
時 日 月 年 己 己 己 己 巳 巳 巳 巳	비견격(比肩格)은 양균송(楊筠松)이 기사(己巳) 생년인데 다음과 같이 사용하였다. 본일(本日)이라 피하는 사람이 있다. 피할 이유가 없고, 기명(己命)이 3~4점 기(己)를 만난 비견(比肩)이 상길(上吉)이다. 그러나 겁재국(劫災局)은 흉하고, 기명(己命)이 무(戊)를 많이 만나는 것은 해롭다.
時 日 月 年 ○ ○ 辛 辛 ○ ○ 丑 丑	장생격(長生格)은 임생(壬生)이 4신(申), 병생(丙生)이 4인(寅)의 사용을 말한다. 관(官)은 상합(相合)이 아니므로 많으면 좋지 않다. 관(官)은 상극으로 1~2개는 가능하다. 충(衝)이 2개이면 반드시 흉인데 을묘(乙卯) 생년에 다음과 같이 사용하였다. 을신(乙辛)이 충(衝)하여 크게 불길(不吉)하다. 경(庚)은 합(合)으로 대길(大吉)이고, 합(合)은 귀격(貴格)이고, 합재격(合財格)은 부격(富格)이다. 불합(不合)이면 무정(無情)이므로 재(財)와 관(官)은 1~2개가 마땅하다.

상주명은 오합, 편재, 정재, 비견, 생아(生我), 4장생(長生), 녹마귀(祿馬貴)를 택하고, 생년에 충(衝), 생년에 상극되지 않게 하면서 부룡산(扶龍山)하면 최고의 사례이다. 전체적으로 보면 생년이 연월일시와 충(衝)은 일체 피하며 태세(太歲)에 생년의 충(衝)이 최흉(最凶)이고, 월(月), 일(日), 시(時)의 순서로 가볍다. 진술축미(辰戌丑未)의 생년이 충(衝)이면 불길(不吉)하

지만 토충토(土衝土)이므로 약간 가볍다. 태세(太歲)를 충(衝)하면 흉이다. 신유(申酉) 생년이 인묘(寅卯)의 충(衝)은 목(木)이 금(金)을 이길 수가 없고, 사오(巳午) 생년이 해자(亥子)의 충(衝)은 화(火)가 수(水)를 이길 수가 없어서 가볍다는 것이다. 그러나 반대가 되면 흉이다.

천간이 생년의 천간을 상극하는 것도 천극(天剋)으로 흉이고, 천간을 상극하고 지지의 충(衝)은 최흉(最凶)이다.

삼합(三合)은 육합(六合)보다 힘이 강하다. 그러나 육합이 좋을 때는 삼합보다 힘이 앞선다. 당연히 삼합이 육합보다 좋으면 삼합이 강하다. 건물 좌향과 사람의 생년이 함께 합(合)이면 참으로 좋다.

(4) 개산, 입향, 수방의 길흉신

건설에는 건물 좌향과 사람의 보호가 중요하고 입수룡(入首龍)은 다음이다. 그러므로 부룡산과 상주명이 되고 택일의 길흉신을 살펴야 한다. 그러므로 개산(開山), 입향(立向), 수방(修方)의 건설관련 길흉신을 표로 정리한다. 개산이 부지조성이며, 입향이 좌향을 놓는 것이며, 수방이 건물 수선을 말하는데 정방우법(定方隅法)에 논란이 많은 것도 사실이다. 본서는 대문은 본청(本廳)을 중(中)으로 하고, 청(廳)은 정침(正寢)을 중(中)으로 한다. 방향은 정침(正針)으로 한다.

개산, 입향, 수방의 길흉신이 전래되는 길흉신의 용어는 수없이 많다. 이것을 집대성한 흠정협기변방서(1684)가 있지만 너무 많아 실용성이 떨어진다. 이에 흠정협기변방서(1684)를 축약한 선택정종(1877)이 실용성이 높다고 판단되었다. 그러므로 건설현장에 관련되는 길흉신을 정리하여 부록에 수록한다. 그리고 표에 길신과 흉신이 나누어져 있으므로 풀이와 주석은 무의미하다고 사료되며 연월의 중요 용어들을 고찰하며 일시는 생략한다.

1) 개산, 입향의 길흉신

개산(開山), 입향(立向)의 택일에서 연월(年月)의 흉신이 있다. 연(年)지지(地支)의 대표적인 흉신은 태세, 세파, 삼살, 복병, 대화이다. 삼살은 겁살(劫煞), 재살(災煞), 세살(歲煞)을 합하여 부른 말이며 태세는 좌(坐)에 가능하며 향(向)에 불가하다. 연(年) 지지(地支)에서 세파와 좌향(坐向)의 충(衝)은 최고의 흉(凶)이다. 삼살(三殺), 복병(伏兵), 대화(大禍)는 개산(開山)에서 큰 흉신이므로 연월(年月)에서 없도록 한다. 또 연극(年克), 음부(陰府), 방음(傍陰), 관부(官符), 적퇴(炙退), 대살(大煞, 打頭火), 금신(金神)의 흉신도 피한다. 좌살, 향살, 육해, 사부, 순산나후, 병부의 흉신도 되도록 피한다. 또 연(年) 천간(天干)에서 월파(月破), 월건(月建), 삼살(三殺)을 피한다. 월건은 좌(坐)에 가능하나 많으면 불리하며 다음과 같다.

태세, 세파, 삼살, 복병, 대화

흉신 \ 연월지지		子	丑	寅	卯	辰	巳	午	未	申	酉	戌	亥
태세(太歲)		子	丑	寅	卯	辰	巳	午	未	申	酉	戌	亥
세파		午	未	申	酉	戌	亥	子	丑	寅	卯	辰	巳
삼살	겁살	巳	寅	亥	申	巳	寅	亥	申	巳	寅	亥	申
	재살	午	卯	子	酉	午	卯	子	酉	午	卯	子	酉
	세살	未	辰	丑	戌	未	辰	丑	戌	未	辰	丑	戌
복병		丙	甲	壬	庚	丙	甲	壬	庚	丙	甲	壬	庚
대화		丁	乙	癸	辛	丁	乙	癸	辛	丁	乙	癸	辛

연(年) 지지(地支)에서 대표적 길신으로 자백(紫白), 비천마(飛天馬), 삼기(乙丙丁) 팔절(八節)[45]이 조림하면 대길(大吉)이다. 또 주서(奏書), 박사(博士), 세마(歲馬), 지덕(枝德)의 길신이 있으면 길(吉)하다. 그리고 연(年) 천간(天干)에서 세덕(歲德), 세덕합(歲德合), 세록(歲祿), 비양귀(飛陽貴), 비음귀(飛陰貴), 비천록(飛天祿), 천도(天道), 천덕(天德), 천덕합(天德合), 월덕(月德), 월덕합(月德合), 월공(月空)의 길신이 있으면 길(吉)하다. 녹마귀(祿馬貴)는 천간의 록(祿), 양귀인, 음귀인, 역마를 총칭한 말이며 연월(年月)이나 좌향에 있으면 대길(大吉)이다. 녹마귀는 다음과 같다.

녹마귀(祿馬貴)

녹마귀 \ 천간	甲	乙	丙	丁	戊	己	庚	辛	壬	癸
녹	寅	卯	巳	午	巳	午	申	酉	亥	子
양귀인	未	申	酉	亥	丑	子	丑	寅	卯	巳
음귀인	丑	子	亥	酉	未	申	未	午	巳	卯

지간	子	丑	寅	卯	辰	巳	午	未	申	酉	戌	亥
역마	寅	亥	申	巳	寅	亥	申	巳	寅	亥	申	巳

표에서 인좌신향(寅坐申向)에는 갑(甲)의 글자를 갑좌경향(甲坐庚向)에는 인(寅)의 글자를 많이 사용하는 것이 퇴록격(堆祿格)이다. 나머지도 유추하여 사용한다.

향(向)은 보호할 필요가 없고 흉신이 없으면 가능하다. 흉신은 태세(太歲), 삼살(三煞), 부천공망(浮天空亡)이다. 태세는 큰 흉신이며 향(向)에 불가하다. 부천공망은 재물이 줄어든다.

45) 팔절(八節)은 입춘, 춘분, 입하, 하지, 입추, 추분, 입동, 동지를 말함.

순산나후(巡山羅喉), 병부(病符)가 향(向)에 있어도 자백(紫白)이 있으면 피하지 않는다.

옛날사람은 향(向)을 보호하는 경우가 있었는데 부룡산 상주명이나 좌향의 재국(財局)이었다. 간좌곤향(艮坐坤向)의 병정(丙丁) 향(向)에 4丙이나 인오술(寅午戌) 삼합 화국(火局)을 사용한 것은 간토(艮土)를 상생하기 때문이다. 또 자좌오향(子坐午向)에서 인오술(寅午戌) 삼합 화국(火局)을 사용한 것은 자좌(子坐)가 상극하여 재물이 되기 때문이다. 여기서 인술(寅戌)만 사용한 것은 자오(子午)가 충(衝)하기 때문이다. 나머지도 이와 같이 유추한다.

2) 수방의 길흉신

수방(修方)에서는 중궁(中宮)을 정하여 나경(下羅)으로 측정하여 수선할 방위를 결정한다. 수방 흉신은 연(年)에서 절대로 수선하지 못하는 세파, 삼살이 최고의 흉신(凶神)이고, 대살, 천관부, 지관부가 다음이다. 월(月)은 월파, 비대월건(飛大月建)과 비소월건(飛小月建)이 최고의 흉신이고, 비천관부(飛天官符), 비지관부(飛地官符)와 병정독화(丙丁獨火)가 다음이다. 또 역사, 세형, 황번, 표미, 비렴, 상문, 조객, 백호, 오귀, 대장군, 비대살, 월유화, 금신, 파패오귀, 월형, 월해, 월염의 흉신이다.

수선에는 크게 3가지 방법이 있다. 첫째로 공리방(空利方)이다. 공리방은 본년(本年)에 심한 흉신이나 길신이 없는 것이다. 길한 월일을 택하여 수선한다. 둘째로 길신방(吉神方)을 수선한다. 태세의 길을 찾고 흉을 피한다. 연월이나 사람 생년의 길방에 합하고 길일을 택하여 수선한다. 셋째로 흉신방(凶神方)을 대수선한다. 세파를 제외하고 나머지는 제살(制殺)하고 수선한다.

수선이 소규모의 경우는 일시(日時)의 길흉만 택한다. 건물 좌향과 사람의 생년이 생합(生合)되면 길(吉)하다. 그리고 건물이 앞뒤로 있으면 중궁(中宮)을 논하고, 대수선이 여러 곳이면 길방에서 시작하여 흉방까지 계속하여야 피해가 없다. 수방(修方)에 불리하면 피택(避宅)하여 별거하다가 공사완료 후에 입주하면 방도(方道)와 중궁(中宮) 흉신만 논한다. 진술축미(辰戌丑未) 월(月)의 무(戊) · 기(己) 일(日)에는 중궁(中宮)을 수선하지 않는다. 이는 월일(月日)이 토(土)로서 토(土)를 보면 불길하다.

3) 택일의 길흉신

택일론에서는 대살(大殺), 중살(中殺), 소살(小殺)이 있으며 대살은 피하고 중살은 제살(制殺)하거나 기다린다. 선택정종(1877)의 개산(開山), 입향(立向), 수방(修方)의 길흉신이다.

2. 택일의 연표(年表)

택일의 길흉신을 조사하여 제살(制殺)하거나 피하여야 한다. 예를 들어 갑자년(甲子年)에 신축이나 증축 및 수선을 하고자 하면, 갑년의 길흉신을 조사하고, 자년의 길흉신을 조사하여 길(吉)을 사용하고 흉(凶)을 피(避)한다. 그리고 택일의 연월일시의 부룡산 상주명이 되게 한다.

신축이나 증축 및 수선에는 입수룡, 좌향, 방향(方向), 연월일시(年月日時) 모두가 중요하다. 월의 길흉신은 한 달을 관장하지만, 연의 길흉신은 1년을 관장하므로 중요하다. 또 길흉신은 대살(大殺)과 중살(中殺) 및 소살(小殺)이 있다. 대살(大殺)은 반드시 피하고, 중살(中殺)은 휴수월(休囚月)을 기다려서 피한다. 소살(小殺)은 길성(吉星)이 조림(照臨)하면 무난하다. 만약 날조(捏造)하면 흉신(凶神)을 하나도 제지하지 못한다.

개산과 입향에서 연(年) 천간의 길신은 세덕, 세덕합, 세록, 비양귀, 비음귀, 비천록, 천도, 천덕, 천덕합, 월덕, 월덕합, 월공이 길하다. 흉신은 월건, 월파, 삼살을 피한다. 월건은 좌(坐)에 가능하나 많으면 불리하다.

연(年) 지지에서 길신으로 자백, 비천마, 삼기가 조림하면 대길이다. 또 주서, 박사, 세마, 지덕의 길신이 있으면 길하다. 흉신은 세파, 삼살, 복병, 대화는 개산에서 대살(大殺)이므로 연월에서 없도록 한다. 또 연극, 음부, 방음, 관부, 구퇴, 대살, 금신의 흉신도 피하며 좌살, 향살, 육해, 사부, 순산나후, 병부의 흉신도 되도록 피한다. 태세는 좌(坐)에 가능하며 향(向)에 불가하다.

향(向)은 보호할 필요가 없고 흉신이 없으면 가능하다. 흉신은 태세, 삼살, 부천공망이다. 태세는 향에 불가하며 부천공망은 재물이 줄어든다. 순산나후, 병부가 향에 있어도 자백 등이 있으면 피하지 않는다.

수방에서는 중궁(中宮)을 정하여 나경(下羅)으로 측정하여 수선할 방위를 결정한다. 수방 흉신은 연(年)에서 절대로 수선하지 못하는 세파, 삼살이 최고의 신살이고, 대살, 천관부, 지관부가 다음이다. 월(月)은 월파, 비대월건, 비소월건이 최고의 흉신이고, 비천관부, 비지관부와 병정독화가 다음이다. 또 역사, 세형, 황번, 표미, 비렴, 상문, 조객, 백호, 오귀, 대장군, 비대살, 월유화, 금신, 파패오귀, 월형, 월해, 월염이 흉신이다.

(1) 갑년(甲年)

1) 개산(開山), 입향(立向), 수방(修方)의 길(吉)

① 연길신	세덕(歲德)	세덕합(歲德合)	양귀인(陽貴人)	음귀인(陰貴人)	세록(歲祿)
	甲	己	未	丑	寅

② 월길신 \ 월	1	2	3	4	5	6	7	8	9	10	11	12
비양귀(飛陽貴)	坎	離	艮	兌	乾	中	坎	離	艮	兌	乾	中
비음귀(飛陰貴)	兌	乾	中	巽	震	坤	坎	離	艮	兌	乾	中
비천록(飛天祿)	中	坎	離	艮	兌	乾	中	巽	震	坤	坎	離
천도(天道)	南	西南	北	西	西北	東	北	東北	南	東	東南	西
천덕(天德)	丁	坤	壬	辛	乾	甲	癸	艮	丙	乙	巽	庚
천덕합(天德合)	壬		丁	丙		己	戊		辛	庚		乙
월덕(月德)	丙	甲	壬	庚	丙	甲	壬	庚	丙	甲	壬	庚
월덕합(月德合)	辛	己	丁	乙	辛	己	丁	乙	辛	己	丁	乙
월공(月空)	壬	庚	丙	甲	壬	庚	丙	甲	壬	庚	丙	甲

2) 개산(開山), 입향(立向), 수방(修方)의 흉(凶)

① 월흉신 \ 월	1	2	3	4	5	6	7	8	9	10	11	12
월파(月破)	申	酉	戌	亥	子	丑	寅	卯	辰	巳	午	未
월건(月建)	寅	卯	辰	巳	午	未	申	酉	戌	亥	子	丑
겁살(劫煞)	亥	申	巳	寅	亥	申	巳	寅	亥	申	巳	寅
재살(災煞)	子	酉	午	卯	子	酉	午	卯	子	酉	午	卯
월살(月煞)	丑	戌	未	辰	丑	戌	未	辰	丑	戌	未	辰

3) 수방(修方)의 흉(凶)

① 연흉신	금신(金神)	午未申酉
	파패오귀(破敗五鬼)	巽

② 월흉신 \ 월	1	2	3	4	5	6	7	8	9	10	11	12
병정독화(丙丁獨火)	中乾	中	巽中	震巽	坤震	坎坤	離坎	艮離	兌艮	乾兌	中乾	中
월형(月刑)	巳	子	辰	申	午	丑	寅	酉	未	亥	卯	戌
월해(月害)	巳	辰	卯	寅	丑	子	亥	戌	酉	申	未	午
월염(月厭)	戌	酉	申	未	午	巳	辰	卯	寅	丑	子	亥

(2) 을년(乙年)

1) 개산(開山), 입향(立向), 수방(修方)의 길(吉)

① 연길신	세덕(歲德)	세덕합(歲德合)	양귀인(陽貴人)	음귀인(陰貴人)	세록(歲祿)
	庚	乙	申	子	卯

② 월길신 \ 월	1	2	3	4	5	6	7	8	9	10	11	12
비양귀(飛陽貴)	坤	坎	離	艮	兌	乾	中	坎	離	艮	兌	乾
비음귀(飛陰貴)	乾	中	巽	震	坤	坎	離	艮	兌	乾	中	坎
비천록(飛天祿)	乾	中	坎	離	艮	兌	乾	中	巽	震	坤	坎
천도(天道)	南	西南	北	西	西北	東	北	東北	南	東	東南	西
천덕(天德)	丁	坤	壬	辛	乾	甲	癸	艮	丙	乙	巽	庚
천덕합(天德合)	壬		丁	丙		己	戊		辛	庚		乙
월덕(月德)	丙	甲	壬	庚	丙	甲	壬	庚	丙	甲	壬	庚
월덕합(月德合)	辛	己	丁	乙	辛	己	丁	乙	辛	己	丁	乙
월공(月空)	壬	庚	丙	甲	壬	庚	丙	甲	壬	庚	丙	甲

2) 개산(開山), 입향(立向), 수방(修方)의 흉(凶)

① 월흉신 \ 월	1	2	3	4	5	6	7	8	9	10	11	12
월파(月破)	申	酉	戌	亥	子	丑	寅	卯	辰	巳	午	未
월건(月建)	寅	卯	辰	巳	午	未	申	酉	戌	亥	子	丑
겁살(劫煞)	亥	申	巳	寅	亥	申	巳	寅	亥	申	巳	寅
재살(災煞)	子	酉	午	卯	子	酉	午	卯	子	酉	午	卯
월살(月煞)	丑	戌	未	辰	丑	戌	未	辰	丑	戌	未	辰

3) 수방(修方)의 흉(凶)

① 연흉신	금신(金神)	辰巳
	파패오귀(破敗五鬼)	艮

② 월흉신 \ 월	1	2	3	4	5	6	7	8	9	10	11	12
병정독화(丙丁獨火)	巽中	震巽	坤震	坎坤	離坎	艮離	兌艮	乾兌	中乾	中	巽中	震巽
월형(月刑)	巳	子	辰	申	午	丑	寅	酉	未	亥	卯	戌
월해(月害)	巳	辰	卯	寅	丑	子	亥	戌	酉	申	未	午
월염(月厭)	戌	酉	申	未	午	巳	辰	卯	寅	丑	子	亥

(3) 병년(丙年)

1) 개산(開山), 입향(立向), 수방(修方)의 길(吉)

① 연길신	세덕(歲德)	세덕합(歲德合)	양귀인(陽貴人)	음귀인(陰貴人)	세록(歲祿)
	丙	辛	酉	亥	巳

② 월길신 \ 월	1	2	3	4	5	6	7	8	9	10	11	12
비양귀(飛陽貴)	震	坤	坎	離	艮	兌	乾	中	坎	離	艮	兌
비음귀(飛陰貴)	中	巽	震	坤	坎	離	艮	兌	乾	中	坎	離
비천록(飛天祿)	艮	兌	乾	中	坎	離	艮	兌	乾	中	巽	震
천도(天道)	南	西南	北	西	西北	東	北	東北	南	東	東南	西
천덕(天德)	丁	坤	壬	辛	乾	甲	癸	艮	丙	乙	巽	庚
천덕합(天德合)	壬		丁	丙		己	戊		辛	庚		乙
월덕(月德)	丙	甲	壬	庚	丙	甲	壬	庚	丙	甲	壬	庚
월덕합(月德合)	辛	己	丁	乙	辛	己	丁	乙	辛	己	丁	乙
월공(月空)	壬	庚	丙	甲	壬	庚	丙	甲	壬	庚	丙	甲

2) 개산(開山), 입향(立向), 수방(修方)의 흉(凶)

① 월흉신 \ 월	1	2	3	4	5	6	7	8	9	10	11	12
월파(月破)	申	酉	戌	亥	子	丑	寅	卯	辰	巳	午	未
월건(月建)	寅	卯	辰	巳	午	未	申	酉	戌	亥	子	丑
겁살(劫煞)	亥	申	巳	寅	亥	申	巳	寅	亥	申	巳	寅
재살(災煞)	子	酉	午	卯	子	酉	午	卯	子	酉	午	卯
월살(月煞)	丑	戌	未	辰	丑	戌	未	辰	丑	戌	未	辰

3) 수방(修方)의 흉(凶)

① 연흉신		
	금신(金神)	子丑寅卯午未
	파패오귀(破敗五鬼)	坤

② 월흉신 \ 월	1	2	3	4	5	6	7	8	9	10	11	12
병정독화(丙丁獨火)	坤震	坎坤	離坎	艮離	兌艮	乾兌	中乾	中	巽中	震巽	坤震	坎坤
월형(月刑)	巳	子	辰	申	午	丑	寅	酉	未	亥	卯	戌
월해(月害)	巳	辰	卯	寅	丑	子	亥	戌	酉	申	未	午
월염(月厭)	戌	酉	申	未	午	巳	辰	卯	寅	丑	子	亥

(4) 정년(丁年)

1) 개산(開山), 입향(立向), 수방(修方)의 길(吉)

① 연길신	세덕(歲德)	세덕합(歲德合)			양귀인(陽貴人)			음귀인(陰貴人)			세록(歲祿)	
	壬	丁			亥			酉			午	
② 월길신 \ 월	1	2	3	4	5	6	7	8	9	10	11	12
비양귀(飛陽貴)	中	巽	震	坤	坎	離	艮	兌	乾	中	坎	離
비음귀(飛陰貴)	震	坤	坎	離	艮	兌	乾	中	坎	離	艮	兌
비천록(飛天祿)	離	艮	兌	乾	中	坎	離	艮	兌	乾	中	巽
천도(天道)	南	西南	北	西	西北	東	北	東北	南	東	東南	西
천덕(天德)	丁	坤	壬	辛	乾	甲	癸	艮	丙	乙	巽	庚
천덕합(天德合)	壬		丁	丙		己	戊		辛	庚		乙
월덕(月德)	丙	甲	壬	庚	丙	甲	壬	庚	丙	甲	壬	庚
월덕합(月德合)	辛	己	丁	乙	辛	己	丁	乙	辛	己	丁	乙
월공(月空)	壬	庚	丙	甲	壬	庚	丙	甲	壬	庚	丙	甲

2) 개산(開山), 입향(立向), 수방(修方)의 흉(凶)

① 월흉신 \ 월	1	2	3	4	5	6	7	8	9	10	11	12
월파(月破)	申	酉	戌	亥	子	丑	寅	卯	辰	巳	午	未
월건(月建)	寅	卯	辰	巳	午	未	申	酉	戌	亥	子	丑
겁살(劫煞)	亥	申	巳	寅	亥	申	巳	寅	亥	申	巳	寅
재살(災煞)	子	酉	午	卯	子	酉	午	卯	子	酉	午	卯
월살(月煞)	丑	戌	未	辰	丑	戌	未	辰	丑	戌	未	辰

3) 수방(修方)의 흉(凶)

① 연흉신	금신(金神)					戊亥						
	파패오귀(破敗五鬼)					震						
② 월흉신 \ 월	1	2	3	4	5	6	7	8	9	10	11	12
병정독화(丙丁獨火)	離坎	艮離	兌艮	乾兌	中乾	中	巽中	震巽	坤震	坎坤	離坎	艮離
월형(月刑)	巳	子	辰	申	午	丑	寅	酉	未	亥	卯	戌
월해(月害)	巳	辰	卯	寅	丑	子	亥	戌	酉	申	未	午
월염(月厭)	戌	酉	申	未	午	巳	辰	卯	寅	丑	子	亥

(5) 무년(戊年)

1) 개산(開山), 입향(立向), 수방(修方)의 길(吉)

① 연길신	세덕(歲德)	세덕합(歲德合)	양귀인(陽貴人)	음귀인(陰貴人)	세록(歲祿)
	戊	癸	丑	未	巳

② 월길신 \ 월	1	2	3	4	5	6	7	8	9	10	11	12
비양귀(飛陽貴)	兌	乾	中	巽	震	坤	坎	離	艮	兌	乾	中
비음귀(飛陰貴)	坎	離	艮	兌	乾	中	坎	離	艮	兌	乾	中
비천록(飛天祿)	艮	兌	乾	中	坎	離	艮	兌	乾	中	巽	震
천도(天道)	南	西南	北	西	西北	東	北	東北	南	東	東南	西
천덕(天德)	丁	坤	壬	辛	乾	甲	癸	艮	丙	乙	巽	庚
천덕합(天德合)	壬		丁	丙		己	戊		辛	庚		乙
월덕(月德)	丙	甲	壬	庚	丙	甲	壬	庚	丙	甲	壬	庚
월덕합(月德合)	辛	己	丁	乙	辛	己	丁	乙	辛	己	丁	乙
월공(月空)	壬	庚	丙	甲	壬	庚	丙	甲	壬	庚	丙	甲

2) 개산(開山), 입향(立向), 수방(修方)의 흉(凶)

① 월흉신 \ 월	1	2	3	4	5	6	7	8	9	10	11	12
월파(月破)	申	酉	戌	亥	子	丑	寅	卯	辰	巳	午	未
월건(月建)	寅	卯	辰	巳	午	未	申	酉	戌	亥	子	丑
겁살(劫煞)	亥	申	巳	寅	亥	申	巳	寅	亥	申	巳	寅
재살(災煞)	子	酉	午	卯	子	酉	午	卯	子	酉	午	卯
월살(月煞)	丑	戌	未	辰	丑	戌	未	辰	丑	戌	未	辰

3) 수방(修方)의 흉(凶)

① 연흉신		
	금신(金神)	申酉子丑
	파패오귀(破敗五鬼)	離

② 월흉신 \ 월	1	2	3	4	5	6	7	8	9	10	11	12
병정독화(丙丁獨火)	兌艮	乾兌	中乾	中	巽中	震巽	坤震	坎坤	離坎	艮離	兌艮	乾兌
월형(月刑)	巳	子	辰	申	午	丑	寅	酉	未	亥	卯	戌
월해(月害)	巳	辰	卯	寅	丑	子	亥	戌	酉	申	未	午
월염(月厭)	戌	酉	申	未	午	巳	辰	卯	寅	丑	子	亥

(6) 기년(己年)

1) 개산(開山), 입향(立向), 수방(修方)의 길(吉)

① 연길신	세덕(歲德)	세덕합(歲德合)	양귀인(陽貴人)	음귀인(陰貴人)	세록(歲祿)
	甲	己	子	申	午

② 월길신 \ 월	1	2	3	4	5	6	7	8	9	10	11	12
비양귀(飛陽貴)	乾	中	巽	震	坤	坎	離	艮	兌	乾	中	坎
비음귀(飛陰貴)	坤	坎	離	艮	兌	乾	中	坎	離	艮	兌	乾
비천록(飛天祿)	離	艮	兌	乾	中	坎	離	艮	兌	乾	中	巽
천도(天道)	南	西南	北	西	西北	東	北	東北	南	東	東南	西
천덕(天德)	丁	坤	壬	辛	乾	甲	癸	艮	丙	乙	巽	庚
천덕합(天德合)	壬		丁	丙		己	戊		辛	庚		乙
월덕(月德)	丙	甲	壬	庚	丙	甲	壬	庚	丙	甲	壬	庚
월덕합(月德合)	辛	己	丁	乙	辛	己	丁	乙	辛	己	丁	乙
월공(月空)	壬	庚	丙	甲	壬	庚	丙	甲	壬	庚	丙	甲

2) 개산(開山), 입향(立向), 수방(修方)의 흉(凶)

① 월흉신 \ 월	1	2	3	4	5	6	7	8	9	10	11	12
월파(月破)	申	酉	戌	亥	子	丑	寅	卯	辰	巳	午	未
월건(月建)	寅	卯	辰	巳	午	未	申	酉	戌	亥	子	丑
겁살(劫煞)	亥	申	巳	寅	亥	申	巳	寅	亥	申	巳	寅
재살(災煞)	子	酉	午	卯	子	酉	午	卯	子	酉	午	卯
월살(月煞)	丑	戌	未	辰	丑	戌	未	辰	丑	戌	未	辰

3) 수방(修方)의 흉(凶)

① 연흉신		
	금신(金神)	午未申酉
	파패오귀(破敗五鬼)	坎

② 월흉신 \ 월	1	2	3	4	5	6	7	8	9	10	11	12
병정독화(丙丁獨火)	中乾	中	巽中	震巽	坤震	坎坤	離坎	艮離	兌艮	乾兌	中乾	中
월형(月刑)	巳	子	辰	申	午	丑	寅	酉	未	亥	卯	戌
월해(月害)	巳	辰	卯	寅	丑	子	亥	戌	酉	申	未	午
월염(月厭)	戌	酉	申	未	午	巳	辰	卯	寅	丑	子	亥

(7) 경년(庚年)

1) 개산(開山), 입향(立向), 수방(修方)의 길(吉)

① 연길신	세덕(歲德)	세덕합(歲德合)	양귀인(陽貴人)	음귀인(陰貴人)	세록(歲祿)
	庚	乙	丑	未	申

② 월길신 \ 월	1	2	3	4	5	6	7	8	9	10	11	12
비양귀(飛陽貴)	兌	乾	中	巽	震	坤	坎	離	艮	兌	乾	中
비음귀(飛陰貴)	坎	離	艮	兌	乾	中	坎	離	艮	兌	乾	中
비천록(飛天祿)	坤	坎	離	艮	兌	乾	中	坎	離	艮	兌	乾
천도(天道)	南	西南	北	西	西北	東	北	東北	南	東	東南	西
천덕(天德)	丁	坤	壬	辛	乾	甲	癸	艮	丙	乙	巽	庚
천덕합(天德合)	壬		丁	丙		己	戊		辛	庚		乙
월덕(月德)	丙	甲	壬	庚	丙	甲	壬	庚	丙	甲	壬	庚
월덕합(月德合)	辛	己	丁	乙	辛	己	丁	乙	辛	己	丁	乙
월공(月空)	壬	庚	丙	甲	壬	庚	丙	甲	壬	庚	丙	甲

2) 개산(開山), 입향(立向), 수방(修方)의 흉(凶)

① 월흉신 \ 월	1	2	3	4	5	6	7	8	9	10	11	12
월파(月破)	申	酉	戌	亥	子	丑	寅	卯	辰	巳	午	未
월건(月建)	寅	卯	辰	巳	午	未	申	酉	戌	亥	子	丑
겁살(劫煞)	亥	申	巳	寅	亥	申	巳	寅	亥	申	巳	寅
재살(災煞)	子	酉	午	卯	子	酉	午	卯	子	酉	午	卯
월살(月煞)	丑	戌	未	辰	丑	戌	未	辰	丑	戌	未	辰

3) 수방(修方)의 흉(凶)

① 연흉신		
	금신(金神)	辰巳
	파패오귀(破敗五鬼)	兌

② 월흉신 \ 월	1	2	3	4	5	6	7	8	9	10	11	12
병정독화(丙丁獨火)	巽中	震巽	坤震	坎坤	離坎	艮離	兌艮	乾兌	中乾	中	巽中	震巽
월형(月刑)	巳	子	辰	申	午	丑	寅	酉	未	亥	卯	戌
월해(月害)	巳	辰	卯	寅	丑	子	亥	戌	酉	申	未	午
월염(月厭)	戌	酉	申	未	午	巳	辰	卯	寅	丑	子	亥

(8) 신년(辛年)

1) 개산(開山), 입향(立向), 수방(修方)의 길(吉)

① 연길신	세덕(歲德)	세덕합(歲德合)	양귀인(陽貴人)	음귀인(陰貴人)	세록(歲祿)
	丙	辛	寅	午	酉

② 월길신 \ 월	1	2	3	4	5	6	7	8	9	10	11	12
비양귀(飛陽貴)	中	坎	離	艮	兌	乾	中	巽	震	坤	坎	離
비음귀(飛陰貴)	離	艮	兌	乾	中	坎	離	艮	兌	乾	中	巽
비천록(飛天祿)	震	坤	坎	離	艮	兌	乾	中	坎	離	艮	兌
천도(天道)	南	西南	北	西	西北	東	北	東北	南	東	東南	西
천덕(天德)	丁	坤	壬	辛	乾	甲	癸	艮	丙	乙	巽	庚
천덕합(天德合)	壬		丁	丙		己	戊		辛	庚		乙
월덕(月德)	丙	甲	壬	庚	丙	甲	壬	庚	丙	甲	壬	庚
월덕합(月德合)	辛	己	丁	乙	辛	己	丁	乙	辛	己	丁	乙
월공(月空)	壬	庚	丙	甲	壬	庚	丙	甲	壬	庚	丙	甲

2) 개산(開山), 입향(立向), 수방(修方)의 흉(凶)

① 월흉신 \ 월	1	2	3	4	5	6	7	8	9	10	11	12
월파(月破)	申	酉	戌	亥	子	丑	寅	卯	辰	巳	午	未
월건(月建)	寅	卯	辰	巳	午	未	申	酉	戌	亥	子	丑
겁살(劫煞)	亥	申	巳	寅	亥	申	巳	寅	亥	申	巳	寅
재살(災煞)	子	酉	午	卯	子	酉	午	卯	子	酉	午	卯
월살(月煞)	丑	戌	未	辰	丑	戌	未	辰	丑	戌	未	辰

3) 수방(修方)의 흉(凶)

① 연흉신		
	금신(金神)	寅卯午未子丑
	파패오귀(破敗五鬼)	乾

② 월흉신 \ 월	1	2	3	4	5	6	7	8	9	10	11	12
병정독화(丙丁獨火)	坤震	坎坤	離坎	艮離	兌艮	乾兌	中乾	中	巽中	震巽	坤震	坎坤
월형(月刑)	巳	子	辰	申	午	丑	寅	酉	未	亥	卯	戌
월해(月害)	巳	辰	卯	寅	丑	子	亥	戌	酉	申	未	午
월염(月厭)	戌	酉	申	未	午	巳	辰	卯	寅	丑	子	亥

(9) 임년(壬年)

1) 개산(開山), 입향(立向), 수방(修方)의 길(吉)

① 연길신	세덕(歲德)	세덕합(歲德合)	양귀인(陽貴人)	음귀인(陰貴人)	세록(歲祿)
	壬	丁	卯	巳	亥

② 월길신 \ 월	1	2	3	4	5	6	7	8	9	10	11	12
비양귀(飛陽貴)	乾	中	坎	離	艮	兌	乾	中	巽	震	坤	坎
비음귀(飛陰貴)	艮	兌	乾	中	坎	離	艮	兌	乾	中	巽	震
비천록(飛天祿)	中	巽	震	坤	坎	離	艮	兌	乾	中	坎	離
천도(天道)	南	西南	北	西	西北	東	北	東北	南	東	東南	西
천덕(天德)	丁	坤	壬	辛	乾	甲	癸	艮	丙	乙	巽	庚
천덕합(天德合)	壬		丁	丙		己	戊		辛	庚		乙
월덕(月德)	丙	甲	壬	庚	丙	甲	壬	庚	丙	甲	壬	庚
월덕합(月德合)	辛	己	丁	乙	辛	己	丁	乙	辛	己	丁	乙
월공(月空)	壬	庚	丙	甲	壬	庚	丙	甲	壬	庚	丙	甲

2) 개산(開山), 입향(立向), 수방(修方)의 흉(凶)

① 월흉신 \ 월	1	2	3	4	5	6	7	8	9	10	11	12
월파(月破)	申	酉	戌	亥	子	丑	寅	卯	辰	巳	午	未
월건(月建)	寅	卯	辰	巳	午	未	申	酉	戌	亥	子	丑
겁살(劫煞)	亥	申	巳	寅	亥	申	巳	寅	亥	申	巳	寅
재살(災煞)	子	酉	午	卯	子	酉	午	卯	子	酉	午	卯
월살(月煞)	丑	戌	未	辰	丑	戌	未	辰	丑	戌	未	辰

3) 수방(修方)의 흉(凶)

① 연흉신		
	금신(金神)	寅卯戌亥
	파패오귀(破敗五鬼)	巽

② 월흉신 \ 월	1	2	3	4	5	6	7	8	9	10	11	12
병정독화(丙丁獨火)	離坎	艮離	兌艮	乾兌	中乾	中	巽中	震巽	坤震	坎坤	離坎	艮離
월형(月刑)	巳	子	辰	申	午	丑	寅	酉	未	亥	卯	戌
월해(月害)	巳	辰	卯	寅	丑	子	亥	戌	酉	申	未	午
월염(月厭)	戌	酉	申	未	午	巳	辰	卯	寅	丑	子	亥

(10) 계년(癸年)

1) 개산(開山), 입향(立向), 수방(修方)의 길(吉)

① 연길신	세덕(歲德)	세덕합(歲德合)			양귀인(陽貴人)			음귀인(陰貴人)			세록(歲祿)	
	戊	癸			巳			卯			子	
② 월길신 \ 월	1	2	3	4	5	6	7	8	9	10	11	12
비양귀(飛陽貴)	艮	兌	乾	中	坎	離	艮	兌	乾	中	巽	震
비음귀(飛陰貴)	乾	中	坎	離	艮	兌	乾	中	巽	震	坤	坎
비천록(飛天祿)	乾	中	巽	震	坤	坎	離	艮	兌	乾	中	坎
천도(天道)	南	西南	北	西	西北	東	北	東北	南	東	東南	西
천덕(天德)	丁	坤	壬	辛	乾	甲	癸	艮	丙	乙	巽	庚
천덕합(天德合)	壬		丁	丙		己	戊		辛	庚		乙
월덕(月德)	丙	甲	壬	庚	丙	甲	壬	庚	丙	甲	壬	庚
월덕합(月德合)	辛	己	丁	乙	辛	己	丁	乙	辛	己	丁	乙
월공(月空)	壬	庚	丙	甲	壬	庚	丙	甲	壬	庚	丙	甲

2) 개산(開山), 입향(立向), 수방(修方)의 흉(凶)

① 월흉신 \ 월	1	2	3	4	5	6	7	8	9	10	11	12
월파(月破)	申	酉	戌	亥	子	丑	寅	卯	辰	巳	午	未
월건(月建)	寅	卯	辰	巳	午	未	申	酉	戌	亥	子	丑
겁살(劫煞)	亥	申	巳	寅	亥	申	巳	寅	亥	申	巳	寅
재살(災煞)	子	酉	午	卯	子	酉	午	卯	子	酉	午	卯
월살(月煞)	丑	戌	未	辰	丑	戌	未	辰	丑	戌	未	辰

3) 수방(修方)의 흉(凶)

① 연흉신	금신(金神)					申酉子丑						
	파패오귀(破敗五鬼)					艮						
② 월흉신 \ 월	1	2	3	4	5	6	7	8	9	10	11	12
병정독화(丙丁獨火)	兌艮	乾兌	中乾	中	巽中	震巽	坤震	坎坤	離坎	艮離	兌艮	乾兌
월형(月刑)	巳	子	辰	申	午	丑	寅	酉	未	亥	卯	戌
월해(月害)	巳	辰	卯	寅	丑	子	亥	戌	酉	申	未	午
월염(月厭)	戌	酉	申	未	午	巳	辰	卯	寅	丑	子	亥

(11) 자년(子年)

1) 개산(開山), 입향(立向), 수방(修方)의 길(吉)

① 年紫白 / 子年	上元				中元				下元			
	1白	6白	8白	9紫	1白	6白	8白	9紫	1白	6白	8白	9紫
甲子年 庚子年	中	坎	震	巽	坤	兌	離	坎	艮	巽	乾	兌
丙子年 壬子年	艮	巽	乾	兌	中	坎	震	巽	坤	兌	離	坎
戊子年	坤	兌	離	坎	艮	巽	乾	兌	中	坎	震	巽

② 月 / 月紫白	1	2	3	4	5	6	7	8	9	10	11	12
1白	兌	艮	離	坎	坤	震	巽	中	乾	兌	艮	離
6白	震	巽	中	乾	兌	艮	離	坎	坤	震	巽	中
8白	中	乾	兌	艮	離	坎	坤	震	巽	中	乾	兌
9紫	乾	兌	艮	離	坎	坤	震	巽	中	乾	兌	艮
③ 飛天馬	中	坎	離	艮	兌	乾	中	巽	震	坤	坎	離

④ 三奇 / 八節		立春	春分	立夏	夏至	立秋	秋分	立冬	冬至
甲子年	乙	艮	震	巽	離	坤	兌	乾	坎
	丙	艮	震	巽	離	坤	兌	乾	坎
	丁	離	巽	中	艮	坎	乾	中	坤
丙子年	乙	兌	坤	震	坎	震	艮	兌	離
	丙	艮	震	巽	離	坤	兌	乾	坎
	丁	離	巽	中	艮	坎	乾	中	坤
戊子年	乙	乾	坎	坤	坤	巽	離	艮	艮
	丙	兌	坤	震	坎	震	艮	兌	離
	丁	艮	震	巽	離	坤	兌	乾	坎
庚子年	乙	乾	坎	坤	坤	巽	離	艮	艮
	丙	兌	坤	震	坎	震	艮	兌	離
	丁	艮	震	巽	離	坤	兌	乾	坎
壬子年	乙	中	離	坎	震	中	坎	離	兌
	丙	乾	坎	坤	坤	巽	離	艮	艮
	丁	兌	坤	震	坎	震	艮	兌	離

⑤ 주서(奏書)	乾	⑥ 박사(博士)	巽	⑦ 세마(歲馬)	寅	⑧ 지덕(枝德)	巳

2) 개산(開山), 입향(立向), 수방(修方)의 흉(凶)

① 태세(太歲)	子	② 세파(歲破)	午	③ 겁살(劫煞)	巳
④ 재살(災煞)	午	⑤ 세살(歲煞)	未	⑥ 복병(伏兵)	丙
⑦ 대화(大禍)	丁	⑧ 좌살(坐煞)	丙丁	⑨ 향살(向煞)	壬癸

3) 개산(開山)의 흉(凶)

① 육해(六害)	未	② 사부(死符)	巳	③ 구퇴(灸退)	卯
④ 연극산가(年克山家)	甲子年	甲 寅 辰 巽 戌 坎 辛 申 → 八水山 丑 癸 坤 庚 未 → 五土山			
	戊子年	冬至後剋　乾 亥 兌 丁 → 四金山			
	壬子年 丙子年 庚子年	乾 亥 兌 丁 → 四金山			

4) 입향(立向)의 흉(凶)

① 순산나후(巡山羅喉)	癸	② 병부(病符)	亥

5) 수방(修方)의 흉(凶)

① 천관부(天官符)	亥	② 지관부(地官符)	辰	③ 대살(大煞)	子
④ 역사(力士)	艮	⑤ 세형(歲刑)	卯	⑥ 황번(黃幡)	辰
⑦ 표미(豹尾)	戌	⑧ 비렴(飛廉)	申	⑨ 상문(喪門)	寅
⑩ 조객(弔客＝太陰)	戌	⑪ 백호(白虎)	申	⑫ 오귀(五鬼)	辰
⑬ 대장군(大將軍)	酉				

⑭ 월흉신 \ 월	1	2	3	4	5	6	7	8	9	10	11	12
비천관부(飛天官符)	中	巽	震	坤	坎	離	艮	兌	乾	中	兌	乾
비지관부(飛地官符)	兌	乾	中	兌	乾	中	巽	震	坤	坎	離	艮
비대살(飛大煞)	乾	中	巽	震	坤	坎	離	艮	兌	乾	中	兌
비소월건(飛小月建)	中	乾	兌	艮	離	坎	坤	震	巽	中	乾	兌
비대월건(飛大月建)	艮	兌	乾	中	巽	震	坤	坎	離	艮	兌	乾
월유화(月游火)	艮	離	坎	坤	震	巽	中	乾	兌	艮	離	坎

(12) 축년(丑年)

1) 개산(開山), 입향(立向), 수방(修方)의 길(吉)

① 年紫白 / 丑年	上元				中元				下元			
	1白	6白	8白	9紫	1白	6白	8白	9紫	1白	6白	8白	9紫
乙丑年 辛丑年	乾	坤	巽	中	震	艮	坎	坤	離	中	兌	艮
丁丑年 癸丑年	離	中	兌	艮	乾	坤	巽	中	震	艮	坎	坤
己丑年	震	艮	坎	坤	離	中	兌	艮	乾	坤	巽	中

② 月 / 月紫白	1	2	3	4	5	6	7	8	9	10	11	12
1白	坎	坤	震	巽	中	乾	兌	艮	離	坎	坤	震
6白	乾	兌	艮	離	坎	坤	震	巽	中	乾	兌	艮
8白	艮	離	坎	坤	震	巽	中	乾	兌	艮	離	坎
9紫	離	坎	坤	震	巽	中	乾	兌	艮	離	坎	坤
③ 飛天馬	中	巽	震	坤	坎	離	艮	兌	乾	中	坎	離

④ 三奇	八節	立春	春分	立夏	夏至	立秋	秋分	立冬	冬至
乙丑年	乙	兌	坤	震	坎	震	艮	兌	離
	丙	艮	震	巽	離	坤	兌	乾	坎
	丁	離	巽	中	艮	坎	乾	中	坤
丁丑年	乙	乾	坎	坤	坤	巽	離	艮	艮
	丙	兌	坤	震	坎	震	艮	兌	離
	丁	艮	震	巽	離	坤	兌	乾	坎
己丑年	乙	乾	坎	坤	坤	巽	離	艮	艮
	丙	乾	坎	坤	坤	巽	離	艮	艮
	丁	兌	坤	震	坎	震	艮	兌	離
辛丑年	乙	中	離	坎	震	中	坎	離	兌
	丙	乾	坎	坤	坤	巽	離	艮	艮
	丁	兌	坤	震	坎	震	艮	兌	離
癸丑年	乙	巽	艮	離	巽	乾	坤	坎	乾
	丙	中	離	坎	震	中	坎	離	兌
	丁	乾	坎	坤	坤	巽	離	艮	艮

⑤ 주서(奏書)	乾	⑥ 박사(博士)	巽	⑦ 세마(歲馬)	亥	⑧ 지덕(枝德)	午

2) 개산(開山), 입향(立向), 수방(修方)의 흉(凶)

① 태세(太歲)	丑	② 세파(歲破)	未	③ 겁살(劫煞)	寅
④ 재살(災煞)	卯	⑤ 세살(歲煞)	辰	⑥ 복병(伏兵)	甲
⑦ 대화(大禍)	乙	⑧ 좌살(坐煞)	甲乙	⑨ 향살(向煞)	庚辛

3) 개산(開山)의 흉(凶)

① 육해(六害)	午	② 사부(死符)	午	③ 구퇴(灸退)	子
④ 연극산가(年克山家)	乙丑年	震 艮 巳 → 三木山			
	己丑年	乾 亥 兌 丁 → 四金山			
	丁丑年 辛丑年 癸丑年	甲 寅 辰 巽 戌 坎 辛 申 → 八水山 丑 癸 坤 庚 未 → 五土山			

4) 입향(立向)의 흉(凶)

① 순산나후(巡山羅喉)	艮	② 병부(病符)	子

5) 수방(修方)의 흉(凶)

① 천관부(天官符)	申	② 지관부(地官符)	巳	③ 대살(大煞)	酉
④ 역사(力士)	艮	⑤ 세형(歲刑)	戌	⑥ 황번(黃幡)	丑
⑦ 표미(豹尾)	未	⑧ 비렴(飛廉)	酉	⑨ 상문(喪門)	卯
⑩ 조객(弔客=太陰)	亥	⑪ 백호(白虎)	酉	⑫ 오귀(五鬼)	卯
⑬ 대장군(大將軍)	酉				

⑭ 월흉신 \ 월	1	2	3	4	5	6	7	8	9	10	11	12
비천관부(飛天官符)	坤	坎	離	艮	兌	乾	中	兌	乾	中	巽	震
비지관부(飛地官符)	艮	兌	乾	中	兌	乾	中	巽	震	坤	坎	離
비대살(飛大煞)	震	坤	坎	離	艮	兌	乾	中	兌	乾	中	巽
비소월건(飛小月建)	離	坎	坤	震	巽	中	乾	兌	艮	離	坎	坤
비대월건(飛大月建)	中	巽	震	坤	坎	離	艮	兌	乾	中	巽	震
월유화(月游火)	艮	離	坎	坤	震	巽	中	乾	兌	艮	離	坎

(13) 인년(寅年)

1) 개산(開山), 입향(立向), 수방(修方)의 길(吉)

① 年紫白 / 寅年	上元				中元				下元			
	1白	6白	8白	9紫	1白	6白	8白	9紫	1白	6白	8白	9紫
丙寅年 壬寅年	兌	震	中	乾	巽	離	坤	震	坎	乾	艮	離
戊寅年 甲寅年	坎	乾	艮	離	兌	震	中	乾	巽	離	坤	震
庚寅年	巽	離	坤	震	坎	乾	艮	離	兌	震	中	乾

② 月 / 月紫白	1	2	3	4	5	6	7	8	9	10	11	12
1白	巽	中	乾	兌	艮	離	坎	坤	震	巽	中	乾
6白	離	坎	坤	震	巽	中	乾	兌	艮	離	坎	坤
8白	坤	震	巽	中	乾	兌	艮	離	坎	坤	震	巽
9紫	震	巽	中	乾	兌	艮	離	坎	坤	震	巽	中
③ 飛天馬	坤	坎	離	艮	兌	乾	中	坎	離	艮	兌	乾

④ 三奇 / 八節		立春	春分	立夏	夏至	立秋	秋分	立冬	冬至
甲寅年	乙	巽	艮	離	巽	乾	坤	坎	乾
	丙	巽	艮	離	巽	乾	坤	坎	乾
	丁	中	離	坎	震	中	坎	離	兌
丙寅年	乙	乾	坎	坤	坤	巽	離	艮	艮
	丙	兌	坤	震	坎	震	艮	兌	離
	丁	艮	震	巽	離	坤	兌	乾	坎
戊寅年	乙	中	離	坎	震	中	坎	離	兌
	丙	乾	坎	坤	坤	巽	離	艮	艮
	丁	兌	坤	震	坎	震	艮	兌	離
庚寅年	乙	中	離	坎	震	中	坎	離	兌
	丙	乾	坎	坤	坤	巽	離	艮	艮
	丁	兌	坤	震	坎	震	艮	兌	離
壬寅年	乙	巽	艮	離	巽	乾	坤	坎	乾
	丙	中	離	坎	震	中	坎	離	兌
	丁	乾	坎	坤	坤	巽	離	艮	艮
⑤ 주서(奏書)	艮	⑥ 박사(博士)	坤	⑦ 세마(歲馬)	申	⑧ 지덕(枝德)	未		

2) 개산(開山), 입향(立向), 수방(修方)의 흉(凶)

① 태세(太歲)	寅	② 세파(歲破)	申	③ 겁살(劫煞)	亥
④ 재살(災煞)	子	⑤ 세살(歲煞)	丑	⑥ 복병(伏兵)	壬
⑦ 대화(大禍)	癸	⑧ 좌살(坐煞)	壬癸	⑨ 향살(向煞)	丙丁

3) 개산(開山)의 흉(凶)

① 육해(六害)	巳	② 사부(死符)	未	③ 구퇴(灸退)	酉
④ 연극산가(年克山家)	甲寅年 戊寅年 庚寅年	離 壬 丙 乙 → 四火山			
	丙寅年	巽 艮 巳 → 三木山			
	壬寅年	冬至後克　乾 亥 兌 丁 → 四金山			

4) 입향(立向)의 흉(凶)

① 순산나후(巡山羅喉)	甲	② 병부(病符)	丑

5) 수방(修方)의 흉(凶)

① 천관부(天官符)	巳	② 지관부(地官符)	午	③ 대살(大煞)	午
④ 역사(力士)	巽	⑤ 세형(歲刑)	巳	⑥ 황번(黃幡)	戌
⑦ 표미(豹尾)	辰	⑧ 비렴(飛廉)	戌	⑨ 상문(喪門)	辰
⑩ 조객(弔客=太陰)	子	⑪ 백호(白虎)	戌	⑫ 오귀(五鬼)	寅
⑬ 대장군(大將軍)	丁				

⑭ 월흉신 ＼ 월	1	2	3	4	5	6	7	8	9	10	11	12
비천관부(飛天官符)	艮	兌	乾	中	兌	乾	中	巽	震	坤	坎	離
비지관부(飛地官符)	離	艮	兌	乾	中	兌	乾	中	巽	震	坤	坎
비대살(飛大煞)	離	艮	兌	乾	中	兌	乾	中	巽	震	坤	坎
비소월건(飛小月建)	中	乾	兌	艮	離	坎	坤	震	巽	中	乾	兌
비대월건(飛大月建)	坤	坎	離	艮	兌	乾	中	巽	震	坤	坎	離
월유화(月游火)	震	巽	中	乾	兌	艮	離	坎	坤	震	巽	中

(14) 묘년(卯年)

1) 개산(開山), 입향(立向), 수방(修方)의 길(吉)

① 卯年 \ 年紫白	上元				中元				下元			
	1白	6白	8白	9紫	1白	6白	8白	9紫	1白	6白	8白	9紫
丁卯年 癸卯年	艮	巽	乾	兌	中	坎	震	巽	坤	兌	離	坎
己卯年 乙卯年	坤	兌	離	坎	艮	巽	乾	兌	中	坎	震	巽
辛卯年	中	坎	震	巽	坤	兌	離	坎	艮	巽	乾	兌
② 月紫白 \ 月	1	2	3	4	5	6	7	8	9	10	11	12
1白	兌	艮	離	坎	坤	震	巽	中	乾	兌	艮	離
6白	震	巽	中	乾	兌	艮	離	坎	坤	震	巽	中
8白	中	乾	兌	艮	離	坎	坤	震	巽	中	乾	兌
9紫	乾	兌	艮	離	坎	坤	震	巽	中	乾	兌	艮
③ 飛天馬	艮	兌	乾	中	坎	離	艮	兌	乾	中	巽	震

④ 三奇 \ 八節		立春	春分	立夏	夏至	立秋	秋分	立冬	冬至
丁卯年	乙	中	離	坎	震	中	坎	離	兌
	丙	乾	坎	坤	坤	巽	離	艮	艮
	丁	兌	坤	震	坎	震	艮	兌	離
己卯年	乙	中	離	坎	震	中	坎	離	兌
	丙	中	離	坎	震	中	坎	離	兌
	丁	乾	坎	坤	坤	巽	離	艮	艮
辛卯年	乙	巽	艮	離	巽	乾	坤	坎	乾
	丙	中	離	坎	震	中	坎	離	兌
	丁	乾	坎	坤	坤	巽	離	艮	艮
癸卯年	乙	震	兌	艮	中	兌	震	坤	中
	丙	巽	艮	離	巽	乾	坤	坎	乾
	丁	中	離	坎	震	中	坎	離	兌
乙卯年	乙	震	兌	艮	中	兌	震	坤	中
	丙	巽	艮	離	巽	乾	坤	坎	乾
	丁	中	離	坎	震	中	坎	離	兌

⑤ 주서(奏書)	艮	⑥ 박사(博士)	坤	⑦ 세마(歲馬)	巳	⑧ 지덕(枝德)	申

2) 개산(開山), 입향(立向), 수방(修方)의 흉(凶)

① 태세(太歲)	卯	② 세파(歲破)	酉	③ 겁살(劫煞)	申
④ 재살(災煞)	酉	⑤ 세살(歲煞)	戌	⑥ 복병(伏兵)	庚
⑦ 대화(大禍)	辛	⑧ 좌살(坐煞)	庚辛	⑨ 향살(向煞)	甲乙

3) 개산(開山)의 흉(凶)

① 육해(六害)	辰	② 사부(死符)	申	③ 구퇴(灸退)	午
④ 연극산가(年克山家)	丁卯年	離 壬 丙 乙 → 四火山			
	癸卯年	乾 亥 兌 丁 → 四金山			
	乙卯年 己卯年 辛卯年	冬至 後克 乾 亥 兌 丁 → 四金山			

4) 입향(立向)의 흉(凶)

① 순산나후(巡山羅喉)	乙	② 병부(病符)	寅

5) 수방(修方)의 흉(凶)

① 천관부(天官符)	寅	② 지관부(地官符)	未	③ 대살(大煞)	卯
④ 역사(力士)	巽	⑤ 세형(歲刑)	子	⑥ 황번(黃幡)	未
⑦ 표미(豹尾)	丑	⑧ 비렴(飛廉)	巳	⑨ 상문(喪門)	巳
⑩ 조객(弔客＝太陰)	丑	⑪ 백호(白虎)	亥	⑫ 오귀(五鬼)	丑
⑬ 대장군(大將軍)	子				

⑭ 월흉신 \ 월	1	2	3	4	5	6	7	8	9	10	11	12
비천관부(飛天官符)	中	兌	乾	中	巽	震	坤	坎	離	艮	兌	乾
비지관부(飛地官符)	坎	離	艮	兌	乾	中	兌	乾	中	巽	震	坤
비대살(飛大煞)	乾	中	兌	乾	中	巽	震	坤	坎	離	艮	兌
비소월건(飛小月建)	離	坎	坤	震	巽	中	乾	兌	艮	離	坎	坤
비대월건(飛大月建)	艮	兌	乾	中	巽	震	坤	坎	離	艮	兌	乾
월유화(月游火)	巽	中	乾	兌	艮	離	坎	坤	震	巽	中	乾

(15) 진년(辰年)

1) 개산(開山), 입향(立向), 수방(修方)의 길(吉)

① 年紫白 / 辰年	上元				中元				下元			
	1白	6白	8白	9紫	1白	6白	8白	9紫	1白	6白	8白	9紫
戊辰年 甲辰年	離	中	兌	艮	乾	坤	巽	中	震	艮	坎	坤
庚辰年 丙辰年	震	艮	坎	坤	離	中	兌	艮	乾	坤	巽	中
壬辰年	乾	坤	巽	中	震	艮	坎	坤	離	中	兌	艮
② 月 / 月紫白	1	2	3	4	5	6	7	8	9	10	11	12
1白	坎	坤	震	巽	中	乾	兌	艮	離	坎	坤	震
6白	乾	兌	艮	離	坎	坤	震	巽	中	乾	兌	艮
8白	艮	離	坎	坤	震	巽	中	乾	兌	艮	離	坎
9紫	離	坎	坤	震	巽	中	乾	兌	艮	離	坎	坤
③ 飛天馬	中	坎	離	艮	兌	乾	中	巽	震	坤	坎	離

④ 三奇 / 八節		立春	春分	立夏	夏至	立秋	秋分	立冬	冬至
戊辰年	乙	巽	艮	離	巽	乾	坤	坎	乾
	丙	中	離	坎	震	中	坎	離	兌
	丁	乾	坎	坤	坤	巽	離	艮	艮
庚辰年	乙	巽	艮	離	巽	乾	坤	坎	乾
	丙	中	離	坎	震	中	坎	離	兌
	丁	乾	坎	坤	坤	巽	離	艮	艮
壬辰年	乙	震	兌	艮	中	兌	震	坤	中
	丙	巽	艮	離	巽	乾	坤	坎	乾
	丁	中	離	坎	震	中	坎	離	兌
甲辰年	乙	震	兌	艮	中	兌	震	坤	中
	丙	震	兌	艮	中	兌	震	坤	中
	丁	巽	艮	離	巽	乾	坤	坎	乾
丙辰年	乙	坤	乾	兌	乾	艮	巽	震	巽
	丙	震	兌	艮	中	兌	震	坤	中
	丁	巽	艮	離	巽	乾	坤	坎	乾

⑤ 주서(奏書)	艮	⑥ 박사(博士)	坤	⑦ 세마(歲馬)	寅	⑧ 지덕(枝德)	酉

2) 개산(開山), 입향(立向), 수방(修方)의 흉(凶)

① 태세(太歲)	辰	② 세파(歲破)	戌	③ 겁살(劫煞)	巳
④ 재살(災煞)	午	⑤ 세살(歲煞)	未	⑥ 복병(伏兵)	丙
⑦ 대화(大禍)	丁	⑧ 좌살(坐煞)	丙丁	⑨ 향살(向煞)	壬癸

3) 개산(開山)의 흉(凶)

① 육해(六害)	卯	② 사부(死符)	酉	③ 구퇴(灸退)	卯
④ 연극산가(年克山家)	甲辰年	乾 亥 兌 丁 → 四金山			
	庚辰年	巽 艮 巳 → 三木山			
	丙辰年 戊辰年 壬辰年	甲 寅 辰 巽 戌 坎 辛 申 → 八水山 丑 癸 坤 庚 未 → 五土山			

4) 입향(立向)의 흉(凶)

① 순산나후(巡山羅喉)	巽	② 병부(病符)	卯

5) 수방(修方)의 흉(凶)

① 천관부(天官符)	亥	② 지관부(地官符)	申	③ 대살(大煞)	子
④ 역사(力士)	巽	⑤ 세형(歲刑)	辰	⑥ 황번(黃幡)	辰
⑦ 표미(豹尾)	戌	⑧ 비렴(飛廉)	午	⑨ 상문(喪門)	午
⑩ 조객(弔客＝太陰)	寅	⑪ 백호(白虎)	子	⑫ 오귀(五鬼)	子
⑬ 대장군(大將軍)	子				

월 / ⑭ 월흉신	1	2	3	4	5	6	7	8	9	10	11	12
비천관부(飛天官符)	中	巽	震	坤	坎	離	艮	兌	乾	中	兌	乾
비지관부(飛地官符)	坤	坎	離	艮	兌	乾	中	兌	乾	中	巽	震
비대살(飛大煞)	乾	中	巽	震	坤	坎	離	艮	兌	乾	中	兌
비소월건(飛小月建)	中	乾	兌	艮	離	坎	坤	震	巽	中	乾	兌
비대월건(飛大月建)	中	巽	震	坤	坎	離	艮	兌	乾	中	巽	震
월유화(月游火)	巽	中	乾	兌	艮	離	坎	坤	震	巽	中	乾

(16) 사년(巳年)

1) 개산(開山), 입향(立向), 수방(修方)의 길(吉)

① 年紫白 / 巳年	上元				中元				下元			
	1白	6白	8白	9紫	1白	6白	8白	9紫	1白	6白	8白	9紫
己巳年 乙巳年	坎	乾	艮	離	兌	震	中	乾	巽	離	坤	震
辛巳年 丁巳年	巽	離	坤	震	坎	乾	艮	離	兌	震	中	乾
癸巳年	兌	震	中	乾	巽	離	坤	震	坎	乾	艮	離
② 月 / 月紫白	1	2	3	4	5	6	7	8	9	10	11	12
1白	巽	中	乾	兌	艮	離	坎	坤	震	巽	中	乾
6白	離	坎	坤	震	巽	中	乾	兌	艮	離	坎	坤
8白	坤	震	巽	中	乾	兌	艮	離	坎	坤	震	巽
9紫	震	巽	中	乾	兌	艮	離	坎	坤	震	巽	中
③ 飛天馬	中	巽	震	坤	坎	離	艮	兌	乾	中	坎	離

④ 三奇 / 八節		立春	春分	立夏	夏至	立秋	秋分	立冬	冬至
己巳年	乙	巽	艮	離	巽	乾	坤	坎	乾
	丙	巽	艮	離	巽	乾	坤	坎	乾
	丁	中	離	坎	震	中	坎	離	兌
辛巳年	乙	震	兌	艮	中	兌	震	坤	中
	丙	巽	艮	離	巽	乾	坤	坎	乾
	丁	中	離	坎	震	中	坎	離	兌
癸巳年	乙	坤	乾	兌	乾	艮	巽	震	巽
	丙	震	兌	艮	中	兌	震	坤	中
	丁	巽	艮	離	巽	乾	坤	坎	乾
乙巳年	乙	坤	乾	兌	乾	艮	巽	震	巽
	丙	震	兌	艮	中	兌	震	坤	中
	丁	巽	艮	離	巽	乾	坤	坎	乾
丁巳年	乙	坎	中	乾	兌	離	中	巽	震
	丙	坤	乾	兌	乾	艮	巽	震	巽
	丁	震	兌	艮	中	兌	震	坤	中

⑤ 주서(奏書)	巽	⑥ 박사(博士)	乾	⑦ 세마(歲馬)	亥	⑧ 지덕(枝德)	戌

2) 개산(開山), 입향(立向), 수방(修方)의 흉(凶)

① 태세(太歲)	巳	② 세파(歲破)	亥	③ 겁살(劫煞)	寅
④ 재살(災煞)	卯	⑤ 세살(歲煞)	辰	⑥ 복병(伏兵)	甲
⑦ 대화(大禍)	乙	⑧ 좌살(坐煞)	甲乙	⑨ 향살(向煞)	庚辛

3) 개산(開山)의 흉(凶)

① 육해(六害)	寅	② 사부(死符)	戌	③ 구퇴(灸退)	子
④ 연극산가(年克山家)	乙巳年	甲 寅 辰 巽 戌 坎 辛 申 → 八水山 丑 癸 坤 庚 未 → 五土山			
	辛巳年	離 壬 丙 乙 → 四火山			
	丁巳年 己巳年 癸巳年	巽 艮 巳 → 三木山			

4) 입향(立向)의 흉(凶)

① 순산나후(巡山羅睺)	丙	② 병부(病符)	辰

5) 수방(修方)의 흉(凶)

① 천관부(天官符)	申	② 지관부(地官符)	酉	③ 대살(大煞)	酉
④ 역사(力士)	坤	⑤ 세형(歲刑)	申	⑥ 황번(黃幡)	丑
⑦ 표미(豹尾)	未	⑧ 비렴(飛廉)	未	⑨ 상문(喪門)	未
⑩ 조객(弔客=太陰)	卯	⑪ 백호(白虎)	丑	⑫ 오귀(五鬼)	亥
⑬ 대장군(大將軍)	卯				

⑭ 월흉신 \ 월	1	2	3	4	5	6	7	8	9	10	11	12
비천관부(飛天官符)	坤	坎	離	艮	兌	乾	中	兌	乾	中	巽	震
비지관부(飛地官符)	震	坤	坎	離	艮	兌	乾	中	兌	乾	中	巽
비대살(飛大煞)	震	坤	坎	離	艮	兌	乾	中	兌	乾	中	巽
비소월건(飛小月建)	離	坎	坤	震	巽	中	乾	兌	艮	離	坎	坤
비대월건(飛大月建)	坤	坎	離	艮	兌	乾	中	巽	震	坤	坎	離
월유화(月游火)	離	坎	坤	震	巽	中	乾	兌	艮	離	坎	坤

(17) 오년(午年)

1) 개산(開山), 입향(立向), 수방(修方)의 길(吉)

① 年紫白 / 午年	上元				中元				下元			
	1白	6白	8白	9紫	1白	6白	8白	9紫	1白	6白	8白	9紫
庚午年 丙午年	坤	兌	離	坎	艮	巽	乾	兌	中	坎	震	巽
壬午年 戊午年	中	坎	震	巽	坤	兌	離	坎	艮	巽	乾	兌
甲午年	艮	巽	乾	兌	中	坎	震	巽	坤	兌	離	坎

② 月 / 月紫白	1	2	3	4	5	6	7	8	9	10	11	12
1白	兌	艮	離	坎	坤	震	巽	中	乾	兌	艮	離
6白	震	巽	中	乾	兌	艮	離	坎	坤	震	巽	中
8白	中	乾	兌	艮	離	坎	坤	震	巽	中	乾	兌
9紫	乾	兌	艮	離	坎	坤	震	巽	中	乾	兌	艮
③ 飛天馬	坤	坎	離	艮	兌	乾	中	坎	離	艮	兌	乾

④ 三奇 / 八節		立春	春分	立夏	夏至	立秋	秋分	立冬	冬至
庚午年	乙	震	兌	艮	中	兌	震	坤	中
	丙	巽	艮	離	巽	乾	坤	坎	乾
	丁	中	離	坎	震	中	坎	離	兌
壬午年	乙	坤	乾	兌	乾	艮	巽	震	巽
	丙	震	兌	艮	中	兌	震	坤	中
	丁	巽	艮	離	巽	乾	坤	坎	乾
甲午年	乙	坤	乾	兌	乾	艮	巽	震	巽
	丙	坤	乾	兌	乾	艮	巽	震	巽
	丁	震	兌	艮	中	兌	震	坤	中
丙午年	乙	坎	中	乾	兌	離	中	巽	震
	丙	坤	乾	兌	乾	艮	巽	震	巽
	丁	震	兌	艮	中	兌	震	坤	中
戊午年	乙	離	巽	中	艮	坎	乾	中	坤
	丙	坎	中	乾	兌	離	中	巽	震
	丁	坤	乾	兌	乾	艮	巽	震	巽

⑤ 주서(奏書)	巽	⑥ 박사(博士)	乾	⑦ 세마(歲馬)	申	⑧ 지덕(枝德)	亥

2) 개산(開山), 입향(立向), 수방(修方)의 흉(凶)

① 태세(太歲)	午	② 세파(歲破)	子	③ 겁살(刼煞)	亥
④ 재살(災煞)	子	⑤ 세살(歲煞)	丑	⑥ 복병(伏兵)	壬
⑦ 대화(大禍)	癸	⑧ 좌살(坐煞)	壬癸	⑨ 향살(向煞)	丙丁

3) 개산(開山)의 흉(凶)

① 육해(六害)	丑	② 사부(死符)	亥	③ 구퇴(灸退)	酉
④ 연극산가(年克山家)	甲午年	甲 寅 辰 巽 戌 坎 辛 申 → 八水山 丑 癸 坤 庚 未 → 五土山			
	戊午年	冬至後克 乾 亥 兌 丁 → 四金山			
	丙午年 庚午年 壬午年	乾 亥 兌 丁 → 四金山			

4) 입향(立向)의 흉(凶)

① 순산나후(巡山羅喉)	丁	② 병부(病符)	巳

5) 수방(修方)의 흉(凶)

① 천관부(天官符)	巳	② 지관부(地官符)	戌	③ 대살(大煞)	午
④ 역사(力士)	坤	⑤ 세형(歲刑)	午	⑥ 황번(黃幡)	戌
⑦ 표미(豹尾)	辰	⑧ 비렴(飛廉)	寅	⑨ 상문(喪門)	申
⑩ 조객(弔客＝太陰)	辰	⑪ 백호(白虎)	寅	⑫ 오귀(五鬼)	戌
⑬ 대장군(大將軍)	卯				

⑭ 월흉신 \ 월	1	2	3	4	5	6	7	8	9	10	11	12
비천관부(飛天官符)	艮	兌	乾	中	兌	乾	中	巽	震	坤	坎	離
비지관부(飛地官符)	巽	震	坤	坎	離	艮	兌	乾	中	兌	乾	中
비대살(飛大煞)	離	艮	兌	乾	中	兌	乾	中	巽	震	坤	坎
비소월건(飛小月建)	中	乾	兌	艮	離	坎	坤	震	巽	中	乾	兌
비대월건(飛大月建)	艮	兌	乾	中	巽	震	坤	坎	離	艮	兌	乾
월유화(月游火)	坤	震	巽	中	乾	兌	艮	離	坎	坤	震	巽

(18) 미년(未年)

1) 개산(開山), 입향(立向), 수방(修方)의 길(吉)

① 年紫白 / 未年	上元				中元				下元			
	1白	6白	8白	9紫	1白	6白	8白	9紫	1白	6白	8白	9紫
辛未年 丁未年	震	艮	坎	坤	離	中	兌	艮	乾	坤	巽	中
癸未年 己未年	乾	坤	巽	中	震	艮	坎	坤	離	中	兌	艮
乙未年	離	中	兌	艮	乾	坤	巽	中	震	艮	坎	坤
② 月 / 月紫白	1	2	3	4	5	6	7	8	9	10	11	12
1白	坎	坤	震	巽	中	乾	兌	艮	離	坎	坤	震
6白	乾	兌	艮	離	坎	坤	震	巽	中	乾	兌	艮
8白	艮	離	坎	坤	震	巽	中	乾	兌	艮	離	坎
9紫	離	坎	坤	震	巽	中	乾	兌	艮	離	坎	坤
③ 飛天馬	艮	兌	乾	中	坎	離	艮	兌	乾	中	巽	震

④ 三奇 / 八節		立春	春分	立夏	夏至	立秋	秋分	立冬	冬至
辛未年	乙	坤	乾	兌	乾	艮	巽	震	巽
	丙	震	兌	艮	中	兌	震	坤	中
	丁	巽	艮	離	巽	乾	坤	坎	乾
癸未年	乙	坎	中	乾	兌	離	中	巽	震
	丙	坤	乾	兌	乾	艮	巽	震	巽
	丁	震	兌	艮	中	兌	震	坤	中
乙未年	乙	坎	中	乾	兌	離	中	巽	震
	丙	坤	乾	兌	乾	艮	巽	震	巽
	丁	震	兌	艮	中	兌	震	坤	中
丁未年	乙	離	巽	中	艮	坎	乾	中	坤
	丙	坎	中	乾	兌	離	中	巽	震
	丁	坤	乾	兌	乾	艮	巽	震	巽
己未年	乙	離	巽	中	艮	坎	乾	中	坤
	丙	離	巽	中	艮	坎	乾	中	坤
	丁	坎	中	乾	兌	離	中	巽	震

⑤ 주서(奏書)	巽	⑥ 박사(博士)	乾	⑦ 세마(歲馬)	巳	⑧ 지덕(枝德)	子

2) 개산(開山), 입향(立向), 수방(修方)의 흉(凶)

① 태세(太歲)	未	② 세파(歲破)	丑	③ 겁살(劫煞)	申
④ 재살(災煞)	酉	⑤ 세살(歲煞)	戌	⑥ 복병(伏兵)	庚
⑦ 대화(大禍)	辛	⑧ 좌살(坐煞)	庚辛	⑨ 향살(向煞)	甲乙

3) 개산(開山)의 흉(凶)

① 육해(六害)	子	② 사부(死符)	子	③ 구퇴(灸退)	午
④ 연극산가(年克山家)	乙未年	巽 艮 巳 → 三木山			
	己未年	乾 亥 兌 丁 → 四金山			
	丁未年 辛未年 癸未年	甲 寅 辰 巽 戌 坎 辛 申 → 八水山 丑 癸 坤 庚 未 → 五土山			

4) 입향(立向)의 흉(凶)

① 순산나후(巡山羅喉)	坤	② 병부(病符)	午

5) 수방(修方)의 흉(凶)

① 천관부(天官符)	寅	② 지관부(地官符)	亥	③ 대살(大煞)	卯
④ 역사(力士)	坤	⑤ 세형(歲刑)	丑	⑥ 황번(黃幡)	未
⑦ 표미(豹尾)	丑	⑧ 비렴(飛廉)	卯	⑨ 상문(喪門)	酉
⑩ 조객(弔客＝太陰)	巳	⑪ 백호(白虎)	卯	⑫ 오귀(五鬼)	酉
⑬ 대장군(大將軍)	卯				

⑭ 월흉신 \ 월	1	2	3	4	5	6	7	8	9	10	11	12
비천관부(飛天官符)	中	兌	乾	中	巽	震	坤	坎	離	艮	兌	乾
비지관부(飛地官符)	中	巽	震	坤	坎	離	艮	兌	乾	中	兌	乾
비대살(飛大煞)	乾	中	兌	乾	中	巽	震	坤	坎	離	艮	兌
비소월건(飛小月建)	離	坎	坤	震	巽	中	乾	兌	艮	離	坎	坤
비대월건(飛大月建)	中	巽	震	坤	坎	離	艮	兌	乾	中	巽	震
월유화(月游火)	坤	震	巽	中	乾	兌	艮	離	坎	坤	震	巽

(19) 신년(申年)

1) 개산(開山), 입향(立向), 수방(修方)의 길(吉)

① 年紫白 / 申年	上元				中元				下元			
	1白	6白	8白	9紫	1白	6白	8白	9紫	1白	6白	8白	9紫
壬申年 戊申年	巽	離	坤	震	坎	乾	艮	離	兌	震	中	乾
甲申年 庚申年	兌	震	中	乾	巽	離	坤	震	坎	乾	艮	離
丙申年	坎	乾	艮	離	兌	震	中	乾	巽	離	坤	震

② 月 / 月紫白	1	2	3	4	5	6	7	8	9	10	11	12
1白	巽	中	乾	兌	艮	離	坎	坤	震	巽	中	乾
6白	離	坎	坤	震	巽	中	乾	兌	艮	離	坎	坤
8白	坤	震	巽	中	乾	兌	艮	離	坎	坤	震	巽
9紫	震	巽	中	乾	兌	艮	離	坎	坤	震	巽	中
③ 飛天馬	中	坎	離	艮	兌	乾	中	巽	震	坤	坎	離

④ 三奇 / 八節		立春	春分	立夏	夏至	立秋	秋分	立冬	冬至
壬申年	乙	坎	中	乾	兌	離	中	巽	震
	丙	坤	乾	兌	乾	艮	巽	震	巽
	丁	震	兌	艮	中	兌	震	坤	中
甲申年	乙	坎	中	乾	兌	離	中	巽	震
	丙	坎	中	乾	兌	離	中	巽	震
	丁	坤	乾	兌	乾	艮	巽	震	巽
丙申年	乙	離	巽	中	艮	坎	乾	中	坤
	丙	坎	中	乾	兌	離	中	巽	震
	丁	坤	乾	兌	乾	艮	巽	震	巽
庚申年	乙	艮	震	巽	離	坤	兌	乾	坎
	丙	離	巽	中	艮	坎	乾	中	坤
	丁	坎	中	乾	兌	離	中	巽	震
戊申年	乙	艮	震	巽	離	坤	兌	乾	坎
	丙	離	巽	中	艮	坎	乾	中	坤
	丁	坎	中	乾	兌	離	中	巽	震

⑤ 주서(奏書)	坤	⑥ 박사(博士)	艮	⑦ 세마(歲馬)	寅	⑧ 지덕(枝德)	丑

2) 개산(開山), 입향(立向), 수방(修方)의 흉(凶)

① 태세(太歲)	申	② 세파(歲破)	寅	③ 겁살(劫煞)	巳
④ 재살(災煞)	午	⑤ 세살(歲煞)	未	⑥ 복병(伏兵)	丙
⑦ 대화(大禍)	丁	⑧ 좌살(坐煞)	丙丁	⑨ 향살(向煞)	壬癸

3) 개산(開山)의 흉(凶)

① 육해(六害)	亥	② 사부(死符)	丑	③ 구퇴(灸退)	卯
④ 연극산가(年克山家)	丙申年	震 艮 巳 → 三木山			
	壬申年	冬至後克 乾 亥 兌 丁 → 四金山			
	甲申年 戊申年 庚申年	離 壬 丙 乙 → 四火山			

4) 입향(立向)의 흉(凶)

① 순산나후(巡山羅喉)	庚	② 병부(病符)	未

5) 수방(修方)의 흉(凶)

① 천관부(天官符)	亥	② 지관부(地官符)	子	③ 대살(大煞)	子
④ 역사(力士)	乾	⑤ 세형(歲刑)	寅	⑥ 황번(黃幡)	辰
⑦ 표미(豹尾)	戌	⑧ 비렴(飛廉)	辰	⑨ 상문(喪門)	戌
⑩ 조객(弔客＝太陰)	午	⑪ 백호(白虎)	辰	⑫ 오귀(五鬼)	申
⑬ 대장군(大將軍)	午				

⑭ 월흉신 \ 월	1	2	3	4	5	6	7	8	9	10	11	12
비천관부(飛天官符)	中	巽	震	坤	坎	離	艮	兌	乾	中	兌	乾
비지관부(飛地官符)	乾	中	巽	震	坤	坎	離	艮	兌	乾	中	兌
비대살(飛大煞)	乾	中	巽	震	坤	坎	離	艮	兌	乾	中	兌
비소월건(飛小月建)	中	乾	兌	艮	離	坎	坤	震	巽	中	乾	兌
비대월건(飛大月建)	坤	坎	離	艮	兌	乾	中	巽	震	坤	坎	離
월유화(月游火)	兌	艮	離	坎	坤	震	巽	中	乾	兌	艮	離

(20) 유년(酉年)

1) 개산(開山), 입향(立向), 수방(修方)의 길(吉)

① 年紫白 酉年	上元				中元				下元			
	1白	6白	8白	9紫	1白	6白	8白	9紫	1白	6白	8白	9紫
癸酉年 己酉年	中	坎	震	巽	坤	兌	離	坎	艮	巽	乾	兌
乙酉年 辛酉年	艮	巽	乾	兌	中	坎	震	巽	坤	兌	離	坎
丁酉年	坤	兌	離	坎	艮	巽	乾	兌	中	坎	震	巽

② 月 月紫白	1	2	3	4	5	6	7	8	9	10	11	12
1白	兌	艮	離	坎	坤	震	巽	中	乾	兌	艮	離
6白	震	巽	中	乾	兌	艮	離	坎	坤	震	巽	中
8白	中	乾	兌	艮	離	坎	坤	震	巽	中	乾	兌
9紫	乾	兌	艮	離	坎	坤	震	巽	中	乾	兌	艮
③ 飛天馬	中	巽	震	坤	坎	離	艮	兌	乾	中	坎	離

④ 三奇 八節		立春	春分	立夏	夏至	立秋	秋分	立冬	冬至
癸酉年	乙	離	巽	中	艮	坎	乾	中	坤
	丙	坎	中	乾	兌	離	中	巽	震
	丁	坤	乾	兌	乾	艮	巽	震	巽
丁酉年	乙	艮	震	巽	離	坤	兌	乾	坎
	丙	離	巽	中	艮	坎	乾	中	坤
	丁	坎	中	乾	兌	離	中	巽	震
己酉年	乙	艮	震	巽	離	坤	兌	乾	坎
	丙	艮	震	巽	離	坤	兌	乾	坎
	丁	離	巽	中	艮	坎	乾	中	坤
辛酉年	乙	兌	坤	震	坎	震	艮	兌	離
	丙	艮	震	巽	離	坤	兌	乾	坎
	丁	離	巽	中	艮	坎	乾	中	坤
乙酉年	乙	離	巽	中	艮	坎	乾	中	坤
	丙	坎	中	乾	兌	離	中	巽	震
	丁	坤	乾	兌	乾	艮	巽	震	巽

⑤ 주서(奏書)	坤	⑥ 박사(博士)	艮	⑦ 세마(歲馬)	亥	⑧ 지덕(枝德)	寅

2) 개산(開山), 입향(立向), 수방(修方)의 흉(凶)

① 태세(太歲)	酉	② 세파(歲破)	卯	③ 겁살(劫煞)	寅
④ 재살(災煞)	卯	⑤ 세살(歲煞)	辰	⑥ 복병(伏兵)	甲
⑦ 대화(大禍)	乙	⑧ 좌살(坐煞)	甲乙	⑨ 향살(向煞)	庚辛

3) 개산(開山)의 흉(凶)

① 육해(六害)	戌	② 사부(死符)	寅	③ 구퇴(灸退)	子
④ 연극산가(年克山家)	丁酉年	離 壬 丙 乙 → 四火山			
	癸酉年	乾 亥 兌 丁 → 四金山			
	乙酉年 己酉年 辛酉年	冬至後克 乾 亥 兌 丁 → 四金山			

4) 입향(立向)의 흉(凶)

① 순산나후(巡山羅喉)	辛	② 병부(病符)	申

5) 수방(修方)의 흉(凶)

① 천관부(天官符)	申	② 지관부(地官符)	丑	③ 대살(大煞)	酉
④ 역사(力士)	乾	⑤ 세형(歲刑)	酉	⑥ 황번(黃幡)	丑
⑦ 표미(豹尾)	未	⑧ 비렴(飛廉)	亥	⑨ 상문(喪門)	亥
⑩ 조객(弔客=太陰)	未	⑪ 백호(白虎)	巳	⑫ 오귀(五鬼)	未
⑬ 대장군(大將軍)	午				

⑭ 월흉신 \ 월	1	2	3	4	5	6	7	8	9	10	11	12
비천관부(飛天官符)	坤	坎	離	艮	兌	乾	中	兌	乾	中	巽	震
비지관부(飛地官符)	兌	乾	中	巽	震	坤	坎	離	艮	兌	乾	中
비대살(飛大煞)	震	坤	坎	離	艮	兌	乾	中	兌	乾	中	巽
비소월건(飛小月建)	離	坎	坤	震	巽	中	乾	兌	艮	離	坎	坤
비대월건(飛大月建)	艮	兌	乾	中	巽	震	坤	坎	離	艮	兌	乾
월유화(月游火)	乾	兌	艮	離	坎	坤	震	巽	中	乾	兌	艮

(21) 술년(戌年)

1) 개산(開山), 입향(立向), 수방(修方)의 길(吉)

① 年紫白 / 戌年	上元				中元				下元			
	1白	6白	8白	9紫	1白	6白	8白	9紫	1白	6白	8白	9紫
甲戌年 庚戌年	乾	坤	巽	中	震	艮	坎	坤	離	中	兌	艮
丙戌年 壬戌年	離	中	兌	艮	乾	坤	巽	中	震	艮	坎	坤
戊戌年	震	艮	坎	坤	離	中	兌	艮	乾	坤	巽	中
② 月 / 月紫白	1	2	3	4	5	6	7	8	9	10	11	12
1白	坎	坤	震	巽	中	乾	兌	艮	離	坎	坤	震
6白	乾	兌	艮	離	坎	坤	震	巽	中	乾	兌	艮
8白	艮	離	坎	坤	震	巽	中	乾	兌	艮	離	坎
9紫	離	坎	坤	震	巽	中	乾	兌	艮	離	坎	艮
③ 飛天馬	坤	坎	離	艮	兌	乾	中	坎	離	艮	兌	乾

④ 三奇 / 八節		立春	春分	立夏	夏至	立秋	秋分	立冬	冬至
甲戌年	乙	離	巽	中	艮	坎	乾	中	坤
	丙	離	巽	中	艮	坎	乾	中	坤
	丁	坎	中	乾	兌	離	中	巽	震
丙戌年	乙	艮	震	巽	離	坤	兌	乾	坎
	丙	離	巽	中	艮	坎	乾	中	坤
	丁	坎	中	乾	兌	離	中	巽	震
戊戌年	乙	兌	坤	震	坎	震	艮	兌	離
	丙	艮	震	巽	離	坤	兌	乾	坎
	丁	離	巽	中	艮	坎	乾	中	坤
庚戌年	乙	兌	坤	震	坎	震	艮	兌	離
	丙	艮	震	巽	離	坤	兌	乾	坎
	丁	離	巽	中	艮	坎	乾	中	坤
壬戌年	乙	乾	坎	坤	坤	巽	離	艮	艮
	丙	兌	坤	震	坎	震	艮	兌	離
	丁	艮	震	巽	離	坤	兌	乾	坎

⑤ 주서(奏書)	坤	⑥ 박사(博士)	艮	⑦ 세마(歲馬)	申	⑧ 지덕(枝德)	卯

2) 개산(開山), 입향(立向), 수방(修方)의 흉(凶)

① 태세(太歲)	戌	② 세파(歲破)	辰	③ 겁살(劫煞)	亥
④ 재살(災煞)	子	⑤ 세살(歲煞)	丑	⑥ 복병(伏兵)	壬
⑦ 대화(大禍)	癸	⑧ 좌살(坐煞)	壬癸	⑨ 향살(向煞)	丙丁

3) 개산(開山)의 흉(凶)

① 육해(六害)	酉	② 사부(死符)	卯	③ 구퇴(灸退)	酉
④ 연극산가(年克山家)	甲戌年	乾 亥 兌 丁 → 四金山			
	庚戌年	震 艮 巳 → 三木山			
	丙戌年 戊戌年 壬戌年	甲 寅 辰 巽 戌 坎 辛 申 → 八水山 丑 癸 坤 庚 未 → 五土山			

4) 입향(立向)의 흉(凶)

① 순산나후(巡山羅喉)	乾	② 병부(病符)	酉

5) 수방(修方)의 흉(凶)

① 천관부(天官符)	巳	② 지관부(地官符)	寅	③ 대살(大煞)	午
④ 역사(力士)	乾	⑤ 세형(歲刑)	未	⑥ 황번(黃幡)	戌
⑦ 표미(豹尾)	辰	⑧ 비렴(飛廉)	子	⑨ 상문(喪門)	子
⑩ 조객(弔客＝太陰)	申	⑪ 백호(白虎)	午	⑫ 오귀(五鬼)	午
⑬ 대장군(大將軍)	午				

⑭ 월흉신 \ 월	1	2	3	4	5	6	7	8	9	10	11	12
비천관부(飛天官符)	艮	兌	乾	中	兌	乾	中	巽	震	坤	坎	離
비지관부(飛地官符)	中	兌	乾	中	巽	震	坤	坎	離	艮	兌	乾
비대살(飛大煞)	離	艮	兌	乾	中	兌	乾	中	巽	震	坤	坎
비소월건(飛小月建)	中	乾	兌	艮	離	坎	坤	震	巽	中	乾	兌
비대월건(飛大月建)	中	巽	震	坤	坎	離	艮	兌	乾	中	巽	震
월유화(月游火)	乾	兌	艮	離	坎	坤	震	巽	中	乾	兌	艮

(22) 해년(亥年)

1) 개산(開山), 입향(立向), 수방(修方)의 길(吉)

① 年紫白 / 亥年	上元				中元				下元			
	1白	6白	8白	9紫	1白	6白	8白	9紫	1白	6白	8白	9紫
乙亥年 辛亥年	兌	震	中	乾	巽	離	坤	震	坎	乾	艮	離
丁亥年 癸亥年	坎	乾	艮	離	兌	震	中	乾	巽	離	坤	震
己亥年	巽	離	坤	震	坎	乾	艮	離	兌	震	中	乾

② 月 / 月紫白	1	2	3	4	5	6	7	8	9	10	11	12
1白	巽	中	乾	兌	艮	離	坎	坤	震	巽	中	乾
6白	離	坎	坤	震	巽	中	乾	兌	艮	離	坎	坤
8白	坤	震	巽	中	乾	兌	艮	離	坎	坤	震	巽
9紫	震	巽	中	乾	兌	艮	離	坎	坤	震	巽	中
③ 飛天馬	艮	兌	乾	中	坎	離	艮	兌	乾	中	巽	震

④ 三奇 / 八節		立春	春分	立夏	夏至	立秋	秋分	立冬	冬至
乙亥年	乙	艮	震	巽	離	坤	兌	乾	坎
	丙	離	巽	中	艮	坎	乾	中	坤
	丁	坎	中	乾	兌	離	中	巽	震
丁亥年	乙	兌	坤	震	坎	震	艮	兌	離
	丙	艮	震	巽	離	坤	兌	乾	坎
	丁	離	巽	中	艮	坎	乾	中	坤
己亥年	乙	兌	坤	震	坎	震	艮	兌	離
	丙	兌	坤	震	坎	震	艮	兌	離
	丁	艮	震	巽	離	坤	兌	乾	坎
辛亥年	乙	乾	坎	坤	坤	巽	離	艮	艮
	丙	兌	坤	震	坎	震	艮	兌	離
	丁	艮	震	巽	離	坤	兌	乾	坎
癸亥年	乙	中	離	坎	震	中	坎	離	兌
	丙	乾	坎	坤	坤	巽	離	艮	艮
	丁	兌	坤	震	坎	震	艮	兌	離

⑤ 주서(奏書)	乾	⑥ 박사(博士)	巽	⑦ 세마(歲馬)	巳	⑧ 지덕(枝德)	辰

2) 개산(開山), 입향(立向), 수방(修方)의 흉(凶)

① 태세(太歲)	亥	② 세파(歲破)	巳	③ 겁살(劫煞)	申
④ 재살(災煞)	酉	⑤ 세살(歲煞)	戌	⑥ 복병(伏兵)	庚
⑦ 대화(大禍)	辛	⑧ 좌살(坐煞)	庚辛	⑨ 향살(向煞)	甲乙

3) 개산(開山)의 흉(凶)

① 육해(六害)	申	② 사부(死符)	辰	③ 구퇴(灸退)	午

④ 연극산가(年克山家)	乙亥年	甲 寅 辰 巽 戌 坎 辛 申 → 八水山 丑 癸 坤 庚 未 → 五土山
	辛亥年	離 壬 丙 乙 → 四火山
	丁亥年 己亥年 癸亥年	震 艮 巳 → 三木山

4) 입향(立向)의 흉(凶)

① 순산나후(巡山羅喉)	壬	② 병부(病符)	戌

5) 수방(修方)의 흉(凶)

① 천관부(天官符)	寅	② 지관부(地官符)	卯	③ 대살(大煞)	卯
④ 역사(力士)	艮	⑤ 세형(歲刑)	亥	⑥ 황번(黃幡)	未
⑦ 표미(豹尾)	丑	⑧ 비렴(飛廉)	丑	⑨ 상문(喪門)	丑
⑩ 조객(弔客＝太陰)	酉	⑪ 백호(白虎)	未	⑫ 오귀(五鬼)	巳
⑬ 대장군(大將軍)	酉				

⑭ 월흉신 \ 월	1	2	3	4	5	6	7	8	9	10	11	12
비천관부(飛天官符)	中	兌	乾	中	巽	震	坤	坎	離	艮	兌	乾
비지관부(飛地官符)	乾	中	兌	乾	中	巽	震	坤	坎	離	艮	兌
비대살(飛大煞)	乾	中	兌	乾	中	巽	震	坤	坎	離	艮	兌
비소월건(飛小月建)	離	坎	坤	震	巽	中	乾	兌	艮	離	坎	坤
비대월건(飛大月建)	坤	坎	離	艮	兌	乾	中	巽	震	坤	坎	離
월유화(月游火)	坎	坤	震	巽	中	乾	兌	艮	離	坎	坤	震

(23) 천기대요 만년도(萬年圖)

선택정종의 연표(年表) 흉신의 대표적인 것이 만년도이다. 대리와 소리는 길신이며 나머지는 흉신이다. 천간 흉신인 부천(부천공망), 음부(정음부), 방음(방음부)로서 개산에 피한다. 지지 흉신인 세파 · 삼살 · 좌살 · 향살은 개산 · 입향 · 수방에서 피하며 연극과 구퇴(황천구퇴)는 개산에 피하며 천관(천관부)과 지관(지관부)은 수방(修方)에서 피한다.

1) 갑자순(甲子順)

연(年) / 좌(坐)	갑자(甲子)	을축(乙丑)	병인(丙寅)	정묘(丁卯)	무진(戊辰)	기사(己巳)	경오(庚午)	신미(辛未)	임신(壬申)	계유(癸酉)
자좌(子坐)	연극(年克)	구퇴(灸退)	삼살(三殺) 음부(陰府)	소리(小利)	연극(年克)	구퇴(灸退)	삼살(三殺) 세파(歲破)	음부(陰府) 연극(年克)	지관(地官)	구퇴(灸退)
계좌(癸坐)	연극(年克) 향살(向殺)	부천(浮天)	좌살(坐殺) 방음(傍陰)	대리(大利)	연극(年克) 향살(向殺)	대리(大利)	좌살(坐殺)	방음(傍陰) 연극(年克)	향살(向殺)	대리(大利)
축좌(丑坐)	연극(年克)	방음(傍陰)	삼살(三殺)	소리(小利)	연극(年克)	대리(大利)	삼살(三殺) 방음(傍陰)	연음(年陰) 세극(歲克)	소리(小利)	지관(地官)
간좌(艮坐)	음부(陰府)	연극(年克)	연극(年克)	대리(大利)	대리(大利)	연극(年克) 음부(陰府)	대리(大利)	대리(大利)	대리(大利)	소리(小利)
인좌(寅坐)	연극(年克)	삼살(三殺)	소리(小利)	천관(天官) 방음(傍陰)	연극(年克)	삼살(三殺)	대리(大利)	연극(年克) 천관(天官)	방부(傍部) 세파(歲破)	삼살(三殺)
갑좌(甲坐)	연극(年克)	좌살(坐殺)	대리(大利)	향살(向殺) 방음(傍陰)	연극(年克)	좌살(坐殺)	대리(大利)	연극(年克) 향살(向殺)	부천(浮天) 방음(傍陰)	좌살(坐殺)
묘좌(卯坐)	구퇴(灸退)	삼살(三殺) 연극(年克)	연극(年克)	소리(小利)	구퇴(灸退) 음부(陰府)	연극(年克) 삼살(三殺)	소리(小利)	소리(小利)	구퇴(灸退)	삼살, 세파 음부(陰府)
을좌(乙坐)	대리(大利)	좌살(坐殺)	대리(大利)	연극(年克) 향살(向殺)	방음(傍陰)	좌살(坐殺)	대리(大利)	향살(向殺)	대리(大利)	좌살, 부천 방음(傍陰)
진좌(辰坐)	연극(年克) 지관(地官)	삼살(三殺)	방음(傍陰)	소리(小利)	연극(年克)	삼살(三殺)	소리(小利)	연극(年克) 방음(傍陰)	소리(小利)	삼살(三殺)
손좌(巽坐)	연극(年克) 음부(陰府)	대리(大利)	대리(大利)	대리(大利)	연극(年克)	음부(陰府)	대리(大利)	연극(年克)	소리(小利)	대리(大利)
사좌(巳坐)	삼살(三殺)	연극, 방음 지관(地官)	연극(年克) 천관(天官)	대리(大利)	삼살(三殺)	연극(年克)	방음(傍陰) 천관(天官)	대리(大利)	삼살(三殺)	대리(大利)
병좌(丙坐)	좌살(坐殺) 방음(傍陰)	대리(大利)	향살(向殺)	연극(年克)	좌살(坐殺)	방음(傍陰)	향살(向殺)	부천(浮天)	좌살(坐殺)	대리(大利)
오좌(午坐)	삼살(三殺) 세파(歲破)	소리(小利)	지관(地官)	구퇴, 연극 음부(陰府)	삼살(三殺)	소리(小利)	대리(大利)	구퇴(灸退)	삼살(三殺) 음부(陰府)	소리(小利)
정좌(丁坐)	좌살(坐殺)	방음(傍陰)	향살(向殺)	대리(大利)	좌살(坐殺)	대리(大利)	연극, 방음 향살, 부천	대리(大利)	좌살(坐殺)	연극(年克)
미좌(未坐)	삼살(三殺) 연극(年克)	세파(歲破)	소리(小利)	지관(地官)	연극, 삼살 방음(傍陰)	소리(小利)	대리(大利)	연극(年克)	삼살(三殺)	방음(傍陰)
곤좌(坤坐)	연극(年克)	대리(大利)	음부(陰府)	대리(大利)	연극, 음부 부천(浮天)	대리(大利)	대리(大利)	연극(年克) 음부(陰府)	대리(大利)	음부(陰府)
신좌(申坐)	연극(年克)	천관(天官)	방음(傍陰) 세파(歲破)	삼살(三殺)	연극(年克) 지관(地官)	천관(天官)	소리(小利)	연극, 삼살 방음(傍陰)	대리(大利)	천관(天官)
경좌(庚坐)	연극(年克)	향살(向殺)	대리(大利)	부천(浮天) 생살(生殺)	연극(年克) 방음(傍陰)	향살(向殺)	소리(小利)	연극(年克) 좌살(坐殺)	대리(大利)	향살(向殺) 좌음(坐陰)
유좌(酉坐)	소리(小利)	음부(陰府)	구퇴(灸退)	삼살(三殺) 세파(歲破)	소리(小利)	지관(地官)	구퇴, 연극 음부(陰府)	삼살(三殺)	소리(小利), 冬至後小利	연극(年克)
신좌(辛坐)	연극(年克) 방음(傍陰)	향살(向殺)	부천(浮天)	좌살(坐殺)	연극(年克)	향살(向殺) 방음(傍陰)	대리(大利)	연극(年克) 좌살(坐殺)	대리(大利)	향살(向殺)
술좌(戌坐)	연극(年克)	소리(小利)	대리(大利)	삼살(三殺) 방음(傍陰)	연극(年克) 세파(歲破)	소리(小利)	지관(地官)	연극(年克) 삼살(三殺)	방음(傍陰)	대리(大利)
건좌(乾坐)	소리(小利)	음부(陰府)	대리(大利)	음부(陰府)	대리(大利)	부천(浮天)	연극(年克) 음부(陰府)	소리(小利)	음부(陰府)	연극(年克)
해좌(亥坐)	천관(天官)	대리(大利)	삼살(三殺)	소리(小利)	방음(傍陰) 천관(天官)	세파(歲破)	연극(年克) 삼살(三殺)	지관(地官)	천관(天官)	연극(年克) 방음(傍陰)
임좌(壬坐)	부천(浮天) 향살(向殺)	방음(傍陰)	좌살(坐殺)	연극(年克)	향살(向殺)	대리(大利)	좌살(坐殺) 방음(傍陰)	대리(大利)	향살(向殺)	대리(大利)

2) 갑술순(甲戌順)

연(年) / 좌(坐)	갑술(甲戌)	을해(乙亥)	병자(丙子)	정축(丁丑)	무인(戊寅)	기묘(己卯)	경진(庚辰)	신사(辛巳)	임오(壬午)	계미(癸未)
자좌(子坐)	삼살(三殺)	연극(年克)	음부(陰府)	구퇴(灸退) 연극(年克)	삼살(三殺)	소리(小利)	소리(小利)	구퇴(灸退) 음부(陰府)	삼살(三殺) 세파(歲破)	연극(年克)
계좌(癸坐)	좌살(坐殺)	부천(浮天) 연극(年克)	향살(向殺) 방음(傍陰)	연극(年克)	좌살(坐殺)	대리(大利)	향살(向殺)	방음(傍陰)	살방(殺傍)	연극(年克)
축좌(丑坐)	삼살(三殺)	연극(年克) 방음(傍陰)	소리(小利)	연극(年克)	삼살(三殺)	소리(小利)	방음(傍陰)	소리(小利)	삼살(三殺)	연극(年克) 세파(歲破)
간좌(艮坐)	음부(陰府)	소리(小利)	대리(大利)	대리(大利)	대리(大利)	음부(陰府)	연극(年克)	대리(大利)	대리(大利)	소리(小利)
인좌(寅坐)	지관(地官)	천관(天官) 연극(年克)	소리(小利)	삼살, 연극 방음(傍陰)	소리(小利)	천관(天官)	대리(大利)	삼살(三殺)	방음(傍陰)	천관(天官) 연극(年克)
갑좌(甲坐)	대리(大利)	향살(向殺) 연극(年克)	대리(大利)	삼살, 연극 방음(傍陰)	대리(大利)	향살(向殺)	대리(大利)	좌살(坐殺)	부천(浮天) 방음(傍陰)	향살(向殺) 연극(年克)
묘좌(卯坐)	소리(小利)	지관(地官)	구퇴(灸退)	삼살(三殺)	음부(陰府)	대리(大利)	구퇴(灸退) 연극(年克)	삼살(三殺)	소리(小利)	음부(陰府)
을좌(乙坐)	대리(大利)	향살(向殺)	대리(大利)	좌살(坐殺)	연극(年克) 방음(傍陰)	향살(向殺)	대리(大利)	좌살(坐殺) 연극(年克)	대리(大利)	향살, 부천 방음(傍陰)
진좌(辰坐)	세파(歲破)	연극(年克)	방음(傍陰) 지관(地官)	삼살(三殺) 연극(年克)	대리(大利)	대리(大利)	소리(小利)	삼살(三殺) 방음(傍陰)	소리(小利)	연극(年克)
손좌(巽坐)	음부(陰府)	연극(年克)	대리(大利)	연극(年克)	대리(大利)	음부(陰府)	대리(大利)	대리(大利)	소리(小利)	연극(年克)
사좌(巳坐)	천관(天官)	방음(傍陰) 세파(歲破)	삼살(三殺)	지관(地官)	천관(天官)	대리(大利)	삼살, 연극 방음	대리(大利)	천관(天官)	대리(大利)
병좌(丙坐)	방음(傍陰) 향살(向殺)	대리(大利)	좌살(坐殺)	대리(大利)	향살(向殺) 연극(年克)	방음(傍陰)	좌살(坐殺)	연극(年克) 부천(浮天)	향살(向殺)	대리(大利)
오좌(午坐)	소리(小利)	구퇴(灸退)	삼살(三殺) 세파(歲破)	음부(陰府)	지관(地官) 연극(年克)	구퇴(灸退)	삼살(三殺)	연극(年克)	음부(陰府)	구퇴(灸退)
정좌(丁坐)	연극(年克) 향살(向殺)	방음(傍陰)	좌살(坐殺) 연극(年克)	대리(大利)	향살(向殺)	대리(大利), 冬至後不利	부천, 방음 좌살(坐殺)	대리(大利)	향살(向殺) 연극(年克)	대리(大利)
미좌(未坐)	소리(小利)	연극(年克)	삼살(三殺)	연극(年克) 세파(歲破)	방음(傍陰)	지관(地官)	삼살(三殺)	대리(大利)	대리(大利)	방음(傍陰) 연극(年克)
곤좌(坤坐)	대리(大利)	연극(年克)	음부(陰府)	연극(年克)	부천(部薦) 음부(陰府)	대리(大利)	대리(大利)	음부(陰府)	대리(大利)	연극(年克) 음부(陰府)
신좌(申坐)	소리(小利)	삼살(三殺) 연극(年克)	방음(傍陰)	천관(天官) 연극(年克)	세파(歲破)	삼살(三殺)	지관(地官)	방음(傍陰) 천관(天官)	대리(大利)	삼살(三殺) 연극(年克)
경좌(庚坐)	대리(大利)	연극(年克) 좌살(坐殺)	대리(大利)	연극, 향살 부천(浮天)	방음(傍陰)	좌살(坐殺)	대리(大利)	향살(向殺)	소리(小利)	좌살, 방음 연극(年克)
유좌(酉坐)	구퇴(灸退) 연극(年克)	삼살(三殺) 음부(陰府)	연극(年克)	대리(大利)	구퇴(灸退)	삼살(三殺) 세파(歲破)	음부(陰府)	지관(地官)	구퇴(灸退) 연극(年克)	삼살(三殺)
신좌(辛坐)	방음(傍陰)	좌살(坐殺) 연극(年克)	부천(浮天)	향살(向殺) 연극(年克)	소리(小利)	좌살(坐殺) 방음(傍陰)	대리(大利)	향살(向殺)	대리(大利)	좌살(坐殺) 연극(年克)
술좌(戌坐)	소리(小利)	연극(年克) 삼살(三殺)	대리(大利)	연극(年克)	대리(大利)	삼살(三殺)	세파(歲破)	소리(小利)	방음(傍陰) 지관(地官)	삼살(三殺) 연극(年克)
건좌(乾坐)	연극(年克)	음부(陰府)	연극(年克)	음부(陰府)	대리(大利)	부천(浮天)	음부(陰府)	소리(小利)	연극(年克) 음부(陰府)	대리(大利)
해좌(亥坐)	삼살(三殺) 연극(年克)	대리(大利)	연극(年克) 천관(天官)	소리(小利)	삼살(三殺) 방음(傍陰)	소리(小利), 冬至後不利	천관(天官)	세파(歲破)	삼살(三殺) 연극(年克)	방음(傍陰) 지관(地官)
임좌(壬坐)	좌살(坐殺) 부천(浮天)	방음(傍陰)	향살(向殺)	대리(大利)	연극(年克) 좌살(坐殺)	대흉(大凶)	향살(向殺) 방음(傍陰)	연극(年克)	좌살(坐殺)	대리(大利)

3) 갑신순(甲申順)

좌(坐) \ 연(年)	갑신(甲申)	을유(乙酉)	병술(丙戌)	정해(丁亥)	무자(戊子)	기축(己丑)	경인(庚寅)	신묘(辛卯)	임진(壬辰)	계사(癸巳)
자좌(子坐)	지관(地官)	구퇴(灸退)	삼살, 음부 연극(年克)	대리(大利)	소리(小利)	구퇴(灸退)	삼살(三殺)	음부(陰府)	연극(年克)	구퇴(灸退)
계좌(癸坐)	향살(向殺)	부천(浮天)	좌살, 방음 연극(年克)	대리(大利)	향살(向殺)	대리(大利)	좌살(坐殺)	방음(傍陰)	향살(向殺) 연극(年克)	대리(大利)
축좌(丑坐)	소리(小利)	방음(傍陰) 지관(地官)	삼살(三殺) 연극(年克)	대리(大利)	대리(大利)	대리(大利)	삼살(三殺) 방음(傍陰)	소리(小利)	연극(年克)	소리(小利)
간좌(艮坐)	음부(陰府)	소리(小利)	대리(大利)	연극(年克)	대리(大利)	음부(陰府)	대리(大利)	대리(大利)	대리(大利)	연극(年克)
인좌(寅坐)	세파(歲破)	삼살(三殺)	지관(地官) 연극(年克)	방음(傍陰) 천관(天官)	소리(小利)	삼살(三殺)	대리(大利)	천관(天官)	방음(傍陰) 연극(年克)	삼살(三殺)
갑좌(甲坐)	대리(大利)	좌살(坐殺)	연극(年克)	향살(向殺) 방음(傍陰)	대리(大利)	좌살(坐殺)	대리(大利)	향살(向殺)	부천, 연극 방음(傍陰)	좌살(坐殺)
묘좌(卯坐)	구퇴(灸退)	삼살(三殺) 세파(歲破)	소리(小利)	연극(年克) 지관(地官)	구퇴(灸退) 음부(陰府)	삼살(三殺)	소리(小利)	소리(小利)	구퇴(灸退)	삼살, 음부 연극(年克)
을좌(乙坐)	연극(年克)	좌살(坐殺)	대리(大利)	향살(向殺)	방음(傍陰)	좌살(坐殺)	연극(年克)	향살(向殺)	대리(大利)	좌살, 부천 방음(傍陰)
진좌(辰坐)	대리(大利)	삼살(三殺)	방음, 세파 연극(年克)	소리(小利)	지관(地官)	삼살(三殺)	소리(小利)	방음(傍陰)	연극(年克)	삼살(三殺)
손좌(巽坐)	음부(陰府)	대리(大利)	연극(年克)	대리(大利)	대리(大利)	음부(陰府)	대리(大利)	대리(大利)	연극(年克)	대리(大利)
사좌(巳坐)	삼살(三殺)	방음(傍陰)	천관(天官)	연극(年克) 세파(歲破)	삼살(三殺)	지관(地官)	방음(傍陰) 천관(天官)	대리(大利)	삼살(三殺)	연극(年克)
병좌(丙坐)	좌살, 방음 연극(年克)	대리(大利)	향살(向殺)	대리(大利)	좌살(坐殺)	방음(傍陰)	향살(向殺) 연극(年克)	부천(浮天)	좌살(坐殺)	대리(大利)
오좌(午坐)	삼살(三殺) 연극(年克)	소리(小利)	소리(小利)	구퇴(灸退) 음부(陰府)	삼살(三殺) 세파(歲破)	소리(小利)	연극(年克) 지관(地官)	구퇴(灸退)	삼살(三殺) 음부(陰府)	대리(大利)
정좌(丁坐)	좌살(坐殺)	방음(傍陰)	향살(向殺)	대리(大利)	좌살(坐殺)	연극(年克)	향살, 방음 부천(浮天)	대리(大利), 冬至後不利	좌살(坐殺)	대리(大利)
미좌(未坐)	삼살(三殺)	소리(小利)	연극(年克)	소리(小利)	삼살(三殺) 방음(傍陰)	세파(歲破)	소리(小利)	지관(地官)	삼살(三殺) 연극(年克)	방음(傍陰)
곤좌(坤坐)	대리(大利)	대리(大利)	음부(陰府) 연극(年克)	대리(大利)	부천(浮天) 음부(陰府)	대리(大利)	대리(大利)	음부(陰府)	연극(年克)	음부(陰府)
신좌(申坐)	대리(大利)	천관(天官)	방음(傍陰) 연극(年克)	삼살(三殺)	소리(小利)	천관(天官)	세파(歲破)	삼살(三殺) 방음(傍陰)	지관(地官) 연극(年克)	천관(天官)
경좌(庚坐)	대리(大利)	향살(向殺)	연극(年克)	좌살(坐殺) 부천(浮天)	방음(傍陰)	향살(向殺)	대리(大利)	좌살(坐殺)	연극(年克)	향살(向殺) 방음(傍陰)
유좌(酉坐)	소리(小利)	음부(陰府)	구퇴(灸退)	삼살(三殺)	소리(小利), 冬至後不利	연극(年克)	구퇴(灸退) 음부(陰府)	삼살(三殺) 세파(歲破)	소리(小利)	지관(地官)
신좌(辛坐)	방음(傍陰)	향살(向殺)	부천(浮天) 연극(年克)	좌살(坐殺)	대리(大利)	향살(向殺) 방음(傍陰)	소리(小利)	좌살(坐殺)	연극(年克)	향살(向殺)
술좌(戌坐)	소리(小利)	대리(大利)	연극(年克)	삼살(三殺) 방음(傍陰)	대리(大利)	소리(小利)	대리(大利)	삼살(三殺)	방음, 세파 연극(年克)	소리(小利)
건좌(乾坐)	대리(大利)	음부(陰府)	대리(大利)	음부(陰府)	소리(小利), 冬至後不利	부천(浮天) 연극(年克)	음부(陰府)	소리(小利), 冬至後不利	음부(陰府)	소리(小利)
해좌(亥坐)	천관(天官)	대리(大利), 冬至後不利	삼살(三殺)	소리(小利)	방음(傍陰) 천관(天官)	연극(年克)	삼살(三殺)	소리(小利), 冬至後不利	천관(天官)	방음(傍陰) 세파(歲破)
임좌(壬坐)	향살, 부천 연극(年克)	방음(傍陰)	좌살(坐殺)	대리(大利)	향살(向殺)	대리(大利)	좌살, 연극 방음(傍陰)	대리(大利)	향살(向殺)	대리(大利)

4) 갑오순(甲午順)

연(年) 좌(坐)	갑오(甲午)	을미(乙未)	병신(丙申)	정유(丁酉)	무술(戊戌)	기해(己亥)	경자(庚子)	신축(辛丑)	임인(壬寅)	계묘(癸卯)
자좌(子坐)	삼살, 세파 연극(年克)	소리(小利)	음부(陰府) 지관(地官)	구퇴(灸退)	삼살(三殺) 연극(年克)	소리(小利)	대리(大利)	구퇴, 음부 연극(年克)	삼살(三殺)	소리(小利)
계좌(癸坐)	좌살(坐殺) 연극(年克)	부천(浮天)	향살(向殺) 방음(傍陰)	대리(大利)	좌살(坐殺) 연극(年克)	대리(大利)	향살(向殺)	방음(傍陰) 연극(年克)	좌살(坐殺)	대리(大利)
축좌(丑坐)	삼살(三殺) 연극(年克)	방음(傍陰) 세파(歲破)	소리(小利)	지관(地官)	삼살(三殺) 연극(年克)	대리(大利)	방음(傍陰)	연극(年克)	삼살(三殺)	소리(小利)
간좌(艮坐)	음부(陰府)	연극(年克)	연극(年克)	대리(大利)	대리(大利)	음부(陰府) 연극(年克)	대리(大利)	대리(大利)	대리(大利)	소리(小利)
인좌(寅坐)	연극(年克)	천관(天官)	세파(歲破)	삼살(三殺) 방음(傍陰)	연극(年克) 지관(地官)	천관(天官)	대리(大利)	삼살(三殺) 연극(年克)	방음(傍陰)	천관(天官)
갑좌(甲坐)	연극(年克)	향살(向殺)	대리(大利)	좌살(坐殺) 방음(傍陰)	연극(年克)	향살(向殺)	대리(大利)	좌살(坐殺) 연극(年克)	부천(浮天) 방음(傍陰)	향살(向殺)
묘좌(卯坐)	소리(小利)	연극(年克)	구퇴(灸退) 연극(年克)	삼살(三殺) 세파(歲破)	음부(陰府)	지관(地官) 연극(年克)	구퇴(灸退)	삼살(三殺)	소리(小利)	음부(陰府)
을좌(乙坐)	대리(大利)	향살(向殺)	대리(大利)	좌살(坐殺) 연극(年克)	방음(傍陰)	향살(向殺)	대리(大利)	좌살(坐殺)	대리(大利)	향살, 부천 방음(傍陰)
진좌(辰坐)	연극(年克)	소리(小利)	방음(傍陰)	삼살(三殺)	연극(年克) 세파(歲破)	소리(小利)	지관(地官)	삼살, 방음 연극(年克)	소리(小利)	대리(大利)
손좌(巽坐)	음부(陰府) 연극(年克)	대리(大利)	대리(大利)	대리(大利)	연극(年克)	음부(陰府)	대리(大利)	연극(年克)	소리(小利)	대리(大利)
사좌(巳坐)	천관(天官)	방음(傍陰) 연극(年克)	삼살(三殺) 연극(年克)	대리(大利)	천관(天官)	연극(年克) 세파(歲破)	삼살(三殺) 방음(傍陰)	지관(地官)	천관(天官)	대리(大利)
병좌(丙坐)	향살(向殺) 방음(傍陰)	대리(大利)	좌살(坐殺)	연극(年克)	향살(向殺)	방음(傍陰)	좌살(坐殺)	부천(浮天)	향살(向殺)	대리(大利)
오좌(午坐)	소리(小利)	구퇴(灸退)	삼살(三殺)	음부(陰府) 연극(年克)	소리(小利)	구퇴(灸退)	삼살(三殺) 세파(歲破)	소리(小利)	음부(陰府) 지관(地官)	구퇴(灸退)
정좌(丁坐)	향살(向殺)	방음(傍陰)	좌살(坐殺)	소리(小利)	향살(向殺)	대리(大利)	좌살, 부천 방음, 연극	대리(大利)	향살(向殺)	연극(年克)
미좌(未坐)	연극(年克)	소리(小利)	삼살(三殺)	소리(小利)	방음(傍陰) 연극(年克)	소리(小利)	삼살(三殺)	연극(年克) 세파(歲破)	소리(小利)	방음(傍陰) 지관(地官)
곤좌(坤坐)	연극(年克)	대리(大利)	음부(陰府)	대리(大利)	연극, 부천 음부(陰府)	대리(大利)	소리(小利)	연극(年克) 음부(陰府)	대리(大利)	음부(陰府)
신좌(申坐)	연극(年克)	삼살(三殺)	방음(傍陰)	천관(天官)	연극(年克)	삼살(三殺)	소리(小利)	방음, 천관 연극(年克)	세파(歲破)	삼살(三殺)
경좌(庚坐)	연극(年克)	좌살(坐殺)	대리(大利)	향살(向殺) 부천(浮天)	방음(傍陰) 연극(年克)	좌살(坐殺)	대리(大利)	향살(向殺) 연극(年克)	대리(大利)	좌살(坐殺) 방음(傍陰)
유좌(酉坐)	구퇴(灸退)	삼살(三殺) 음부(陰府)	소리(小利)	소리(小利)	구퇴(灸退)	삼살(三殺)	음부(陰府) 연극(年克)	대리(大利)	구퇴(灸退)	삼살, 세파 연극(年克)
신좌(辛坐)	방음(傍陰) 연극(年克)	좌살(坐殺)	부천(浮天)	향살(向殺)	연극(年克)	좌살(坐殺) 방음(傍陰)	대리(大利)	향살(向殺) 연극(年克)	소리(小利)	좌살(坐殺)
술좌(戌坐)	지관(地官) 연극(年克)	삼살(三殺)	대리(大利)	방음(傍陰)	연극(年克)	삼살(三殺)	대리(大利)	연극(年克)	방음(傍陰)	삼살(三殺)
건좌(乾坐)	소리(小利)	음부(陰府)	대리(大利)	음부(陰府)	좌살(坐殺)	부천(浮天)	음부(陰府) 연극(年克)	소리(小利)	음부(陰府)	연극(年克)
해좌(亥坐)	삼살(三殺)	지관(地官)	천관(天官)	소리(小利)	삼살(三殺) 방음(傍陰)	대리(大利)	천관(天官) 연극(年克)	대리(大利)	삼살(三殺)	방음(傍陰) 연극(年克)
임좌(壬坐)	좌살(坐殺) 부천(浮天)	방음(傍陰)	향살(向殺)	연극(年克)	좌살(坐殺)	대리(大利)	향살(向殺) 방음(傍陰)	대리(大利)	좌살(坐殺)	대리(大利)

5) 갑진순(甲辰順)

연(年) 좌(坐)	갑진(甲辰)	을사(乙巳)	병오(丙午)	정미(丁未)	무신(戊申)	기유(己酉)	경술(庚戌)	신해(辛亥)	임자(壬子)	계축(癸丑)
자좌(子坐)	소리(小利)	구퇴(灸退) 연극(年克)	삼살, 세파 음부(陰府)	연극(年克)	지관(地官)	구퇴(灸退)	삼살(三殺)	음부(陰府)	소리(小利)	연극(年克) 구퇴(灸退)
계좌(癸坐)	향살(向殺)	부천(浮天) 연극(年克)	좌살(坐殺) 방음(傍陰)	연극(年克)	향살(向殺)	대리(大利)	좌살(坐殺)	방음(傍陰)	향살(向殺)	연극(年克)
축좌(丑坐)	소리(小利)	방음(傍陰) 연극(年克)	삼살(三殺)	연극(年克) 세파(歲破)	소리(小利)	지관(地官)	삼살(三殺) 방음(傍陰)	소리(小利)	대리(大利)	연극(年克)
간좌(艮坐)	음부(陰府)	소리(小利)	대리(大利)	대리(大利)	대리(大利)	음부(陰府)	연극(年克)	대리(大利)	대리(大利)	소리(小利)
인좌(寅坐)	대리(大利)	삼살(三殺) 연극(年克)	소리(小利)	방음, 연극 천관(天官)	세파(歲破)	삼살(三殺)	지관(地官)	천관(天官)	방음(傍陰)	삼살(三殺) 연극(年克)
갑좌(甲坐)	대리(大利)	좌살(坐殺) 연극(年克)	대리(大利)	향살, 연극 방음(傍陰)	대리(大利)	좌살(坐殺)	대리(大利)	향살(向殺)	부천(浮天) 방음(傍陰)	좌살(坐殺) 연극(年克)
묘좌(卯坐)	구퇴(灸退)	삼살(三殺)	소리(小利)	소리(小利)	구퇴(灸退) 음부(陰府)	삼살(三殺) 세파(歲破)	연극(年克)	지관(地官)	구퇴(灸退)	삼살(三殺) 방음(傍陰)
을좌(乙坐)	대리(大利)	좌살(坐殺)	대리(大利)	향살(向殺)	연극(年克) 방음(傍陰)	좌살(坐殺)	대리(大利)	향살(向殺) 연극(年克)	대리(大利)	좌살, 부천 방음(傍陰)
진좌(辰坐)	대리(大利)	삼살(三殺) 연극(年克)	방음(傍陰)	연극(年克)	대리(大利)	삼살(三殺)	세파(歲破)	방음(傍陰)	지관(地官)	삼살(三殺) 연극(年克)
손좌(巽坐)	음부(陰府)	연극(年克)	대리(大利)	연극(年克)	대리(大利)	음부(陰府)	대리(大利)	대리(大利)	소리(小利)	연극(年克)
사좌(巳坐)	삼살(三殺)	방음(傍陰)	천관(天官)	대리(大利)	삼살(三殺)	대리(大利)	방음, 천관 연극(年克)	세파(歲破)	삼살(三殺)	지관(地官)
병좌(丙坐)	좌살(坐殺) 방음(傍陰)	대리(大利)	향살(向殺)	대리(大利)	좌살(坐殺) 연극(年克)	방음(傍陰)	향살(向殺)	연극(年克) 부천(浮天)	좌살(坐殺)	대리(大利)
오좌(午坐)	삼살(三殺)	대리(大利)	소리(小利)	구퇴(灸退) 음부(陰府)	삼살(三殺) 연극(年克)	소리(小利)	대리(大利)	구퇴(灸退) 연극(年克)	삼살, 세파 음부(陰府)	소리(小利)
정좌(丁坐)	좌살(坐殺) 연극(年克)	방음(傍陰)	향살(向殺) 연극(年克)	대리(大利)	좌살(坐殺)	소리(小利), 冬至後不利	향살, 방음 부천(浮天)	대리(大利)	좌살(坐殺) 연극(年克)	대리(大利)
미좌(未坐)	삼살(三殺)	연극(年克)	대리(大利)	연극(年克)	삼살(三殺) 방음(傍陰)	소리(小利)	소리(小利)	소리(小利)	삼살(三殺)	방음, 세파 연극(年克)
곤좌(坤坐)	대리(大利)	연극(年克)	음부(陰府)	연극(年克)	부천(浮天) 음부(陰府)	대리(大利)	대리(大利)	음부(陰府)	소리(小利)	연극(年克) 음부(陰府)
신좌(申坐)	지관(地官)	천관(天官) 연극(年克)	방음(傍陰)	삼살(三殺) 연극(年克)	소리(小利)	천관(天官)	소리(小利)	삼살(三殺) 방음(傍陰)	대리(大利)	천관(天官) 연극(年克)
경좌(庚坐)	대리(大利)	향살(向殺) 연극(年克)	소리(小利)	좌살, 연극 부천(浮天)	방음(傍陰)	향살(向殺)	대리(大利)	좌살(坐殺)	대리(大利)	향살, 방음 연극(年克)
유좌(酉坐)	연극(年克)	음부(陰府) 지관(地官)	구퇴(灸退) 연극(年克)	삼살(三殺)	소리(小利)	소리(小利), 冬至後不利	구퇴(灸退) 음부(陰府)	삼살(三殺)	연극(年克)	소리(小利)
신좌(辛坐)	방음(傍陰)	향살(向殺) 연극(年克)	부천(浮天)	좌살(坐殺) 연극(年克)	대리(大利)	향살(向殺) 방음(傍陰)	대리(大利)	좌살(坐殺)	대리(大利)	향살(向殺) 연극(年克)
술좌(戌坐)	세파(歲破)	연극(年克)	지관(地官)	삼살, 연극 방음(傍陰)	대리(大利)	소리(小利)	대리(大利)	삼살(三殺)	방음(傍陰)	연극(年克)
건좌(乾坐)	연극(年克)	음부(陰府)	연극(年克)	음부(陰府)	대리(大利)	부천(浮天)	음부(陰府)	소리(小利)	연극(年克) 음부(陰府)	소리(小利)
해좌(亥坐)	천관(天官) 연극(年克)	세파(歲破)	좌살(坐殺) 연극(年克)	지관(地官)	방음(傍陰) 천관(天官)	대리(大利), 冬至後不利	삼살(三殺)	대리(大利)	천관(千官) 연극(年克)	방음(傍陰)
임좌(壬坐)	향살(向殺) 부천(浮天)	방음(傍陰)	좌살(坐殺)	대리(大利)	향살(向殺) 연극(年克)	대리(大利)	좌살(坐殺) 방음(傍陰)	연극(年克)	향살(向殺)	대리(大利)

6) 갑인순(甲寅順)

연(年) / 좌(坐)	갑인(甲寅)	을묘(乙卯)	병진(丙辰)	정사(丁巳)	무오(戊午)	기미(己未)	경신(庚申)	신유(辛酉)	임술(壬戌)	계해(癸亥)
자좌(子坐)	삼살(三殺)	소리(小利)	음부(陰府) 연극(年克)	구퇴(灸退)	삼살(三殺) 세파(歲破)	소리(小利)	지관(地官)	구퇴(灸退) 음부(陰府)	삼살(三殺) 연극(年克)	소리(小利)
계좌(癸坐)	좌살(坐殺)	부천(浮天)	향살, 방음 연극(年克)	대리(大利)	좌살(坐殺)	대리(大利)	향살(向殺)	방음(傍陰)	좌살(坐殺) 연극(年克)	대리(大利)
축좌(丑坐)	삼살(三殺)	방음(傍陰)	연극(年克)	대리(大利)	삼살(三殺)	세파(歲破)	방음(傍陰)	지관(地官)	삼살(三殺) 연극(年克)	소리(小利)
간좌(艮坐)	음부(陰府)	소리(小利)	대리(大利)	연극(年克)	대리(大利)	음부(陰府)	대리(大利)	대리(大利)	대리(大利)	연극(年克)
인좌(寅坐)	대리(大利)	천관(天官)	연극(年克)	삼살(三殺) 방음(傍陰)	소리(小利)	천관(天官)	세파(歲破)	삼살(三殺)	방음, 지관 연극(年克)	천관(天官)
갑좌(甲坐)	대리(大利)	향살(向殺)	연극(年克)	좌살(坐殺) 방음(傍陰)	대리(大利)	향살(向殺)	대리(大利)	좌살(坐殺)	부천, 연극 방음(傍陰)	향살(向殺)
묘좌(卯坐)	소리(小利)	대리(大利)	구퇴(灸退)	삼살(三殺) 연극(年克)	음부(陰府)	대리(大利)	구퇴(灸退)	삼살(三殺) 세파(歲破)	소리(小利)	음부, 지관 연극(年克)
을좌(乙坐)	연극(年克)	향살(向殺)	대리(大利)	좌살(坐殺)	방음(傍陰)	향살(向殺)	연극(年克)	좌살(坐殺)	대리(大利)	향살, 부천 방음(傍陰)
진좌(辰坐)	소리(小利)	지관(地官)	삼살(三殺) 연극(年克)	소리(小利)	방음(傍陰)	소리(小利)	삼살(三殺)	소리(小利)	연극(年克)	방음(傍陰)
손좌(巽坐)	대리(大利)	대리(大利)	음부(陰府) 연극(年克)	대리(大利)	부천(浮天) 음부(陰府)	대리(大利)	대리(大利)	음부(陰府)	연극(年克)	음부(陰府)
사좌(巳坐)	세파(歲破)	삼살(三殺)	방음, 연극 지관(地官)	천관(天官)	소리(小利)	삼살(三殺)	소리(小利)	방음(傍陰) 천관(天官)	연극(年克)	삼살(三殺)
병좌(丙坐)	대리(大利)	좌살(坐殺)	연극(年克)	향살(向殺) 부천(浮天)	방음(傍陰)	좌살(坐殺)	대리(大利)	향살(向殺)	연극(年克)	좌살(坐殺) 방음(傍陰)
오좌(午坐)	대리(大利)	소리(小利)	방음(傍陰) 연극(年克)	삼살(三殺)	대리(大利)	소리(小利)	소리(小利)	삼살(三殺) 방음(傍陰)	연극(年克) 세파(歲破)	소리(小利)
정좌(丁坐)	음부(陰府)	대리(大利)	연극(年克)	대리(大利)	대리(大利)	음부(陰府)	대리(大利)	대리(大利)	연극(年克)	대리(大利)
미좌(未坐)	천관(天官)	방음(傍陰)	삼살(三殺)	연극(年克)	천관(天官)	대리(大利)	삼살(三殺) 방음(傍陰)	대리(大利)	천관(天官)	연극(年克) 세파(歲破)
곤좌(坤坐)	향살, 방음 연극(年克)	대리(大利)	좌살(坐殺)	대리(大利)	향살(向殺)	방음(傍陰)	좌살(坐殺) 연극(年克)	부천(浮天)	향살(向殺)	대리(大利)
신좌(申坐)	지관(地官) 연극(年克)	구퇴(灸退)	삼살(三殺)	음부(陰府)	소리(小利)	구퇴(灸退)	삼살(三殺) 연극(年克)	소리(小利)	음부(陰府)	구퇴(灸退)
경좌(庚坐)	향살(向殺)	방음(傍陰)	좌살(坐殺)	대리(大利)	향살(向殺)	연극(年克)	좌살, 방음 부천(浮天)	소리(小利), 冬至後不利	향살(向殺)	대리(大利)
유좌(酉坐)	구퇴(灸退)	삼살, 세파 음부(陰府)	소리(小利)	지관(地官)	구퇴(灸退)	삼살(三殺) 연극(年克)	음부(陰府)	소리(小利), 冬至後不利	구퇴(灸退)	삼살(三殺)
신좌(辛坐)	방음(傍陰)	좌살(坐殺)	부천(浮天) 연극(年克)	향살(向殺)	대리(大利)	좌살(坐殺) 방음(傍陰)	대리(大利)	향살(向殺)	연극(年克)	좌살(坐殺)
술좌(戌坐)	소리(小利)	삼살(三殺)	연극(年克) 세파(世波)	방음(傍陰)	지관(地官)	삼살(三殺)	대리(大利)	소리(小利)	방음(傍陰) 연극(年克)	삼살(三殺)
건좌(乾坐)	대리(大利)	음부(陰府)	대리(大利)	음부(陰府)	소리(小利), 冬至後不利	연극(年克) 부천(浮天)	음부(陰府)	소리(小利), 冬至後不利	음부(陰府)	대리(大利)
해좌(亥坐)	삼살(三殺)	소리(小利), 冬至後不利	천관(天官)	세파(世波)	삼살(三殺) 방음(傍陰)	지관(地官) 연극(年克)	천관(天官)	대리(大利), 冬至後不利	삼살(三殺)	방음(傍陰)
임좌(壬坐)	좌살, 연극 부천(浮天)	방음(傍陰)	향살(向殺)	대리(大利)	좌살(坐殺)	대리(大利)	향살, 연극 방음(傍陰)	대리(大利)	좌살(坐殺)	대리(大利)

3. 선택정종 월표(月表)

선택정종 원본에는 혼사, 매장, 건물 신축 등 모두 기입되어있는 것을 건설과 관련되는 것만 발췌한 것이다. 1년의 12월, 1월 60갑자의 일(日)에 길흉신이 월(月)에 따라 전환하고 있다. 길흉신(吉凶神)이 많으므로 길흉(吉凶)에 영향을 고려하여 택일을 올바르게 하여야 한다. 조장(造葬)은 건물 신축과 매장이다. 수주(竪柱)와 상량(上樑)은 수조(豎造)이며 현재 철근콘크리트 구조에서는 콘크리트 타설을 말한다. 통토와 파토는 동파토이며 토목공사를 말한다.

가장 흉(凶)한 날은 제사불의(諸事不宜)이고, 모든 일에 피하는 날이 대사개기(大事皆忌)와 유기무의(有忌無宜)이고, 길(吉)한 날은 대사무의기(大事無宜忌)와 유의무기(有宜無忌)이다. 의(宜)는 마땅한 일이고 기(忌)는 꺼리는 일이다.

예를 들어 서기 2011년 11월 30일을 택일하였다면 달력이나 만세력에서 24절기를 보면 11월 8일이 입동이므로 음력 10월이 되고, 12월 7일이 대설이므로 음력 11월이 된다. 그러므로 11월 30일은 음력 10월이다. 다음은 일진이 기축(己丑)이므로 10월의 기축(己丑)을 보면 흉신 고진만 있으므로 이것만 제살(制殺)하면 무난한 날이다.

또 서기 2011년 2월 3일(음력 1월 1일)의 일진은 기축(己丑)이며 입춘이 2월 4일 이므로 1월의 기축(己丑)을 보지 않고, 12월의 기축(己丑)을 보아야 한다. 그러므로 경인(庚寅)년 기축(己丑)월 기축(己丑)일이 된다. 12월의 기축(己丑)을 보면 길신은 없고, 흉신이 월건(月建)이며 대사개기(大事皆忌)이므로 피하는 날이다. 나머지도 이와 같은 방법으로 유추한다.

(1) 1월(입춘 날부터 경칩 앞날까지)

日干支	길흉신(吉凶神)		의기(宜忌)
갑자(甲子)	吉		
	凶	재살(災煞)사기(四忌)복일	기(忌) 파토(破土)
을축(乙丑)	吉		제사불의(諸事不宜)
	凶		
병인(丙寅)	吉	월덕(月德)오폐대(嗚吠對)	의(宜) 수조(豎造)
	凶	월건(月建)	기(忌) 동토(動土)파토(破土)
정묘(丁卯)	吉	천덕(天德)오폐대(嗚吠對)	의(宜) 조장(造葬)동파토(動破土)
	凶		
무진(戊辰)	吉		
	凶	염대(厭對)	
기사(己巳)	吉		대사개기(大事皆忌)
	凶		
경오(庚午)	吉	오폐(嗚吠)	의(宜) 조장(造葬)
	凶		기(忌) 동토(動土)파토(破土)
신미(辛未)	吉	월덕합(月德合)	의(宜) 동토(動土)조장(造葬)
	凶		
임신(壬申)	吉	천덕합(天德合)	대사개기(大事皆忌)
	凶	월파(月破)	
계유(癸酉)	吉	오폐(嗚吠)	의(宜) 파토(破土)
	凶	천리(天吏)	기(忌) 수조(豎造)동토(動土)
갑술(甲戌)	吉		제사불의(諸事不宜)
	凶	대회(大會)	
을해(乙亥)	吉	천원(天願)	의(宜) 수조(豎造)동토(動土)
	凶	겁살(劫煞)	
병자(丙子)	吉	월덕(月德)	의(宜) 조장(造葬)동토(動土)
	凶	재살(災煞)	
정축(丁丑)	吉	천덕(天德)불장(不將)	대사개기(大事皆忌)
	凶	월살(月煞)	
무인(戊寅)	吉	천사(天赦)	의(宜) 조장(造葬)
	凶	월건(月建)	기(忌) 수조(豎造)동토(動土)파토(破土)
기묘(己卯)	吉	불장(不將)	
	凶		
경진(庚辰)	吉		
	凶	염대(厭對)	
신사(辛巳)	吉	월덕합(月德合)	대사무의기(大事無宜忌)
	凶	형해(刑害)	
임오(壬午)	吉	천덕합(天德合)오폐(嗚吠)	의(宜) 조장(造葬)동토(動土)파토(破土)
	凶		
계미(癸未)	吉		대사무의기(大事無宜忌)
	凶		

日干支	길흉신(吉凶神)		의기(宜忌)
갑신(甲申)	吉		대사개기(大事皆忌)
	凶	월파(月破)	
을유(乙酉)	吉	오폐(鳴吠)	의(宜) 파토(破土)
	凶	천리(天吏)	기(忌) 수조(竪造)동토(動土)
병술(丙戌)	吉	월덕(月德)	의(宜) 동토(動土)조장(造葬)
	凶	월염(月厭)	
정해(丁亥)	吉	천덕(天德)	의(宜) 수조동토(竪造動土)
	凶	겁살(劫煞)	
무자(戊子)	吉		
	凶	재살(災煞)	기(忌) 파토(破土)
기축(己丑)	吉		제사불의(諸事不宜)
	凶		
경인(庚寅)	吉		대사개기(大事皆忌)
	凶		
신묘(辛卯)	吉	월덕합(月德合)	의(宜) 조장(造葬)동파토(動破土)
	凶		
임진(壬辰)	吉	천덕합(天德合)	의(宜) 조장(造葬)동토(動土)
	凶	염대(厭對)	
계사(癸巳)	吉		대사개기(大事皆忌)
	凶		
갑오(甲午)	吉	오폐(鳴吠)	의(宜) 수조(竪造)동토(動土)
	凶	사기(死氣)	기(忌) 파토(破土)
을미(乙未)	吉		대사개기(大事皆忌)
	凶		
병신(丙申)	吉	월덕(月德)	대사개기(大事皆忌)
	凶	월파(月破)	
정유(丁酉)	吉	천덕(天德)	의(宜) 조장(造葬)동토(動土)파토(破土)
	凶		
무술(戊戌)	吉		대사개기(大事皆忌)
	凶		
기해(己亥)	吉		
	凶	겁살(劫煞)	기(忌) 파토(破土)
경자(庚子)	吉		
	凶	재살(災煞)	기(忌) 동파토(動破土)
신축(辛丑)	吉	월덕합(月德合)	대사개기(大事皆忌)
	凶	월살(月煞)	
임인(壬寅)	吉	천덕합(天德合)	의(宜) 조장(造葬)
	凶	월건(月建)	기(忌) 동파토(動破土)
계묘(癸卯)	吉	오폐대(鳴吠對)	의(宜) 파토(破土)
	凶		

日干支		길흉신(吉凶神)	의기(宜忌)
갑진(甲辰)	吉		
	凶	염대(厭對)	기(忌) 파토(破土)
을사(乙巳)	吉		대사개기(大事皆忌)
	凶		
병오(丙午)	吉	월덕(月德)오폐(嗚吠)	의(宜) 조장(造葬)동파토(動破土)
	凶		
정미(丁未)	吉	천덕(天德)	의(宜) 조장(造葬)동토(動土)
	凶		
무신(戊申)	吉		대사개기(大事皆忌)
	凶	월파(月破)	
기유(己酉)	吉	오폐(嗚吠)	의(宜) 파토(破土)
	凶	천리(天吏)	기(忌) 수조(竪造)동토(動土)
경술(庚戌)	吉		대사개기(大事皆忌)
	凶		
신해(辛亥)	吉	월덕합(月德合)	의(宜) 수조(竪造)동토(動土)
	凶	겁살(劫煞)	
임자(壬子)	吉	천덕합(天德合)오폐대(嗚吠對)	의(宜) 수조(竪造)동토(動土)
	凶		
계축(癸丑)	吉		제사불의(諸事不宜)
	凶		
갑인(甲寅)	吉		대사개기(大事皆忌)
	凶		
을묘(乙卯)	吉	오폐대(嗚吠對)	의(宜) 파토(破土)
	凶		
병진(丙辰)	吉	월덕(月德)	의(宜) 조장(造葬)동토(動土)
	凶	염대(厭對)	
정사(丁巳)	吉	천덕(天德)	대사무의기(大事無宜忌)
	凶	천강(天罡)	
무오(戊午)	吉		의(宜) 수조(竪造)동토(動土)
	凶		
기미(己未)	吉		
	凶		
경신(庚申)	吉		제사불의(諸事不宜)
	凶		
신유(辛酉)	吉		제사불의(諸事不宜)
	凶		
임술(壬戌)	吉	천덕합(天德合)	의(宜) 조장(造葬)동토(動土)
	凶	월염(月厭)	
계해(癸亥)	吉		
	凶		기(忌) 파토(破土)

(2) 2월(경칩 날부터 청명 앞날까지)

日干支	길흉신(吉凶神)		의기(宜忌)
갑자(甲子)	吉	월덕(月德)	대사개기(大事皆忌)
	凶	천강(天罡)	
을축(乙丑)	吉)	천은(天恩)	의(宜) 수조(竪造)동토(動土)
	凶	복일(復日)	기(忌) 파토(破土)
병인(丙寅)	吉	천은(天恩)	의(宜) 파토(破土)
	凶		기(忌) 수조(竪造)동토(動土)
정묘(丁卯)	吉	천은(天恩)오폐대(嗚吠對)	의(宜) 수조(竪造)
	凶	월건(月建)염대(厭對)	기(忌) 동파토(動破土)
무진(戊辰)	吉	천은(天恩)	
	凶	월해(月害)	기(忌) 파토(破土)
기사(己巳)	吉	월덕합(月德合)	의(宜) 수조(竪造)
	凶	토부(土符)	기(忌) 동파토(動破土)
경오(庚午)	吉		대사개기(大事皆忌)
	凶	하괴(河魁)	
신미(辛未)	吉	음덕(陰德)	의(宜) 수조(竪造)동토(動土)
	凶		
임신(壬申)	吉		대사개기(大事皆忌)
	凶		
계유(癸酉)	吉		제사불의(諸事不宜)
	凶		
갑술(甲戌)	吉	월덕(月德)천원(天願)	대사함의(大事咸宜)
	凶		
을해(乙亥)	吉	삼합(三合)	의(宜) 수조(竪造)동토(動土)
	凶	사궁(四窮)	기(忌) 파토(破土)
병자(丙子)	吉		제사불의(諸事不宜)
	凶		
정축(丁丑)	吉	월은(月恩)	의(宜) 수조(竪造)동토(動土)
	凶		
무인(戊寅)	吉	천사(天赦)	
	凶		
기묘(己卯)	吉		제사불의(諸事不宜)
	凶		
경진(庚辰)	吉		
	凶	월해(月亥)	기(忌) 파토(破土)
신사(辛巳)	吉	천은(天恩)	대사개기(大事皆忌)
	凶	오허(五虛)	
임오(壬午)	吉	천은(天恩)	대사개기(大事皆忌)
	凶	하괴(河魁)	
계미(癸未)	吉	천은(天恩)	의(宜) 수조(竪造)동토(動土)
	凶		

日干支	길흉신(吉凶神)		의기(宜忌)
갑신(甲申)	吉	月德	대사무의기(大事無宜忌)
	凶	劫煞	
을유(乙酉)	吉		제사불의(諸事不宜)
	凶		
병술(丙戌)	吉		대사무의기(大事無宜忌)
	凶		
정해(丁亥)	吉	모창(母倉)	의(宜) 수조(竪造)동토(動土)
	凶		기(忌) 파토(破土)
무자(戊子)	吉		제사불의(諸事不宜)
	凶		
기축(己丑)	吉	월덕합(月德合)	의(宜) 수조(竪造)동토(動土)
	凶		
경인(庚寅)	吉	월공(月空)오폐대(嗚吠對)	의(宜) 파토(破土)
	凶	유화(游禍)	기(忌) 수조(竪造)동토(動土)
신묘(辛卯)	吉		대사개기(大事皆忌)
	凶	월건(月建)염대(厭對)	
임진(壬辰)	吉		
	凶	월해(月害)	기(忌) 파토(破土)
계사(癸巳)	吉		대사개기(大事皆忌)
	凶		
갑오(甲午)	吉	월덕(月德)	대사무의기(大事無宜忌)
	凶	하괴(河魁)	
을미(乙未)	吉		대사개기(大事皆忌)
	凶		
병신(丙申)	吉		대사개기(大事皆忌)
	凶		
정유(丁酉)	吉		제사불의(諸事不宜)
	凶		
무술(戊戌)	吉		
	凶	월살(月煞)	기(忌) 수조(竪造)동토(動土)
기해(己亥)	吉	월덕(月德)	의(宜) 수조(竪造)동토(動土)
	凶		
경자(庚子)	吉		제사불의(諸事不宜)
	凶		
신축(辛丑)	吉		의(宜) 수조(竪造)동토(動土)
	凶		
임인(壬寅)	吉		의(宜) 파토(破土)
	凶		기(忌) 수조(竪造)동토(動土)
계묘(癸卯)	吉		대사개기(大事皆忌)
	凶		

日干支	길흉신(吉凶神)		의기(宜忌)
갑진(甲辰)	吉	월덕(月德)	의(宜) 수조(竪造)동토(動土)
	凶		
을사(乙巳)	吉		대사개기(大事皆忌)
	凶		
병오(丙午)	吉		대사개기(大事皆忌)
	凶		
정미(丁未)	吉	월은(月恩)	의(宜) 수조(竪造)동토(動土)
	凶		
무신(戊申)	吉		대사개기(大事皆忌)
	凶		
기유(己酉)	吉		제사불의(諸事不宜)
	凶		
경술(庚戌)	吉		
	凶		기(忌) 수조(竪造)동토(動土)
신해(辛亥)	吉	천은(天恩)	의(宜) 수조(竪造)동토(動土)
	凶		기(忌) 파토(破土)
임자(壬子)	吉		제사불의(諸事不宜)
	凶		
계축(癸丑)	吉	천은(天恩)	의(宜) 수조(竪造)
	凶		기(忌) 동파토(動破土)
갑인(甲寅)	吉	월은(月恩)	의(宜) 파토(破土)
	凶	유화(游禍)	
을묘(乙卯)	吉		대사개기(大事皆忌)
	凶	월건(月建)	
병진(丙辰)	吉	사상(四相)	의(宜) 수조(竪造)동토(動土)
	凶	월해(月害)	기(忌) 파토(破土)
정사(丁巳)	吉	월은(月恩)	의(宜) 수조(竪造)
	凶	왕망(往亡)	기(忌) 동파토(動破土)
무오(戊午)	吉		대사개기(大事皆忌)
	凶	하괴(河魁)	
기미(己未)	吉	월덕합(月德合)	의(宜) 조장(造葬)동토(動土)
	凶	사기(死氣)	
경신(庚申)	吉		대사개기(大事皆忌)
	凶		
신유(辛酉)	吉		제사불의(諸事不宜)
	凶		
임술(壬戌)	吉		
	凶	월살(月煞)	기(忌) 수조(竪造)동토(動土)
계해(癸亥)	吉		
	凶		기(忌) 파토(破土)

(3) 3월(청명 날부터 입하 앞날까지)

日干支	길흉신(吉凶神)		의기(宜忌)
갑자(甲子)	吉	천은(天恩)	의(宜) 수조(竪造)
	凶	사기(四忌)	기(忌) 동토(動土) 파토(破土)
을축(乙丑)	吉)	천은(天恩)	대사개기(大事皆忌)
	凶	하괴(河魁)	
병인(丙寅)	吉	월공(月空)천은(天恩)	의(宜) 수조(竪造)동토(動土)
	凶	염대(厭對)	
정묘(丁卯)	吉	천덕합(天德合)	대사무의기(大事無宜忌)
	凶		
무진(戊辰)	吉		제사불의(諸事不宜)
	凶		
기사(己巳)	吉	음덕(陰德)	대사개기(大事皆忌)
	凶	겁살(劫煞)	
경오(庚午)	吉		대사개기(大事皆忌)
	凶	재살(災煞)	
신미(辛未)	吉		제사불의(諸事不宜)
	凶		
임신(壬申)	吉	천월덕(天月德)	
	凶	고진(孤辰)	
계유(癸酉)	吉	육합(六合)오폐(嗚吠)	
	凶	대시(大時)	기(忌) 동토(動土)파토(破土)
갑술(甲戌)	吉		대사개기(大事皆忌)
	凶	월파(月破)	
을해(乙亥)	吉		
	凶	유화(游禍)	기(忌) 파토(破土)
병자(丙子)	吉	월공(月空)	의(宜) 수조(竪造)동파토(動破土)
	凶		
정축(丁丑)	吉	천덕합(天德合)	의(宜) 수조(竪造)동토(動土)
	凶	하괴(河魁)	
무인(戊寅)	吉	천사(天赦)	의(宜) 수조(竪造)동토(動土)
	凶		
기묘(己卯)	吉		대사개기(大事皆忌)
	凶		
경진(庚辰)	吉		제사불의(諸事不宜)
	凶		
신사(辛巳)	吉		대사개기(大事皆忌)
	凶	겁살(劫煞)	
임오(壬午)	吉	천월덕(天月德)	의(宜) 조장(造葬)
	凶	재살(災煞)	기(忌) 동파토(動破土)
계미(癸未)	吉		제사불의(諸事不宜)
	凶		

日干支	길흉신(吉凶神)		의기(宜忌)
갑신(甲申)	吉		대사개기(大事皆忌)
	凶		
을유(乙酉)	吉	천원(天願)	의(宜) 조장(造葬)
	凶	대시(大時)	기(忌) 동파토(動破土)
병술(丙戌)	吉		대사개기(大事皆忌)
	凶	월파(月破)	
정해(丁亥)	吉	천월덕합(天月德合)	의(宜) 수조(竪造)동토(動土)
	凶		
무자(戊子)	吉	모창(母倉)	의(宜) 수조(竪造)동토(動土)
	凶	복일(復日)	기(忌) 파토(破土)
기축(己丑)	吉		대사개기(大事皆忌)
	凶	하괴(河魁)	
경인(庚寅)	吉	월은(月恩)	의(宜) 수조(竪造)동토(動土)
	凶	염대(厭對)	
신묘(辛卯)	吉		대사개기(大事皆忌)
	凶		
임진(壬辰)	吉	천월덕(天月德)	
	凶	월건(月建)	기(忌) 동파토(動破土)
계사(癸巳)	吉		대사개기(大事皆忌)
	凶	겁살(劫煞)	
갑오(甲午)	吉		대사개기(大事皆忌)
	凶	재살(災煞)	
을미(乙未)	吉		제사불의(諸事不宜)
	凶		
병신(丙申)	吉		대사개기(大事皆忌)
	凶	월염(月厭)	
정유(丁酉)	吉	천월덕합(天月德合)	의(宜) 조장(造葬)
	凶	대시(大時)	기(忌) 동파토(動破土)
무술(戊戌)	吉		대사개기(大事皆忌)
	凶	월파(月破)	
기해(己亥)	吉		
	凶	유화(游禍)	기(忌) 파토(破土)
경자(庚子)	吉	모창(母倉)	의(宜) 수조(竪造)파토(破土)
	凶		
신축(辛丑)	吉		대사개기(大事皆忌)
	凶	하괴(河魁)	
임인(壬寅)	吉	천월덕(天月德)	의(宜) 수조(竪造)동토(動土)
	凶		
계묘(癸卯)	吉		대사개기(大事皆忌)
	凶		

日干支	길흉신(吉凶神)		의기(宜忌)
갑진(甲辰)	吉		제사불의(諸事不宜)
	凶	양착(陽錯)	
을사(乙巳)	吉		대사개기(大事皆忌)
	凶	겁살(劫煞)	
병오(丙午)	吉		대사개기(大事皆忌)
	凶	재살(災煞)	
정미(丁未)	吉	천월덕합(天月德合)	대사개기(大事皆忌)
	凶	천강(天罡)	
무신(戊申)	吉		대사개기(大事皆忌)
	凶	고진(孤辰)	
기유(己酉)	吉	천은(天恩)오폐(嗚吠)	
	凶	대시(大時)	기(忌) 동파토(動破土)
경술(庚戌)	吉		대사개기(大事皆忌)
	凶	월파(月破)	
신해(辛亥)	吉		
	凶	유화(游禍)	기(忌) 파토(破土)
임자(壬子)	吉	천월덕(天月德)	의(宜) 조장(造葬)동파토(動破土)
	凶		
계축(癸丑)	吉		대사개기(大事皆忌)
	凶	하괴(河魁)	
갑인(甲寅)	吉	양덕(陽德)	의(宜) 수조(竪造)동토(動土)
	凶	염대(厭對)	
을묘(乙卯)	吉		대사개기(大事皆忌)
	凶	월해(月害)	
병진(丙辰)	吉		대사개기(大事皆忌)
	凶	월건(月建)	
정사(丁巳)	吉	천월덕합(天月德合)	의(宜) 수조(竪造)동토(動土)
	凶	겁살(劫煞)	
무오(戊午)	吉		대사개기(大事皆忌)
	凶		
기미(己未)	吉		제사불의(諸事不宜)
	凶		
경신(庚申)	吉		대사개기(大事皆忌)
	凶	고진(孤辰)음착(陰錯)	
신유(辛酉)	吉		대사개기(大事皆忌)
	凶	대시(大時)	
임술(壬戌)	吉	천월덕(天月德)	대사개기(大事皆忌)
	凶	월파(月破)	
계해(癸亥)	吉		
	凶	유화(游禍)	기(忌) 파토(破土)

(4) 4월(입하 날부터 망종 앞날까지)

日干支	길흉신(吉凶神)		의기(宜忌)
갑자(甲子)	吉	천은(天恩)	
	凶	천리(天吏)	기(忌) 수조(竪造)동토(動土)
을축(乙丑)	吉	월덕합(月德合)	의(宜) 조장(造葬)동토(動土)
	凶	염대(厭對)	
병인(丙寅)	吉	월덕합(月德合)	의(宜) 수조(竪造)
	凶	천강(天罡)	기(忌) 동토(動土)파토(破土)
정묘(丁卯)	吉		대사무의기(大事無宜忌)
	凶		
무진(戊辰)	吉		제사불의(諸事不宜)
	凶		
기사(己巳)	吉		제사불의(諸事不宜)
	凶		
경오(庚午)	吉	월덕(月德)	의(宜) 수조(竪造)동토(動土)파토(破土)
	凶		
신미(辛未)	吉	천덕(天德)	
	凶	고진(孤辰)	
임신(壬申)	吉		
	凶	하괴(河魁)	기(忌) 수조(竪造)동토(動土)
계유(癸酉)	吉	민일(民日)오폐(嗚吠)	의(宜) 조장(造葬)동파토(動破土)
	凶		
갑술(甲戌)	吉		대사무의기(大事無宜忌)
	凶		
을해(乙亥)	吉		대사개기(大事皆忌)
	凶	월파(月破)	
병자(丙子)	吉	월덕합(月德合)	의(宜) 수조(竪造)동토(動土)
	凶	천리(天吏)	
정축(丁丑)	吉	삼합(三合)	의(宜) 수조(竪造)동토(動土)
	凶	염대(厭對)	
무인(戊寅)	吉		대사개기(大事皆忌)
	凶	천강(天罡)	
기묘(己卯)	吉		
	凶	재살(災煞)	기(忌)동파토(動破土)
경진(庚辰)	吉		대사개기(大事皆忌)
	凶	월살(月煞)	
신사(辛巳)	吉	천덕(天德)	의(宜) 수조(竪造)
	凶	월건(月建)	기(忌) 동파토(動破土)
임오(壬午)	吉	천은(天恩)오폐(嗚吠)	의(宜) 파토(破土)
	凶		
계미(癸未)	吉		대사개기(大事皆忌)
	凶	고진(孤辰)	

日干支		길흉신(吉凶神)	의기(宜忌)
갑신(甲申)	吉		
	凶	하괴(河魁)	기(忌) 수조(豎造)동토(動土)
을유(乙酉)	吉	월덕합(月德合)	의(宜) 동파토(動破土)
	凶		
병술(丙戌)	吉	천덕합(天德合)	대사개기(大事皆忌)
	凶	소모(小耗)	
정해(丁亥)	吉		대사개기(大事皆忌)
	凶	월파(月破)	
무자(戊子)	吉		
	凶		기(忌) 수조(豎造)동토(動土)
기축(己丑)	吉	월은(月恩)	의(宜) 수조(豎造)동토(動土)
	凶	염대(厭對)	
경인(庚寅)	吉	월덕(月德)	의(宜) 조장(造葬)
	凶	천강(天罡)	기(忌) 동파토(動破土)
신묘(辛卯)	吉	천덕(天德)	의(宜) 수조(豎造)동토(動土)
	凶	재살(災煞)	
임진(壬辰)	吉		제사불의(諸事不宜)
	凶		
계사(癸巳)	吉		
	凶	월건(月建)	기(忌) 조장(造葬)동파토(動破土)
갑오(甲午)	吉	월공(月空)	의(宜) 조장(造葬)동파토(動破土)
	凶		
을미(乙未)	吉	월덕합(月德合)	
	凶	행한(行狠)	
병신(丙申)	吉	천덕합(天德合)천원(天願)	의(宜) 수조(豎造)동토(動土)
	凶	하괴(河魁)	
정유(丁酉)	吉	민일(民日)	의(宜) 조장(造葬)동토(動土)파토(破土)
	凶		
무술(戊戌)	吉	사상(四相)	의(宜) 수조(豎造)동토(動土)
	凶		
기해(己亥)	吉		대사개기(大事皆忌)
	凶	월파(月破)	
경자(庚子)	吉	월덕(月德)	의(宜) 조장(造葬)동파토(動破土)
	凶	천리(天吏)	
신축(辛丑)	吉	천덕(天德)	의(宜) 조장(造葬)동토(動土)
	凶	염대(厭對)	
임인(壬寅)	吉		대사개기(大事皆忌)
	凶	천강(天罡)	
계묘(癸卯)	吉		대사무의기(大事無宜忌)
	凶		

日干支	길흉신(吉凶神)		의기(宜忌)
갑진(甲辰)	吉		제사불의(諸事不宜)
	凶		
을사(乙巳)	吉	월덕합(月德合)	의(宜) 수조(竪造)
	凶	월건(月建)	기(忌) 동파토(動破土)
병오(丙午)	吉	천덕합(天德合)	대사개기(大事皆忌)
	凶	외박(歲薄)	
정미(丁未)	吉	요태(了戾)음착(陰錯)	대사개기(大事皆忌)
	凶		
무신(戊申)	吉		대사무의기(大事無宜忌)
	凶	하괴(河魁)	
기유(己酉)	吉	천은(天恩)	의(宜) 조장(造葬)
	凶	지낭(地囊)	기(忌) 동파토(動破土)
경술(庚戌)	吉	월덕(月德)	의(宜) 조장(造葬)동토(動土)
	凶		
신해(辛亥)	吉		대사개기(大事皆忌)
	凶	월파(月破)	
임자(壬子)	吉		대사개기(大事皆忌)
	凶	사폐(四廢)	
계축(癸丑)	吉	천은(天恩)	의(宜) 수조(竪造)동토(動土)
	凶	염대(厭對)	
갑인(甲寅)	吉		대사개기(大事皆忌)
	凶	천강(天罡)	
을묘(乙卯)	吉	월덕합(月德合)	의(宜) 수조(竪造)동토(動土)
	凶		
병진(丙辰)	吉		대사개기(大事皆忌)
	凶	월살(月煞)	
정사(丁巳)	吉		대사개기(大事皆忌)
	凶	양착(陽錯)	
무오(戊午)	吉		
	凶	외박(歲薄)	기(忌) 수조(竪造)동토(動土)
기미(己未)	吉		대사개기(大事皆忌)
	凶	고진(孤辰)음착(陰錯)	
경신(庚申)	吉	월덕(月德)오폐(嗚吠)	의(宜) 조장(造葬)동파토(動破土)
	凶	하괴(河魁)	
신유(辛酉)	吉	천덕(天德)오폐(嗚吠)	의(宜) 조장(造葬)동파토(動破土)
	凶		
임술(壬戌)	吉		대사무의기(大事無宜忌)
	凶		
계해(癸亥)	吉		제사불의(諸事不宜)
	凶		

(5) 5월(망종 날부터 소서 앞날까지)

日干支	길흉신(吉凶神)		의기(宜忌)
갑자(甲子)	吉		제사불의(諸事不宜)
	凶	월파(月破)	
을축(乙丑)	吉		대사개기(大事皆忌)
	凶	월살(月煞)	
병인(丙寅)	吉	월덕(月德)오폐대(嗚吠對)	의(宜) 조장(造葬)동파토(動破土)
	凶		
정묘(丁卯)	吉		대사개기(大事皆忌)
	凶	하괴(河魁)	
무진(戊辰)	吉	천은(天恩)	의(宜) 수조(竪造)동토(動土)
	凶		
기사(己巳)	吉		
	凶	유화(游禍)	기(忌) 조장(造葬)동파토(動破土)
경오(庚午)	吉		제사불의(諸事不宜)
	凶		
신미(辛未)	吉	월덕합(月德合)	의(宜) 조장(造葬)동토(動土)
	凶		
임신(壬申)	吉	오폐(嗚吠)	의(宜) 파토(破土)
	凶		
계유(癸酉)	吉		대사개기(大事皆忌)
	凶	천강(天罡)	
갑술(甲戌)	吉	삼합(三合)	의(宜) 수조(竪造)동토(動土)
	凶		
을해(乙亥)	吉		대사개기(大事皆忌)
	凶	겁살(劫煞)	
병자(丙子)	吉		대사개기(大事皆忌)
	凶	월파(月破)	
정축(丁丑)	吉		대사개기(大事皆忌)
	凶	월살(月煞)	
무인(戊寅)	吉	모창(母倉)	의(宜) 수조(竪造)동토(動土)
	凶		
기묘(己卯)	吉		
	凶	하괴(河魁)	
경진(庚辰)	吉	천은(天恩)	의(宜) 수조(竪造)동토(動土)
	凶		
신사(辛巳)	吉		
	凶		
임오(壬午)	吉		제사불의(諸事不宜)
	凶		
계미(癸未)	吉	천은(天恩)	
	凶		

日干支	길흉신(吉凶神)		의기(宜忌)
갑신(甲申)	吉	오폐(嗚吠)	의(宜) 파토(破土)
	凶		
을유(乙酉)	吉		대사개기(大事皆忌)
	凶	천강(天罡)	
병술(丙戌)	吉	월덕(月德)	의(宜) 조장(造葬)동토(動土)
	凶		
정해(丁亥)	吉		대사개기(大事皆忌)
	凶	겁살(劫煞)	
무자(戊子)	吉		제사불의(諸事不宜)
	凶		
기축(己丑)	吉		대사개기(大事皆忌)
	凶	월살(月煞)	
경인(庚寅)	吉	모창(母倉)	의(宜) 수조(豎造)동파토(動破土)
	凶		
신묘(辛卯)	吉		
	凶	하괴(河魁)	
임진(壬辰)	吉	월공(月空)	의(宜) 수조(豎造)동토(動土)
	凶		
계사(癸巳)	吉		대사개기(大事皆忌)
	凶	유화(游禍)	
갑오(甲午)	吉	천사(天赦)	대사개기(大事皆忌)
	凶	월건(月建)	
을미(乙未)	吉	수일(守日)	
	凶		
병신(丙申)	吉	월덕(月德)	의(宜) 조장(造葬)동파토(動破土)
	凶		
정유(丁酉)	吉		대사개기(大事皆忌)
	凶	천강(天罡)	
무술(戊戌)	吉	월은(月恩)	의(宜) 수조(豎造)동토(動土)
	凶		
기해(己亥)	吉		대사개기(大事皆忌)
	凶	겁살(劫煞)	
경자(庚子)	吉		제사불의(諸事不宜)
	凶		
신축(辛丑)	吉		대사무의기(大事無宜忌)
	凶	월살(月煞)	
임인(壬寅)	吉	월공(月空)	의(宜) 수조(豎造)동파토(動破土)
	凶		
계묘(癸卯)	吉		대사개기(大事皆忌)
	凶	하괴(河魁)	

日干支	길흉신(吉凶神)		의기(宜忌)
갑진(甲辰)	吉	시덕(時德)	의(宜) 수조(竪造)
	凶	오허(五虛)	기(忌) 동파토(動破土)
을사(乙巳)	吉		대사개기(大事皆忌)
	凶	유화(游禍)	
병오(丙午)	吉		제사불의(諸事不宜)
	凶		
정미(丁未)	吉	천원(天願)	의(宜) 수조(竪造)동파토(動破土)
	凶		
무신(戊申)	吉	월은(月恩)	의(宜) 수조(竪造)동토(動土)
	凶	오허(五虛)	
기유(己酉)	吉		대사개기(大事皆忌)
	凶	천강(天罡)	
경술(庚戌)	吉	천은(天恩)	의(宜) 수조(竪造)동토(動土)
	凶		
신해(辛亥)	吉		대사무의기(大事無宜忌)
	凶	겁살(劫煞)	
임자(壬子)	吉		제사불의(諸事不宜)
	凶		
계축(癸丑)	吉		대사개기(大事皆忌)
	凶	월살(月煞)	
갑인(甲寅)	吉	모창(母倉)오폐대(嗚吠對)	의(宜) 수조(竪造)동파토(動破土)
	凶	대살(大煞)	
을묘(乙卯)	吉		대사개기(大事皆忌)
	凶	하괴(河魁)	
병진(丙辰)	吉	월덕(月德)	의(宜) 수조(竪造)동토(動土)
	凶		
정사(丁巳)	吉		대사개기(大事皆忌)
	凶	유화(游禍)	
무오(戊午)	吉		제사불의(諸事不宜)
	凶		
기미(己未)	吉	사상(四相)	의(宜) 조장(造葬)동토(動土)
	凶	팔전(八專)	
경신(庚申)	吉	상일(相日)오폐(嗚吠)	의(宜) 파토(破土)
	凶	오허(五虛)	
신유(辛酉)	吉		대사무의기(大事無宜忌)
	凶	천강(天罡)	
임술(壬戌)	吉	월공(月空)	의(宜) 수조(竪造)
	凶	지낭(地囊)	기(忌) 동파토(動破土)
계해(癸亥)	吉		대사개기(大事皆忌)
	凶	겁살(劫煞)	

(6) 6월(소서 날부터 입추 앞날까지)

日干支	길흉신(吉凶神)		의기(宜忌)
갑자(甲子)	吉	천월덕(天月德)	의(宜) 혼가(婚嫁)조장(造葬)동토
	凶		
을축(乙丑)	吉		제사불의(諸事不宜)
	凶		
병인(丙寅)	吉	천은(天恩)	의(宜) 파토(破土)
	凶		
정묘(丁卯)	吉	천은(天恩)	의(宜) 수조(竪造)동토(動土)
	凶		
무진(戊辰)	吉		대사개기(大事皆忌)
	凶	천강(天罡)	
기사(己巳)	吉		대사개기(大事皆忌)
	凶	음착(陰錯)	
경오(庚午)	吉	오폐(鳴吠)	의(宜) 파토(破土)
	凶	천리(天吏)	기(忌) 수조(竪造)동토(動土)
신미(辛未)	吉	월은(月恩)	의(宜) 수조(竪造)
	凶	월건(月建)	기(忌) 동파토(動破土)
임신(壬申)	吉		
	凶	겁살(劫煞)	기(忌) 수조(竪造)동토(動土)
계유(癸酉)	吉		대사개기(大事皆忌)
	凶	재살(災煞)	
갑술(甲戌)	吉	천월덕(天月德)	대사개기(大事皆忌)
	凶	하괴(河魁)	
을해(乙亥)	吉	음덕(陰德)	의(宜) 수조(竪造)동토(動土)
	凶	염대(厭對)	
병자(丙子)	吉		대사개기(大事皆忌)
	凶		
정축(丁丑)	吉		제사불의(諸事不宜)
	凶		
무인(戊寅)	吉	모창(母倉)	의(宜) 수조(竪造)동토(動土)
	凶		
기묘(己卯)	吉	천월덕합(天月德合)	의(宜) 수조(竪造)동토(動土)
	凶		
경진(庚辰)	吉		대사개기(大事皆忌)
	凶	천강(天罡)	
신사(辛巳)	吉	천은(天恩)	대사개기(大事皆忌)
	凶	월염(月厭)	
임오(壬午)	吉	천은(天恩)	의(宜) 파토(破土)
	凶	천리(天吏)	기(忌) 수조(竪造)동토(動土)
계미(癸未)	吉	천은(天恩)	
	凶	월건(月建)	기(忌) 조장(造葬)동파토(動破土)

日干支	길흉신(吉凶神)		의기(宜忌)
갑신(甲申)	吉	천월덕(天月德)	의(宜) 동파토(動破土)
	凶	겁살(劫煞)	
을유(乙酉)	吉		대사개기(大事皆忌)
	凶	재살(災煞)	
병술(丙戌)	吉		제사불의(諸事不宜)
	凶		
정해(丁亥)	吉	음덕(陰德)	의(宜) 수조(竪造)동토(動土)
	凶	염대(厭對)	기(忌) 파토(破土)
무자(戊子)	吉	사상(四相)	대사개기(大事皆忌)
	凶	월해(月害)	
기축(己丑)	吉		대사개기(大事皆忌)
	凶	월파(月破)	
경인(庚寅)	吉	월공(月空)	의(宜) 파토(破土)
	凶		
신묘(辛卯)	吉	모창(母倉)	의(宜) 수조(竪造)동파토(動破土)
	凶		
임진(壬辰)	吉		대사개기(大事皆忌)
	凶	천강(天罡)	
계사(癸巳)	吉		대사개기(大事皆忌)
	凶	월염(月厭)	
갑오(甲午)	吉	천월덕(天月德)천사(天赦)	의(宜) 파토(破土)
	凶	천리(天吏)	
을미(乙未)	吉	불장(不將)	
	凶	월건(月建)	기(忌) 조장(造葬)동파토(動破土)
병신(丙申)	吉		
	凶	겁살(劫煞)	기(忌) 수조(竪造)동토(動土)
정유(丁酉)	吉		대사개기(大事皆忌)
	凶	재살(災煞)	
무술(戊戌)	吉		제사불의(諸事不宜)
	凶		
기해(己亥)	吉	천월덕합(天月德合)	의(宜) 수조(竪造)동토(動土)
	凶	염대(厭對)	
경자(庚子)	吉		대사개기(大事皆忌)
	凶	월해(月害)	
신축(辛丑)	吉		제사불의(諸事不宜)
	凶		
임인(壬寅)	吉	모창(母倉)	의(宜) 파토(破土)
	凶		
계묘(癸卯)	吉	모창(母倉)	의(宜) 수조(竪造)동파토(動破土)
	凶		

日干支	길흉신(吉凶神)		의기(宜忌)
갑진(甲辰)	吉	천월덕(天月德)	의(宜) 조장(造葬)동토(動土)
	凶	천강(天罡)	
을사(乙巳)	吉		대사개기(大事皆忌)
	凶	월염(月厭)	
병오(丙午)	吉		대사무의기(大事無宜忌)
	凶	축진(逐陣)	
정미(丁未)	吉		대사개기(大事皆忌)
	凶	월건(月建)양착(陽錯)	
무신(戊申)	吉		
	凶	겁살(劫煞)	기(忌) 파토(破土)
기유(己酉)	吉	천월덕합(天月德合)	의(宜) 수조(竪造)동토(動土)
	凶	재살(災煞)	
경술(庚戌)	吉		제사불의(諸事不宜)
	凶		
신해(辛亥)	吉	천은(天恩)	의(宜) 수조(竪造)동토(動土)
	凶	염대(厭對)	기(忌) 파토(破土)
임자(壬子)	吉	천은(天恩)	대사개기(大事皆忌)
	凶	월해(月害)	
계축(癸丑)	吉		제사불의(諸事不宜)
	凶		
갑인(甲寅)	吉	천월덕(天月德)	의(宜) 조장(造葬)동파토(動破土)
	凶	팔전(八專)	
을묘(乙卯)	吉	모창(母倉)	의(宜) 수조(竪造)동파토(動破土)
	凶		
병진(丙辰)	吉		대사개기(大事皆忌)
	凶	천강(天罡)	
정사(丁巳)	吉		제사불의(諸事不宜)
	凶		
무오(戊午)	吉	천원(天願)	대사개기(大事皆忌)
	凶	축진(逐陣)	
기미(己未)	吉	천월덕합(天月德合)	대사개기(大事皆忌)
	凶	월건(月建)양착(陽錯)	
경신(庚申)	吉		
	凶	겁살(劫煞)	기(忌) 수조(竪造)동토(動土)
신유(辛酉)	吉		대사개기(大事皆忌)
	凶	재살(災煞)	
임술(壬戌)	吉		제사불의(諸事不宜)
	凶		
계해(癸亥)	吉		대사개기(大事皆忌)
	凶	염대(厭對)	

(7) 7월(입추 날부터 백로 앞날까지)

日干支	길흉신(吉凶神)		의기(宜忌)
갑자(甲子)	吉	천은(天恩)	의(宜) 수조(竪造)동토(動土)
	凶	사기(死氣)	
을축(乙丑)	吉	천은(天恩)	대사무의기(大事無宜忌)
	凶		
병인(丙寅)	吉		제사불의(諸事不宜)
	凶		
정묘(丁卯)	吉	월덕합(月德合)	의(宜) 조장(造葬)
	凶	천리(天吏)	기(忌) 동파토(動破土)
무진(戊辰)	吉	천덕합(天德合)	의(宜) 조장(造葬)동토(動土)
	凶	월염(月厭)	
기사(己巳)	吉	천원(天願)	의(宜) 수조(竪造)동토(動土)
	凶	하괴(河魁)	
경오(庚午)	吉		
	凶	재살(災煞)	기(忌) 파토(破土)
신미(辛未)	吉		제사불의(諸事不宜)
	凶		
임신(壬申)	吉	월덕(月德)	의(宜) 조장(造葬)
	凶	월건(月建)	기(忌) 동파토(動破土)
계유(癸酉)	吉	천덕(天德)	의(宜) 조장(造葬)동파토(動破土)
	凶	대시(大時)	
갑술(甲戌)	吉	모창(母倉)	
	凶	염대(厭對)	
을해(乙亥)	吉		대사개기(大事皆忌)
	凶	천강(天罡)	
병자(丙子)	吉	월공(月空)	의(宜) 수조(竪造)동파토(動破土)
	凶		
정축(丁丑)	吉	월덕합(月德合)	의(宜) 조장(造葬)동토(動土)
	凶		
무인(戊寅)	吉		대사개기(大事皆忌)
	凶	월파(月破)	
기묘(己卯)	吉	천은(天恩)	대사개기(大事皆忌)
	凶	천리(天吏)	
경진(庚辰)	吉		제사불의(諸事不宜)
	凶		
신사(辛巳)	吉	천은(天恩)	
	凶	하괴(河魁)	
임오(壬午)	吉	월덕(月德)	의(宜) 수조(竪造)동토(動土)
	凶	재살(災煞)	
계미(癸未)	吉	천은(天恩)	대사개기(大事皆忌)
	凶	월살(月煞)	

日干支		길흉신(吉凶神)	의기(宜忌)
갑신(甲申)	吉	불장(不將)	
	凶	월건(月建)	기(忌) 조장(造葬)동파토(動破土)
을유(乙酉)	吉	오폐(嗚吠)	의(宜) 파토(破土)
	凶	대시(大時)	
병술(丙戌)	吉	월공(月空)	
	凶	염대(厭對)	
정해(丁亥)	吉	월덕합(月德合)	의(宜) 수조(竪造)
	凶	천강(天罡)	기(忌) 동파토(動破土)
무자(戊子)	吉	천덕합(天德合)	의(宜) 조장(造葬)동토(動土)
	凶		
기축(己丑)	吉	모창(母倉)	대사무의기(大事無宜忌)
	凶		
경인(庚寅)	吉		제사불의(諸事不宜)
	凶		
신묘(辛卯)	吉	오폐대(嗚吠對)	
	凶	천리(天吏)	기(忌) 수조(竪造)동파토(動破土)
임진(壬辰)	吉	월덕(月德)	의(宜) 조장(造葬)동토(動土)
	凶	월염(月厭)	
계사(癸巳)	吉	천덕(天德)	의(宜) 수조(竪造)동토(動土)
	凶	겁살(劫煞)	
갑오(甲午)	吉		
	凶	재살(災煞)	
을미(乙未)	吉		제사불의(諸事不宜)
	凶		
병신(丙申)	吉	월공(月空)	대사개기(大事皆忌)
	凶	월건(月建)	
정유(丁酉)	吉	월덕합(月德合)	의(宜) 조장(造葬)동파토(動破土)
	凶	대시(大時)	
무술(戊戌)	吉	천덕합(天德合)	의(宜) 조장(造葬)동토(動土)
	凶		
기해(己亥)	吉		대사개기(大事皆忌)
	凶	천강(天罡)	
경자(庚子)	吉	시덕(時德)	의(宜) 수조(竪造)동토(動土)
	凶	사기(死氣)	기(忌) 파토(破土)
신축(辛丑)	吉		대사개기(大事皆忌)
	凶	소모(小耗)	
임인(壬寅)	吉	월덕(月德)	대사개기(大事皆忌)
	凶	월파(月破)	
계묘(癸卯)	吉	천덕(天德)	의(宜) 조장(造葬)
	凶	천리(天吏)	기(忌) 동파토(動破土)

日干支	길흉신(吉凶神)		의기(宜忌)
갑진(甲辰)	吉		대사개기(大事皆忌)
	凶	음착(陰錯)	
을사(乙巳)	吉	육합(六合)	
	凶	하괴(河魁)	
병오(丙午)	吉		
	凶	재살(災煞)	
정미(丁未)	吉	월덕합(月德合)	대사개기(大事皆忌)
	凶	월살(月煞)	
무신(戊申)	吉	천덕합(天德合)천사(天赦)	대사무의기(大事無宜忌)
	凶	월건(月建)	
기유(己酉)	吉	오폐(嗚吠)	의(宜) 파토(破土)
	凶	대시(大時)	
경술(庚戌)	吉	천은(天恩)	
	凶	염대(厭對)	기(忌) 파토(破土)
신해(辛亥)	吉		대사개기(大事皆忌)
	凶	천강(天罡)	
임자(壬子)	吉	월덕(月德)	의(宜) 조장(造葬)동파토(動破土)
	凶		
계축(癸丑)	吉	천덕(天德)	의(宜) 조장(造葬)동토(動土)
	凶	팔전(八專)	
갑인(甲寅)	吉		제사불의(諸事不宜)
	凶		
을묘(乙卯)	吉		제사불의(諸事不宜)
	凶		
병진(丙辰)	吉	월공(月空)	대사개기(大事皆忌)
	凶	월염(月厭)	
정사(丁巳)	吉	월덕합(月德合)	의(宜) 수조(竪造)
	凶	하괴(河魁)	기(忌) 동파토(動破土)
무오(戊午)	吉	천덕합(天德合)	의(宜) 수조(竪造)동토(動土)
	凶	재살(災煞)	
기미(己未)	吉		제사불의(諸事不宜)
	凶		
경신(庚申)	吉		대사개기(大事皆忌)
	凶	월건(月建)	
신유(辛酉)	吉	오폐(嗚吠)	의(宜) 파토(破土)
	凶	대시(大時)	
임술(壬戌)	吉	월덕(月德)	의(宜) 조장(造葬)동토(動土)
	凶		
계해(癸亥)	吉	천덕(天德)	
	凶	천강(天罡)	

(8) 8월(백로 날부터 한로 앞날까지)

日干支	길흉신(吉凶神)		의기(宜忌)
갑자(甲子)	吉		대사개기(大事皆忌)
	凶	하괴(河魁)	
을축(乙丑)	吉	월덕합(月德合)	의(宜) 조장(造葬)동토(動土)
	凶		
병인(丙寅)	吉		대사개기(大事皆忌)
	凶	겁살(劫煞)	
정묘(丁卯)	吉		제사불의(諸事不宜)
	凶		
무진(戊辰)	吉		제사불의(諸事不宜)
	凶		
기사(己巳)	吉	삼합(三合)	의(宜) 수조(竪造)동토(動土)
	凶	중일(重日)	기(忌) 파토(破土)
경오(庚午)	吉	월덕(月德)	대사무의기(大事無宜忌)
	凶	천강(天罡)	
신미(辛未)	吉	불장(不將)	의(宜) 수조(竪造)
	凶	토부(土符)	기(忌) 동파토(動破土)
임신(壬申)	吉	오폐(嗚吠)	의(宜) 파토(破土)
	凶	유화(游禍)	기(忌) 수조(竪造)동토(動土)
계유(癸酉)	吉		대사개기(大事皆忌)
	凶	월건(月建)	
갑술(甲戌)	吉		
	凶	월해(月害)	기(忌) 파토(破土)
을해(乙亥)	吉	월덕합(月德合)	의(宜) 수조(竪造)동토(動土)
	凶	오허(五虛)	
병자(丙子)	吉		대사개기(大事皆忌)
	凶	하괴(河魁)	
정축(丁丑)	吉	모창(母倉)	의(宜) 수조(竪造)동토(動土)
	凶		
무인(戊寅)	吉		대사개기(大事皆忌)
	凶	겁살(劫煞)	
기묘(己卯)	吉		제사불의(諸事不宜)
	凶		
경진(庚辰)	吉	월덕(月德)천원(天願)	대사무의기(大事無宜忌)
	凶		
신사(辛巳)	吉	천은(天恩)	의(宜) 수조(竪造)동토(動土)
	凶	중일(重日)	기(忌) 파토(破土)
임오(壬午)	吉	천은(天恩)	대사개기(大事皆忌)
	凶	천강(天罡)	
계미(癸未)	吉	천은(天恩)	의(宜) 수조(竪造)
	凶	오허(五虛)	기(忌) 동파토(動破土)

日干支	길흉신(吉凶神)		의기(宜忌)
갑신(甲申)	吉	월공(月空)	의(宜) 파토(破土)
	凶	유화(游禍)	기(忌) 수조(竪造)동토(動土)
을유(乙酉)	吉		
	凶	월건(月建)	기(忌) 동파토(動破土)
병술(丙戌)	吉	모창(母倉)	
	凶	월해(月害)	기(忌) 파토(破土)
정해(丁亥)	吉		
	凶	오허(五虛)	기(忌) 파토(破土)
무자(戊子)	吉		대사개기(大事皆忌)
	凶	하괴(河魁)	
기축(己丑)	吉	모창(母倉)	의(宜) 수조(竪造)동토(動土)
	凶		
경인(庚寅)	吉		대사무의기(大事無宜忌)
	凶	겁살(劫煞)	
신묘(辛卯)	吉		제사불의(諸事不宜)
	凶		
임진(壬辰)	吉		대사무의기(大事無宜忌)
	凶	월살(月煞)	
계사(癸巳)	吉	월은(月恩)	의(宜) 수조(竪造)동토(動土)
	凶	중일(重日)	기(忌) 파토(破土)
갑오(甲午)	吉		대사개기(大事皆忌)
	凶	천강(天罡)	
을미(乙未)	吉	월덕합(月德合)	의(宜) 수조(竪造)
	凶	오허(五虛)	기(忌) 동파토(動破土)
병신(丙申)	吉	오폐(嗚吠)	
	凶	유화(游禍)	기(忌) 수조(竪造)동토(動土)
정유(丁酉)	吉		대사개기(大事皆忌)
	凶	월건(月建)	
무술(戊戌)	吉		
	凶	월해(月害)	기(忌) 파토(破土)
기해(己亥)	吉		
	凶	오허(五虛)	기(忌) 파토(破土)
경자(庚子)	吉	월덕(月德)	
	凶	하괴(河魁)	
신축(辛丑)	吉		대사개기(大事皆忌)
	凶	사신(死神)	
임인(壬寅)	吉		대사개기(大事皆忌)
	凶	겁살(劫煞)	
계묘(癸卯)	吉		제사불의(諸事不宜)
	凶		

日干支	길흉신(吉凶神)		의기(宜忌)
갑진(甲辰)	吉		유기무의(有忌無宜)
	凶	월살(月煞)	
을사(乙巳)	吉	월덕합(月德合)	의(宜) 수조(竪造)동토(動土)
	凶		
병오(丙午)	吉		대사개기(大事皆忌)
	凶	천강(天罡)	
정미(丁未)	吉	모창(母倉)	의(宜) 수조(竪造)
	凶	팔전(八專)	기(忌) 동파토(動破土)
무신(戊申)	吉	천사(天赦)	
	凶		
기유(己酉)	吉		제사불의(諸事不宜)
	凶		
경술(庚戌)	吉	월덕(月德)	의(宜) 수조(竪造)동토(動土)
	凶		
신해(辛亥)	吉		
	凶	사궁(四窮)	기(忌) 파토(破土)
임자(壬子)	吉	천은(天恩)	대사개기(大事皆忌)
	凶	하괴(河魁)	
계축(癸丑)	吉	천은(天恩)	의(宜) 수조(竪造)동토(動土)
	凶	사기(死氣)	
갑인(甲寅)	吉		대사개기(大事皆忌)
	凶	겁살(劫煞)	
을묘(乙卯)	吉		제사불의(諸事不宜)
	凶		
병진(丙辰)	吉		유기무의(有忌無宜)
	凶	월살(月煞)	
정사(丁巳)	吉	삼합(三合)	의(宜) 수조(竪造)동토(動土)
	凶	중일(重日)	기(忌) 파토(破土)
무오(戊午)	吉		대사개기(大事皆忌)
	凶	천강(天罡)	
기미(己未)	吉	모창(母倉)	의(宜) 수조(竪造)
	凶	오허(五虛)	기(忌) 동파토(動破土)
경신(庚申)	吉	월덕(月德)	의(宜) 파토(破土)
	凶	유화(游禍)	
신유(辛酉)	吉		대사개기(大事皆忌)
	凶	양착(陽錯)	
임술(壬戌)	吉	모창(母倉)	의(宜) 수조(竪造)동토(動土)
	凶	월해(月害)	기(忌) 파토(破土)
계해(癸亥)	吉	월은(月恩)	
	凶	중일(重日)	기(忌) 파토(破土)

(9) 9월(한로 날부터 입동 앞날까지)

日干支	길흉신(吉凶神)		의기(宜忌)
갑자(甲子)	吉	천은(天恩)	대사개기(大事皆忌)
	凶	재살(災煞)	
을축(乙丑)	吉		제사불의(諸事不宜)
	凶		
병인(丙寅)	吉	천월덕(天月德)	유기무의(有忌無宜)
	凶	고진(孤辰)	
정묘(丁卯)	吉	천은(天恩)	의(宜) 파토(破土)
	凶	대시(大時)	
무진(戊辰)	吉		대사개기(大事皆忌)
	凶	월파(月破)	
기사(己巳)	吉		
	凶	유화(游禍)	기(忌) 파토(破土)
경오(庚午)	吉	월은(月恩)	의(宜) 조장(造葬)동파토(動破土)
	凶		
신미(辛未)	吉	천월덕합(天月德合)	
	凶	하괴(河魁)	기(忌) 동파토(動破土)
임신(壬申)	吉	월공(月空)	의(宜) 수조(竪造)동토(動土)
	凶	염대(厭對)	
계유(癸酉)	吉		대사개기(大事皆忌)
	凶	천리(天吏)	
갑술(甲戌)	吉		제사불의(諸事不宜)
	凶		
을해(乙亥)	吉		대사개기(大事皆忌)
	凶	겁살(劫煞)	
병자(丙子)	吉	천월덕(天月德)	의(宜) 조장(造葬)동파토(動破土)
	凶		
정축(丁丑)	吉		제사불의(諸事不宜)
	凶		
무인(戊寅)	吉		유기무의(有忌無宜)
	凶	고진(孤辰)	
기묘(己卯)	吉	천은(天恩)	
	凶		
경진(庚辰)	吉		대사개기(大事皆忌)
	凶	월파(月破)	
신사(辛巳)	吉	천월덕합(天月德合)	
	凶		
임오(壬午)	吉	월공(月空)	의(宜) 조장(造葬)동파토(動破土)
	凶		
계미(癸未)	吉		대사개기(大事皆忌)
	凶	하괴(河魁)	

日干支	길흉신(吉凶神)		의기(宜忌)
갑신(甲申)	吉	왕일(王日)	의(宜) 수조(竪造)동토(動土)
	凶	염대(厭對)	
을유(乙酉)	吉		대사개기(大事皆忌)
	凶	월해(月害)	
병술(丙戌)	吉	천월덕(天月德)	의(宜) 조장(造葬)
	凶	월건(月建)	기(忌) 동파토(動破土)
정해(丁亥)	吉		대사개기(大事皆忌)
	凶	겁살(劫煞)	
무자(戊子)	吉		대사개기(大事皆忌)
	凶	재살(災煞)	
기축(己丑)	吉		제사불의(諸事不宜)
	凶		
경인(庚寅)	吉	월은(月恩)	유기무의(有忌無宜)
	凶	행한(行狠)	
신묘(辛卯)	吉	천원(天願)덕합(德合)	유의무기(有宜無忌)
	凶		
임진(壬辰)	吉		대사개기(大事皆忌)
	凶	월파(月破)	
계사(癸巳)	吉	사상(四相)	의(宜) 수조(竪造)동토(動土)
	凶	유화(游禍)	기(忌) 파토(破土)
갑오(甲午)	吉	삼합(三合)	의(宜) 수조(竪造)동토(動土)
	凶		
을미(乙未)	吉		대사개기(大事皆忌)
	凶	하괴(河魁)	
병신(丙申)	吉	천월덕(天月德)	의(宜) 수조(竪造)동토(動土)
	凶		
정유(丁酉)	吉		대사개기(大事皆忌)
	凶	월해(月害)	
무술(戊戌)	吉		제사불의(諸事不宜)
	凶		
기해(己亥)	吉		대사개기(大事皆忌)
	凶	겁살(劫煞)	
경자(庚子)	吉		대사개기(大事皆忌)
	凶	재살(災煞)	
신축(辛丑)	吉		대사개기(大事皆忌)
	凶	천강(天罡)	
임인(壬寅)	吉		유기무의(有忌無宜)
	凶	요려(了戾)	
계묘(癸卯)	吉	사상(四相)	의(宜) 조장(造葬)동파토(動破土)
	凶	대패(大敗)	

日干支	길흉신(吉凶神)		의기(宜忌)
갑진(甲辰)	吉		대사개기(大事皆忌)
	凶	월파(月破)	
을사(乙巳)	吉	음덕(陰德)	
	凶	유화(游禍)	기(忌) 파토(破土)
병오(丙午)	吉	이덕(二德)	의(宜) 조장(造葬)동파토(動破土)
	凶		
정미(丁未)	吉		대사개기(大事皆忌)
	凶	하괴(河魁)	
무신(戊申)	吉	천사(天赦)	의(宜) 수조(豎造)동토(動土)
	凶		
기유(己酉)	吉		대사개기(大事皆忌)
	凶	월해(月害)	
경술(庚戌)	吉		대사개기(大事皆忌)
	凶	월건(月建)	
신해(辛亥)	吉	이덕합(二德合)	의(宜) 수조(豎造)
	凶	겁살(劫煞)	기(忌) 동파토(動破土)
임자(壬子)	吉		대사개기(大事皆忌)
	凶	재살(災煞)	
계축(癸丑)	吉		제사불의(諸事不宜)
	凶		
갑인(甲寅)	吉		유기무의(有忌無宜)
	凶	고진(孤辰)음착(陰錯)	
을묘(乙卯)	吉		대사개기(大事皆忌)
	凶		
병진(丙辰)	吉	이덕(二德)	대사개기(大事皆忌)
	凶	월파(月破)	
정사(丁巳)	吉		
	凶	유화(游禍)	기(忌) 파토(破土)
무오(戊午)	吉	삼합(三合)	의(宜) 수조(豎造)동토(動土)
	凶	사모(四耗)	기(忌) 파토(破土)
기미(己未)	吉		대사개기(大事皆忌)
	凶	하괴(河魁)	
경신(庚申)	吉	월은(月恩)	의(宜) 수조(豎造)동토(動土)
	凶	염대(厭對)	
신유(辛酉)	吉	이덕합(二德合)	대사무의기(大事無宜忌)
	凶	월해(月害)	
임술(壬戌)	吉	월공(月空)	
	凶	월건(月建)	기(忌) 동파토(動破土)
계해(癸亥)	吉	사상(四相)	
	凶	겁살(劫煞)	기(忌) 조장(造葬)동파토(動破土)

(10) 10월(입동 날부터 대설 앞날까지)

日干支	길흉신(吉凶神)		의기(宜忌)
갑자(甲子)	吉	월덕(月德)천사(天赦)	대사무의기(大事無宜忌)
	凶		
을축(乙丑)	吉	천덕(天德)	
	凶	고진(孤辰)	
병인(丙寅)	吉	천은(天恩)	의(宜) 조장(造葬)동파토(動破土)
	凶	하괴(河魁)	
정묘(丁卯)	吉	오폐대(嗚吠對)	의(宜) 수조(竪造)동파토(動破土)
	凶		
무진(戊辰)	吉		
	凶	소모(小耗)	기(忌) 동파토(動破土)
기사(己巳)	吉		대사개기(大事皆忌)
	凶	월파(月破)	
경오(庚午)	吉	월덕합(月德合)	의(宜) 조장(造葬)동파토(動破土)
	凶	천리(天吏)	
신미(辛未)	吉	삼합(三合)	의(宜) 수조(竪造)동토(動土)
	凶	염대(厭對)	
임신(壬申)	吉		대사개기(大事皆忌)
	凶	천강(天罡)	
계유(癸酉)	吉		
	凶	재살(災煞)	
갑술(甲戌)	吉		대사개기(大事皆忌)
	凶	월살(月煞)	
을해(乙亥)	吉	천덕(天德)	
	凶	월건(月建)	기(忌) 동파토(動破土)
병자(丙子)	吉	오폐대(嗚吠對)	의(宜) 파토(破土)
	凶	대시(大時)	
정축(丁丑)	吉		대사개기(大事皆忌)
	凶	고진(孤辰)	
무인(戊寅)	吉	시덕(時德)	의(宜) 조장(造葬)
	凶	하괴(河魁)	기(忌) 동파토(動破土)
기묘(己卯)	吉	월덕합(月德合)	의(宜) 조장(造葬)동토(動土)
	凶		
경진(庚辰)	吉	천덕합(天德合)	의(宜) 조장(造葬)
	凶	소모(小耗)	기(忌) 동파토(動破土)
신사(辛巳)	吉		대사개기(大事皆忌)
	凶	월파(月破)	
임오(壬午)	吉		대사개기(大事皆忌)
	凶	천리(天吏)	
계미(癸未)	吉	천은(天恩)	의(宜) 수조(竪造)동토(動土)
	凶	염대(厭對)	

日干支	길흉신(吉凶神)		의기(宜忌)
갑신(甲申)	吉	월덕(月德)	의(宜) 조장(造葬)동토(動土)
	凶	천강(天罡)	
을유(乙酉)	吉	천덕(天德)	의(宜) 수조(竪造)동토(動土)
	凶		
병술(丙戌)	吉		제사불의(諸事不宜)
	凶		
정해(丁亥)	吉		대사개기(大事皆忌)
	凶	월건(月建)	
무자(戊子)	吉		대사개기(大事皆忌)
	凶	외박(歲薄)	
기축(己丑)	吉		
	凶	고진(孤辰)	
경인(庚寅)	吉	천덕합(天德合)	의(宜) 조장(造葬)동파토(動破土)
	凶		
신묘(辛卯)	吉	음덕(陰德)	의(宜) 수조(竪造)동파토(動破土)
	凶		
임진(壬辰)	吉	양덕(陽德)	대사개기(大事皆忌)
	凶	소모(小耗)	
계사(癸巳)	吉		대사개기(大事皆忌)
	凶	월파(月破)	
갑오(甲午)	吉	월덕(月德)	의(宜) 조장(造葬)동파토(動破土)
	凶		
을미(乙未)	吉	천덕(天德)	의(宜) 조장(造葬)동토(動土)
	凶	염대(厭對)	
병신(丙申)	吉		대사개기(大事皆忌)
	凶	천강(天罡)	
정유(丁酉)	吉		
	凶	재살(災煞)	
무술(戊戌)	吉		제사불의(諸事不宜)
	凶		
기해(己亥)	吉		제사불의(諸事不宜)
	凶		
경자(庚子)	吉	천덕합(天德合)	의(宜) 조장(造葬)동파토(動破土)
	凶		
신축(辛丑)	吉		대사개기(大事皆忌)
	凶	행한(行狠)	
임인(壬寅)	吉	천원(天願)	의(宜) 수조(竪造)동토(動土)
	凶	하괴(河魁)	
계묘(癸卯)	吉	음덕(陰德)	의(宜) 조장(造葬)동파토(動破土)
	凶		

日干支	길흉신(吉凶神)		의기(宜忌)
갑진(甲辰)	吉	월덕(月德)	의(宜) 조장(造葬)
	凶	소모(小耗)	기(忌) 동파토(動破土)
을사(乙巳)	吉	천덕(天德)	대사개기(大事皆忌)
	凶	월파(月破)	
병오(丙午)	吉		대사개기(大事皆忌)
	凶	천리(天吏)	
정미(丁未)	吉	삼합(三合)	의(宜) 수조(竪造)동토(動土)
	凶	염대(厭對)	기(忌) 동파토(動破土)
무신(戊申)	吉		대사개기(大事皆忌)
	凶	천강(天罡)	
기유(己酉)	吉	월덕합(月德合)	의(宜) 수조(竪造)동토(動土)
	凶		
경술(庚戌)	吉		대사개기(大事皆忌)
	凶		
신해(辛亥)	吉		대사개기(大事皆忌)
	凶	월건(月建)	
임자(壬子)	吉		대사개기(大事皆忌)
	凶	외박(崴薄)	
계축(癸丑)	吉		대사개기(大事皆忌)
	凶	요려(了戾)음착(陰錯)	
갑인(甲寅)	吉	월덕(月德)	의(宜) 조장(造葬)동파토(動破土)
	凶	하괴(河魁)	
을묘(乙卯)	吉	천덕(天德)	의(宜) 조장(造葬)동파토(動破土)
	凶		
병진(丙辰)	吉		
	凶	소모(小耗)	기(忌) 동파토(動破土)
정사(丁巳)	吉		제사불의(諸事不宜)
	凶		
무오(戊午)	吉		
	凶	천리(天吏)	기(忌) 수조(竪造)동토(動土)
기미(己未)	吉	월덕합(月德合)	의(宜) 조장(造葬)동토(動土)
	凶	염대(厭對)	
경신(庚申)	吉	천덕합(天德合)	의(宜) 조장(造葬)동파토(動破土)
	凶	천강(天罡)	
신유(辛酉)	吉		
	凶	재살(災煞)	
임술(壬戌)	吉		제사불의(諸事不宜)
	凶		
계해(癸亥)	吉		대사개기(大事皆忌)
	凶	양착(陽錯)	

(11) 11월(대설 날부터 소한 앞날까지)

日干支	길흉신(吉凶神)		의기(宜忌)
갑자(甲子)	吉	천사(天赦)	대사개기(大事皆忌)
	凶	월건(月建)	
을축(乙丑)	吉	천은(天恩)	의(宜) 조장(造葬)동토(動土)
	凶		
병인(丙寅)	吉	월공(月空)	의(宜) 수조(竪造)동파토(動破土)
	凶	오허(五虛)	
정묘(丁卯)	吉		대사개기(大事皆忌)
	凶	천강(天罡)	
무진(戊辰)	吉	천은(天恩)	의(宜) 수조(竪造)동토(動土)
	凶		
기사(己巳)	吉		대사개기(大事皆忌)
	凶	겁살(劫煞)	
경오(庚午)	吉		제사불의(諸事不宜)
	凶	월파(月破)	
신미(辛未)	吉		대사개기(大事皆忌)
	凶	월살(月煞)	
임신(壬申)	吉	월덕(月德)	의(宜) 조장(造葬)
	凶	구감(九坎)	기(忌) 동파토(動破土)
계유(癸酉)	吉		대사개기(大事皆忌)
	凶	하괴(河魁)	
갑술(甲戌)	吉	월은(月恩)	의(宜) 수조(竪造)동토(動土)
	凶	오허(五虛)	
을해(乙亥)	吉		
	凶	유화(游禍)	기(忌) 조장(造葬)동파토(動破土)
병자(丙子)	吉		제사불의(諸事不宜)
	凶		
정축(丁丑)	吉	월덕합(月德合)	의(宜) 조장(造葬)동토(動土)
	凶		
무인(戊寅)	吉	시덕(時德)	의(宜) 수조(竪造)동토(動土)
	凶	오허(五虛)	
기묘(己卯)	吉		제사불의(諸事不宜)
	凶		
경진(庚辰)	吉	삼합(三合)	의(宜) 수조(竪造)동토(動土)
	凶		
신사(辛巳)	吉		대사개기(大事皆忌)
	凶	겁살(劫煞)	
임오(壬午)	吉		대사개기(大事皆忌)
	凶	월파(月破)	
계미(癸未)	吉		대사개기(大事皆忌)
	凶	월살(月煞)	

日干支	길흉신(吉凶神)		의기(宜忌)
갑신(甲申)	吉	모창(母倉)	의(宜) 조장(造葬)
	凶	구감(九坎)	기(忌) 동파토(動破土)
을유(乙酉)	吉		대사개기(大事皆忌)
	凶	하괴(河魁)	
병술(丙戌)	吉	월공(月空)	의(宜) 수조(竪造)동토(動土)
	凶	구공(九空)	
정해(丁亥)	吉		
	凶	유화(游禍)	
무자(戊子)	吉		제사불의(諸事不宜)
	凶		
기축(己丑)	吉	음덕(陰德)	
	凶		
경인(庚寅)	吉	시덕(時德)	의(宜) 수조(竪造)동파토(動破土)
	凶	오허(五虛)	
신묘(辛卯)	吉		제사불의(諸事不宜)
	凶		
임진(壬辰)	吉	월덕(月德)	의(宜) 조장(造葬)동토(動土)
	凶		
계사(癸巳)	吉		대사개기(大事皆忌)
	凶	겁살(劫煞)	
갑오(甲午)	吉		제사불의(諸事不宜)
	凶		
을미(乙未)	吉		대사개기(大事皆忌)
	凶	월살(月煞)	
병신(丙申)	吉	월공(月空)	의(宜) 조장(造葬)
	凶	구감(九坎)	기(忌) 동파토(動破土)
정유(丁酉)	吉		대사무의기(大事無宜忌)
	凶	하괴(河魁)	
무술(戊戌)	吉	시양(時陽)	의(宜) 수조(竪造)동토(動土)
	凶	오허(五虛)	
기해(己亥)	吉		대사개기(大事皆忌)
	凶		
경자(庚子)	吉	천덕합(天德合)	제사불의(諸事不宜)
	凶		
신축(辛丑)	吉	음덕(陰德)	
	凶		
임인(壬寅)	吉	월덕(月德)	의(宜) 수조(竪造)동파토(動破土)
	凶		
계묘(癸卯)	吉		제사불의(諸事不宜)
	凶		

日干支	길흉신(吉凶神)		의기(宜忌)
갑진(甲辰)	吉	월은(月恩)	의(宜) 수조(豎造)동토(動土)
	凶		
을사(乙巳)	吉		대사개기(大事皆忌)
	凶	겁살(劫煞)	
병오(丙午)	吉		제사불의(諸事不宜)
	凶		
정미(丁未)	吉		대사개기(大事皆忌)
	凶	월살(月煞)	
무신(戊申)	吉	모창(母倉)	의(宜) 수조(豎造)
	凶	구감(九坎)	기(忌) 동파토(動破土)
기유(己酉)	吉		대사개기(大事皆忌)
	凶	하괴(河魁)	
경술(庚戌)	吉	천은(天恩)	의(宜) 수조(豎造)동토(動土)
	凶	오허(五虛)	
신해(辛亥)	吉		대사개기(大事皆忌)
	凶	유화(游禍)	
임자(壬子)	吉		제사불의(諸事不宜)
	凶		
계축(癸丑)	吉	천은(天恩)	의(宜) 수조(豎造)동토(動土)
	凶	복일(復日)	
갑인(甲寅)	吉	월은(月恩)	의(宜) 수조(豎造)동파토(動破土)
	凶	오허(五虛)	
을묘(乙卯)	吉		제사불의(諸事不宜)
	凶		
병진(丙辰)	吉	월공(月空)	의(宜) 수조(豎造)동토(動土)
	凶		
정사(丁巳)	吉		대사개기(大事皆忌)
	凶	겁살(劫煞)	
무오(戊午)	吉		제사불의(諸事不宜)
	凶		
기미(己未)	吉		대사개기(大事皆忌)
	凶	월살(月煞)	
경신(庚申)	吉	모창(母倉)	의(宜) 조장(造葬)
	凶	구감(九坎)	기(忌) 동파토(動破土)
신유(辛酉)	吉		대사개기(大事皆忌)
	凶	하괴(河魁)	
임술(壬戌)	吉	월덕(月德)	의(宜) 수조(豎造)동토(動土)
	凶	오허(五虛)	
계해(癸亥)	吉		대사개기(大事皆忌)
	凶	유화(游禍)	

(12) 12월(소한 날부터 입춘 앞날까지)

日干支	길흉신(吉凶神)		의기(宜忌)
갑자(甲子)	吉	천사(天赦)천원(天願)	
	凶	천리(天吏)천형(天刑)	
을축(乙丑)	吉	이덕합(二德合)	의(宜) 조장(造葬)
	凶	월건(月建)	기(忌) 동파토(動破土)
병인(丙寅)	吉	천은(天恩)	대사무의기(大事無宜忌)
	凶	겁살(劫煞)	
정묘(丁卯)	吉	천은(天恩)	대사개기(大事皆忌)
	凶	재살(災煞)	
무진(戊辰)	吉		제사불의(諸事不宜)
	凶		
기사(己巳)	吉	삼합(三合)	의(宜) 수조(竪造)동토(動土)
	凶	염대(厭對)	기(忌) 파토(破土)
경오(庚午)	吉	이덕(二德)	의(宜) 조장(造葬)동파토(動破土)
	凶	월해(月害)	
신미(辛未)	吉		대사개기(大事皆忌)
	凶	월파(月破)	
임신(壬申)	吉	모창(母倉)	의(宜) 파토(破土)
	凶	유화(游禍)	
계유(癸酉)	吉	삼합(三合)	의(宜) 조장(造葬)
	凶	지낭(地囊)	기(忌) 동파토(動破土)
갑술(甲戌)	吉		대사개기(大事皆忌)
	凶	천강(天罡)	
을해(乙亥)	吉	이덕(二德)	의(宜) 수조(竪造)동토(動土)
	凶	월염(月厭)	
병자(丙子)	吉	오폐대(嗚吠對)	
	凶	천리(天吏)	기(忌) 수조(竪造)동파토(動破土)
정축(丁丑)	吉	수일(守日)	대사개기(大事皆忌)
	凶	월건(月建)	
무인(戊寅)	吉	시덕(時德)	
	凶	겁살(劫煞)	기(忌) 파토(破土)
기묘(己卯)	吉		대사개기(大事皆忌)
	凶	재살(災煞)	
경진(庚辰)	吉	이덕(二德)	대사개기(大事皆忌)
	凶	하괴(河魁)	
신사(辛巳)	吉	천은(天恩)	의(宜) 수조(竪造)동토(動土)
	凶	염대(厭對)	
임오(壬午)	吉	천은(天恩)	대사개기(大事皆忌)
	凶	월해(月害)	
계미(癸未)	吉		대사개기(大事皆忌)
	凶	월파(月破)	

日干支	길흉신(吉凶神)		의기(宜忌)
갑신(甲申)	吉	월공(月空)	의(宜) 조장(造葬)동파토(動破土)
	凶	유화(游禍)	
을유(乙酉)	吉	이덕합(二德合)	의(宜) 조장(造葬)동파토(動破土)
	凶	대살(大煞)	
병술(丙戌)	吉		대사개기(大事皆忌)
	凶	천강(天罡)	
정해(丁亥)	吉	음덕(陰德)	대사개기(大事皆忌)
	凶	월염(月厭)	
무자(戊子)	吉		대사개기(大事皆忌)
	凶	축진(逐陣)	
기축(己丑)	吉		대사개기(大事皆忌)
	凶	월건(月建)	
경인(庚寅)	吉	이덕(二德)	의(宜) 조장(造葬)동파토(動破土)
	凶	겁살(劫煞)	
신묘(辛卯)	吉		대사개기(大事皆忌)
	凶	재살(災煞)	
임진(壬辰)	吉		제사불의(諸事不宜)
	凶		
계사(癸巳)	吉	삼합(三合)	의(宜) 수조(竪造)동토(動土)
	凶	염대(厭對)	기(忌) 파토(破土)
갑오(甲午)	吉		대사개기(大事皆忌)
	凶	월해(月害)	
을미(乙未)	吉		대사개기(大事皆忌)
	凶	월파(月破)	
병신(丙申)	吉	모창(母倉)	의(宜) 파토(破土)
	凶	유화(游禍)	
정유(丁酉)	吉	삼합(三合)	의(宜) 조장(造葬)동파토(動破土)
	凶		
무술(戊戌)	吉		대사개기(大事皆忌)
	凶	천강(天罡)	
기해(己亥)	吉		대사개기(大事皆忌)
	凶	월염(月厭)	
경자(庚子)	吉	이덕(二德)	
	凶	천리(天吏)	기(忌) 동파토(動破土)
신축(辛丑)	吉	월은(月恩)	의(宜) 수조(竪造)
	凶	월건(月建)	기(忌) 동파토(動破土)
임인(壬寅)	吉		대사무의기(大事無宜忌)
	凶	겁살(劫煞)	
계묘(癸卯)	吉		대사개기(大事皆忌)
	凶	재살(災煞)	

日干支	길흉신(吉凶神)		의기(宜忌)
갑진(甲辰)	吉		제사불의(諸事不宜)
	凶		
을사(乙巳)	吉	이덕합(二德合)	의(宜) 수조(豎造)동토(動土)
	凶		
병오(丙午)	吉	경안(敬安)	대사개기(大事皆忌)
	凶	월해(月害)	
정미(丁未)	吉		제사불의(諸事不宜)
	凶		
무신(戊申)	吉		
	凶	유화(游禍)	
기유(己酉)	吉	천은(天恩)	의(宜) 수조(豎造)동토(動土)
	凶	대살(大煞)	기(忌) 파토(破土)
경술(庚戌)	吉	이덕(二德)	대사무의기(大事無宜忌)
	凶	천강(天罡)	
신해(辛亥)	吉		대사개기(大事皆忌)
	凶	월염(月厭)	
임자(壬子)	吉		대사개기(大事皆忌)
	凶	축진(逐陣)	
계축(癸丑)	吉		대사개기(大事皆忌)
	凶	양착(陽錯)	
갑인(甲寅)	吉		
	凶	겁살(劫煞)	
을묘(乙卯)	吉	이덕합(二德合)	의(宜) 조장(造葬)
	凶	재살(災煞)	기(忌) 동파토(動破土)
병진(丙辰)	吉		제사불의(諸事不宜)
	凶		
정사(丁巳)	吉	삼합(三合)	대사무의기(大事無宜忌)
	凶	염대(厭對)	
무오(戊午)	吉		대사개기(大事皆忌)
	凶	월해(月害)	
기미(己未)	吉	진호(晋護)	대사개기(大事皆忌)
	凶	대모(大耗)	
경신(庚申)	吉	이덕(二德)	의(宜) 조장(造葬)동파토(動破土)
	凶	유화(游禍)	
신유(辛酉)	吉	모창(母倉)	의(宜) 조장(造葬)동파토(動破土)
	凶	사모(四耗)	
임술(壬戌)	吉	성심(聖心)	대사개기(大事皆忌)
	凶	천강(天罡)	
계해(癸亥)	吉		제사불의(諸事不宜)
	凶		

4. 선택정종 일표(日表)

연(年)으로 인하여 월일(月日)에 길흉신이 있다. 길한 날을 얻으면 시(時)가 좋아야 길한 날이 빛을 발한다. 시(時)는 일(日)에 관장되기 때문에 시(時)의 선택은 반드시 일(日)에 근거하여야 한다. Table 부-1은 길시(吉時)는 길신만 있으며 흉신이 없고, 나머지는 길흉신이 있다.

甲子 旬中	甲子	乙丑	丙寅	丁卯	戊辰	己巳	庚午	辛未	壬申	癸酉
吉時	子丑	寅卯申	子丑未	午未	巳申酉	辰午未	卯申酉	寅卯申	子丑辰 巳未	寅午
甲戌 旬中	甲戌	乙亥	丙子	丁丑	戊寅	己卯	庚辰	辛巳	壬午	癸未
吉時	寅巳亥	丑辰戌	子丑	巳亥	辰未	寅卯 午未	寅巳亥	丑午 未戌	卯	寅卯巳
甲申 旬中	甲申	乙酉	丙戌	丁亥	戊子	己丑	庚寅	辛卯	壬辰	癸巳
吉時	子丑 辰巳	子寅	寅申亥	丑辰戌	申酉	寅卯巳	丑辰	寅卯	巳酉亥	辰
甲午 旬中	甲午	乙未	丙申	丁酉	戊戌	己亥	庚子	辛丑	壬寅	癸卯
吉時	卯	寅卯申 戌亥	子丑 未戌	子午未	申	午未戌	丑申酉	寅卯亥	子丑 未戌	寅卯午
甲辰 旬中	甲辰	乙巳	丙午	丁未	戊申	己酉	庚戌	辛亥	壬子	癸丑
吉時	巳亥	丑辰戌	申酉	巳申戌	辰巳未	子午未	巳申亥	丑午未	子丑酉	巳申
甲寅 旬中	甲寅	乙卯	丙辰	丁巳	戊午	己未	庚申	辛酉	壬戌	癸亥
吉時	辰未戌	寅卯	寅申 酉亥	辰午 未戌	卯申酉	寅卯 巳戌	辰巳	寅午未	巳亥	辰午

예를 들어 갑자일(甲子日)의 자시(子時, 23:00~01:00)를 보면 갑자시(甲子時)에 길신은 일건과 금궤가 있으며 흉신은 없다. 축시(丑時, 01:00~03:00)를 보면 을축시(乙丑時)에 길신은 천을귀인, 일합, 보광이 있으며 흉신은 없다. 병인시(丙寅時)에 길신은 록, 희신, 복성귀인, 일마가 있으며 흉신은 백호가 있다. 이렇게 갑자시, 을축시, 임신시, 계유시는 흉신이 없고, 병인시, 정묘시, 경오시, 신미시는 길신과 흉신이 같이 있고, 무진시, 기사시, 갑술시, 을해시는 흉신만 있다. 나머지도 이와 같은 방법으로 유추한다.

(1) 갑자순중(甲子旬中)

갑자일(甲子日)					
갑자(甲子)	吉	일건(日建)금궤(金匱)	을축(乙丑)	吉	천을귀인, 일합, 보광
	凶			凶	
병인(丙寅)	吉	록(綠)희신, 복성귀인, 일마	정묘(丁卯)	吉	옥당(玉堂)
	凶	백호(白虎)		凶	일형(日刑)
무진(戊辰)	吉		기사(己巳)	吉	
	凶	천로(天牢)		凶	원무(元武)
경오(庚午)	吉	사명(司命)	신미(辛未)	吉	천을귀인(天乙貴人)
	凶	일파(日破)오불우(五不遇)		凶	일해(日害)구진(句陳)
임신(壬申)	吉	청룡(青龍)	계유(癸酉)	吉	천관귀인(天官貴人)명당
	凶			凶	
갑술(甲戌)	吉		을해(乙亥)	吉	
	凶	천형(天刑)		凶	주작(朱雀)
을축일(乙丑日)					
병자(丙子)	吉	을귀(乙貴)합(合)	정축(丁丑)	吉	성귀(星貴)건(建)
	凶	천형(天刑)		凶	주작(朱雀)
무인(戊寅)	吉	금궤(金匱)	기묘(己卯)	吉	녹(綠)보광(寶光)
	凶			凶	
경진(庚辰)	吉		신사(辛巳)	吉	옥당(玉堂)
	凶	백호(白虎)		凶	오불우(五不遇)
임오(壬午)	吉		계미(癸未)	吉	
	凶	해(害)천로(天牢)		凶	파(破)원무(元武)
갑신(甲申)	吉	을귀(乙貴)관귀(官貴)사명	을유(乙酉)	吉	
	凶			凶	구진(句陳)
병술(丙戌)	吉	희신(喜神)청룡(青龍)	정해(丁亥)	吉	성귀(星貴)마(馬)명당
	凶	형(刑)		凶	
병인일(丙寅日)					
무자(戊子)	吉	관귀(官貴)성귀(星貴)청룡	기축(己丑)	吉	명당(明堂)
	凶			凶	
경인(庚寅)	吉	건(建)	신묘(辛卯)	吉	
	凶	천형(天刑)		凶	주작(朱雀)
임진(壬辰)	吉	금궤(金匱)	계사(癸巳)	吉	록(綠)보광(寶光)
	凶	오불우(五不遇)		凶	해(害)형(刑)
갑오(甲午)	吉		을미(乙未)	吉	옥당(玉堂)
	凶	백호(白虎)		凶	
병신(丙申)	吉	희신(喜神)마(馬)	정유(丁酉)	吉	을귀(乙貴)
	凶	파(破)천로(天牢)		凶	원무(元武)
무술(戊戌)	吉	성귀(星貴)사명(司命)	기해(己亥)	吉	을귀(乙貴)합(合)
	凶			凶	구진(句陳)

정묘일(丁卯日)					
경자(庚子)	吉	사명(司命)	신축(辛丑)	吉	
	凶	형(刑)		凶	구진(句陳)
임인(壬寅)	吉	청룡(靑龍)	계묘(癸卯)	吉	건(建)명당(明堂)
	凶			凶	오불우(五不遇)
갑진(甲辰)	吉		을사(乙巳)	吉	마(馬)
	凶	해(害)천형(天刑)		凶	주작(朱雀)
병오(丙午)	吉	록(綠)희신(喜神)금궤(金匱)	정미(丁未)	吉	보광(寶光)
	凶			凶	
무신(戊申)	吉		기유(己酉)	吉	을귀(乙貴)성귀(星貴)옥당
	凶	백호(白虎)		凶	파(破)
경술(庚戌)	吉	합(合)	신해(辛亥)	吉	을귀(乙貴)관귀(官貴)
	凶	천로(天牢)		凶	원무(元武)
무진일(戊辰日)					
임자(壬子)	吉		계축(癸丑)	吉	을귀(乙貴)
	凶	천로(天牢)		凶	원무(元武)
갑인(甲寅)	吉	마(馬)사명(司命)	을묘(乙卯)	吉	관귀(官貴)
	凶	오불우(五不遇)		凶	해(害)구진(句陳)
병진(丙辰)	吉	희신(喜神)건(建)청룡(靑龍)	정사(丁巳)	吉	록(綠)명당(明堂)
	凶	형(刑)		凶	
무오(戊午)	吉		기미(己未)	吉	을귀(乙貴)
	凶	천형(天刑)		凶	주작(朱雀)
경신(庚申)	吉	성귀(星貴)금궤(金匱)	신유(辛酉)	吉	합(合)보광(寶光)
	凶			凶	
임술(壬戌)	吉		계해(癸亥)	吉	옥당(玉堂)
	凶	파(破)백호(白虎)		凶	
기사일(己巳日)					
갑자(甲子)	吉	을귀(乙貴)	을축(乙丑)	吉	옥당(玉堂)
	凶	백호(白虎)		凶	오불우(五不遇)
병인(丙寅)	吉	희신(喜神)관귀(官貴)	정묘(丁卯)	吉	
	凶	해(害)천로(天牢)		凶	원무(元武)
무진(戊辰)	吉	사명(司命)	기사(己巳)	吉	건(建)
	凶			凶	구진(句陳)
경오(庚午)	吉	록(綠)청룡(靑龍)	신미(辛未)	吉	성귀(星貴)명당(明堂)
	凶			凶	
임신(壬申)	吉	을귀(乙貴)합(合)	계유(癸酉)	吉	
	凶	형(刑)천형(天刑)		凶	주작(朱雀)
갑술(甲戌)	吉	금궤(金匱)	을해(乙亥)	吉	마(馬)보광(寶光)
	凶			凶	오불우(五不遇)파(破)

경오일(庚午日)					
병자(丙子)	吉	금궤(金匱)	정축(丁丑)	吉	을귀(乙貴)보광(寶光)
	凶	오불우(五不遇)파(破)		凶	해(害)
무인(戊寅)	吉	마(馬)	기묘(己卯)	吉	옥당(玉堂)
	凶	백호(白虎)		凶	
경진(庚辰)	吉		신사(辛巳)	吉	
	凶	천로(天牢)		凶	원무(元武)
임오(壬午)	吉	관귀(官貴)성귀(星貴)건 사명	계미(癸未)	吉	을귀(乙貴)합(合)
	凶	형(刑)		凶	구진(句陳)
갑신(甲申)	吉	록(祿)마(馬)청룡(靑龍)	을유(乙酉)	吉	명당(明堂)
	凶			凶	
병술(丙戌)	吉	희신(喜神)	정해(丁亥)	吉	
	凶	오불우(五不遇)천형(天刑)		凶	주작(朱雀)
신미일(辛未日)					
무자(戊子)	吉		기축(己丑)	吉	
	凶	해(害)천형(天刑)		凶	파(破)형(刑)주작(朱雀)
경인(庚寅)	吉	을귀(乙貴)금궤(金匱)	신묘(辛卯)	吉	보광(寶光)
	凶			凶	
임진(壬辰)	吉		계사(癸巳)	吉	관귀, 성귀, 마, 옥당
	凶	백호(白虎)		凶	
갑오(甲午)	吉	을귀(乙貴)합(合)	을미(乙未)	吉	건(建)
	凶	천로(天牢)		凶	원무(元武)
병신(丙申)	吉	희신(喜神)사명(司命)	정유(丁酉)	吉	록(祿)
	凶			凶	오불우(五不遇)구진
무술(戊戌)	吉	청룡(靑龍)	기해(己亥)	吉	명당(明堂)
	凶			凶	
임신일(壬申日)					
경자(庚子)	吉	청룡(靑龍)	신축(辛丑)	吉	관귀(官貴)명당(明堂)
	凶			凶	
임인(壬寅)	吉	마(馬)	계묘(癸卯)	吉	을귀(乙貴)주작(朱雀)
	凶	파(破)형(刑)천형(天刑)		凶	
갑진(甲辰)	吉	성귀(星貴)금궤(金匱)	을사(乙巳)	吉	을귀(乙貴)합(合)보광
	凶			凶	
병오(丙午)	吉	희신(喜神)	정미(丁未)	吉	관귀(官貴)옥당(玉堂)
	凶	백호(白虎)		凶	
무신(戊申)	吉	건(建)	기유(己酉)	吉	
	凶	오불우(五不遇)천로(天牢)		凶	원무(元武)
경술(庚戌)	吉	사명(司命)	신해(辛亥)	吉	록(祿)
	凶			凶	해(害)구진(句陳)

계유일(癸酉日)					
임자(壬子)	吉	록(綠)사명(司命)	계축(癸丑)	吉	
	凶			凶	구진(句陳)
갑인(甲寅)	吉	청룡(青龍)	을묘(乙卯)	吉	을귀(乙貴)성귀 명당
	凶			凶	파(破)
병진(丙辰)	吉	합(合)희신(喜神)관귀	정사(丁巳)	吉	을귀(乙貴)
	凶	천형(天刑)		凶	주작(朱雀)
무오(戊午)	吉	금궤(金匱)	기미(己未)	吉	보광(寶光)
	凶			凶	오불우(五不遇)
경신(庚申)	吉		신유(辛酉)	吉	건(建)옥당(玉堂)
	凶	백호(白虎)		凶	형(刑)
임술(壬戌)	吉	관귀(官貴)	계해(癸亥)	吉	마(馬)
	凶	해(害)천로(天牢)		凶	원무(元武)

(2) 갑술순중(甲戌旬中)

갑술일(甲戌日)					
갑자(甲子)	吉		을축(乙丑)	吉	을귀(乙貴)
	凶	천로(天牢)		凶	원무(元武)
병인(丙寅)	吉	록(綠)희신 성귀 사명	정묘(丁卯)	吉	합(合)
	凶			凶	구진(句陳)
무진(戊辰)	吉	청룡(青龍)	기사(己巳)	吉	명당(明堂)
	凶	파(破)		凶	
경오(庚午)	吉		신미(辛未)	吉	을귀(乙貴)
	凶	오불우(五不遇)천형(天刑)		凶	형(刑)주작(朱雀)
임신(壬申)	吉	마(馬)금궤(金匱)	계유(癸酉)	吉	관귀(官貴)보광(寶光)
	凶			凶	해(害)
갑술(甲戌)	吉	건(建)	을해(乙亥)	吉	옥당(玉堂)
	凶	백호(白虎)		凶	
을해일(乙亥日)					
병자(丙子)	吉	을귀(乙貴)	정축(丁丑)	吉	성귀(星貴)옥당(玉堂)
	凶	백호(白虎)		凶	
무인(戊寅)	吉	합(合)	기묘(己卯)	吉	녹(綠)
	凶	천로(天牢)		凶	원무(元武)
경진(庚辰)	吉	사명(司命)	신사(辛巳)	吉	마(馬)
	凶			凶	파(破)오불우 구진
임오(壬午)	吉	청룡(青龍)	계미(癸未)	吉	명당(明堂)
	凶			凶	
갑신(甲申)	吉	을귀(乙貴)관귀(官貴)	을유(乙酉)	吉	
	凶	해(害)천형(天刑)		凶	주작(朱雀)
병술(丙戌)	吉	희신(喜神)금궤(金匱)	정해(丁亥)	吉	건(建)성귀 보광
	凶			凶	형(刑)

병자일(丙子日)					
무자(戊子)	吉	건(建)관귀(官貴)성귀(星貴)금궤	기축(己丑)	吉	합(合)보광(寶光)
	凶			凶	
경인(庚寅)	吉	마(馬)	신묘(辛卯)	吉	옥당(玉堂)
	凶	백호(白虎)		凶	형(刑)
임진(壬辰)	吉		계사(癸巳)	吉	록(綠)
	凶	오불우(五不遇)천로(天牢)		凶	원무(元武)
갑오(甲午)	吉	사명(司命)	을미(乙未)	吉	
	凶	파(破)		凶	해(害)구진(句陳)
병신(丙申)	吉	희신(喜神)청룡(青龍)	정유(丁酉)	吉	을귀(乙貴)명당(明堂)
	凶			凶	
무술(戊戌)	吉	성귀(星貴)	기해(己亥)	吉	을귀(乙貴)
	凶	천형(天刑)		凶	주작(朱雀)
정축일(丁丑日)					
경자(庚子)	吉	합(合)	신축(辛丑)	吉	건(建)
	凶	천형(天刑)		凶	주작(朱雀)
임인(壬寅)	吉	금궤(金匱)	계묘(癸卯)	吉	보광(寶光)
	凶			凶	오불우(五不遇)
갑진(甲辰)	吉		을사(乙巳)	吉	옥당(玉堂)
	凶	백호(白虎)		凶	
병오(丙午)	吉	록(綠)희신(喜神)	정미(丁未)	吉	
	凶	해(害)천로(天牢)		凶	파(破)원무(元武)
무신(戊申)	吉	사명(司命)	기유(己酉)	吉	을귀(乙貴)성귀(星貴)
	凶			凶	구진(句陳)
경술(庚戌)	吉	청룡(青龍)	신해(辛亥)	吉	마(馬)을귀 관귀 명당
	凶	형(刑)		凶	
무인일(戊寅日)					
임자(壬子)	吉	청룡(青龍)	계축(癸丑)	吉	을귀(乙貴)명당(明堂)
	凶			凶	
갑인(甲寅)	吉	건(建)	을묘(乙卯)	吉	관귀(官貴)
	凶	오불우(五不遇)천형(天刑)		凶	주작(朱雀)
병진(丙辰)	吉	희신(喜神)금궤(金匱)	정사(丁巳)	吉	록(綠)보광(寶光)
	凶			凶	해(害)형(刑)
무오(戊午)	吉		기미(己未)	吉	을귀(乙貴)옥당(玉堂)
	凶	백호(白虎)		凶	
경신(庚申)	吉	마(馬)성귀(星貴)	신유(辛酉)	吉	
	凶	파(破)천로(天牢)		凶	원무(元武)
임술(壬戌)	吉	사명(司命)	계해(癸亥)	吉	합(合)
	凶			凶	구진(句陳)

기묘일(己卯日)					
갑자(甲子)	吉	을귀(乙貴)사명(司命)	을축(乙丑)	吉	
	凶	형(刑)		凶	오불우(五不遇)구진(句陳)
병인(丙寅)	吉	희신(喜神)관귀(官貴)청룡	정묘(丁卯)	吉	건(建)명당(明堂)
	凶			凶	
무진(戊辰)	吉		기사(己巳)	吉	마(馬)
	凶	해(害)천형(天刑)		凶	주작(朱雀)
경오(庚午)	吉	록(綠)금궤(金匱)	신미(辛未)	吉	성귀(星貴)보광(寶光)
	凶			凶	
임신(壬申)	吉	을귀(乙貴)	계유(癸酉)	吉	옥당(玉堂)
	凶	백호(白虎)		凶	파(破)
갑술(甲戌)	吉	합(合)	을해(乙亥)	吉	
	凶	천로(天牢)		凶	오불우(五不遇)원무(元武)
경진일(庚辰日)					
병자(丙子)	吉		정축(丁丑)	吉	을귀(乙貴)
	凶	오불우(五不遇)천로(天牢)		凶	원무(元武)
무인(戊寅)	吉	마(馬)사명(司命)	기묘(己卯)	吉	
	凶			凶	해(害)구진(句陳)
경진(庚辰)	吉	건(建)청룡(青龍)	신사(辛巳)	吉	명당(明堂)
	凶	형(刑)		凶	
임오(壬午)	吉	관귀(官貴)성귀(星貴)	계미(癸未)	吉	을귀(乙貴)
	凶	천형(天刑)		凶	주작(朱雀)
갑신(甲申)	吉	록(綠)금궤(金匱)	을유(乙酉)	吉	합(合)보광(寶光)
	凶			凶	
병술(丙戌)	吉	희신(喜神)	정해(丁亥)	吉	옥당(玉堂)
	凶	파(破)오불우(五不遇)백호		凶	
신사일(辛巳日)					
무자(戊子)	吉		기축(己丑)	吉	옥당(玉堂)
	凶	백호(白虎)		凶	
경인(庚寅)	吉	을귀(乙貴)	신묘(辛卯)	吉	
	凶	해(害)천로(天牢)		凶	원무(元武)
임진(壬辰)	吉	사명(司命)	계사(癸巳)	吉	건(建)관귀(官貴)성귀(星貴)
	凶			凶	구진(句陳)
갑오(甲午)	吉	을귀(乙貴)청룡(青龍)	을미(乙未)	吉	명당(明堂)
	凶			凶	
병신(丙申)	吉	합(合)희신(喜神)	정유(丁酉)	吉	록(綠)
	凶	형(刑)천형(天刑)		凶	오불우(五不遇)주작(朱雀)
무술(戊戌)	吉	금궤(金匱)	기해(己亥)	吉	마(馬)보광(寶光)
	凶			凶	파(破)

임오일(壬午日)					
경자(庚子)	吉	금궤(金匱)	신축(辛丑)	吉	관귀(官貴)보광(寶光)
	凶	파(破)		凶	해(害)
임인(壬寅)	吉		계묘(癸卯)	吉	을귀(乙貴)옥당(玉堂)
	凶	백호(白虎)		凶	
갑진(甲辰)	吉	성귀(星貴)	을사(乙巳)	吉	을귀(乙貴)
	凶	천로(天牢)		凶	원무(元武)
병오(丙午)	吉	건(建)희신(喜神)사명(司命)	정미(丁未)	吉	합(合)관귀(官貴)
	凶	형(刑)		凶	구진(句陳)
무신(戊申)	吉	마(馬)청룡(青龍)	기유(己酉)	吉	명당(明堂)
	凶	오불우(五不遇)		凶	
경술(庚戌)	吉		신해(辛亥)	吉	록(綠)
	凶	천형(天刑)		凶	주작(朱雀)

계미일(癸未日)					
임자(壬子)	吉	록(綠)	계축(癸丑)	吉	
	凶	해(害)천형(天刑)		凶	파(破)형(刑)주작(朱雀)
갑인(甲寅)	吉	금궤(金匱)	을묘(乙卯)	吉	을귀(乙貴)성귀(星貴)보광
	凶			凶	
병진(丙辰)	吉	희신(喜神)관귀(官貴)	정사(丁巳)	吉	마(馬)을귀(乙貴)옥당(玉堂)
	凶	백호(白虎)		凶	
무오(戊午)	吉	합(合)	기미(己未)	吉	건(建)
	凶	천로(天牢)		凶	오불우(五不遇)원무(元武)
경신(庚申)	吉	사명(司命)	신유(辛酉)	吉	
	凶	사공(司空)		凶	구진(句陳)
임술(壬戌)	吉	관귀(官貴)청룡(青龍)	계해(癸亥)	吉	명당(明堂)
	凶			凶	

(3) 갑신순중(甲申旬中)

갑신일(甲申日)					
갑자(甲子)	吉	청룡(青龍)	을축(乙丑)	吉	을귀(乙貴)명당(明堂)
	凶			凶	
병인(丙寅)	吉	녹마(綠馬)희신(喜神)성귀	정묘(丁卯)	吉	
	凶	파(破)형(刑)천형(天刑)		凶	주작(朱雀)
무진(戊辰)	吉	금궤(金匱)	기사(己巳)	吉	합(合)보광(寶光)
	凶			凶	
경오(庚午)	吉		신미(辛未)	吉	을귀(乙貴)옥당(玉堂)
	凶	오불우(五不遇)백호(白虎)		凶	
임신(壬申)	吉	건(建)	계유(癸酉)	吉	관귀(官貴)
	凶	천로(天牢)		凶	원무(元武)
갑술(甲戌)	吉	사명(司命)	을해(乙亥)	吉	
	凶			凶	해(害)구진(句陳)

을유일(乙酉日)					
병자(丙子)	吉	을귀(乙貴)사명(司命)	정축(丁丑)	吉	성귀(星貴)
	凶			凶	구진(句陳)
무인(戊寅)	吉	청룡(靑龍)	기묘(己卯)	吉	록(綠)명당(明堂)
	凶			凶	파(破)
경진(庚辰)	吉	합(合)	신사(辛巳)	吉	
	凶	천형(天刑)		凶	오불우(五不遇)주작(朱雀)
임오(壬午)	吉	금궤(金匱)	계미(癸未)	吉	보광(寶光)
	凶			凶	
갑신(甲申)	吉	을귀(乙貴)관귀(官貴)	을유(乙酉)	吉	건(建)옥당(玉堂)
	凶	백호(白虎)		凶	형(刑)
병술(丙戌)	吉	희신(喜神)	정해(丁亥)	吉	마(馬)성귀(星貴)
	凶	해(害)천로(天牢)		凶	원무(元武)
병술일(丙戌日)					
무자(戊子)	吉	관귀(官貴)성귀(星貴)	기축(己丑)	吉	
	凶	천로(天牢)		凶	원무(元武)
경인(庚寅)	吉	사명(司命)	신묘(辛卯)	吉	합(合)
	凶			凶	구진(句陳)
임진(壬辰)	吉	청룡(靑龍)	계사(癸巳)	吉	록(綠)명당(明堂)
	凶	파(破)오불우(五不遇)		凶	
갑오(甲午)	吉		을미(乙未)	吉	
	凶	천형(天刑)		凶	형(刑)주작(朱雀)
병신(丙申)	吉	희신(喜神)마(馬)금궤(金匱)	정유(丁酉)	吉	을귀(乙貴)보광(寶光)
	凶			凶	해(害)
무술(武術)	吉	건(建)성귀(星貴)	기해(己亥)	吉	을귀(乙貴)옥당(玉堂)
	凶	백호(白虎)		凶	
정해일(丁亥日)					
경자(庚子)	吉		신축(辛丑)	吉	옥당(玉堂)
	凶	백호(白虎)		凶	
임인(壬寅)	吉	합(合)	계묘(癸卯)	吉	
	凶	천로(天牢)		凶	오불우(五不遇)원무(元武)
갑진(甲辰)	吉	사명(司命)	을사(乙巳)	吉	마(馬)
	凶			凶	파(破)구진(句陳)
병오(丙午)	吉	희신(喜神)록(綠)청룡(靑龍)	정미(丁未)	吉	명당(明堂)
	凶			凶	
무신(戊申)	吉		기유(己酉)	吉	을귀(乙貴)성귀(星貴)
	凶	해(害)천형(天刑)		凶	주작(朱雀)
경술(庚戌)	吉	금궤(金匱)	신해(辛亥)	吉	건(建)을귀(乙貴)관귀 보광
	凶			凶	형(刑)

무자일(戊子日)					
임자(壬子)	吉	건(建)금궤(金匱)	계축(癸丑)	吉	합(合)을귀(乙貴)보광(寶光)
	凶			凶	
갑인(甲寅)	吉	마(馬)	을묘(乙卯)	吉	관귀(官貴)옥당(玉堂)
	凶	오불우(五不遇)백호(白虎)		凶	형(刑)
병진(丙辰)	吉	희신(喜神)	정사(丁巳)	吉	록(綠)
	凶	천로(天牢)		凶	원무(元武)
무오(戊午)	吉	사명(司命)	기미(己未)	吉	을귀(乙貴)
	凶	파(破)		凶	해(害)구진(句陳)
경신(庚申)	吉	성귀(星貴)청룡(青龍)	신유(辛酉)	吉	명당(明堂)
	凶			凶	
임술(壬戌)	吉		계해(癸亥)	吉	
	凶	천형(天刑)		凶	주작(朱雀)
기축일(己丑日)					
갑자(甲子)	吉	합(合)을귀(乙貴)	을축(乙丑)	吉	건(建)
	凶	천형(天刑)		凶	오불우(五不遇)주작(朱雀)
병인(丙寅)	吉	희신(喜神)관귀(官貴)금궤	정묘(丁卯)	吉	보광(寶光)
	凶			凶	
무진(戊辰)	吉		기사(己巳)	吉	옥당(玉堂)
	凶	백호(白虎)		凶	
경오(庚午)	吉	록(綠)	신미(辛未)	吉	성귀(星貴)
	凶	해(害)천로(天牢)		凶	파(破)원무(元武)
임신(壬申)	吉	을귀(乙貴)사명(司命)	계유(癸酉)	吉	
	凶			凶	구진(句陳)
갑술(甲戌)	吉	청룡(青龍)	을해(乙亥)	吉	마(馬)명당(明堂)
	凶	형(刑)		凶	오불우(五不遇)
경인일(庚寅日)					
병자(丙子)	吉	청룡(青龍)	정축(丁丑)	吉	을귀(乙貴)명당(明堂)
	凶	오불우(五不遇)		凶	
무인(戊寅)	吉	건(建)	기묘(己卯)	吉	
	凶	천형(天刑)		凶	주작(朱雀)
경진(庚辰)	吉	금궤(金匱)	신사(辛巳)	吉	보광(寶光)
	凶			凶	해(害)형(刑)
임오(壬午)	吉	관귀(官貴)성귀(星貴)	계미(癸未)	吉	을귀(乙貴)옥당(玉堂)
	凶	백호(白虎)		凶	
갑신(甲申)	吉	록(綠)마(馬)	을유(乙酉)	吉	
	凶	파(破)천로(天牢)		凶	원무(元武)
병술(丙戌)	吉	희신(喜神)사명(司命)	정해(丁亥)	吉	합(合)
	凶	오불우(五不遇)		凶	구진(句陳)

신묘일(辛卯日)					
무자(戊子)	吉	사명(司命)	기축(己丑)	吉	
	凶	형(刑)		凶	구진(句陳)
경인(庚寅)	吉	을귀(乙貴)청룡(靑龍)	신묘(辛卯)	吉	건(建)명당(明堂)
	凶			凶	
임진(壬辰)	吉		계사(癸巳)	吉	마(馬)관귀(官貴)성귀(星貴)
	凶	해(害)천형(天刑)		凶	주작(朱雀)
갑오(甲午)	吉	을귀(乙貴)금궤(金匱)	을미(乙未)	吉	보광(寶光)
	凶			凶	
병신(丙申)	吉	희신(喜神)	정유(丁酉)	吉	록(綠)옥당(玉堂)
	凶	백호(白虎)		凶	파(破)오불우(五不遇)
무술(戊戌)	吉	합(合)	기해(己亥)	吉	
	凶	천로(天牢)		凶	원무(元武)
임진일(壬辰日)					
경자(庚子)	吉		신축(辛丑)	吉	관귀(官貴)
	凶	천로(天牢)		凶	원무(元武)
임인(壬寅)	吉	마(馬)사명(司命)	계묘(癸卯)	吉	을귀(乙貴)
	凶			凶	해(害)구진(句陳)
갑진(甲辰)	吉	건(建)성귀(星貴)청룡(靑龍)	을사(乙巳)	吉	을귀(乙貴)명당(明堂)
	凶	형(刑)		凶	
병오(丙午)	吉	희신(喜神)	정미(丁未)	吉	관귀(官貴)
	凶	천형(天刑)		凶	주작(朱雀)
무신(戊申)	吉	금궤(金匱)	기유(己酉)	吉	합(合)보광(寶光)
	凶	오불우(五不遇)		凶	
경술(庚戌)	吉		신해(辛亥)	吉	록(綠)옥당(玉堂)
	凶	파(破)백호(白虎)		凶	
계사일(癸巳日)					
임자(壬子)	吉	록(綠)	계축(癸丑)	吉	옥당(玉堂)
	凶	백호(白虎)		凶	
갑인(甲寅)	吉		을묘(乙卯)	吉	을귀(乙貴)성귀(星貴)
	凶	해(害)천로(天牢)		凶	원무(元武)
병진(丙辰)	吉	희신(喜神)관귀(官貴)사명	정사(丁巳)	吉	건(建)을귀(乙貴)
	凶			凶	구진(句陳)
무오(戊午)	吉	청룡(靑龍)	기미(己未)	吉	명당(明堂)
	凶			凶	오불우(五不遇)
경신(庚申)	吉	합(合)	신유(辛酉)	吉	
	凶	형(刑)천형(天刑)		凶	주작(朱雀)
임술(壬戌)	吉	관귀(官貴)금궤(金匱)	계해(癸亥)	吉	마(馬)보광(寶光)
	凶			凶	파(破)

(4) 갑오순중(甲午旬中)

갑오일(甲午日)					
갑자(甲子)	吉	금궤(金匱)	을축(乙丑)	吉	을귀(乙貴)보광(寶光)
	凶	파(破)		凶	해(害)
병인(丙寅)	吉	록(綠)희신(喜神)성귀(星貴)	정묘(丁卯)	吉	옥당(玉堂)
	凶	백호(白虎)		凶	
무진(戊辰)	吉		기사(己巳)	吉	
	凶	천로(天窂)		凶	원무(元武)
경오(庚午)	吉	건(建)사명(司命)	신미(辛未)	吉	합(合)을귀(乙貴)
	凶	형(刑)오불우(五不遇)		凶	구진(句陳)
임신(壬申)	吉	마(馬)청룡(青龍)	계유(癸酉)	吉	관귀(官貴)명당(明堂)
	凶			凶	
갑술(甲戌)	吉		을해(乙亥)	吉	
	凶	천형(天刑)		凶	주작(朱雀)
을미일(乙未日)					
병자(丙子)	吉	을귀(乙貴)	정축(丁丑)	吉	성귀(星貴)
	凶	해(害)천형(天刑)		凶	파(破)형(刑)주작(朱雀)
무인(戊寅)	吉	금궤(金匱)	기묘(己卯)	吉	녹(綠)보광(寶光)
	凶			凶	
경진(庚辰)	吉		신사(辛巳)	吉	마(馬)옥당(玉堂)
	凶	백호(白虎)		凶	오불우(五不遇)
임오(壬午)	吉	합(合)	계미(癸未)	吉	건(建)
	凶	천로(天窂)		凶	원무(元武)
갑신(甲申)	吉	을귀(乙貴)관귀(官貴)사명	을유(乙酉)	吉	
	凶			凶	구진(句陳)
병술(丙戌)	吉	희신(喜神)청룡(青龍)	정해(丁亥)	吉	성귀(星貴)명당(明堂)
	凶			凶	
병신일(丙申日)					
무자(戊子)	吉	관귀(官貴)성귀(星貴)청룡	기축(己丑)	吉	명당(明堂)
	凶			凶	
경인(庚寅)	吉	마(馬)	신묘(辛卯)	吉	
	凶	파(破)형(刑)천형(天刑)		凶	주작(朱雀)
임진(壬辰)	吉	금궤(金匱)	계사(癸巳)	吉	록(綠)합(合)보광(寶光)
	凶	오불우(五不遇)		凶	
갑오(甲午)	吉		을미(乙未)	吉	옥당(玉堂)
	凶	백호(白虎)		凶	
병신(丙申)	吉	건(建)희신(喜神)	정유(丁酉)	吉	을귀(乙貴)
	凶	천로(天窂)		凶	원무(元武)
무술(戊戌)	吉	성귀(星貴)사명(司命)	기해(己亥)	吉	을귀(乙貴)
	凶			凶	해(害)구진(句陳)

정유일(丁酉日)					
경자(庚子)	吉	사명(司命)	신축(辛丑)	吉	
	凶			凶	구진(句陳)
임인(壬寅)	吉	청룡(靑龍)	계묘(癸卯)	吉	명당(明堂)귀(貴)옥당(玉堂)
	凶			凶	파(破)오불우(五不遇)
갑진(甲辰)	吉	합(合)	을사(乙巳)	吉	
	凶	천형(天刑)		凶	주작(朱雀)
병오(丙午)	吉	희신(喜神)록(綠)금궤(金匱)	정미(丁未)	吉	보광(寶光)
	凶			凶	
무신(戊申)	吉		기유(己酉)	吉	건(建)을귀(乙貴)성귀(星貴)
	凶	백호(白虎)		凶	형(刑)
경술(庚戌)	吉		신해(辛亥)	吉	마(馬)을귀(乙貴)관귀(官貴)
	凶	해(害)천로(天牢)		凶	원무(元武)
무술일(戊戌日)					
임자(壬子)	吉		계축(癸丑)	吉	을귀(乙貴)
	凶	천로(天牢)		凶	원무(元武)
갑인(甲寅)	吉	사명(司命)	을묘(乙卯)	吉	합(合)관귀(官貴)
	凶	오불우(五不遇)		凶	구진(句陳)
병진(丙辰)	吉	희신(喜神)청룡(靑龍)	정사(丁巳)	吉	록(綠)명당(明堂)
	凶	파(破)		凶	
무오(戊午)	吉		기미(己未)	吉	을귀(乙貴)
	凶	천형(天刑)		凶	형(刑)주작(朱雀)
경신(庚申)	吉	마(馬)성귀(星貴)금궤(金匱)	신유(辛酉)	吉	보광(寶光)
	凶			凶	해(害)
임술(壬戌)	吉	건(建)	계해(癸亥)	吉	옥당(玉堂)
	凶	백호(白虎)		凶	
기해일(己亥日)					
갑자(甲子)	吉	을귀(乙貴)	을축(乙丑)	吉	옥당(玉堂)
	凶	백호(白虎)		凶	오불우(五不遇)
병인(丙寅)	吉	희신(喜神)합(合)관귀(官貴)	정묘(丁卯)	吉	
	凶	천로(天牢)		凶	원무(元武)
무진(戊辰)	吉	사명(司命)	기사(己巳)	吉	마(馬)
	凶			凶	파(破)구진(句陳)
경오(庚午)	吉	록(綠)청룡(靑龍)	신미(辛未)	吉	성귀(星貴)명당(明堂)
	凶			凶	
임신(壬申)	吉	을귀(乙貴)	계유(癸酉)	吉	
	凶	해(害)천형(天刑)		凶	주작(朱雀)
갑술(甲戌)	吉	금궤(金匱)	을해(乙亥)	吉	건(建)보광(寶光)
	凶			凶	형(刑)오불우(五不遇)

경자일(庚子日)					
병자(丙子)	吉	건(建)금궤(金匱)	정축(丁丑)	吉	합(合)을귀(乙貴)보광(寶光)
	凶	오불우(五不遇)		凶	
무인(戊寅)	吉	마(馬)	기묘(己卯)	吉	옥당(玉堂)
	凶	백호(白虎)		凶	형(刑)
경진(庚辰)	吉		신사(辛巳)	吉	
	凶	천로(天牢)		凶	원무(元武)
임오(壬午)	吉	관귀(官貴)성귀(星貴)사명	계미(癸未)	吉	을귀(乙貴)
	凶	파(破)		凶	해(害)구진(句陳)
갑신(甲申)	吉	록(祿)청룡(靑龍)	을유(乙酉)	吉	명당(明堂)
	凶			凶	
병술(丙戌)	吉	희신(喜神)	정해(丁亥)	吉	
	凶	오불우(五不遇)천형(天刑)		凶	주작(朱雀)
신축일(辛丑日)					
무자(戊子)	吉	합(合)	기축(己丑)	吉	건(建)
	凶	천형(天刑)		凶	주작(朱雀)
경인(庚寅)	吉	을귀(乙貴)금궤(金匱)	신묘(辛卯)	吉	보광(寶光)
	凶			凶	
임진(壬辰)	吉		계사(癸巳)	吉	관귀(官貴)성귀(星貴)옥당
	凶	백호(白虎)		凶	
갑오(甲午)	吉	을귀(乙貴)	을미(乙未)	吉	
	凶	해(害)천로(天牢)		凶	파(破)원무(元武)
병신(丙申)	吉	희신(喜神)사명(司命)	정유(丁酉)	吉	록(祿)
	凶			凶	오불우(五不遇)구진(句陳)
무술(戊戌)	吉	청룡(靑龍)	기해(己亥)	吉	마(馬)명당(明堂)
	凶	형(刑)		凶	
임인일(壬寅日)					
경자(庚子)	吉	청룡(靑龍)	신축(辛丑)	吉	관귀(官貴)명당(明堂)
	凶			凶	
임인(壬寅)	吉	건(建)	계묘(癸卯)	吉	을귀(乙貴)
	凶	천형(天刑)		凶	주작(朱雀)
갑진(甲辰)	吉	성귀(星貴)금궤(金匱)	을사(乙巳)	吉	을귀(乙貴)보광(寶光)
	凶			凶	해(害)형(刑)
병오(丙午)	吉	희신(喜神)	정미(丁未)	吉	관귀(官貴)옥당(玉堂)
	凶	백호(白虎)		凶	
무신(戊申)	吉	마(馬)	기유(己酉)	吉	
	凶	파(破)오불우(五不遇)천로		凶	원무(元武)
경술(庚戌)	吉	사명(司命)	신해(辛亥)	吉	록(祿)합(合)
	凶			凶	구진(句陳)

계묘일(癸卯日)					
임자(壬子)	吉	록(綠)사명(司命)	계축(癸丑)	吉	
	凶	형(刑)		凶	구진(句陳)
갑인(甲寅)	吉	청룡(靑龍)	을묘(乙卯)	吉	건(建)을귀(乙貴)성귀 명당
	凶			凶	
병진(丙辰)	吉	희신(喜神)관귀(官貴)	정사(丁巳)	吉	마(馬)을귀(乙貴)
	凶	해(害)형(刑)		凶	주작(朱雀)
무오(戊午)	吉	금궤(金匱)	기미(己未)	吉	보광(寶光)
	凶			凶	오불우(五不遇)
경신(庚申)	吉		신유(辛酉)	吉	옥당(玉堂)
	凶	백호(白虎)		凶	파(破)
임술(壬戌)	吉	합(合)관귀(官貴)	계해(癸亥)	吉	
	凶	천로(天牢)		凶	원무(元武)

(5) 갑진순중(甲辰旬中)

갑진일(甲辰日)					
갑자(甲子)	吉		을축(乙丑)	吉	을귀(乙貴)
	凶	천로(天牢)		凶	원무(元武)
병인(丙寅)	吉	록마 희신 성귀 사명	정묘(丁卯)	吉	
	凶			凶	해(害)구진(句陳)
무진(戊辰)	吉	건(建)청룡(靑龍)	기사(己巳)	吉	명당(明堂)
	凶	형(刑)		凶	
경오(庚午)	吉		신미(辛未)	吉	을귀(乙貴)
	凶	오불우(五不遇)천형(天刑)		凶	주작(朱雀)
임신(壬申)	吉	금궤(金匱)	계유(癸酉)	吉	합(合)관귀(官貴)보광(寶光)
	凶			凶	
갑술(甲戌)	吉		을해(乙亥)	吉	옥당(玉堂)
	凶	파(破)백호(白虎)		凶	
을사일(乙巳日)					
병자(丙子)	吉	을귀(乙貴)	정축(丁丑)	吉	성귀(星貴)옥당(玉堂)
	凶	백호(白虎)		凶	
무인(戊寅)	吉		기묘(己卯)	吉	녹(綠)
	凶	해(害)천로(天牢)		凶	원무(元武)
경진(庚辰)	吉	사명(司命)	신사(辛巳)	吉	건(建)
	凶			凶	오불우(五不遇)구진(句陳)
임오(壬午)	吉	청룡(靑龍)	계미(癸未)	吉	명당(明堂)
	凶			凶	
갑신(甲申)	吉	합(合)을귀(乙貴)관귀(官貴)	을유(乙酉)	吉	
	凶	형(刑)천형(天刑)		凶	주작(朱雀)
병술(丙戌)	吉	희신(喜神)금궤(金匱)	정해(丁亥)	吉	마(馬)성귀(星貴)보광(寶光)
	凶			凶	파(破)

병오일(丙午日)					
무자(戊子)	吉	관귀(官貴)성귀 금궤	기축(己丑)	吉	보광(寶光)
	凶	파(破)		凶	해(害)
경인(庚寅)	吉		신묘(辛卯)	吉	옥당(玉堂)
	凶	백호(白虎)		凶	
임진(壬辰)	吉		계사(癸巳)	吉	록(綠)
	凶	오불우(五不遇)천로(天牢)		凶	원무(元武)
갑오(甲午)	吉	건(建)사명(司命)	을미(乙未)	吉	합(合)
	凶	형(刑)		凶	구진(句陳)
병신(丙申)	吉	희신(喜神)마(馬)청룡(青龍)	정유(丁酉)	吉	을귀(乙貴)명당(明堂)
	凶			凶	
무술(戊戌)	吉	성귀(星貴)	기해(己亥)	吉	을귀(乙貴)
	凶	천형(天刑)		凶	주작(朱雀)
정미일(丁未日)					
경자(庚子)	吉		신축(辛丑)	吉	
	凶	해(害)천형(天刑)		凶	파(破)형(刑)주작(朱雀)
임인(壬寅)	吉	금궤(金匱)	계묘(癸卯)	吉	보광(寶光)
	凶			凶	오불우(五不遇)
갑진(甲辰)	吉		을사(乙巳)	吉	마(馬)옥당(玉堂)
	凶	백호(白虎)		凶	
병오(丙午)	吉	록(綠)합(合)희신(喜神)	정미(丁未)	吉	건(建)
	凶	천로(天牢)		凶	원무(元武)
무신(戊申)	吉	사명(司命)	기유(己酉)	吉	을귀(乙貴)성귀(星貴)
	凶			凶	구진(句陳)
경술(庚戌)	吉	청룡(青龍)	신해(辛亥)	吉	을귀(乙貴)관귀(官貴)명당
	凶			凶	
무신일(戊申日)					
임자(壬子)	吉	청룡(青龍)	계축(癸丑)	吉	을귀(乙貴)명당(明堂)
	凶			凶	
갑인(甲寅)	吉	마(馬)	을묘(乙卯)	吉	관귀(官貴)
	凶	파(破)형(刑)오불우 천형		凶	주작(朱雀)
병진(丙辰)	吉	희신(喜神)금궤(金匱)	정사(丁巳)	吉	록(綠)합(合)보광(寶光)
	凶			凶	
무오(戊午)	吉		기미(己未)	吉	을귀(乙貴)옥당(玉堂)
	凶	백호(白虎)		凶	
경신(庚申)	吉	건(建)성귀(星貴)	신유(辛酉)	吉	
	凶	천로(天牢)		凶	원무(元武)
임술(壬戌)	吉	사명(司命)	계해(癸亥)	吉	
	凶			凶	해(害)구진(句陳)

기유일(己酉日)					
갑자(甲子)	吉	을귀(乙貴)사(司)	을축(乙丑)	吉	
	凶			凶	오불우(五不遇)구진(句陳)
병인(丙寅)	吉	희신(喜神)관귀(官貴)청룡	정묘(丁卯)	吉	명당(明堂)
	凶			凶	파(破)
무진(戊辰)	吉	합(合)	기사(己巳)	吉	
	凶	천형(天刑)		凶	주작(朱雀)
경오(庚午)	吉	록(綠)금궤(金匱)	신미(辛未)	吉	성귀(星貴)보광(寶光)
	凶			凶	
임신(壬申)	吉	을귀(乙貴)	계유(癸酉)	吉	건(建)옥당(玉堂)
	凶	백호(白虎)		凶	형(刑)
갑술(甲戌)	吉		을해(乙亥)	吉	마(馬)
	凶	해(害)천로(天牢)		凶	오불우(五不遇)원무(元武)
경술일(庚戌日)					
병자(丙子)	吉		정축(丁丑)	吉	을귀(乙貴)
	凶	오불우(五不遇)천로(天牢)		凶	원무(元武)
무인(戊寅)	吉	사명(司命)	기묘(己卯)	吉	합(合)
	凶			凶	구진(句陳)
경진(庚辰)	吉	청룡(青龍)	신사(辛巳)	吉	명당(明堂)
	凶	파(破)		凶	
임오(壬午)	吉	관귀(官貴)성귀(星貴)	계미(癸未)	吉	을귀(乙貴)
	凶	천형(天刑)		凶	형(刑)주작(朱雀)
갑신(甲申)	吉	록(綠)마(馬)금궤(金匱)	을유(乙酉)	吉	보광(寶光)
	凶			凶	해(害)
병술(丙戌)	吉	희신(喜神)건(建)	정해(丁亥)	吉	옥당(玉堂)
	凶	오불우(五不遇)백호(白虎)		凶	
신해일(辛亥日)					
무자(戊子)	吉		기축(己丑)	吉	옥당(玉堂)
	凶	백호(白虎)		凶	
경인(庚寅)	吉	합(合)을귀(乙貴)	신묘(辛卯)	吉	
	凶	천로(天牢)		凶	원무(元武)
임진(壬辰)	吉	사명(司命)	계사(癸巳)	吉	마(馬)관귀(官貴)성귀(星貴)
	凶			凶	파(破)구진(句陳)
갑오(甲午)	吉	을귀(乙貴)청룡(青龍)	을미(乙未)	吉	명당(明堂)
	凶			凶	
병신(丙申)	吉	희신(喜神)	정유(丁酉)	吉	록(綠)
	凶	해(害)천형(天刑)		凶	오불우(五不遇)주작(朱雀)
무술(戊戌)	吉	금궤(金匱)	기해(己亥)	吉	건(建)보광(寶光)
	凶			凶	형(刑)

임자일(壬子日)					
경자(庚子)	吉	건(建)금궤(金匱)	신축(辛丑)	吉	합(合)관귀(官貴)보광(寶光)
	凶			凶	
임인(壬寅)	吉	마(馬)	계묘(癸卯)	吉	을귀(乙貴)
	凶	백호(白虎)순공(旬空)		凶	형(刑)로공(路空)
갑진(甲辰)	吉	성귀(星貴)	을사(乙巳)	吉	을귀(乙貴)
	凶	천로(天牢)		凶	원무(元武)
병오(丙午)	吉	희신(喜神)사명(司命)	정미(丁未)	吉	관귀(官貴)
	凶	파(破)		凶	해(害)구진(句陳)
무신(戊申)	吉	청룡(青龍)	기유(己酉)	吉	명당(明堂)
	凶	오불우(五不遇)		凶	
경술(庚戌)	吉		신해(辛亥)	吉	록(綠)
	凶	천형(天刑)		凶	주작(朱雀)
계축일(癸丑日)					
임자(壬子)	吉	록(綠)합(合)	계축(癸丑)	吉	건(建)
	凶	천형(天刑)		凶	주작(朱雀)
갑인(甲寅)	吉	금궤(金匱)	을묘(乙卯)	吉	을귀(乙貴)성귀(星貴)보광(寶光)
	凶			凶	
병진(丙辰)	吉	희신(喜神)관귀(官貴)	정사(丁巳)	吉	을귀(乙貴)옥당(玉堂)
	凶	백호(白虎)		凶	
무오(戊午)	吉		기미(己未)	吉	
	凶	해(害)천로(天牢)		凶	파(破)오불우(五不遇)원무(元武)
경신(庚申)	吉	사명(司命)	신유(辛酉)	吉	
	凶			凶	구진(句陳)
임술(壬戌)	吉	관귀(官貴)청룡(青龍)	계해(癸亥)	吉	마(馬)명당(明堂)
	凶	형(刑)		凶	

(6) 갑인순중(甲寅旬中)

갑인일(甲寅日)					
갑자(甲子)	吉	청룡(青龍)	을축(乙丑)	吉	을귀(乙貴)명당(明堂)
	凶			凶	
병인(丙寅)	吉	건(建)녹(綠)희신 성귀	정묘(丁卯)	吉	
	凶	천형(天刑)		凶	주작(朱雀)
무진(戊辰)	吉	금궤(金匱)	기사(己巳)	吉	보광(寶光)
	凶			凶	해(害)형(刑)
경오(庚午)	吉		신미(辛未)	吉	을귀(乙貴)옥당(玉堂)
	凶	오불우(五不遇)백호		凶	
임신(壬申)	吉	마(馬)	계유(癸酉)	吉	관귀(官貴)
	凶	파(破)천로(天牢)		凶	원무(元武)
갑술(甲戌)	吉	사명(司命)	을해(乙亥)	吉	합(合)
	凶			凶	구진(句陳)

을묘일(乙卯日)					
병자(丙子)	吉	을귀(乙貴)사명(司命)	정축(丁丑)	吉	성귀(星貴)
	凶	형(刑)		凶	구진(句陳)
무인(戊寅)	吉	청룡(靑龍)	기묘(己卯)	吉	록(祿)건(建)명당(明堂)
	凶			凶	
경진(庚辰)	吉		신사(辛巳)	吉	마(馬)
	凶	해(害)천형(天刑)		凶	오불우(五不遇)주작(朱雀)
임오(壬午)	吉	금궤(金匱)	계미(癸未)	吉	보광(寶光)
	凶			凶	
갑신(甲申)	吉	을귀(乙貴)관귀(官貴)	을유(乙酉)	吉	옥당(玉堂)
	凶	백호(白虎)		凶	파(破)
병술(丙戌)	吉	합(合)희신(喜神)	정해(丁亥)	吉	성귀(星貴)
	凶	천로(天牢)		凶	원무(元武)
병진일(丙辰日)					
무자(戊子)	吉	관귀(官貴)성귀(星貴)	기축(己丑)	吉	
	凶	천로(天牢)		凶	원무(元武)
경인(庚寅)	吉	마(馬)사명(司命)	신묘(辛卯)	吉	
	凶			凶	해(害)구진(句陳)
임진(壬辰)	吉	건(建)청룡(靑龍)	계사(癸巳)	吉	록(祿)명당(明堂)
	凶	형(刑)오불우(五不遇)		凶	
갑오(甲午)	吉		을미(乙未)	吉	
	凶	천형(天刑)		凶	주작(朱雀)
병신(丙申)	吉	희신(喜神)금궤(金匱)	정유(丁酉)	吉	합(合)을귀(乙貴)보광(寶光)
	凶			凶	해(害)
무술(戊戌)	吉	성귀(星貴)	기해(己亥)	吉	을귀(乙貴)옥당(玉堂)
	凶	파(破)백호(白虎)		凶	
정사일(丁巳日)					
경자(庚子)	吉		신축(辛丑)	吉	옥당(玉堂)
	凶	백호(白虎)		凶	
임인(壬寅)	吉		계묘(癸卯)	吉	
	凶	해(害)천로(天牢)		凶	오불우(五不遇)원무(元武)
갑진(甲辰)	吉	사명(司命)	을사(乙巳)	吉	건(建)
	凶			凶	구진(句陳)
병오(丙午)	吉	희신(喜神)록(祿)청룡	정미(丁未)	吉	명당(明堂)
	凶			凶	
무신(戊申)	吉	합(合)	기유(己酉)	吉	을귀(乙貴)성귀(星貴)
	凶	형(刑)천형(天刑)		凶	주작(朱雀)
경술(庚戌)	吉	금궤(金匱)	신해(辛亥)	吉	마(馬)을귀(乙貴)관귀(官貴)보광
	凶			凶	파(破)

무오일(戊午日)					
임자(壬子)	吉	금궤(金匱)	계축(癸丑)	吉	을귀(乙貴)보광(寶光)
	凶	파(破)로공(路空)		凶	해(害)
갑인(甲寅)	吉		을묘(乙卯)	吉	관귀(官貴)옥당(玉堂)
	凶	오불우(五不遇)백호(白虎)		凶	
병진(丙辰)	吉	희신(喜神)	정사(丁巳)	吉	록(綠)
	凶	천로(天牢)		凶	원무(元武)
무오(戊午)	吉	건(建)사명(司命)	기미(己未)	吉	합(合)을귀(乙貴)
	凶	형(刑)		凶	구진(句陳)
경신(庚申)	吉	마(馬)성귀(星貴)청룡(靑龍)	신유(辛酉)	吉	명당(明堂)
	凶			凶	
임술(壬戌)	吉		계해(癸亥)	吉	
	凶	천형(天刑)		凶	주작(朱雀)

기미일(己未日)					
갑자(甲子)	吉	을귀(乙貴)	을축(乙丑)	吉	
	凶	해(害)천형(天刑)		凶	파(破)형(刑)오불우 주작
병인(丙寅)	吉	희신(喜神)관귀(官貴)금궤	정묘(丁卯)	吉	보광(寶光)
	凶			凶	
무진(戊辰)	吉		기사(己巳)	吉	마(馬)옥당(玉堂)
	凶	백호(白虎)		凶	
경오(庚午)	吉	록(綠)합(合)	신미(辛未)	吉	건(建)성귀(星貴)
	凶	천로(天牢)		凶	원무(元武)
임신(壬申)	吉	을귀(乙貴)사명(司命)	계유(癸酉)	吉	
	凶			凶	구진(句陳)
갑술(甲戌)	吉	청룡(靑龍)	을해(乙亥)	吉	명당(明堂)
	凶			凶	오불우(五不遇)

경신일(庚申日)					
병자(丙子)	吉	청룡(靑龍)	정축(丁丑)	吉	을귀(乙貴)명당(明堂)
	凶	오불우(五不遇)		凶	
무인(戊寅)	吉	마(馬)	기묘(己卯)	吉	
	凶	파(破)형(刑)천형(天刑)		凶	주작(朱雀)
경진(庚辰)	吉	금궤(金匱)	신사(辛巳)	吉	합(合)보광(寶光)
	凶			凶	
임오(壬午)	吉	관귀(官貴)성귀(星貴)	계미(癸未)	吉	을귀(乙貴)옥당(玉堂)
	凶	백호(白虎)		凶	
갑신(甲申)	吉	록(綠)건(建)	을유(乙酉)	吉	
	凶	천로(天牢)		凶	원무(元武)
병술(丙戌)	吉	희신(喜神)사명(司命)	정해(丁亥)	吉	
	凶	오불우(五不遇)		凶	해(害)구진(句陳)

신유일(辛酉日)					
무자(戊子)	吉	사명(司命)	기축(己丑)	吉	
	凶			凶	구진(句陳)
경인(庚寅)	吉	을귀(乙貴)청룡(靑龍)	신묘(辛卯)	吉	명당(明堂)
	凶			凶	파(破)
임진(壬辰)	吉	합(合)	계사(癸巳)	吉	관귀(官貴)성귀(星貴)
	凶	천형(天刑)		凶	주작(朱雀)
갑오(甲午)	吉	을귀(乙貴)금궤(金匱)	을미(乙未)	吉	보광(寶光)
	凶			凶	
병신(丙申)	吉	희신(喜神)	정유(丁酉)	吉	록(綠)건(建)옥당(玉堂)
	凶	백호(白虎)		凶	형(刑)오불우(五不遇)
무술(戊戌)	吉		기해(己亥)	吉	마(馬)
	凶	해(害)천로(天牢)		凶	원무(元武)
임술일(壬戌日)					
경자(庚子)	吉		신축(辛丑)	吉	관귀(官貴)
	凶	천로(天牢)		凶	원무(元武)
임인(壬寅)	吉	사명(司命)	계묘(癸卯)	吉	합(合)을귀(乙貴)
	凶			凶	구진(句陳)
갑진(甲辰)	吉	성귀(星貴)청룡(靑龍)	을사(乙巳)	吉	을귀(乙貴)명당(明堂)
	凶	파(破)		凶	
병오(丙午)	吉	희신(喜神)	정미(丁未)	吉	관귀(官貴)
	凶	천형(天刑)		凶	형(刑)주작(朱雀)
무신(戊申)	吉	마(馬)금궤(金匱)	기유(己酉)	吉	보광(寶光)
	凶	오불우(五不遇)		凶	해(害)
경술(庚戌)	吉	건(建)	신해(辛亥)	吉	록(綠)옥당(玉堂)
	凶	백호(白虎)		凶	
계해일(癸亥日)					
임자(壬子)	吉	록(綠)	계축(癸丑)	吉	옥당(玉堂)
	凶	백호(白虎)		凶	
갑인(甲寅)	吉	합(合)	을묘(乙卯)	吉	을귀(乙貴)성귀(星貴)
	凶	천로(天牢)		凶	원무(元武)
병진(丙辰)	吉	희신(喜神)관귀 사명	정사(丁巳)	吉	마(馬)을귀(乙貴)
	凶			凶	파(破)구진(句陳)
무오(戊午)	吉	청룡(靑龍)	기미(己未)	吉	명당(明堂)
	凶			凶	오불우(五不遇)
경신(庚申)	吉		신유(辛酉)	吉	
	凶	해(害)천형(天刑)		凶	주작(朱雀)
임술(壬戌)	吉	관귀(官貴)금궤(金匱)	계해(癸亥)	吉	건(建)보광(寶光)
	凶			凶	형(刑)

5. 비녹마귀명표

비녹마귀명표(飛祿馬貴命表)는 사람의 생년(命)과 해당 년에 있는 궁(宮)을 보아서 해당 궁에 좌향이 있으면 녹마귀이다. 즉 갑명(甲命)일 때 갑자년에 태궁(兌宮)이 녹(祿), 신자진(申子辰) 지지(地支) 생년은 태궁(兌宮)이 마(馬), 인오술(寅午戌) 지지(地支) 생년은 손궁(巽宮)이 마(馬), 이궁(離宮)이 음귀인, 진궁(震宮)이 양귀인이 된다. 나머지도 이와 같이 유추한다.

造葬60年入中宮	甲命					乙命					丙命					丁命				
	眞祿丙寅	申子辰馬丙寅	寅午戌馬壬申	陰貴丁丑	陽貴辛未	眞祿己卯	亥卯未馬辛巳	巳酉丑馬丁亥	陰貴戊子	陽貴甲申	眞祿癸巳	申子辰馬庚寅	寅午戌馬丙申	陰貴丁酉	陽貴己亥	眞祿丙午	亥卯未馬乙巳	巳酉丑馬辛亥	陰貴己酉	陽貴辛亥
甲子	兌	兌	巽	離	震	坤	巽	坎	坤	兌	兌	巽	坎	坤	巽	坤	坎	兌	中	兌
乙丑	乾	乾	震	艮	坤	坎	震	離	坎	乾	乾	震	離	坎	震	坎	離	乾	巽	乾
丙寅	中	中	坤	兌	坎	離	坤	艮	離	中	中	坤	艮	離	坤	離	艮	中	震	中
丁卯	坎	坎	坎	乾	離	艮	坎	兌	艮	巽	巽	坎	兌	艮	坎	艮	兌	巽	坤	巽
戊辰	離	離	離	中	艮	兌	離	乾	兌	震	震	離	乾	兌	離	兌	乾	震	坎	震
己巳	艮	艮	艮	巽	兌	乾	艮	中	乾	坤	坤	艮	中	乾	艮	乾	中	坤	離	坤
庚午	兌	兌	兌	震	乾	中	兌	巽	中	坎	坎	兌	巽	中	兌	中	巽	坎	艮	坎
辛未	乾	乾	乾	坤	中	巽	乾	震	巽	離	離	乾	震	巽	乾	巽	震	離	兌	離
壬申	中	中	中	坎	坎	震	中	坤	震	艮	艮	中	坤	震	中	震	坤	艮	乾	艮
癸酉	巽	巽	坎	離	離	坤	巽	坎	坤	兌	兌	巽	坎	坤	巽	坤	坎	兌	中	兌
甲戌	震	震	離	艮	艮	坎	震	離	坎	乾	乾	震	離	坎	震	坎	離	乾	巽	乾
乙亥	坤	坤	艮	兌	兌	離	坤	艮	離	中	中	坤	艮	離	坤	離	艮	中	震	中
丙子	坎	坎	兌	乾	乾	艮	坎	兌	艮	巽	巽	坎	兌	艮	坎	艮	兌	巽	坤	巽
丁丑	離	離	乾	中	中	兌	離	乾	兌	震	震	離	乾	兌	離	兌	乾	震	坎	震
戊寅	艮	艮	中	坎	巽	乾	艮	中	乾	坤	坤	艮	中	乾	艮	乾	中	坤	離	坤
己卯	兌	兌	巽	離	震	中	兌	巽	中	坎	坎	兌	巽	中	兌	中	巽	坎	艮	坎
庚辰	乾	乾	震	艮	坤	坎	乾	震	巽	離	離	乾	震	巽	乾	巽	震	離	兌	離
辛巳	中	中	坤	兌	坎	離	中	坤	震	艮	艮	中	坤	震	中	震	坤	艮	乾	艮
壬午	巽	巽	坎	乾	離	艮	坎	坎	坤	兌	兌	巽	坎	坤	巽	坤	坎	兌	中	兌
癸未	震	震	離	中	艮	兌	離	離	坎	乾	乾	震	離	坎	震	坎	離	乾	巽	乾
甲申	坤	坤	艮	巽	兌	乾	艮	艮	離	中	中	坤	艮	離	坤	離	艮	中	震	中
乙酉	坎	坎	兌	震	乾	中	兌	兌	艮	坎	巽	坎	兌	艮	坎	艮	兌	巽	坤	巽
丙戌	離	離	乾	坤	中	巽	乾	乾	兌	離	震	離	乾	兌	離	兌	乾	震	坎	震
丁亥	艮	艮	中	坎	巽	震	中	中	乾	艮	坤	艮	中	乾	艮	乾	中	坤	離	坤
戊子	兌	兌	巽	離	震	坤	巽	坎	中	兌	坎	兌	巽	中	兌	中	巽	坎	艮	坎
己丑	乾	乾	震	艮	坤	坎	震	離	坎	乾	離	乾	震	巽	乾	巽	震	離	兌	離
庚寅	中	中	坤	兌	坎	離	坤	艮	離	中	艮	中	坤	震	中	震	坤	艮	乾	艮
辛卯	巽	巽	坎	乾	離	艮	坎	兌	艮	巽	兌	巽	坎	坤	巽	坤	坎	兌	中	兌
壬辰	震	震	離	中	艮	兌	離	乾	兌	震	乾	震	離	坎	震	坎	離	乾	巽	乾
癸巳	坤	坤	艮	巽	兌	乾	艮	中	乾	坤	中	坤	艮	離	坤	離	艮	中	震	中

造葬60年入中宮	甲命					乙命					丙命					丁命				
	眞祿丙寅	申子辰馬丙寅	寅午戌馬壬申	陰貴丁丑	陽貴辛未	眞祿己卯	亥卯未馬辛巳	巳酉丑馬丁亥	陰貴戊子	陽貴甲申	眞祿癸巳	申子辰馬庚寅	寅午戌馬丙申	陰貴丁酉	陽貴己亥	眞祿丙午	亥卯未馬乙巳	巳酉丑馬辛亥	陰貴己酉	陽貴辛亥
甲午	坎	坎	兌	震	乾	中	兌	巽	中	坎	坎	兌	兌	艮	坎	艮	兌	巽	坤	巽
乙未	離	離	乾	坤	中	巽	乾	震	巽	離	離	乾	乾	兌	離	兌	乾	震	坎	震
丙申	艮	艮	中	坎	巽	震	中	坤	震	艮	艮	中	中	乾	艮	乾	中	坤	離	坤
丁酉	兌	兌	巽	離	震	坤	巽	坎	坤	兌	兌	巽	坎	中	坎	中	巽	坎	艮	坎
戊戌	乾	乾	震	艮	坤	坎	震	離	坎	乾	乾	震	離	坎	坤	巽	震	離	兌	離
己亥	中	中	坤	兌	坎	離	坤	艮	離	中	中	坤	艮	離	中	震	坤	艮	乾	艮
庚子	巽	坤	坎	乾	離	艮	坎	兌	艮	巽	巽	坎	兌	艮	坎	坤	坎	兌	中	兌
辛丑	震	震	離	中	艮	兌	離	乾	兌	震	震	離	乾	兌	離	坎	離	乾	巽	乾
壬寅	坤	坤	艮	巽	兌	乾	艮	中	乾	坤	坤	艮	中	乾	艮	離	艮	中	震	中
癸卯	坎	坎	兌	震	乾	中	兌	巽	中	兌	坎	兌	巽	中	兌	艮	坎	巽	坤	巽
甲辰	離	離	乾	坤	中	巽	乾	震	巽	離	離	乾	震	巽	乾	兌	乾	震	坎	震
乙巳	艮	艮	中	坎	巽	震	中	坤	震	艮	艮	中	坤	震	中	乾	中	坤	離	坤
丙午	兌	兌	巽	離	震	坤	巽	坎	坤	兌	兌	巽	坎	坤	巽	中	坎	坎	艮	坎
丁未	乾	乾	震	艮	坤	坎	震	離	坎	乾	乾	震	離	坎	震	坎	離	離	兌	離
戊申	中	中	坤	兌	坎	離	坤	艮	離	中	中	坤	艮	離	坤	離	艮	艮	乾	艮
己酉	巽	巽	坎	乾	離	艮	坎	兌	艮	巽	巽	坎	兌	艮	坎	艮	兌	兌	中	兌
庚戌	震	震	離	中	艮	兌	離	乾	兌	震	震	離	乾	兌	離	兌	乾	乾	坎	乾
辛亥	坤	坤	艮	巽	兌	乾	艮	中	乾	坤	坤	艮	中	乾		乾	中	中	離	中
壬子	坎	坎	兌	震	乾	中	兌	巽	中	坎	坎	兌	巽	中	兌	中	巽	坎	艮	坎
癸丑	離	離	乾	坤	中	巽	乾	震	巽	離	離	乾	震	巽	乾	巽	震	離	兌	離
甲寅	艮	艮	中	坎	巽	震	中	坤	震	艮	艮	中	坤	震	中	震	坤	艮	乾	艮
乙卯	兌	兌	巽	離	震	坤	巽	坎	坤	兌	兌	巽	坎	坤	巽	坤	坎	兌	中	兌
丙辰	乾	乾	震	艮	坤	坎	震	離	坎	乾	乾	震	離	坎	震	坎	離	乾	巽	乾
丁巳	中	中	坤	兌	坎	離	坤	艮	離	中	中	坤	艮	離	坤	離	艮	中	震	中
戊午	巽	巽	坎	乾	離	艮	坎	兌	艮	巽	巽	坎	兌	艮	坎	艮	兌	巽	坤	巽
己未	震	震	離	中	艮	離	離	乾	兌	震	震	離	乾	兌	離	兌	乾	震	坎	震
庚申	坤	坤	艮	巽	兌	乾	艮	中	乾	坤	坤	艮	中	乾	艮	乾	中	坤	離	坤
辛酉	坎	坎	兌	震	乾	中	兌	巽	中	坎	坎	兌	巽	中	兌	中	巽	坎	艮	坎
壬戌	離	離	乾	坤	中	巽	乾	震	巽	離	離	乾	震	巽	乾	巽	震	離	兌	離
癸亥	艮	艮	中	坎	巽	震	中	坤	震	艮	艮	中	坤	震	中	震	坤	艮	乾	艮

造葬60年入中宮	戊命					己命					庚命					辛命				
	眞祿丁巳	申子辰馬甲寅	寅午戌馬庚申	陰貴乙丑	陽貴己未	眞祿庚午	亥卯未馬己巳	巳酉丑馬乙亥	陰貴丙子	陽貴壬申	眞祿甲申	申子辰馬戊寅	寅午戌馬甲申	陰貴己丑	陽貴癸未	眞祿丁酉	亥卯未馬癸巳	巳酉丑馬己亥	陰貴庚寅	陽貴甲午
甲子	巽	坎	兌	乾	乾	坤	坎	兌	艮	巽	兌	坎	兌	震	乾	坤	兌	巽	巽	艮
乙丑	震	離	乾	中	中	坎	離	乾	兌	震	乾	離	乾	坤	中	坎	乾	震	震	兌
丙寅	坤	艮	中	坎	巽	離	艮	中	乾	坤	中	艮	中	坎	巽	離	中	坤	坤	乾
丁卯	坎	兌	巽	離	震	艮	兌	巽	中	坎	巽	兌	巽	離	震	艮	巽	坎	坎	中
戊辰	離	乾	震	艮	坤	兌	乾	震	巽	離	震	乾	震	艮	坤	兌	震	離	離	巽
己巳	艮	中	坤	兌	坎	乾	中	坤	震	艮	坤	中	坤	兌	坎	乾	坤	艮	艮	震
庚午	兌	巽	坎	乾	離	中	坎	坎	坤	兌	坎	巽	坎	乾	離	中	坎	兌	兌	坤
辛未	乾	震	離	中	艮	坎	離	離	坎	乾	離	震	離	中	艮	巽	離	乾	乾	坎
壬申	中	坤	艮	巽	兌	離	艮	艮	離	中	艮	坤	艮	巽	兌	震	艮	中	中	離
癸酉	巽	坎	兌	震	乾	艮	兌	兌	艮	坎	兌	坎	兌	震	乾	坤	兌	巽	巽	艮
甲戌	震	離	乾	坤	中	兌	乾	乾	兌	離	乾	離	乾	坤	中	坎	乾	震	震	兌
乙亥	坤	艮	中	坎	巽	乾	中	中	乾	艮	中	艮	中	坎	巽	離	中	坤	坤	乾
丙子	坎	兌	巽	離	震	中	巽	坎	中	兌	巽	兌	巽	離	震	艮	巽	坎	坎	中
丁丑	離	乾	震	艮	坤	巽	震	離	坎	乾	震	乾	震	艮	坤	兌	震	離	離	巽
戊寅	艮	中	坤	兌	坎	震	坤	艮	離	中	坤	坤	坤	兌	坎	乾	坤	艮	艮	震
己卯	兌	巽	坎	乾	離	坤	坎	兌	艮	巽	坎	坎	坎	乾	離	中	坎	兌	兌	坤
庚辰	乾	震	離	中	艮	坎	離	乾	兌	震	離	離	離	中	艮	巽	離	乾	乾	坎
辛巳	中	坤	艮	巽	兌	離	艮	中	乾	坤	艮	艮	艮	巽	兌	震	艮	中	中	離
壬午	巽	坎	兌	震	乾	艮	兌	巽	中	坎	兌	兌	兌	震	乾	坤	兌	巽	巽	艮
癸未	震	離	乾	坤	中	兌	乾	震	巽	離	乾	乾	乾	坤	中	坎	乾	震	震	兌
甲申	坤	艮	中	坎	巽	乾	中	坤	震	艮	中	中	中	坎	坎	離	中	坤	坤	乾
乙酉	坎	兌	巽	離	震	中	巽	坎	坤	兌	坎	巽	坎	離	離	艮	巽	坎	坎	中
丙戌	離	乾	震	艮	坤	巽	震	離	坎	乾	離	震	離	艮	艮	兌	震	離	離	巽
丁亥	艮	中	坤	兌	坎	震	坤	艮	離	中	艮	坤	艮	兌	兌	乾	坤	艮	艮	震
戊子	兌	巽	坎	乾	離	坤	坎	兌	艮	巽	兌	坎	兌	乾	乾	中	坎	兌	兌	坤
己丑	乾	震	離	中	艮	坎	離	乾	兌	震	乾	離	乾	中	中	巽	離	乾	乾	坎
庚寅	中	坤	艮	巽	兌	離	艮	中	乾	坤	中	艮	中	坎	巽	震	艮	中	中	離
辛卯	巽	坎	兌	震	乾	艮	兌	巽	中	坎	巽	兌	巽	離	震	坤	兌	巽	巽	艮
壬辰	震	離	乾	坤	中	兌	乾	震	巽	離	震	乾	震	艮	坤	坎	乾	震	震	兌
癸巳	坤	艮	中	坎	巽	乾	中	坤	震	艮	坤	中	坤	兌	坎	離	坤	坤	坤	乾

造葬60年入中宮	戊命					己命					庚命					辛命				
	眞祿丁巳	申子辰馬甲寅	寅午戌馬庚申	陰貴乙丑	陽貴己未	眞祿庚午	亥卯未馬己巳	巳酉丑馬乙亥	陰貴丙子	陽貴壬申	眞祿甲申	申子辰馬戊寅	寅午戌馬甲申	陰貴己丑	陽貴癸未	眞祿丁酉	亥卯未馬癸巳	巳酉丑馬己亥	陰貴庚寅	陽貴甲午
甲午	坎	兌	巽	離	震	中	巽	坎	坤	兌	坎	巽	坎	乾	離	艮	坎	坎	坎	中
乙未	離	乾	震	艮	坤	巽	震	離	坎	乾	離	震	離	中	艮	兌	離	離	離	坎
丙申	艮	中	坤	兌	坎	震	坤	艮	離	中	艮	坤	艮	巽	兌	乾	艮	艮	艮	離
丁酉	兌	巽	坎	乾	離	坤	坎	兌	艮	巽	兌	坎	兌	震	乾	中	兌	兌	兌	艮
戊戌	乾	震	離	中	艮	坎	離	乾	兌	震	乾	離	乾	坤	中	坎	乾	乾	乾	兌
己亥	中	坤	艮	巽	兌	離	艮	中	乾	坤	中	艮	中	坎	巽	離	中	中	中	乾
庚子	巽	坎	兌	震	乾	艮	兌	巽	中	坎	巽	兌	巽	離	震	艮	巽	坎	坎	中
辛丑	震	離	乾	坤	中	兌	乾	震	巽	離	震	乾	震	艮	坤	兌	震	離	離	巽
壬寅	坤	艮	中	坎	巽	乾	中	坤	震	艮	坤	中	坤	兌	坎	乾	坤	艮	艮	震
癸卯	坎	兌	巽	離	震	中	巽	坎	坤	兌	坎	巽	坎	乾	離	中	坎	兌	兌	坤
甲辰	離	乾	震	艮	坤	巽	震	離	坎	乾	離	震	離	中	艮	巽	離	乾	乾	坎
乙巳	艮	中	坤	兌	坎	震	坤	艮	離	中	艮	坤	艮	巽	兌	震	艮	中	中	離
丙午	兌	巽	坎	乾	離	坤	坎	兌	艮	巽	兌	坎	兌	震	乾	坤	兌	巽	巽	艮
丁未	乾	震	離	中	艮	坎	離	乾	兌	震	乾	離	乾	坤	中	坎	乾	震	震	兌
戊申	中	坤	艮	巽	兌	離	艮	中	乾	坤	中	艮	中	坎	巽	離	中	坤	坤	乾
己酉	巽	坎	兌	震	乾	艮	兌	巽	中	坎	巽	兌	巽	離	震	艮	巽	坎	坎	中
庚戌	震	離	乾	坤	中	兌	乾	震	巽	離	震	乾	震	艮	坤	兌	震	離	離	巽
辛亥	坤	艮	中	坎	巽	乾	中	坤	震	艮	坤	中	坤	兌	坎	乾	坤	艮	艮	震
壬子	坎	兌	巽	離	震	中	巽	坎	坤	兌	坎	巽	坎	乾	乾	中	坎	兌	兌	坤
癸丑	離	乾	震	艮	坤	巽	震	離	坎	乾	離	震	離	中	艮	巽	離	乾	乾	坎
甲寅	艮	中	坤	兌	坎	震	坤	艮	離	中	艮	坤	艮	巽	兌	震	艮	中	中	離
乙卯	兌	坎	坎	乾	離	坤	坎	兌	艮	巽	兌	坎	兌	震	乾	坤	兌	巽	巽	艮
丙辰	乾	離	離	中	艮	坎	離	乾	兌	震	乾	離	乾	坤	中	坎	乾	震	震	兌
丁巳	中	艮	艮	巽	兌	離	艮	中	乾	坤	中	艮	中	坎	巽	離	中	坤	坤	乾
戊午	坎	兌	兌	震	乾	艮	兌	巽	中	坎	巽	兌	巽	離	震	艮	巽	坎	坎	中
己未	離	乾	乾	坤	中	兌	乾	震	巽	離	震	乾	震	艮	坤	兌	震	離	離	巽
庚申	艮	中	中	坎	坎	乾	中	坤	震	艮	坤	中	坤	兌	坎	乾	坤	艮	艮	震
辛酉	兌	巽	坎	離	離	中	巽	坎	坤	兌	坎	巽	坎	乾	離	中	坎	兌	兌	坤
壬戌	乾	震	離	艮	艮	巽	震	離	坎	乾	離	震	離	中	艮	巽	離	乾	乾	坎
癸亥	中	坤	艮	兌	兌	震	坤	艮	離	中	艮	坤	艮	巽	兌	震	艮	中	中	離

造葬60年入中宮	壬命					癸命				
	眞祿辛亥	申子辰馬壬寅	寅午戌馬戊申	陰貴癸卯	陽貴乙巳	眞祿甲子	亥卯未馬丁巳	巳酉丑馬癸亥	陰貴乙卯	陽貴丁巳
甲子	兌	兌	巽	艮	坎	中	巽	坎	坤	巽
乙丑	乾	乾	震	兌	離	坎	震	離	坎	震
丙寅	中	中	坤	乾	艮	離	坤	艮	離	坤
丁卯	巽	巽	坎	中	兌	艮	坎	兌	艮	坎
戊辰	震	震	離	巽	乾	兌	離	乾	兌	離
己巳	坤	坤	艮	震	中	乾	艮	中	乾	艮
庚午	坎	坎	兌	坤	巽	中	兌	巽	中	兌
辛未	離	離	乾	坎	震	巽	乾	震	巽	乾
壬申	艮	艮	中	離	坤	震	中	坤	震	中
癸酉	兌	兌	巽	艮	坎	坤	巽	坎	坤	巽
甲戌	乾	乾	震	兌	離	坎	震	離	坎	震
乙亥	中	中	坤	乾	艮	離	坤	艮	離	坤
丙子	巽	巽	坎	中	兌	艮	坎	兌	艮	坎
丁丑	震	震	離	巽	乾	兌	離	乾	兌	離
戊寅	坤	坤	艮	震	中	乾	艮	中	乾	艮
己卯	坎	坎	兌	坤	巽	中	兌	巽	中	兌
庚辰	離	離	乾	坎	震	巽	乾	震	巽	乾
辛巳	艮	艮	中	離	坤	震	中	坤	震	中
壬午	兌	兌	巽	艮	坎	坤	巽	坎	坤	巽
癸未	乾	乾	震	兌	離	坎	震	離	坎	震
甲申	中	中	坤	乾	艮	離	坤	艮	離	坤
乙酉	巽	巽	坎	中	兌	艮	坎	兌	艮	坎
丙戌	震	震	離	巽	乾	兌	離	乾	兌	離
丁亥	坤	坤	艮	震	中	乾	艮	中	乾	艮
戊子	坎	坎	兌	坤	巽	中	兌	巽	中	兌
己丑	離	離	乾	坎	震	巽	乾	震	巽	乾
庚寅	艮	艮	中	離	坤	震	中	坤	震	中
辛卯	兌	兌	巽	艮	坎	坤	巽	坎	坤	巽
壬辰	乾	乾	震	兌	離	坎	震	離	坎	震
癸巳	中	中	坤	乾	艮	離	坤	艮	離	坤

造葬60年入中宮	壬命					癸命				
	眞祿辛亥	申子辰馬壬寅	寅午戌馬戊申	陰貴癸卯	陽貴乙巳	眞祿甲子	亥卯未馬丁巳	巳酉丑馬癸亥	陰貴乙卯	陽貴丁巳
甲午	巽	巽	坎	中	兌	艮	坎	兌	艮	坎
乙未	震	震	離	巽	乾	兌	離	乾	兌	離
丙申	坤	坤	艮	震	中	乾	艮	中	乾	艮
丁酉	坎	坎	兌	坤	巽	中	兌	巽	中	兌
戊戌	離	離	乾	坎	震	巽	乾	震	巽	乾
己亥	艮	艮	中	離	坤	震	中	坤	震	中
庚子	兌	兌	巽	艮	坎	坤	巽	坎	坤	巽
辛丑	乾	乾	震	兌	離	坎	震	離	坎	震
壬寅	中	中	坤	乾	艮	離	坤	艮	離	坤
癸卯	巽	坎	坎	中	兌	艮	坎	兌	艮	坎
甲辰	震	離	離	坎	乾	兌	離	乾	兌	離
乙巳	坤	艮	艮	離	中	乾	艮	中	乾	艮
丙午	坎	兌	兌	艮	坎	中	兌	巽	中	兌
丁未	離	乾	乾	兌	離	巽	乾	震	巽	乾
戊申	艮	中	中	乾	艮	震	中	坤	震	中
己酉	兌	巽	坎	中	兌	坤	巽	坎	坤	巽
庚戌	乾	震	離	巽	乾	坎	震	離	坎	震
辛亥	中	坤	艮	震	中	離	坤	艮	離	坤
壬子	坎	坎	兌	坤	巽	艮	坎	兌	艮	坎
癸丑	離	離	乾	坎	震	兌	離	乾	兌	離
甲寅	艮	艮	中	離	坤	乾	艮	中	乾	艮
乙卯	兌	兌	巽	艮	坎	中	兌	巽	中	兌
丙辰	乾	乾	震	兌	離	巽	乾	震	坎	乾
丁巳	中	中	坤	乾	艮	震	中	坤	離	中
戊午	巽	巽	坎	中	兌	坤	坎	坎	艮	坎
己未	震	震	離	巽	乾	坎	離	離	兌	離
庚申	坤	坤	艮	震	中	離	艮	艮	乾	艮
辛酉	坎	坎	兌	坤	巽	艮	兌	兌	中	兌
壬戌	離	離	乾	坎	震	兌	乾	乾	巽	乾
癸亥	艮	艮	中	離	坤	乾	中	中	震	中

참/고/문/헌

[1] 영인 문연각사고전서 자부117 술수류(제811책) 음양오행지속 "흠정협기변방서{강희22년(1684)}", 타이페이(대만) : 상무인서관, 중화민국75년(1986).

[2] 영인 문연각사고전서 자부117 술수류(제811책) 상택상묘지속 "최관편", 타이페이(대만) : 상무인서관, 중화민국75년(1986).

[3] 고종수, 선택정종, 상하이(중국) : 천경당서국, 광서3년(1877).

[4] 탁장로, 입지안전서, 상하이(중국) : 선성당, 도광1年(1821).

[5] 심신주, 지학탐원, 타이페이(대만) : 집문서국, 중화민국67년(1978). 원제 "육포심신주선생지학", 중국, 동치무진년(1868).

[6] 이수학회, 풍수정설, 서울 : 대흥기획, 1991.

[7] 백령관, 사주정설, 16판, 서울 : 명문당, 1993.

[8] 박주현, 사주심리학, 충남 : 낭월명리학당, 2007.

[9] 정정표 · 김종철 · 서태훈, 패철도, 저작권심의조정위원회 제C-2002-004201호.

[10] 정정표 · 김종철 · 서태훈, 패철도설, 저작권심의조정위원회 제C-2002-004202호.

[11] 왕옥덕, 신비적 풍수, 상하이(중국) : 광서인민출판사, 2004.

[12] 최창조, 한국의 풍수사상, 서울 : 민음사, 1986.

[13] 청호선사 · 강병창 · 서태훈 · 김종철, 입지안전서, 서울 : 청운문화사, 2003.

[14] 철산, 지리정기, 서울 : 청운문화사, 1997.

[15] 김종철, 풍수지리학의 동궁독궁론에 관한 연구, 대구한의대학교 석사학위논문, 2006.

[16] 김종철, 건축현장의식행사의 택일이 안전심리에 미치는 영향연구, 동명대학교 박사학위논문, 2012.

[17] 김혁제, 천기대요, 서울 : 명문당, 1995.

[18] 이만렬, 한국사연표, 서울 : 역민사, 1994.

[19] 김우재, 만세력, 서울 : 명문당, 2004.

건축풍수택일학

2013년 6월 25일 인쇄
2013년 6월 28일 발행

저　자　임남기 김종철
발행인　강 해 작
발행처　기 문 당
주　소　서울 성동구 무학봉 28길 4-1
(왕십리동 966-22)
전　화　02) 2295-6171(代)~5
팩　스　02) 2296-8188
출판등록　1976. 10. 7 (1-44)
홈페이지　http://기문당
http://www.kimoondang.com
ISBN　978-89-6225-477-8　03180
정　가　20,000원